Die Erfindung des Landes Israel

Das Buch

Der israelische Historiker Shlomo Sand zählt zu den schärfsten Kritikern der israelischen Politik gegenüber den Palästinensern. Nach seinem Bestseller *Die Erfindung des jüdischen Volkes* wendet er sich nun dem anderen großen Gründungsmythos Israels zu – dem vom »angestammten Land«, von »Erez Israel«. Es gibt kein »historisches Anrecht« der Juden auf das Heilige Land der Bibel, so Sand. Diese Idee sei ein Erbe des unseligen Nationalismus des 19. Jahrhunderts, begierig aufgegriffen von den europäischen Zionisten jener Zeit.

Entgegen der israelischen Unabhängigkeitserklärung von 1948 und heutiger Regierungspropaganda hat es nie ein Streben des Judentums nach Rückkehr in das »Land der Väter« gegeben. Sand betont das Recht der Palästinenser auf ihr Heimatland und appelliert an die israelische Gesellschaft, sich den historischen Tatsachen zu stellen und endlich einen Ausgleich mit ihren palästinensischen Nachbarn zu suchen.

Der Autor

Shlomo Sand, geboren 1946 als Kind polnischer Juden in Linz. 1949 Übersiedlung der Familie nach Israel. Nach dem Studium der Sozialwissenschaften in Paris lehrt Sand Geschichte an der Universität Tel Aviv. Er zählt zu den führenden Intellektuellen Israels. Sein Buch *Die Erfindung des jüdischen Volkes* wurde zum internationalen Bestseller.

Von Shlomo Sand sind in unserem Hause bereits erschienen:

Die Erfindung des jüdischen Volkes
Warum ich aufhöre, Jude zu sein

Shlomo Sand

Die Erfindung des Landes Israel

Mythos und Wahrheit

Aus dem Hebräischen
von Markus Lemke

List Taschenbuch

Besuchen Sie uns im Internet:
www.list-taschenbuch.de

Ungekürzte Ausgabe im List Taschenbuch
List ist ein Verlag der Ullstein Buchverlage GmbH, Berlin
1. Auflage März 2014
5. Auflage 2025

Titel der Originalausgabe: Matai ve'ekh humtzea Erez Israel?
(Kinneret Zmora-Bitan, 2012)
Lektorat: Jan Martin Ogiermann

Umschlaggestaltung: bürosüd° GmbH, München, nach einer Vorlage von
Morian & Bayer-Eynck, Coesfeld
Satz: LVD GmbH, Berlin
Gesetzt aus der Janson
Papier: Pamo Super von Arctic Paper Mochenwangen GmbH
Druck und Bindearbeiten: Scandbook, Litauen
ISBN 978-3-548-61204-1

Inhalt

Zur Erinnerung an die Bewohner
von Al-Scheich Muwannis,
die einst von dem Ort entwurzelt wurden,
an dem ich heute lebe und arbeite.

Dank

Ich möchte aus tiefstem Herzen allen Freunden und Bekannten danken, die, auf die eine oder andere Weise, geholfen haben, diese Studie zu vollenden: Alexander Eterman, Dr. Eran Elhaik, Dr. Yehonatan Alsheh, Dr. Nitza Erel, Michel Bilis, Yoseph Barnea, Noa Greenberg, Prof. Israel Gershoni, Dr. Yael Dagan, Richard Desserame, Asaad Zoabi, Yuval Laor, Dr. Gerardo Leibner, Mahmoud Mosa, Ran Menahemi, Linda Nezri, Stavit Sinai, Anna Sergeyenkova, Bianka Speidi, Boas Evron, Prof. Christophe Prochasson und Dr. Nia Perivolaropoulou.

Meiner Frau Varda und meinen beiden Töchtern Edith und Liel schulde ich mehr, als ich mit Worten auszudrücken vermag.

Prof. Jean Boutier, Dr. Yves Doazan und Dr. Arundhati Virmani, alle drei von der Ecole des Hautes Etudes en Sciences Sociales (E. H. E. S. S.) in Marseille, bin ich zutiefst dankbar für ihre Gastfreundschaft und die überwältigende Herzlichkeit, die sie mir gegenüber an den Tag gelegt haben.

Ebenso bin ich Markus Lemke, der dieses Buch ins Deutsche übertragen hat, und allen Mitarbeiterinnen und Mitarbeitern von Propyläen sowie insbesondere Jan Martin Ogiermann unendlich dankbar, die sich mit großer Gründlichkeit dieses Textes angenommen und nach Kräften versucht haben, Fehler auszumerzen, Fältchen zu glätten und alles dafür zu tun, um am Ende ein gut lesbares, schlüssiges Buch vorzulegen.

Auch möchte ich sowohl all denen meiner Studenten danken, die immer wieder aufs Neue meine historische Phantasie herausgefordert haben, als auch jenen, die gezwungen waren, geduldig meinen Ergüssen zu lauschen, und es kaum erwarten konnten, ich möge endlich den Mund halten.

All jenen, die Kritik an meinem letzten Buch geübt und es verrissen haben und mich im Gegenzug gereizt, geleitet und befruchtet haben, die vorliegende Studie zu verfassen, schulde ich mehr, als sie sich vorstellen können oder mögen. Der zentrale Vorwurf aller Kritikaster lautete, dass alles, was ich vorgelegt habe, zum einen hinlänglich bekannt und längst von ihnen selbst dargestellt worden sei, und zum andern schlicht falsch und unzutreffend. Ich muss gestehen, dass dies zumindest der halben Wahrheit entspricht: Alles, was zu einem bestimmten Zeitpunkt bekannt war, um hernach verdrängt, marginalisiert oder unter den Teppich gekehrt zu werden, ist in dem von mir rekonstruierten kritischen Narrativ von zentraler Bedeutung und damit zwangsläufig politisch inkorrekt und historisch anstößig geworden. Es bleibt mir nur zu hoffen, dass diese Arbeit – und wenn auch nicht im selben Umfang – das Gleiche zu leisten vermag.

Sämtliche Irrtümer, Fehler, Ungenauigkeiten, unnötigen Überspitzungen und extremen Ansichten habe allein ich zuwege gebracht, so dass ausschließlich ich für diese verantwortlich zu machen bin. Alle zuvor genannten Personen trifft nicht die geringste Schuld daran.

Tel Aviv – Marseille – Tel Aviv, 2012

Einleitung: Ein gewöhnlicher Mord, die Sehnsucht nach Erlösung und der Name eines Landes

> Der Zionismus und sein Kind, der israelische Staat, die im Zuge einer militärischen Eroberung, als Verwirklichung eines territorialen Messianismus, zur Klagemauer gelangt sind, werden diese Mauer oder die eroberten Teile des Landes Israel niemals mehr aufgeben können, ohne den Kern ihrer historiographischen Auffassung vom Judentum aufzugeben ... Der säkulare Messias kann sich nicht zurückziehen. Er kann nur sterben.
>
> Baruch Kurzweil, 1970

> Es ist völlig unlogisch, die jüdischen Bindungen an Israel, das Land der Vorväter ... mit dem Wunsch gleichzusetzen, alle Juden in einem modernen Territorialstaat zu vereinen, der im geschichtlichen Heiligen Land liegt.
>
> Eric J. Hobsbawm, *Nationen und Nationalismus*

Die Erinnerungsfetzen, die wie geheimnisvolle Vögel über meinem hier vorgelegten Werk kreisen, hängen mit meinem Leben als junger Mann und dem ersten von den Kriegen Israels zusammen, an dem ich teilgenommen habe. Mir ist wichtig, sie diesem Buch voranzustellen, um – der Offenheit und Aufrichtigkeit willen – den emotionalen Hintergrund meines intellektuellen Verhältnisses zu all den Mythen um nationalen Boden, Gräber der Ahnen und große behauene Steine freizulegen.

1. Erinnerungen aus dem Land der Väter

Am 5. Juni 1967 überschritt ich auf dem Radarhügel (Dschebel ar-Radar) in den Jerusalemer Bergen die israelisch-jordanische Grenze. Ich war damals ein junger Soldat und, wie viele andere, einberufen worden, mein Land zu verteidigen. Der Abend senkte sich bereits herab, schweigend und zögernd schritten wir über den zerschnittenen Stacheldraht. Diejenigen, die vor uns gingen, wurden von Minen in Stücke gerissen, ihr Fleisch wurde nach allen Seiten verstreut. Ich zitterte vor Angst, ich klapperte wie wild mit den Zähnen, und kalter Schweiß ließ mein Armeehemd am Körper kleben. Doch in meinem verstörten, überreizten Kopf konnte ich, während mein Körper sich vorwärts bewegte wie eine mechanische Puppe, nicht aufhören, daran zu denken, dass ich gerade zum ersten Mal ins Ausland kam. Ich war zwar mit zwei Jahren nach Israel gekommen, doch da ich in einem Armenviertel von Jaffa aufgewachsen war und von Jugend an hatte arbeiten müssen, waren alle Träume, das Land einmal zu verlassen und die Welt zu bereisen, Träume geblieben.

Sehr schnell musste ich erkennen, dass meine erste »Auslandsreise« kein abenteuerlicher Vergnügungstrip werden würde, denn meine Kameraden und ich wurden sogleich in die Kämpfe um Jerusalem geschickt. Meine Enttäuschung wuchs noch, als mir klarwurde, dass unser Grenzübertritt von den anderen nicht als Schritt ins Ausland angesehen wurde. Nicht wenige der Soldaten um mich herum betrachteten sich selbst schlicht als Heimkehrer, die die Grenzen des israelischen Staates überquerten, um nach »Erez Israel« zu gelangen, ins Land Israel. Schließlich war unser Stammvater Abraham zwischen Hebron und Betlehem umhergezogen und nicht zwischen Tel Aviv und Netanja. Und König David hatte jenes Jerusalem erobert und besungen, das östlich der Waffenstillstandslinie lag, nicht aber die moderne, pulsierende israelische Metropole im Westen. »Wieso Ausland? Das ist doch das wahre Land deiner Väter«, bekam ich schon damals von den Soldaten zu hören, die an meiner Seite in den schweren Kämpfen um das arabische Viertel Abu Tor in Jerusalem vorrückten.

Meine Kameraden glaubten, sie beträten einen Ort, der immer schon der ihre gewesen war. Ich hingegen hatte das Gefühl, einen Ort verlassen zu haben, der der meine war, weil ich dort fast mein ganzes Leben verbracht hatte, und ich fürchtete, nie wieder dorthin zurückzukehren, da ich die Kämpfe vielleicht nicht überleben würde. Doch das Glück war mir wohlgesinnt, und mit einiger Mühe blieb ich am Leben. Doch meine Sorge, nie mehr an den Ort zurückzukehren, den ich verlassen hatte, sollte sich letztendlich auf eine Art und Weise bewahrheiten, die ich mir damals noch nicht vorstellen konnte.

Am Tag nach den Kämpfen um Abu Tor führte man uns, die wir nicht verwundet worden waren, in die Altstadt, um die Klagemauer zu sehen. Mit entsicherter Waffe marschierten wir angespannt durch die schweigenden Straßen. Ab und an sahen wir verängstigte Gesichter aus den Fenstern lugen. Wenig später erreichten wir eine relativ schmale Gasse, an der sich eine hohe Mauer aus behauenen Steinquadern erhob. Damals waren die Häuser des alten Mughrabi-Viertels noch nicht abgerissen worden, um Raum für den riesigen Vorplatz zu schaffen, der alle Besucher der »Disco-Mauer« oder der »Diskothek von Gottes Gegenwart«, wie Jeshajahu Leibowitz diesen sonderbaren Ort zu bezeichnen pflegte, aufnehmen kann. Wir waren vollkommen erschöpft, unsere verdreckten Uniformen starrten vom Blut der Verwundeten und Toten. Mehr als alles andere beschäftigte uns, einen Ort zum Urinieren zu finden, da wir weder in einem geöffneten Café noch in den Häusern der unter Schock stehenden Anwohner Rast machen konnten. Aus Achtung vor den Religiösen unter uns pinkelten wir an die Wände der Häuser auf der anderen Seite der Gasse und vermieden so die »Entweihung« der äußeren Stützmauer des Plateaus, auf dem der »Bösewicht« Herodes und seine mit Rom treu verbündeten Nachfahren den Tempel errichtet hatten, um ihre despotische Herrschaft mittels gewaltiger Steinquader zu verherrlichen.

Tatsächlich flößte mir die schiere Größe der behauenen Felsblöcke Ehrfurcht ein. Ich erinnere mich, dass ich mich sehr klein und schwach bei ihrem Anblick gefühlt habe, offenbar auch wegen der Enge der Gasse, die ihre Größe noch unterstrich, und auch aus Angst vor den arabischen Anwohnern, die noch nicht ahnten, dass sie schon sehr bald aus ihrem Viertel vertrieben werden würden. Zu jenem Zeitpunkt wusste ich nicht viel über König Herodes und die Klagemauer. Ich hatte sie bislang bloß auf alten Postkarten gesehen, die in unseren Schulbüchern reproduziert waren, und kannte niemanden, der das Bestreben gehabt hätte, zu ihr zu gelangen. Auch wäre mir damals nicht in den Sinn gekommen, dass diese Mauer niemals Teil des Tempels gewesen war und die meiste Zeit nach dessen Zerstörung – im Gegensatz zum Tempelberg etwa, dessen Betreten strenggläubigen Juden wegen der Unreinheit der Toten untersagt ist – nicht als heilige Stätte gegolten hatte.[1] Aber all jene säkularen Kulturschaffenden und Erinnerungspolitiker, die sich schon bald daranmachten, mit Hilfe triumphaler Erinnerungsalben eine neue Tradition zu erschaffen und zu überhöhen, kannten kein Zaudern bei ihrem nationalen Sturmangriff auf die Geschichte. Bewusst wählten sie die inszenierte Aufnahme dreier Soldaten – der »Aschkenase« in der Mitte hat seinen Helm abgenommen und steht barhäuptig, als betete er in einer Kirche –, deren Augen von der zweitausendjährigen Sehnsucht nach der geheiligten Mauer erfüllt sind und deren Herzen angesichts der »Befreiung« des Lands der Väter übergehen.

Fortan wurden wir nicht müde, mit großer Inbrunst »Jerusalem aus Gold« anzustimmen. Naomi Schemers ebenso sehnsüchtige wie annexionistische Hymne, die erst kurz vor Beginn der Kämpfe entstanden war, trug höchst effektiv dazu bei, die Eroberung Ostjerusalems als selbstverständliche Verwirklichung eines historischen Anrechts erscheinen zu lassen. Jeder, der in jenen schweißtreibenden Junitagen des Jahres 1967 in das arabische Jerusalem einmarschierte, hätte wissen müssen, dass der Text des Liedes, der so viel zur psychologischen Vorbereitung auf den Krieg beigesteuert hatte – »Die Brunnen sind leer von Wasser, der Marktplatz wie ausgestorben, der Tempelberg dunkel und verlassen, dort in der Altstadt ...« – nichts mit der Realität zu tun hatte.[2] Doch nur wenige, wenn überhaupt, haben schon damals verstanden, wie gefährlich und sogar antijüdisch diese Zeilen waren. Zugegeben – sind die Besiegten derart schwach, halten sich die singenden Sieger nicht mit Kleinigkeiten auf. Die sprachlosen Verlierer hatten sich uns nicht einfach nur gebeugt, sie verschwanden geradezu vor der Kulisse der heiligen, ewigen jüdischen Stadt, als hätte es sie nie gegeben.

Nach dem Ende der Kämpfe wurde ich zusammen mit zehn meiner Kameraden zur Bewachung des jordanischen Hotels Intercontinental abkommandiert, das später in jüdischen Besitz übergehen sollte und heute Seven Arches heißt. Der luxuriöse Hotelkomplex thront auf dem Gipfel des Ölbergs, in unmittelbarer Nachbarschaft zum alten jüdischen Friedhof. Als ich mit meinem Vater, der damals in Tel Aviv wohnte, telefonierte und ihm erzählte, ich befände mich auf dem Ölberg, rief er mir die alte Geschichte in Erinnerung, die in unserer Familie kursierte, die ich aber aus Mangel an Interesse vollkommen vergessen hatte.

Kurz vor seinem Tod hatte mein Urgroßvater beschlossen, seine Heimatstadt Lodz zu verlassen und nach Jerusalem zu reisen. Zionist war er nicht im Entferntesten, dafür aber ein gottesfürchtiger, die Gebote wahrender Chasside, weshalb er neben seinem Schiffsfahrschein auch seinen Grabstein mit auf die Reise nahm. Denn das Bestreben eines jeden guten Juden war nicht, in Zion zu leben, sondern auf dem Ölberg begraben zu werden. Einem Midrasch aus dem 11. Jahrhundert zufolge wird die Auferstehung der Toten auf dieser Erhebung Jerusalems beginnen, vis-à-vis zum Berg Moriah, auf dem einstmals der Tempel stand. Der alte Gutenberg, so hieß mein Ururgroßvater, verkaufte all seinen Besitz, investierte sein gesamtes Vermögen in die Reise und hinterließ seinen Kindern nicht einen Groschen. Er muss ein ziemlich egoistischer Zeitgenosse gewesen sein, einer von denen, die sich in einer Warteschlange immer nach vorne drängen, weshalb es ihn auch danach verlangte, unter den Ersten zu sein, die beim Kommen des Messias von den Toten auferstünden. Er hoffte wohl einfach, seine Erlösung würde die Auferstehung aller anderen Familienmitglieder befördern, und so wurde ihm die Gnade zuteil, als Erster aus der Familie in der Erde Zions ewige Ruhe zu finden.

Mein Vater schlug vor, ich sollte nach dem Grab meines Urgroßvaters suchen. Doch ungeachtet meiner spontanen Neugier ließen mich die sengende Sommerhitze und die deprimierende Müdigkeit nach den Kämpfen Abstand von der Idee nehmen. Zudem machte das Gerücht die Runde, die alten Grabplatten seien für den Bau des jordanischen Hotels oder zumindest für die Pflasterung der Zufahrt verwendet worden. Ich erinnere mich, dass ich in jener Nacht nach dem Telefongespräch mit meinem Vater auf dem Bett saß, mich an die Zimmerwand lehnte und mir vorstellte, sie sei aus dem Grabstein meines Urgroßvaters gemauert. Von den hervorragenden Weinen aus der Hotelbar ordentlich beschwipst, konnte ich nicht anders, als über die absurden Kapriolen der Geschichte nachzusinnen. Doch meine traurige Lage – als bewaffneter Wächter stand ich israelisch-jüdischen Plünderern gegenüber, die den Inhalt des Hotels wie selbstverständlich für die »Befreier« Jerusalems beanspruchten – überzeugte mich, dass die Auferstehung der Toten noch in weiter Ferne läge.

Zwei Monate nach meiner Begegnung mit der Klagemauer und dem Ölberg drang ich tiefer nach »Erez Israel« vor und machte dabei eine Erfahrung, die für mein weiteres Leben außerordentlich prägend war. Bei meinem ersten Reservedienst nach dem Krieg wurde ich in einer alten Polizeistation am Ortseingang von Jericho stationiert, der ersten Stadt in der Geschichte der Menschheit, die einer alten Sage zufolge kraft eines Trompetenstoßes eingenommen worden war. Leider sollte mir dort ein traumatisches Erlebnis widerfahren, das sich vollkommen von dem der beiden Kundschafter unterschied, die damals im Haus von Rahab, der örtlichen Hure, Unterschlupf fanden, so man der biblischen Erzählung denn Glauben schenkt. Bei meinem Eintreffen erzählten mir andere Soldaten, in den Tagen zuvor seien palästinensische Flüchtlinge des »Sechstagekrieges«, die versucht hatten, in ihre Häuser zurückzukehren, systematisch erschossen worden. Jene, die den Jordan bei Tage überquert hatten, seien festgenommen worden und würden nach ein, zwei Tagen zurück auf die andere Seite des Flusses geschickt. Meine Aufgabe bestünde darin, die Insassen unseres improvisierten Gefängnisses zu bewachen.

In einer Freitagnacht im September 1967 – ich erinnere mich genau, weil es der Vorabend meines Geburtstags war – blieben wir einfachen Reservisten uns selbst überlassen, da die Offiziere auf eine Spritztour nach Jerusalem gefahren waren. Ein alter Palästinenser, der mit einer großen Menge von Dollarscheinen auf der Straße festgenommen worden war, wurde in den Verhörraum gebracht. Ich stand vor der Polizeistation Wache, als ich plötzlich furchtbare Schreie hörte. Ich hastete ins Gebäude, stieg auf eine Kiste und verfolgte durch ein kleines Oberlicht das entsetzliche Schauspiel. Der alte Mann saß gefesselt auf einem Stuhl, während meine lieben Kameraden ihn am ganzen Körper schlugen und brennende Zigaretten auf seinen Armen ausdrückten. Ich stolperte von der Kiste, übergab mich und kehrte verstört und am ganzen Leib zitternd auf meinen Posten zurück. Kurz darauf fuhr ein Pritschenwagen mit der Leiche des »reichen« Greises auf der Ladefläche davon. Meine Kameraden riefen mir zu, sie führen zum Jordan, um sie loszuwerden.

Ich weiß nicht, ob der misshandelte Leichnam am Ende genau dort ins Wasser geworfen wurde, wo einst die »Kinder Israels« den Jordan überquert hatten, auf ihrem Weg in das ihnen direkt von Gott verliehene Land. Ebenso wenig ist anzunehmen, dass es sich um den Ort handelte, an dem der heilige Johannes seinerzeit die ersten »wahren Kinder Israels« taufte, eine Stätte, die der christlichen Tradition zufolge südlich von Jericho liegt. Wie auch immer, ich habe nie verstanden, warum der alte Palästinenser gefoltert und umgebracht wurde, schließlich gab es damals noch keinen Terror, wagte es noch niemand, Widerstand zu leisten. War es des Geldes wegen? Oder sollten es die Langweile und Tristesse eines Freitagabends ohne anderweitige Vergnügen gewesen sein, die zu den Misshandlungen und dem gewöhnlichen Mord führten?

Erst später ist mir aufgegangen, welche Bedeutung meine »Jerichoer Taufe« als Wasserscheide in meinem Leben haben sollte. Ich hatte die Misshandlungen und die blinde Gewalt nicht verhindern können, weil ich Angst gehabt und vollkommen den Kopf verloren hatte. Ich weiß nicht, ob ich die Tat überhaupt hätte unterbinden können, aber die Tatsache, dass ich es nicht einmal versucht habe, hat mich zutiefst deprimiert und mich jahrelang verfolgt. Allem Anschein nach wohnt mir dieser Mord bis zum heutigen Tage inne, da ich über ihn schreibe. Er hat mich auch gelehrt, dass eine Situation von absoluter Machtfülle nicht nur zerstörerische Niedertracht hervorbringen kann, wie schon Lord Acton wusste, sondern auch ein Gefühl unerträglichen Herrentums, einer Herrschaft über andere Menschen und letztlich auch über einen Ort. Ich bin sicher, dass meine machtlosen Vorfahren, die im Ansiedlungsrayon der Juden im zaristischen Russland lebten, sich nicht hätten ausmalen können, was ihre Nachfahren dereinst im Heiligen Land vollführen würden.

Bei meinem nächsten Reservedienst wurde ich genau zu der Zeit abermals ins Jordantal geschickt, als man dort mit Begeisterung daranging, die ersten Siedlungen des Nachal[3] zu errichten. Am zweiten Tag meines Aufenthalts im Jordantal nahm ich im Morgengrauen an einem nebulösen Appell teil, der von General Rechavam Se'evi, bekannt auch unter dem Namen Gandhi, abgehalten wurde. Se'evi war kurz zuvor zum Befehlshaber des Zentralabschnitts ernannt worden. Bald würde er von seinem Freund Moshe Dayan eine lebendige Löwin als Geschenk erhalten, jene Raubkatze, die bald zum Symbol für die Allgegenwart der israelischen Armee im Westjordanland werden sollte. Der General, ein echter Sabre,[4] baute sich in einer Art und Weise vor uns auf, die eines General Patton nicht unwürdig gewesen wäre,[5] und hielt eine kurze Rede. Deren genauen Wortlaut habe ich nicht mehr in Erinnerung, da ich wohl noch ein bisschen verschlafen war, aber niemals werde ich den Augenblick vergessen, als Se'evi mit großer Geste auf die hinter uns aufragenden Berge Transjordaniens wies und uns mit viel Pathos befahl, dies immer im Gedächtnis zu behalten: Auch diese Berge befänden sich in Erez Israel, auch dort in Gilad und Baschan hätten unsere Vorväter gelebt.

Einige der umstehenden Soldaten nickten zustimmend, andere grinsten, doch die allermeisten wollten nur so schnell wie möglich zurück in ihre Zelte, um noch eine Mütze Schlaf zu bekommen. Der Spaßmacher der Truppe meinte, unser General sei zweifelsohne ein direkter Nachfahre der Vorväter, die vor dreitausend Jahren östlich des Flusses gelebt hätten, und als Dankesgeste gegenüber unserem verehrten Befehlshaber schlug er vor, sogleich aufzubrechen, um das von den trotteligen Gojim besetzte Gebiet zu befreien. Mir jedoch fehlte es offenbar an Humor. Die kurze Ansprache des Generals sollte wie ein Katalysator auf die Entwicklung meines skeptischen Verhältnisses zu dem System kollektiver Erinnerung wirken, in dessen Licht ich als Schüler erzogen worden war. Ich wusste schon damals, dass nach der – vielleicht verqueren – biblischen Logik Se'evi nicht im Irrtum war. Als ehemaliger Held der Palmach[6] und künftiger Minister in etlichen israelischen Regierungen war Se'evi in seiner brennenden Leidenschaft für die Vergrößerung des Vaterlandes schon immer ehrlich und konsequent gewesen. Seine moralische Blindheit gegenüber jenen, die bis dahin auf dem »Erbbesitz der Väter« gelebt hatten, und seine Gleichgültigkeit für deren Präsenz sollten schon bald zum Allgemeingut werden.

Die Wahrheit ist, dass ich mich dem kleinen Fleckchen Erde, auf dem ich aufgewachsen war, sehr wohl verbunden fühlte. Seine städtischen Landschaften hatten mich geprägt, dort hatte ich zum ersten Mal Liebe empfunden. Auch wenn ich niemals wirklich Zionist gewesen war, hatte man mich dazu erzogen, in unserem Staat auch eine Zufluchtsstätte für all jene Entwurzelten und Verfolgten zu sehen, die nirgendwo anders hatten hingehen können. Die Entwicklung bis 1948 hatte ich, im Gefolge des Historikers Isaac Deutscher, stets als den verzweifelten Sprung eines Menschen aus einem lichterloh brennenden Haus betrachtet, ein Sprung, der mit der Landung auf einem zufällig vorbeikommenden Passanten endet, der dabei schwer verletzt wird.[7] Doch zum damaligen Zeitpunkt hätte ich mir die tiefgreifenden Veränderungen niemals vorstellen können, die dieses

Land infolge des militärischen Sieges und der territorialen Erweiterung erfahren würde – Veränderungen, die in keiner Weise mit jüdischem Leid und Verfolgung zusammenhingen und in keiner Weise darüber zu rechtfertigen gewesen wären. Die langfristigen Ergebnisse dieses Pyrrhussiegs haben im Gegenteil die pessimistische und bittere Hypothese bestätigt, die Geschichte sei fast immer Schauplatz eines Rollenwechsels zwischen Opfern und Henkern, ein Schauspiel über entwurzelte Verfolgte, die zu Verfolgern und Herrschern über die Heimat eines anderen werden.

Sicherlich war die veränderte Wahrnehmung des nationalen Raumes wesentlich für die Gestaltungsprozesse der israelischen Kultur nach 1967, auch wenn sie vielleicht nicht von alles entscheidender Bedeutung war. Bereits seit 1948 wohnte einer mentalen Tiefenschicht des israelischen Bewusstseins eine Art Verdruss über die schmalen Hüften und die geringe Fläche des israelischen Staatsgebietes inne. Diese Unzufriedenheit trat zum Beispiel im Krieg von 1956 offen zutage, als der israelische Regierungschef ernsthaft darüber nachdachte, nach einem militärischen Sieg die Sinaihalbinsel und den Gazastreifen zu annektieren.

Trotz dieser bedeutsamen, aber nur kurzlebigen Episode erscheint die Vermutung nicht irrig, dass der Mythos vom Land der Väter, der mit der Staatsgründung einen Teil seiner Kraft verloren hatte, erst im Gefolge des »Sechstagekriegs« mit Macht ins Zentrum der öffentlichen Sphäre zurückkehrte. In den Augen vieler jüdischer Israelis schien jede Kritik an der Eroberung von Ostjerusalem, Hebron und Betlehem die Legitimität der einige Jahrzehnte zuvor erfolgten Einnahme von Jaffa, Haifa und Akko erschüttern zu können – Orte, die im Mosaik des zionistischen Verhältnisses zur mythologischen Vergangenheit relativ unbedeutend waren. Denn hatte man das Prinzip eines »historischen Anrechts auf Rückkehr in die Heimat« erst einmal akzeptiert, fiel es schwer, die Verwirklichung dieses Anrechts ausgerechnet in Bezug auf das Herzstück der »alten Heimat« in Abrede zu stellen. Hatten meine Kameraden nicht recht gehabt, als sie meinten, keine Grenze überschritten zu haben? Hatten wir nicht gerade zu diesem Zweck in unseren säkularen Schulen die Bibel in einem eigenständigen, pädagogisch-historischen Fach behandelt?

Ich hätte mir damals nicht vorstellen können, dass die vormalige Waffenstillstandslinie – die Grüne Linie – schon bald von den durch das israelische Bildungsministerium herausgegebenen Karten verschwinden würde, dass sich die Auffassung künftiger Generationen von den Grenzen ihres Vaterlandes so fundamental von den meinen unterscheiden würde. Ich wusste einfach nicht, dass mein Staat seit seiner Gründung nie feste Grenzen gehabt hatte, sondern flexible, modulare Grenzregionen, die immer die Option einer territorialen Expansion sicherstellten.

Infolge meiner politisch-humanistischen Naivität hätte ich mir zum Beispiel nicht träumen lassen, dass Israel es jemals wagen würde, Ostjerusalem zu annektieren und den Vorgang damit zu begründen, Jerusalem sei »eine Stadt, in der man zusammenkommen soll« (Psalm 120,3), um gleichzeitig und bis auf den heutigen Tag einem gewaltsam annektierten Drittel der Einwohnerschaft gleiche Bürgerrechte zu verweigern. Auch hätte ich mir nicht vorstellen können, eines Tages Zeuge der Ermordung eines israelischen Regierungschefs zu werden, nur weil ein mörderischer Patriot meinte, dieser sei drauf und dran, einen Rückzug aus »Judäa und Samaria«[8] zu veranlassen. Ebenso wenig hätte ich mir später ausmalen mögen, in einem schlafwandelnden Staat zu leben, dessen erst mit 20 Jahren eingewanderter Außenminister während seiner gesamten Amtszeit seinen Wohnsitz außerhalb der souveränen Staatsgrenzen hat.

Zugleich konnte ich damals noch nicht wissen, dass es Israel gelingen würde, über Jahrzehnte eine derart große, jeder Selbstbestimmung beraubte palästinensische Bevölkerung zu beherrschen, während die intellektuellen Eliten des Landes unterdessen mehrheitlich ihren Frieden mit diesen Zuständen machten. Einige namhafte Historiker unter ihnen, meine späteren Kollegen, bezeichnen die unter Besatzung lebende Bevölkerung weiterhin und ganz selbstverständlich als »Araber des Landes Israel«.[9]

Auch hätte ich mir wohl in meinen wildesten Phantasien nicht vorstellen können, dass die Herrschaft über diese einheimische Bevölkerung nicht unter den Bedingungen einer diskriminierenden Einbürgerung stattfinden würde, also in Form einer Militärverwaltung, einer zionistisch-sozialistischen Enteignung und Judaisierung weiter Flächen, wie es im guten alten Israel in den Grenzen von 1948 der Fall gewesen war. Stattdessen erfolgten eine umfassende Aberkennung von Freiheiten aller Art und die Ausbeutung sämtlicher natürlicher Ressourcen des »geliebten Landes« zugunsten der Pioniere und Siedler des »jüdischen Volkes«. Niemals hätte ich mir auch nur im Entferntesten vorstellen können, dass es Israel gelingen würde, mehr als eine halbe Million Menschen in die neueroberten Gebiete zu verpflanzen, sie dort anzusiedeln, eingezäunt und vollkommen separiert von einer lokalen Bevölkerung, der grundlegendste Menschenrechte verweigert werden. Damit streicht der Staat den kolonialistischen, ethnozentrischen und segregierenden Charakter heraus, der das gesamte nationale Projekt seit seinen Anfängen auszeichnet. Kurzum, ich wusste damals nicht, dass ich die meiste Zeit meines Lebens Seite an Seite mit einem ausgeklügelten und einzigartigen militärischen Apartheidsystem leben würde, mit dem sich die »zivilisierte« Welt, unter anderem aus schlechtem Gewissen, arrangieren musste und das sie wohl oder übel sogar unterstützt.

Als junger Mann hätte ich mir die verzweifelten Intifadas nicht träumen lassen, ebenso wenig wie die brachiale Unterdrückung der Aufstände, weder den grausamen Terror noch den Gegenterror. Und vor allem habe ich seinerzeit die Macht der zionistischen Idee vom »Land Israel« nicht begriffen, die so viel stärker war als die fragile, sich erst allmählich entwickelnde israelische Alltagskultur. Lange Zeit habe ich die simple Tatsache nicht realisiert, dass der erzwungene Verzicht auf große Teile des Landes der Väter im Jahre 1948 lediglich ein vorübergehender war. Noch war ich kein Historiker, der sich der Erforschung kultureller und politischer Ideen widmete, und wusste daher nichts von der Funktion und dem Gewicht moderner Mythologien von der

Heimaterde, geschweige denn von jenen, die dank des Rauschs militärischer Stärke und durch eine nationalisierte Religion zur Blüte gelangen.

2. Anrechte auf das Land der Väter

Im Jahre 2008 habe ich auf Hebräisch meine Studie *Die Erfindung des jüdischen Volkes* veröffentlicht, die als theoretische Untersuchung darauf zielt, den metahistorischen Mythos von der Existenz eines exilierten, wandernden jüdischen Volkes zu dekonstruieren. Das Buch wurde in zwanzig Sprachen übersetzt; eine ganze Phalanx feindseliger zionistischer Kritiker antwortete darauf. In einer Rezension schrieb etwa der bekannte britische Historiker Simon Schama, mein Buch sei »(in dem Versuch) gescheitert, das Band der Erinnerung zwischen dem Land der Väter und der jüdischen Erfahrung aufzuheben«.[10] Ich muss gestehen, dass ich über diese Anmerkung zunächst überrascht war. Doch als zahlreiche weitere Artikel und Kommentare wiederholten und auswalzten, meine Absicht sei es im Grunde gewesen, das Anrecht der Juden auf ihre angestammte Heimat zu unterminieren, verstand ich, dass Schamas Standpunkt symptomatisch für den Gegenangriff auf meine Studie war.

Beim Verfassen des Buches wäre mir nicht eingefallen, dass sich zu Beginn des 21. Jahrhunderts derart viele Kritiker fänden, die, um die zionistische Kolonisierung und die Errichtung des israelischen Staates zu rechtfertigen, mit dem Land der Väter, mit historischen Anrechten oder einer zweitausendjährigen nationalen Sehnsucht argumentieren. Ich war sicher, dass die Mehrheit aller ernstgemeinten, rechtfertigenden Argumentationen zugunsten der Existenz Israels in seiner gegenwärtigen Form auf dem tragischen Prozess basieren würde, der gegen Ende des 19. Jahrhunderts einsetzte und in dessen Verlauf Europa sich seiner Juden entledigte, während sich die Vereinigten Staaten ab einem bestimmten Zeitpunkt abschotteten.[11] Und ich begann zu verstehen, dass meine bisherige Arbeit in mehrfacher Hinsicht unausgewogen war. Die vorliegende Studie ist daher nicht zuletzt dazu bestimmt, eine bescheidene Ergänzung zu liefern, die versucht, manche Aspekte genauer zu fassen und Fehlendes hinzuzufügen.

Doch ich sollte zunächst einmal klarstellen: Meine vorherige Studie befasste sich nicht explizit mit der Beziehung zu einem Territorium oder den Vorrechten auf ein solches, auch wenn sie notwendigerweise Erkenntnisse lieferte, die sich direkt auf derartige Fragen beziehen. Ich habe *Die Erfindung des jüdischen Volkes* vor allem deshalb geschrieben, um mit Hilfe von historischem und historiographischem Material die ethnozentrische, ahistorische und essentialistische Auffassung ins Wanken zu bringen, die der gegenwärtigen wie der überkommenen Definition von Judentum und jüdischer Identität zugrunde liegt. Es ist allgemein bekannt, dass die Juden keine reine Rasse sind, und doch tendieren vor allem Judenfeinde und Zionisten noch immer dazu, an der irrigen und irreführenden Perspektive festzuhalten, die Mehrheit aller Juden gehöre einem antiken Volksstamm an, einer ewigen »Ethnie«, die Aufnahme unter den Völkern gefunden hatte und in einer schicksalhaften Stunde, als diese Völker Anstalten machten, sich ihrer zu entledigen, ins Land seiner Väter zurückkehrte.

Zugegeben, nach Jahrhunderten, in denen man sich selbst als »auserwähltes Volk« betrachtet hatte (eine Selbstwahrnehmung, die den Überlebenswillen und die Widerstandskraft der Juden gegen Erniedrigung und Verfolgung durch die Jahrhunderte bewahrt und gestärkt hatte), und nach beinahe zweitausend Jahren, in denen die christliche Zivilisation beharrlich daran festgehalten hatte, die Juden als direkte, aus Jerusalem eingewanderte Abkömmlinge der Mörder von Gottes Sohn zu betrachten, vor allem jedoch, nachdem der moderne Antisemitismus die alte Judenfeindschaft neu aufpoliert und Juden als Angehörige einer fremden, Seuchen verbreitenden Rasse definiert hatte – nach all dem war es nicht gerade einfach, die »ethnische« Entfremdung zu dekonstruieren, die den Juden von der europäischen Kultur aufgeprägt worden war.[12]

Dennoch entschied ich mich, meiner vorangegangenen Studie folgende Arbeitshypothese zugrunde zu legen: Eine Gruppe von Menschen unterschiedlicher Herkunft, der nicht ein einziger kulturell-säkularer, alle ihre Mitglieder einender Inhalt zu eigen ist, der man, bis auf den heutigen Tag, allein durch Konversion beitreten kann, nicht aber durch Aneignung einer Sprache oder einer Alltagskultur, kann nach allen geltenden Maßstäben nicht als Volk oder »ethnische Gruppe« gelten (ein Begriff, der zu wissenschaftlicher Blüte gelangt ist, nachdem der Begriff »Rasse« aus naheliegenden Gründen obsolet geworden war).

Wenn Bezeichnungen wie »das französische Volk«, »das amerikanische Volk«, »das vietnamesische Volk« oder sogar »das israelische Volk« konsequent und sinnvoll verwendet würden, wäre es genauso sonderbar, von »dem jüdischen Volk« zu sprechen wie von »dem buddhistischen Volk«, »dem evangelischen Volk« oder »dem bahaiischen Volk«. Das gemeinsame Schicksal von Anhängern einer Glaubensgemeinschaft und eine gewisse Solidarität unter ihnen machen diese noch nicht zu einem gemeinschaftlichen Volk oder zu einer nationalen Solidargemeinschaft. Auch wenn die Menschheit ein Nach- und Nebeneinander höchst komplexer Daseinsformen darstellt, die sich jedem Versuch widersetzen, sie in mathematische Formeln zu fassen, haben wir uns nach Kräften um eine möglichst präzise Terminologie zu bemühen: Spätestens mit dem Beginn der Moderne sollte jedes Volk eine alle seine Angehörigen verbindende Volkskultur haben (die von einer gemeinsamen Umgangssprache bis hin zu Essen und Musik reicht). Die Juden jedoch haben, bei aller Eigenart, im Laufe der gesamten Geschichte bis heute immer »nur« eine vielgestaltige Religionskultur besessen (die von einer nicht gesprochenen Sakralsprache bis hin zu Kult und Riten reicht).

Viele meiner Kritiker – die allermeisten von ihnen sind nicht ganz zufällig selbst geschworene Säkulare – halten indessen unbeirrt daran fest, das historische Judentum und seine heute lebenden Nachkommen als Volk zu definieren, zwar nicht länger als auserwähltes, auf jeden Fall aber als außerordentliches, einzigartiges und in keiner Weise mit den anderen Völkern vergleichbares. Nicht zuletzt deshalb war es notwendig, den breiten Massen das mythologische Image eines Volkes zu vermitteln, das angeblich im 1. Jahrhundert unserer Zeitrechnung (u. Z.) gewaltsam aus seinem Land vertrieben worden war, während sich die gebildeten Eliten die ganze Zeit über bewusst waren, dass eine solche Exilierung in Wahrheit niemals stattgefunden hatte, weshalb auch nicht ein einziges wissenschaftliches Standardwerk über diese gewaltsame Vertreibung des »jüdischen Volkes« aus seinem Land zu finden ist.[13]

Parallel zu dieser höchst effektiven Verbreitung eines konstituierenden historischen Mythos waren außerdem folgende Schritte notwendig: A) Scheinbar unbeabsichtigt in Vergessenheit geraten zu lassen, dass das Judentum mindestens ab dem 2. Jahrhundert vor unserer Zeitrechnung (v. u. Z.) und bis zum 8. nachchristlichen Jahrhundert eine dynamische und missionierende Religion war. B) Die Vielzahl der zum Judentum übergetretenen Königreiche zu ignorieren, die im Verlauf der Geschichte in verschiedenen Regionen aufblühten.[14] C) Aus dem kollektiven Gedächtnis die gewaltige Anzahl von Menschen zu tilgen, die zum Judentum übergetreten waren und die Grundlage der allermeisten jüdischen Gemeinden auf der Welt bildeten. D) Die freimütigen Äußerungen der Vordenker des Zionismus – an ihrer Spitze der Staatsgründer David Ben-Gurion höchstpersönlich[15] – zu unterschlagen, die sehr wohl wussten, dass eine Verbannung des Volkes niemals stattgefunden hatte, weshalb sie in den einheimischen Fellachen authentische Nachfahren der alten Hebräer sahen.

Derselben ethnozentrischen Tendenz folgend, haben sich besonders verzweifelte und gefährliche Geister daran gemacht, nach einer genetischen Identität aller Nachkommen von Juden auf der ganzen Welt zu suchen, einer von den Bevölkerungen, unter denen sie leben, biologisch eindeutig unterscheidbaren Identität. Pseudowissenschaftler haben mit beängstigender Nachlässigkeit damit begonnen, bruchstückhafte Befunde zusammenzutragen, um vorgefertigte Thesen von der Existenz einer alten Rasse zu bestätigen. Nach dem Scheitern des »wissenschaftlichen« Antisemitismus und seines widerwärtigen Versuchs, die jüdische Eigenart im Blut oder in der Physiognomie zu finden, kam die perverse nationale Hoffnung in die Welt, die DNA könnte vielleicht den unumstößlichen Beweis für die Existenz einer jüdischen »Ethnie« mit einheitlicher Herkunft liefern, die sich vom »Land Israel« über die ganze Welt ausbreitete.[16]

Das ausschlaggebende, wenn auch beileibe nicht einzige Motiv für diese halsstarrige Einstellung, das mir zum Zeitpunkt der Niederschrift meiner vorherigen Studie nur teilweise klar war, ist einfach zu benennen: Dem ungeschriebenen Konsens jeder zivilisierten Weltauffassung zufolge genießt jedes Volk ein Anrecht auf das gemeinschaftliche Eigentum an einem klar abgegrenzten Territorium, auf dem es lebt und von dem es sich ernährt. Religionsgemeinschaften aller Art hingegen, deren Mitglieder unterschiedlichster Herkunft sind und verstreut über verschiedene Erdteile leben, wurde ein solches Eigentumsrecht bisher nicht zugestanden.

Diese fundamentale, rechtlich-historische Logik war mir aus folgendem Grunde nicht selbstverständlich: Von frühester Jugend an und noch als junger Mann habe ich, als ein mustergültiges Produkt des israelischen Bildungswesens, ohne den Anflug eines Zweifels an die Existenz eines mehr oder weniger ewigen jüdischen Volkes geglaubt. So wie ich irrigerweise sicher war, dass die hebräische Bibel ein Geschichtswerk und der Auszug aus Ägypten eine Tatsache wäre, so war ich in meiner damaligen Unwissenheit auch überzeugt, das »jüdische Volk« wäre nach der Zerstörung des Tempels gewaltsam seiner Heimat entrissen worden, wie es auch in der Unabhängigkeitserklärung des Staates Israel feierlich festgehalten ist.

Gleichzeitig jedoch, auch dank der mir von meinem Vater vermittelten universalen Werte, die nicht zuletzt auf einer Sensibilität für historische Gerechtigkeit gründeten, konnte ich mir nicht vorstellen, dass »mein exiliertes Volk« ein exklusives nationales

Besitzrecht auf ein Territorium besaß, auf dem es »zweitausend Jahre« nicht gelebt hatte, während der Bevölkerung, die seit vielen Jahrhunderten in ebendiesem Land ansässig war, ein solches Privileg abgesprochen wurde. Denn schon definitorisch gründet jedes Recht auf einem Wertesystem, auf dessen Grundlage seine Anerkennung durch andere eingefordert werden kann. In meinen Augen hätte allein die Zustimmung der einheimischen Bevölkerung zu einer »jüdischen Heimkehr« einem wie auch immer beschaffenen historischen Recht Gültigkeit und Legitimation verleihen können. In meiner jugendlichen Naivität dachte ich, ein Land gehöre vor allem seinen Bewohnern, also denjenigen, die darauf ihren festen Wohnsitz haben und auf seiner Erde sterben, nicht aber jenen, die darüber herrschen oder versuchen, sich seiner aus der Ferne zu bemächtigen.

Als zum Beispiel Lord Arthur James Balfour, der damalige britische Außenminister, im Jahre 1917 Lord Lionel Walter Rothschild eine nationale Heimstätte für die Juden versprach, wäre er, so »großherzig« er auch war, niemals auf den Gedanken verfallen, ihnen sein Geburtsland Schottland zur Ansiedlung anzubieten. Denn um es klar zu sagen: Dieser moderne Kyros ist immer konsequent in seiner Einstellung gegenüber den Juden geblieben. So setzte er sich etwa 1905 als britischer Premier vehement für ein restriktives Einwanderungsgesetz ein, das hauptsächlich dazu bestimmt war, jüdische Flüchtlinge, Opfer der Pogrome in Osteuropa, an der Einreise nach Großbritannien zu hindern.[17] Dennoch wurde die Erklärung dieses ebenso kolonialistischen wie bibelfesten Protestanten in der zionistischen Geschichtsschreibung, neben der Heiligen Schrift selbstverständlich, als letztgültige politisch-moralische Legitimation des Anrechts der Juden auf »Erez Israel« begriffen.

Wie dem auch sei – würden wir versuchen, die Welt so zu organisieren, wie sie vor Tausenden oder Hunderten von Jahren einmal gewesen war, würden wir dem gesamten System internationaler Beziehungen eine gehörige Dosis Gewalt und Wahnsinn einimpfen. Wer würde etwa ernsthaft erwägen, schon morgen die Forderung von Arabern zu unterstützen, sich auf der iberischen

Halbinsel anzusiedeln und dort einen muslimischen Staat zu errichten, weil ihre Vorväter nach der Reconquista von dort vertrieben worden waren? Und warum sollten dann nicht auch die Nachfahren der Puritaner in Scharen ins Land ihrer Ahnen zurückkehren, um dort das himmlische Königreich zu errichten? Und würde irgendjemand, so er denn liberal genug ist, die indianischen Ansprüche auf Manhattan unterstützen, inklusive einer Vertreibung aller Weißen und Schwarzen von dort? Oder sollten wir – zu guter Letzt – uns für eine Rückkehr der Serben in das Kosovo und ihre erneute Inbesitznahme des Landes einsetzen, eingedenk der heroischen Schlacht auf dem Amselfeld im Jahre 1389 oder weil orthodoxe, einen serbischen Dialekt sprechende Christen vor etwa zweihundert Jahren die Mehrheit der Bevölkerung stellten? Mit Leichtigkeit lässt sich so eine ganze Reihe absurder Realisierungen »althergebrachter historischer Rechte« ausmalen, die uns tief in die Abgründe der Geschichte stießen und allgemeines Chaos über die Menschheit brächten.

Die Idee vom »historischen Recht der Juden auf das gelobte Land« habe ich niemals als selbstverständlich akzeptiert. Als ich während meines Studiums die chronologische Einteilung der Menschheitsgeschichte seit der Erfindung der Schrift kennenlernte, kam mir die »jüdische Heimkehr« nach mehr als 1800 Jahren wie ein absurder Zeitsprung ohne jede chronologisch-rationale Verhältnismäßigkeit vor. Für mich unterschied sie sich grundsätzlich nicht vom Mythos der Besiedlung durch Christen – der puritanischen in Nordamerika und der Buren in Südafrika –, die das von ihnen besetzte Land als das biblische, den wahren Kindern Israels von Gott verheißene Kanaan ansahen.[18]

Ich kam zu dem Schluss, dass die »jüdische Heimkehr« vor allem eine wirkungsvolle Erfindung gewesen war, die ein neues Kolonisierungswerk rechtfertigen sollte und auf das Wohlwollen der westlichen Welt zielte, vor allem auf das der christlich-protestantischen, der sogar die Urheberschaft dieser Idee zukommt. Doch schon die nationale Logik eines solchen Projekts impliziert bereits die Verdrängung einer schwachen, indigenen Bevölkerung. Denn Zionisten kamen nicht nach Jaffa wie verfolgte Juden nach London oder New York, will sagen: um in Gemeinschaftlichkeit und Symbiose mit ihren alteingesessenen Nachbarn zusammenzuleben. Von Anfang an strebten sie danach, in Palästina einen souveränen jüdischen Staat auf einem Territorium zu errichten, dessen Bevölkerung in ihrer absoluten Mehrheit arabisch war.[19] Es war definitiv unmöglich, ein nationales Siedlungswerk dieser Art zu vollenden, ohne am Ende einen beträchtlichen Teil der einheimischen Bevölkerung verdrängt zu haben.

Heute, nach vielen Jahren des historischen Studiums, denke ich nicht mehr, dass irgendwann einmal ein jüdisches Volk existierte, das gewaltsam aus seinem Land exiliert wurde, oder dass die Juden dem biblischen Judäa entstammen. Nicht von ungefähr ähnelten die jemenitischen Juden so sehr den jemenitischen Muslimen, waren die nordafrikanischen Juden den Berbern derselben Region zum Verwechseln ähnlich, ebenso wie die äthiopischen Juden ihren afrikanischen Nachbarn, die Juden aus Cochin den übrigen Bewohnern dieser Region im Südwesten des indischen Subkontinents, oder die osteuropäischen Juden den türkischen und slawischen Stämmen im Kaukasus und in Südostrussland. Die Anhänger des jüdischen Glaubens waren, zum Verdruss der Antisemiten, niemals eine fremde, infiltrierende »Ethnie«, die von weit her gekommen war, sondern rekrutierten sich vielmehr aus autochthonen Bevölkerungselementen, deren Ahnen zumeist an Ort und Stelle und noch vor der Ankunft des Christentums oder des Islams zum Judentum konvertiert waren.[20]

Gleichermaßen bin ich überzeugt, dass es dem Zionismus nicht gelungen ist, eine globale jüdische Nation zu schaffen, sondern »nur« ein israelisches Volk, dessen Existenz er – unglücklicherweise – beharrlich leugnet. Wenn Nationalität tatsächlich das Bestreben oder zumindest die Bereitschaft und das Einverständnis von Menschen bezeichnet, zusammen in einem souveränen Staat mit einer eigenen, säkularen Kultur zu leben, dann zieht es die Mehrheit all jener Menschen, die sich rund um den Globus als Juden betrachten, vor, nicht dort zu leben und mit den Israelis ihre nationale Kultur zu teilen. Das gilt selbst für jene, die beständig ihre Solidarität mit Israel zum Ausdruck bringen. Die Prozionisten finden nichts dabei, Bürger ihrer jeweiligen Nationalstaaten zu sein und unmittelbar Anteil an den Aktivitäten und dem Wohlstand der dort lebenden Völker zu haben, gleichzeitig jedoch, wie nimmersatte Immobilienspekulanten, ein historisches Recht auf das »Land der Väter« zu reklamieren, das auf ewig ihnen gehören soll.

Um unnötigen Missverständnissen vorzubeugen, sollte ich noch einmal betonen: a) Ich habe niemals das Recht der jüdischen Israelis in Zweifel gezogen, in einem demokratischen, offenen und alle seine Bürger einbeziehenden Israel zu leben. b) Niemals habe ich die Existenz einer tiefen religiösen, weit zurückreichenden Beziehung der Anhänger des jüdischen Glaubens zu ihrer heiligen Stadt Zion in Abrede gestellt. Doch zwischen diesen beiden Grundannahmen besteht ebenso wenig eine kausale Verbindung wie irgendein moralischer Zusammenhang, aus dem sich irgendwelche Verpflichtungen ableiten ließen.

Erstens ist, soweit ich das überhaupt beurteilen kann, mein politischer Standpunkt immer ein pragmatisch-realistischer geblieben: Wenn die Verpflichtung besteht, vieles zu korrigieren, was in der Vergangenheit getan wurde; wenn ein kategorisches moralisches Gebot uns nötigt, das Unglück und die Zerstörung anzuerkennen, die wir über andere gebracht haben; selbst wenn wir künftig einen hohen Preis an jene zu zahlen hätten, die zu Flüchtlingen geworden sind – es wäre dennoch unmöglich, die Zeit zurückzudrehen, ohne neue Tragödien heraufzubeschwören. Die zionistische Besiedlung hat in der Region nicht nur eine kolonialistische, ausbeuterische Oberschicht hervorgebracht, sondern auch eine Gesellschaft, eine Kultur und sogar ein ortsbezogenes Volk, die zu entwurzeln außer Frage steht. Mithin ist jeder Versuch, das Existenzrecht eines israelischen Staates zu erschüttern, der auf einer gesellschaftlichen und politischen Gleichstellung aller seiner Bürger gründet, nicht nur anachronistisch und töricht, sondern auch ein sicheres Rezept für weitere Katastrophen in der Region – unabhängig davon, ob ein solcher Versuch von Seiten radikaler Muslime erfolgt, die darauf bestehen, diesen Staat vom Antlitz der Erde zu tilgen, oder aber aus der Richtung von Erzzionisten, die in ihrer Verblendung daran festhalten, in diesem Staat die Heimat aller Juden auf der Welt zu sehen.

Zweitens sollte, wenn auch die Politik aus schmerzhaften Kompromissen besteht, die historische Forschung alles daran setzen, sich von solchen fernzuhalten. Zwar bin ich immer von der Annahme ausgegangen, der spirituelle Hunger nach dem von Gott verheißenen Land sei einer der zentralen Identitätsstränge jüdischer Religionsgemeinschaften gewesen und somit eine elementare Voraussetzung für deren Verständnis. Doch die schmerzliche Sehnsucht nach dem himmlischen Jerusalem in der Seele unterdrückter und erniedrigter religiöser Minderheiten war vor allem ein metaphysisches Herbeisehnen der Erlösung – nicht aber das Verlangen nach einer konkreten Landschaft und ihren steinigen Hügeln. Davon abgesehen sollte die religiöse Beziehung zu einer heiligen Stätte, sei es auf Seite von Juden, Christen oder Muslimen, auf keinen Fall dazu dienen, moderne Besitzrechte an ihr zu erwerben.

Bei allen Unterschieden ist das Prinzip dasselbe: Die Kreuzritter hatten keinerlei »historisches Recht«, sich des Heiligen Landes zu bemächtigen, trotz ihrer starken religiösen Bindung an dieses, ihrer langen Anwesenheit dort und der Unmengen von Blut, die sie um seinetwillen vergossen. Auch die Tempelgesellschaft, jene christlich-chiliastische, Mitte des 19. Jahrhunderts im Königreich Württemberg entstandene Religionsgemeinschaft, die sich selbst als das auserwählte, zum Erben des gelobten Landes bestimmte Volk ansah, besaß kein solches Vorrecht. Selbst die christlichen Pilger, die im 19. Jahrhundert in Scharen ins Heilige Land kamen und sich ihm mit großer Inbrunst hingaben, träumten in aller Regel nicht davon, das Land in Besitz zu nehmen. Ähnlich erheben auch jene Juden, die in den letzten Jahren zu Zehntausenden zum Grabmal des Rabbi Nachman von Bratslav im ukrainischen Städtchen Uman pilgern, keinen Herrschaftsanspruch auf diesen Ort. Nebenbei bemerkt bereiste auch Rabbi Nachman selbst, einer der wichtigsten Neuerer des chassidischen Judentums, in den Jahren 1798/99 Zion, just zu dem Zeitpunkt, als sich Napoleon Bonaparte in Palästina aufhielt.

Aber der Rabbi betrachtete das Land niemals als nationales Eigentum, sondern vielmehr als Zentrum einer sich ausbreitenden Energie des Schöpfers, weshalb er folgerichtig demütig in sein Geburtsland zurückkehrte, wo er später, wie erwähnt, in allen Ehren beigesetzt wurde.

Wenn aber unser Freund Simon Schama über »das Band der Erinnerung zwischen dem Land der Väter und der jüdischen Erfahrung« schreibt, widmet er sich, wie andere prozionistische Historiker auch, nicht mit dem nötigen Ernst dem jüdischen Bewusstsein. Im Grunde genommen gilt seine Absicht vielmehr einer zionistischen Erinnerung und sehr privaten Erlebnissen gleichermaßen. Im Vorwort zu seinem höchst lesenswerten Werk *Der Traum von der Wildnis. Natur als Imagination* erzählt der angelsächsische Historiker, wie er einst, als Schüler an einer jüdischen Schule in London, in Israel Bäume pflanzte:

> Die Bäume waren unsere stellvertretenden Immigranten, die Wälder unsere Siedlungen. Und auch wenn wir davon ausgingen, dass ein Nadelwald schöner aussah als ein von Ziegen- und Schafherden kahlgefressener Hügel, waren wir doch nie ganz sicher, *wozu* all diese Bäume gut waren. Was wir wussten, war, dass ein Wald mit Wurzeln das Gegenteil einer Landschaft aus Treibsand war, aus nacktem Felsen und rotem Staub, den der Wind aufwirbelt. Die Diaspora war Sand. Was also sollte Israel anderes sein als ein Wald, fest verwurzelt und hoch gewachsen?[21]

Lassen wir für einen Moment einmal Schamas so symptomatische Ignoranz für die vielen Überreste arabischer Dörfer (mitsamt ihren Olivenhainen, den Orangenplantagen und Kakteenhecken, die sie umgaben) außer Acht, welche die Bäume des *Keren Kayemet* beschatten und verbergen. Doch Schama weiß besser als manch anderer, dass tief in der Scholle wurzelnde Wälder seit jeher eines der zentralen Motive der Identitätspolitik des romantischen Nationalismus in Mitteleuropa waren. Die Tatsache unerwähnt zu lassen oder gar zu leugnen, dass in der reichen jüdischen Tradition Bewaldung und Aufforstung niemals eine Antwort auf die »Wanderdünen« des Exils dargestellt haben, ist hingegen typisch für die zionistische Historiographie.

Es gab, wie gesagt, sehr wohl eine weit zurückreichende jüdische Erinnerung und Sehnsucht nach Zion, doch waren diese niemals das Streben breiter Massen nach kollektivem Eigentumsrecht über eine nationale Heimstätte. Das »Erez Israel« zionistischer und israelischer Autoren entspricht nicht im Mindesten dem Heiligen Land meiner Vorväter – der realen, nicht der mythologischen –, deren Herkunft und Leben fest mit der jiddischen Kultur Osteuropas verwoben waren. Genau wie die Juden Ägyptens, Nordafrikas oder des fruchtbaren Halbmonds hegten sie gegenüber diesem fernen und hochheiligen Ort Gefühle tiefer Ehrfurcht und Trauer. So hocherhoben über die profane Welt war dieser Ort, dass sie in all den Jahrhunderten nach ihrem Übertritt zum jüdischen Glauben niemals den Versuch unternahmen, dorthin auszuwandern, um in diesem Land zu leben. Für die meisten von ihnen, zumindest für die Mehrheit aller rabbinischen Gelehrten, die schriftliche Zeugnisse hinterlassen haben, hatte Gott gegeben und wieder genommen, und erst in dem Augenblick, in dem er sich entschlösse, den Messias zu schicken, würde sich die kosmische Ordnung der Dinge ändern. Erst beim Kommen des Erlösers würden alle, die Lebenden und die Toten, im ewigen Jerusalem versammelt. Für die allermeisten von ihnen stellte jedwede Beschleunigung dieser kollektiven Erlösung ein Vergehen dar, für das diejenigen, die sich seiner schuldig machten, schwer bestraft würden. Für andere war das Heilige Land vor allem ein allegorischer, weniger ein konkreter Begriff, ein innerlicher spiritueller Zustand und nicht ein konkreter territorialer Schauplatz. Die Reaktion des jüdischen Rabbinats – des traditionell-orthodoxen wie des reformiert-liberalen gleichermaßen – auf die Geburt der zionistischen Bewegung zeugt mehr als alles andere davon.[22]

Was wir als Geschichte definieren, ist nicht nur eine Welt der Ideen, sondern auch Zeit und Raum menschlichen Handelns. Die überwiegende Mehrheit aller Menschen in der Vergangenheit hat keinerlei schriftliche Zeugnisse hinterlassen, so dass wir sehr wenig über ihren Glauben, ihre Vorstellungswelt und ihre Gefühle wissen, die individuelle und kollektive Handlungen bedingten. Doch zuweilen sind es gerade die schweren Stunden einer Krise oder Katastrophe, die uns einen Einblick in ihre Neigungen und Präferenzen gewähren. Als jüdische Gemeinschaften im Zuge religiöser Verfolgungen aus ihren Wohnorten vertrieben wurden, suchten sie nicht Zuflucht in ihrem Heiligen Land, sondern unternahmen alle erdenklichen Anstrengungen, um andernorts Asyl zu finden (siehe als eines der markantesten Beispiele die Vertreibung aus Spanien). Und als die moderneren und hässlicheren Bedrückungen in Gestalt der protonationalen Pogrome im Gebiet des russischen Imperiums einsetzten, wandten sich die verfolgten Juden, nun schon deutlich säkularer ausgerichtet, voller Hoffnung neuen Ufern zu. Nur die verschwindend wenigen, die von einer modernen nationalen Ideologie erfüllt waren, phantasierten von einer »alt-neuen« Heimat und wandten sich Palästina zu.[23]

So war die Situation auch vor und nach dem furchtbaren Genozid der Nazis: Allein die mit der einwanderungsfeindlichen Gesetzgebung von 1924 beginnende und bis in Jahr 1948 dauernde Weigerung der Vereinigten Staaten, die vom europäischen Judenhass Verfolgten aufzunehmen, ermöglichte erst die Umlenkung zahlenmäßig bedeutsamerer Flüchtlingskontingente in den Nahen Osten. Hätte es diese restriktive Immigrationspolitik nicht gegeben, wäre der Staat Israel womöglich niemals entstanden.

Die Geschichte, so hat Karl Marx einmal behauptet, neigt dazu, sich zu wiederholen: Beim ersten Mal tritt sie als Tragödie auf und beim zweiten Mal als Farce. Anfang der achtziger Jahre des 20. Jahrhunderts beschloss der amerikanische Präsident Ronald Reagan, den Verfolgten des Sowjetregimes, unter ihnen viele Juden, die Einwanderung in die Vereinigten Staaten zu ermöglichen. Und tatsächlich wandten sie sich in Scharen dorthin. Die israelische Regierung übte Druck aus und setzte alles daran, die amerikanischen Tore zu schließen. Da sich die Emigranten jedoch auch weiterhin nicht davon abbringen ließen, in den Westen statt in den Nahen Osten zu flüchten, wurde in Jerusalem beschlossen, sie hinters Licht zu führen und dafür auch eine wenig appetitliche Zusammenarbeit mit dem rumänischen Diktator Nicolae Ceauşescu in Kauf zu nehmen. Mit Hilfe von Bestechungsgeldern, die an dessen Geheimdienst Securitate und an die korrupten kommunistischen Herrscher in Ungarn flossen, wurden mehr als eine Million jüdischer Emigranten aus der Sowjetunion dazu gebracht, in ihren »angestammten Nationalstaat« auszureisen, für den sie sich überhaupt nicht entschieden hatten und in dem sie nie hatten leben wollen.[24]

Ich weiß nicht, ob Simon Schamas Eltern oder deren Eltern je die Wahl hatten, in das nahöstliche »Land ihrer Väter« zurückzukehren, oder nicht. Auf jeden Fall haben sie, wie die Mehrheit der jüdischen Emigranten auch, es vorgezogen, nach Westen zu ziehen und weiterhin im peinigenden »Exil« zu leben. Demgegenüber bin ich sicher, dass Simon Schama selbst jederzeit in seine »alte Heimat« hätte auswandern können. Doch er zog es vor, sich von immigrierenden Bäumen vertreten zu lassen, oder auch von Juden, die nicht das Glück gehabt hatten, es nach Großbritannien oder in die USA zu schaffen. Womit er mich an einen guten alten jiddischen Witz erinnert, in dem ein Zionist als Jude definiert wird, der einen anderen Juden um Geld bittet, um es einem dritten Juden zu geben, damit dieser nach »Erez Israel« einwandert – ein Witz, der zum Zeitpunkt der Abfassung dieses Buches noch viel treffender ist als in der Vergangenheit, weshalb ich ihn in dieser Studie noch einige Male werde bemühen müssen.

Kurzum, ebenso wenig wie die Juden im ersten christlichen Jahrhundert gewaltsam aus dem Lande Judäa ins Exil getrieben wurden, kehrten sie aus freien Stücken nach Palästina und später ins Israel des 20. Jahrhunderts »zurück«. Wir alle wissen, dass es Aufgabe des Historikers ist, die Vergangenheit zu deuten, statt Prophezeiungen über die Zukunft anzustellen, womit ich also ein unnötiges Risiko auf mich nehme. Dennoch stelle ich folgende Vermutung an: Der Mythos von der Exilierung und der Heimkehr, der im 20. Jahrhundert als Folge eines nationalistisch gestimmten Antisemitismus noch virulent war, könnte sich im 21. Jahrhundert zusehends abkühlen. Diese Vorhersage ist allerdings nur unter der Voraussetzung gültig, dass der Staat Israel nicht auch weiterhin alles in seiner Macht Stehende unternimmt, damit jene Judenfeindschaft erneut erwacht und eine neue Schreckensbrut gebiert.

3. Das Land der Väter und seine Namen

In dieser Studie möchte ich unter anderem nachvollziehen, wie es zur Erfindung von »Erez Israel« – dem »Land Israel« – als sich wandelndem territorialem, der Herrschaft des »jüdischen Volkes« unterworfenem Raum gekommen ist, jenes »jüdischen Volkes«, das, wie gesagt, ebenfalls im Zuge eines ideologischen Konstruktionsprozesses erfunden wurde.[25] Doch bevor ich meine theoretische Reise in die Tiefen dieses geheimnisvollen Fleckchens Erde beginne, das die westliche Welt seit Urzeiten fasziniert, muss ich die Aufmerksamkeit auf das Thema des terminologischen Mechanismus lenken, der diesen Ort fest umklammert hält. Denn ähnlich wie in einigen anderen nationalen Sprachkulturen finden sich auch im zionistischen Fall semantische, von Anachronismen geprägte Manipulationen, die einen konsequenten kritischen Diskurs erschweren.

Ich werde an dieser Stelle nur ein zentrales Beispiel aus diesem problematischen historischen Wortschatz anführen. Der Begriff »Erez Israel« – »Land Israel« –, der bekanntermaßen niemals, auch heute nicht, deckungsgleich mit dem Gebiet des Staates Israel war, dient in der hebräischen Sprache bereits seit vielen Jahren als Standardbezeichnung für die Region zwischen dem Mittelmeer und dem Jordan und umfasste in noch nicht allzu ferner Vergangenheit zudem Gebiete östlich des Flusses. Dieser liquide Begriff diente als Navigationsinstrument und Stimulanz für die territorialen Phantasien des zionistischen Siedlungsprojekts seit seinen Anfängen vor über hundert Jahren. Für jemanden, der nicht in und mit der hebräischen Sprache lebt, ist es schwer, das Gewicht und die Bedeutung dieses Begriffes im israelischen Bewusstsein voll zu erfassen. Von Schulbüchern bis zu Promotionsschriften, von Romanen bis zu gelehrten historiographischen Studien, von Lyrik und Liedgut bis hin zu politischer Geographie – dieser Begriff dient bis auf den heutigen Tag als eine Art rhetorischer Code, der sowohl sämtliche Verästelungen des kulturellen Schaffens wie auch all die vielen politischen Sensibilitäten in Israel zusammenführt.[26]

In den Regalen der Buchhandlungen und den Universitätsbibliotheken stehen Seite an Seite gewichtige Werke über *Das prähistorische Erez Israel*, über *Erez Israel zur Zeit der Kreuzfahrerherrschaft* oder über *Erez Israel unter arabischer Okkupation* etc. Wenn ausländische, fremdsprachige Bücher ein hebräisches Gewand erhalten, wird in ihnen systematisch »Palästina« zu »Erez Israel«. Selbst die Schriften der großen zionistischen Vordenker wie Theodor Herzl, Max Nordau, Ber Borochov und vieler anderer, die – wie die meisten ihrer Anhänger – die gebräuchliche, allgemein akzeptierte Bezeichnung »Palästina« verwendeten, gingen in ihrer hebräischen Übersetzung dieses Tabubegriffs verlustig, an dessen Stelle stets ein »Erez Israel« trat. Diese Sprachregelung erzeugt zuweilen amüsante Absurditäten: Oftmals versteht der naive israelische Leser nicht, warum in der großen Kontroverse, die zu Beginn des 20. Jahrhunderts in der zionistischen Bewegung um die Bevorzugung Ugandas vor Palästina geführt wurde, die zahlreichen Gegner dieses Plans »Palästinenser« oder »Palästinozentristen« genannt wurden.

Es finden sich sogar prozionistische Historiker, die versuchen, den Begriff »Erez Israel« auch in anderen Sprachen salonfähig zu machen. So etwa Simon Schama, der dem kolonisatorischen Werk der Familie Rothschild begeistert ein Denkmal setzt und dem Buch den Titel *Two Rothschilds and the Land of Israel* gibt.[27] Wobei daran zu erinnern ist, dass in dem fraglichen Zeitraum der Begriff »Palästina« nicht nur in allen europäischen Sprachen gang und gäbe war, sondern auch von allen jüdischen Protagonisten verwendet wurde, die Schamas Buch bevölkern. Und Bernard Lewis, ein nicht minder bekannter britisch-amerikanischer Historiker und weiterer getreuer Verehrer des zionistischen Projektes, übertrifft Schama sogar noch. In einem gelehrten Aufsatz, in dem es ihm darum geht, den historischen Gebrauch des Ausdrucks »Palästina« nach Kräften herunterzuspielen, erklärt Lewis mit wissenschaftlicher Selbstgewissheit, diese Bezeichnung sei »unter den Juden niemals in Gebrauch gewesen, für sie war der überlieferte Name des Landes seit dem Auszug aus Ägypten und bis in unsere Tage immer nur ›Erez Israel‹«.[28]

Kein Wunder, dass jüdische Israelis überzeugt sind, dass diese eindeutige Bezeichnung, die den Eigentümer des Landes klar benennt, beinahe ewig sei und mindestens schon seit der göttlichen Verheißung existiere. Wie ich bereits in einem anderen Buch und in anderem Wortlaut geschrieben habe, denken Hebräisch sprechende Zeitgenossen weniger den Mythos »Erez Israel«, als dass das mythologische Land Israel sich selbst durch sie erdenkt und nebenbei die Vorstellung von einem nationalen Raum erschafft, deren politische und moralische Auswirkungen man sich nicht immer voll bewusst macht.[29] Die Tatsache, dass seit 1948 keine territoriale Deckungsgleichheit zwischen dem »Land Israel« und der Fläche des Staates Israel mehr besteht, veranschaulicht klar die geopolitische Mentalität und das Bewusstsein von der Grenze – oder genauer gesagt von der nicht vorhandenen Grenze –, die eine deutliche Mehrheit der jüdischen Israelis teilt.

Zuweilen jedoch kann die Geschichte recht ironische Züge annehmen, insbesondere auf dem Feld der Erfindung von Traditionen oder sprachlicher Überlieferungen. Wenige nur machen sich klar oder sind bereit zuzugeben, dass das Erez Israel der Bibel nicht Jerusalem, Hebron, Betlehem und deren Umgebung umfasste, sondern nur Samaria und einige angrenzende Landstriche, sprich: das Territorium des Nordreichs Israel!

Da niemals ein vereintes Reich der Könige Israels und jener des Südreiches Juda existierte, gab es auch keine hebräische Bezeichnung für das gemeinsame Territorium, weshalb in allen Schriften der hebräischen Bibel die pharaonische Bezeichnung der Region beibehalten wurde – »Erez Kna'an«, das Land Kanaan.[30] Gott versprach Abraham, dem ersten Konvertiten zum Judentum: »Dir und deinen Nachkommen gebe ich ganz Kanaan, das Land, in dem du als Fremder weilst, für immer zu eigen ...« (Genesis 17,8). Und im selben väterlichen, aufmunternden Tonfall fährt er später fort und befiehlt Mose: »Geh hinauf in das Gebirge Abarim, das du vor dir siehst, steig auf den Berg Nebo, der in Moab gegenüber Jericho liegt, und schau auf das Land Kanaan ...« (Deuteronomium 32,48 f.). Insgesamt kommt dieser populäre Name in 57 Versen vor.

Jerusalem dagegen lag schon immer im Lande Judäa, und diese geopolitische Bezeichnung, die sich infolge der Gründung des kleineren Königreichs durch das Haus David etablierte, findet 24 Mal Erwähnung. Niemand von den Autoren der biblischen Texte wäre jemals auf die Idee gekommen, das Territorium rings um die Stadt Gottes mit der Bezeichnung »Land Israel« zu belegen. Deshalb heißt es etwa im 2. Buch der Chronik: »Er riss überall auf ihren Plätzen die Altäre nieder, zerstörte die Kultpfähle, zermalmte die Götzenbilder und zertrümmerte die Rauchopferaltäre im ganzen Land Israel. Dann kehrte er nach Jerusalem zurück« (34,7). Das Land Israel beheimatete bekanntermaßen deutlich mehr Sünder als das Königreich Judäa und taucht dementsprechend in elf weiteren Versen auf, zumeist mit wenig freundlichen Konnotationen. Letztendlich entspricht die Art und Weise, wie die Verfasser der Bibel das in Frage stehende Territorium auffassen, der Wahrnehmung in anderen Zeugnissen des Altertums – in keinem Text oder einem anderweitigen archäologischen Fundstück findet sich die Bezeichnung »Land Israel« für einen allgemein bekannten geographischen Raum.

Diese Regel gilt auch in Bezug auf die lange Epoche, die von der israelischen Geschichtsschreibung als die Zeit des Zweiten Tempels bezeichnet wird: Der erfolgreiche Aufstand der Hasmonäer in den Jahren 167 bis 160 v. u. Z. und die gescheiterte Erhebung der Zeloten in den Jahren 66 bis 73 u. Z. fanden, sämtlichen schriftlichen Zeugnissen zufolge, keineswegs im »Land Israel«

statt. Vergebens suchen wir diesen Begriff in den Makkabäerbüchern oder den anderen deuterokanonischen Schriften der hebräischen Bibel.[31] Umsonst mühen wir uns, ihn in den philosophischen Abhandlungen Philos von Alexandria oder in den historischen Werken des Flavius Josephus zu finden. Solange in irgendeiner Form ein judäisches Königreich existierte, souverän oder unter dem Schutz einer anderen Macht stehend, war das Territorium zwischen dem Meer und dem Jordan keinesfalls unter dem Markennamen »Land Israel« bekannt!

Die Namen von Regionen und Ländern haben sich in der Vergangenheit häufig gewandelt. Zuweilen ist es üblich, Länder des Altertums mit Namen zu bezeichnen, die ihnen erst in späteren Zeiten angeheftet wurden. Doch diese sprachliche Praxis findet in aller Regel nur dann Anwendung, wenn für den nämlichen Ort kein bekannter, allgemein akzeptierter Name vorliegt. Jeder von uns weiß zum Beispiel, dass Hammurabi nicht über das Gebiet des heutigen Irak herrschte, sondern über Babylon, dass Julius Cäsar nicht das ganze große Frankreich eroberte, sondern nur Gallien. Demgegenüber sind sich nur wenige Israelis bewusst, dass David, der Sohn Isais, oder König Joschija über einen Ort herrschten, der Kanaan oder Judäa hieß, und dass sich der kollektive Freitod auf der Bergfeste Masada mitnichten im Land Israel zugetragen hat.

Wie dem auch sei – diese »schlimme« semantische Vergangenheit hat israelische Historiker nicht im mindesten gestört. Hemmungslos und ohne zu zögern replizieren sie immer wieder diesen sprachlichen Anachronismus. Ihren national-wissenschaftlichen Standpunkt hat seinerzeit Jehuda Elitzur, angesehener Professor für Bibelwissenschaften und historische Geographie an der Bar-Ilan-Universität, auf den Punkt gebracht. Mit seltener Freimütigkeit schrieb er:

> Nach unseren Vorstellungen ist unser Verhältnis zum Lande Israel nicht ohne weiteres mit dem Verhältnis anderer Völker zu ihrer Heimat gleichzusetzen. Die Unterschiede lassen sich leicht benennen. Israel war Israel, auch vor seinem Einzug in

> das Land. Israel war Israel, auch viele Generationen nach seinem Auszug ins Exil, und dieses Land blieb das Land Israel auch als unbewohnte Wüstenei. Dieses gilt nicht für andere Völker. Es gibt keine Engländer, es sei denn, sie sind in England, und es gibt kein England, es sei denn, es wird von Engländern bewohnt. Engländer, die England verlassen, werden in ein oder zwei Generationen aufgehört haben, Engländer zu sein. Und würde England von allen Engländern entvölkert werden, würde es aufhören, England zu sein. Entsprechendes gilt für alle anderen Völker.[32]

So wie das Volk eine ewige, unveränderliche »Ethnie« ist, so ist auch das Land eine feste, unveränderliche Wesenheit, was ebenso für seinen Namen gilt. In allen Interpretationen der oben erwähnten alten Texte, sowohl der hebräischen Bibel als auch der Schriften aus der Zeit des Zweiten Tempels, wird das Land Israel als klar umgrenztes, beständiges, in jeder Generation und jeder Epoche allgemein bekanntes und anerkanntes Territorium präsentiert. Ich werde einige Beispiele anführen, um zu veranschaulichen, worum es mir geht.

In der hebräischen Neuübersetzung des 1. Makkabäerbuchs, die im Jahre 2004 in einer Prachtausgabe erschien, taucht der Begriff »Erez Israel« in dem aktuellen Vorwort und den Anmerkungen insgesamt 156 Mal auf, obgleich die Hasmonäer selbst mit Sicherheit nicht wussten, dass sie ihren Aufstand in einem territorialen Raum solchen Namens führten. Noch kühner zeigte sich ein Historiker von der Hebräischen Universität in Jerusalem, der ein wissenschaftliches Werk unter dem Titel *The Land of Israel as a Political Concept in Hasmonean Literature* veröffentlichte, ungeachtet der Tatsache, dass dieses »Konzept« in besagtem Zeitraum überhaupt nicht existierte. Und in nicht allzu ferner Vergangenheit wurde der geo-nationale Mythos noch derart heiß gehandelt, dass die Herausgeber der Schriften von Flavius Josephus es sogar wagten, den Begriff »Erez Israel« den hebräischen Übersetzungen direkt einzupflanzen.[33]

Die Wahrheit ist, dass »Erez Israel« ursprünglich eine christliche und rabbinische und mithin eine späte theologische, auf keinen Fall aber eine politische Erfindung war. Es war einer von vielen Namen, die zum Teil in der jüdischen Tradition nicht weniger akzeptiert waren, wie »Erez Kodesh« (das Heilige Land), »Erez Kna'an« (das Land Kanaan), »Erez Zion« (das Land Zion) oder »Erez ha-Tzvi« (das Land der Herrlichkeit). Mit aller gebotenen Vorsicht lässt sich die These vertreten, dass diese Bezeichnung zum ersten Mal im Neuen Testament auftaucht, und zwar im Matthäus-Evangelium. Sollte die Vermutung zutreffen, dass dieser christliche Text gegen Ende des 1. Jahrhunderts u. Z. verfasst wurde, so kann ihm sicherlich Piniercharakter zuerkannt werden. Dort heißt es: »Als Herodes gestorben war, erschien dem Josef in Ägypten ein Engel des Herrn im Traum und sagte: Steh auf, nimm das Kind und seine Mutter, und zieh in das Land Israel« (Matthäus 2,19 f.).

Dieser einmalige Gebrauch von »Land Israel«, um die Region um Jerusalem zu bezeichnen, ist bemerkenswert, da die meisten Texte des Neuen Testaments die Bezeichnung »Land Judäa« vorziehen.[34] Möglicherweise taucht der neue Ausdruck an dieser Stelle auf, da die ersten Christen sich selbst als »Kinder Israels« definierten und nicht als Juden, doch ist auch nicht auszuschließen, dass die Bezeichnung »Land Israel« erst viel später in den überlieferten Text eingefügt wurde.

Auch im Judentum schlug der Ausdruck »Land Israel« erst einige Zeit nach der Zerstörung des Tempels Wurzeln, als der jüdische Monotheismus, infolge des Scheiterns seiner drei antipaganen Erhebungen, im gesamten Mittelmeerraum zunehmend in die Defensive geriet. Erst als Judäa im 2. Jahrhundert u. Z. mit der Provinz Syria zu Syria Palaestina vereinigt wurde und ein erheblicher Teil seiner Bewohner zum Christentum übertrat, findet sich in den Texten der Mischna und des Talmuds ein erster, noch zögerlicher Gebrauch des Ausdrucks »Land Israel«. Möglich ist auch, dass dieser Sprachgebrauch auf die Furcht vor einem Erstarken des Zentrums in Babylonien und der zunehmenden Abwanderung judäischer Gelehrter dorthin zurückging.

Dennoch ist, wie bereits angedeutet, der Ausdruck »Land Israel« in seiner christlichen oder rabbinischen Lesart nicht identisch mit der Bedeutung, die diesem sprachlichen Relais im Zeitalter des Nationalismus verliehen wurde. Ebenso wie die antiken oder mittelalterlichen Begriffe »Volk Israel«, »das auserwählte Volk«, »das Christenvolk« oder »God's people« sich vollkommen von den Bedeutungen unterscheiden, die heute mit einem modernen Volk in Verbindung gebracht werden, so ist auch das verheißene Land der Bibel oder das Heilige Land der jüdischen und der christlichen Tradition nicht im Entferntesten mit der zionistischen Heimat zu vergleichen. Das Land der göttlichen Verheißung umfasste bekanntermaßen etwa die Hälfte des Nahen Ostens und reichte vom Euphrat bis zum Nil. Die religiösen Grenzen des talmudischen Landes Israel hingegen bezeichneten immer nur unzusammenhängende, kleinere Gebiete, für die jeweils unterschiedliche Gebote galten und die nach verschiedenen Graden der Heiligkeit abgestuft waren. Diese Grenzen sind im reichen, sich über Jahrhunderte erstreckenden jüdischen Schrifttum jedoch niemals als staatliche Trennlinien begriffen worden.

Erst zu Beginn des 20. Jahrhunderts, nachdem der Begriff einige Jahre in protestantischen Anreicherungsanlagen verbracht hatte, wurde das theologische »Land Israel« zu guter Letzt umfunktioniert und zu einem expliziten geo-nationalen Terminus aufbereitet. Auch um die Bezeichnung »Palästina« zu eliminieren, die, wie bereits erwähnt, nicht nur in Europa gang und gäbe war, sondern auch von sämtlichen zionistischen Führungspersönlichkeiten der ersten Generation verwendet wurde, entnahm der siedelnde Zionismus »Erez Israel« der rabbinischen Tradition und schmiedete den Ausdruck in der neuen Sprache der Kolonialisten um zu der einzig gültigen, besitzanzeigenden Bezeichnung für den zu besiedelnden Raum.[35]

Dieses erfolgreiche sprachliche Konstrukt, das wesentlich zur Etablierung einer ethnozentrischen Erinnerung beitrug und durch die hebraisierten Namen von Landstrichen, Stadtvierteln, Straßen, Bergen, Tälern und Flüssen ergänzt wurde, erlaubte es, die lange nichtjüdische Zeit in der Geschichte des Landes zu überspringen.[36] Und was noch bedeutsamer für unsere Frage ist: Die Bezeichnung eines Territoriums durch einen Besitztitel, der die große Mehrheit der Bevölkerung nicht einschließt und auf diese keinen Bezug nimmt, sollte es wenig später leichter machen, diese als Untermieter oder als temporäre Bewohner zu betrachten, die auf Böden saßen, die nicht die ihren waren. Der Gebrauch des Ausdrucks »Land Israel« hat zweifelsohne seinen Teil zur Ausprägung des populären Leitmotivs von einem leeren Land beigetragen – ein »Land ohne Volk«, das schon immer für ein »Volk ohne Land« bestimmt gewesen sei. Eine Entschlüsselung dieses zentralen und verlogenen Motivs, das in Wirklichkeit christlich-protestantischen Ursprungs ist, soll uns ermöglichen, sowohl die Entstehung der Flüchtlingssituation im Krieg von 1948 besser zu verstehen als auch die Neuauflage des Siedlungsprojektes nach dem Krieg von 1967.

Dieser Studie geht es vor allem darum, den Grundsatz des »historischen Anrechts« ebenso zu entzaubern wie die mit ihm verbundenen nationalen Narrative, die allein dem Zweck dienen, die Inbesitznahme des Territoriums moralisch zu legitimieren. Der Ansatz dieses Buches besteht darin, die etablierte Historiographie zu kritisieren und dabei auch den revolutionären Paradigmenwechsel zu charakterisieren, den der Zionismus innerhalb eines zusehends geschwächten Judentums auslöste. Denn die Revolte des jüdischen Nationalismus gegen den jüdischen Glauben ging von Anfang an mit einem Prozess der Instrumentalisierung einher, der die Begriffe, Werte, Symbole, Feste und Riten eben dieses Glaubens immer stärker in Beschlag nahm. Der säkulare Zionismus war bereits in der frühesten Phase seines Siedlungswerkes auf religiöse Gewänder angewiesen – sei es in dem Bestreben, die Grenzen der»Ethnie« zu bewahren und zu stärken, sei es, um die Grenzen des »Landes der Väter« zu lokalisieren. Mit der territorialen Expansion und dem Verschwinden des sozialistischen Elements im nationalen Diskurs wurden diese Gewänder noch sehr viel notwendiger, ja existentiell. Dieses Phänomen stärkt seit dem Ende des 20. Jahrhunderts die Position ethnoreligiöser Strömungen, sowohl in der Öffentlichkeit als auch in den Strukturen von Politik, Verwaltung und Militär.

Doch wir sollten uns durch diese jüngste Entwicklung nicht täuschen lassen. Gerade die Nationalisierung Gottes (und nicht etwa dessen Tod) war es, die dem Land die Aura der Heiligkeit genommen und es zu etwas Profanem gemacht hat, zu Sand, durch den die neue Nation stapft und darauf Schlösser errichtet, wie es ihr gefällt. In vergangenen Zeiten erwartete das Judentum als das Gegenteil seines metaphysischen Exils eine vor allem messianische Erlösung, die zwar spirituell mit diesem Ort verbunden sein würde, aber keinerlei nationalen Besitzanspruch implizierte. Ebenso brachte den Zionisten eine kriegerische Erlösung des Bodens das genaue Gegenstück zu ihrer Vorstellung von Exil, nämlich eine geographisch-materielle, moderne Heimat, die aber wegen ihres Gründungsmythos bis in die Gegenwart ohne feste Grenzen und somit gefährlich sowohl für ihre Bewohner wie für ihre Nachbarn bleibt.

1. Ein Vaterland erschaffen: Vom biologischen Imperativ zum Eigentum der Nation

Was ist denn ein Vaterland? Ein Vaterland ist ein Stück Erde, an allen Seiten von Grenzen, meist unnatürlichen Grenzen, eingefasst. Engländer sterben für England, Amerikaner sterben für Amerika, Deutsche sterben für Deutschland, Russen sterben für Russland. Es beteiligen sich bereits fünfzig oder sechzig Länder an diesem Krieg, und ganz gewiss können es doch nicht alle diese Länder wert sein, dass man für sie stirbt.

Joseph Heller,
Catch 22

Man muß, um die von Fichte in seinen »Reden an die deutsche Nation« von 1808 verwendete Terminologie aufzugreifen, dafür Sorge tragen, daß die »äußeren Grenzen« des Staates auch »innere Grenzen« werden, oder – was auf das Gleiche hinausläuft – daß die äußeren Grenzen ständig als Projektion und Schutz einer inneren kollektiven Identität gedacht werden, die jeder in sich trägt und die es ihm erlaubt, den Staat räumlich und zeitlich als einen Ort zu erleben, wo man immer gewesen ist und wo man immer »zuhause« sein wird.

Etienne Balibar, Immanuel Wallerstein,
Rasse, Klasse, Nation: Ambivalente Identitäten

In den theoretischen Diskursen zu Nation und Nationalismus, die gegen Ende des 20. Jahrhunderts und zu Beginn des 21. Jahrhunderts geführt wurden, hat die Frage der Konstruktion eines modernen Vaterlandes nur eine relativ marginale Rolle gespielt. Dem territorialen Raum, sprich: der Hardware, in dem die Nation ihre Souveränität verwirklicht, wurde nicht dieselbe wissenschaftliche Aufmerksamkeit zuteil wie der Software – dem Verhältnis zwischen Kultur und politischer Herrschaft etwa, oder der Funktion historischer Mythen bei der Gestaltung des nationalen Körpers. Denn so wie das nationale Projekt sich ohne Staatlichkeit und ohne erfundene Vergangenheit nicht verwirklichen kann, so ist es auch auf die geographisch-materielle Phantasie von einem eigenen Territorium angewiesen, das ihm als Ansatzpunkt und leidenschaftlich verfolgtes Ziel dient.

Doch was ist ein Vaterland? Ist es der Ort, von dem Horaz einst behauptete, für ihn zu sterben sei »süß und ehrenvoll«? Unzählige Jünger des Nationalismus haben in den letzten zweihundert Jahren in vielen Sprachen und vielfältigen Varianten dieses bekannte Diktum zitiert.[37] Doch ihre Absicht deckte sich nicht mit der Bedeutung, die der berühmte römische Dichter diesem Satz im 1. Jahrhundert v. u. Z. zugedacht hatte.

Da viele der Begriffe, die wir heute verwenden, aus den Beständen der Sprachen des Altertums geplündert wurden, fällt es heute schwer, zwischen ihrem früheren emotionalen Gehalt und den heutigen Sensibilitäten zu unterscheiden. Die Gefahr des Anachronismus schwebt schließlich über jedweder Begriffsprägung, sofern diese nicht von einem akribischen historiographischen Prüfungsverfahren begleitet wird. Sicherlich existiert in allen Sprachen der Begriff des »Vaterlandes«, doch transportiert dieser – wie bereits angedeutet – nicht immer dieselben Inhalte.

In den ältesten griechischen Dialekten findet sich die »patrida« (πατρίδα, steht meist für den Akkusativ) und etwas später die »patris« (πατρίς), die in Form der »patria« in das antike Latein einfließen. Der Ursprung des Begriffes findet sich selbstverständlich im Substantiv »pater«. Diese »väterliche« Präferenz sollte einigen modernen europäischen Sprachen ihren Stempel aufdrücken. Das italienische, spanische und portugiesische »patria«, die französische »patrie« und noch einige Versionen mehr nähren sich aus der Sprache der alten Römer. Da der lateinische Ausdruck das »Land des Vaters« meint, wurde im Englischen »fatherland«, im Deutschen »Vaterland« oder im Niederländischen »Vaderland« daraus. Parallel dazu lassen sich jedoch auch alternative Grundlagen für die Definition von Vaterland finden, die etwa der Mutter den Vorzug geben, so etwa im englischen »motherland«, oder aber dem Haus, wie im englischen »homeland«, in der deutschen »Heimat« oder dem jiddischen »Heimland«. Im Arabischen hingen hat der Begriff »Watan« (وطن) eine etymologische Verwandtschaft zum hebräischen Ausdruck »Nachala« (Grundbesitz, Erbschaft).

Die zionistischen Gelehrten indes, die Begründer des modernen Hebräisch, deren eigene Muttersprache in aller Regel Russisch (und/oder Jiddisch) war, entnahmen, offenbar unter dem Einfluss des russischen »Rodina« (Родина), der Bibel das Wort »Moledet«, das eher »Geburtsort« oder »Herkunftsregion der Familie« bedeutet. Auf jeden Fall gleicht das russische »Rodina« stark der deutschen »Heimat«, und das Mitschwingen eines romantischen (oder vielleicht auch sexuellen) Verlangens deckte sich offensichtlich mit der zionistischen Beziehung zur mythologischen Heimat.[38]

Wie dem auch sei, dem Begriff »Moledet« (Vaterland) wurden auf seiner Odyssee vom antiken Mittelmeerraum über das mittelalterliche Europa bis hin zur Schwelle der Moderne unterschiedliche Bedeutungen angeheftet, die in aller Regel nicht mit den Inhalten deckungsgleich sind, die ihm mit dem Aufkommen des Nationalismus zugewiesen wurden. Doch bevor ich dieser Sache auf den Grund gehe, gilt es, das Bewusstsein von einigen weitverbreiteten Vorurteilen zu befreien, Vorurteilen über die Beziehung von Menschen zu den territorialen Räumen, in denen sie leben.

1. Das Vaterland – ein natürlicher Lebensraum?

Im Jahre 1966 legte der bekannte Ethnologe Robert Ardrey einen kleinen soziobiologischen Sprengsatz, der erstaunliche Schockwellen in einer unverhofft breiten Leserschaft auslöste. Sein Buch *The Territorial Imperative. A Personal Inquiry into the Animal Origins of Property and Nations*[39] trat mit keiner geringeren als der Absicht an, unser gesamtes Denken über Territorien, Grenzen und Lebensräume herauszufordern. Hatte es bis dahin so geschienen, als wäre die Verteidigung des eigenen Heims, des Dorfes oder des Vaterlandes von jeher ein Ausdruck bewusster Interessen und das Ergebnis einer kulturell-historischen Entwicklung, so versuchte Ardrey nachzuweisen, dass ein abgestecktes Territorium und das Bewusstsein für Grenzen tief in evolutionären biologischen Prozessen verankert sind. Von Geburt an sei den Menschen der Drang zu eigen, Territorium in Besitz zu nehmen und es mit allen Mitteln zu verteidigen. Dieser Drang sei ein erblicher Instinkt, der allen Lebewesen diktiere, wie sie sich unter bestimmten Umständen zu verhalten haben.

Nach ausgedehnten Beobachtungen unterschiedlicher Tierarten und Gattungen war Ardrey zu dem Schluss gelangt, dass, wenn auch nicht alle, so doch sehr viele Spezies ein Territorialverhalten an den Tag legen. Dieses Revierverhalten sei ein angeborener Instinkt bei Lebewesen unterschiedlichster Gattung, der sich durch natürliche Auslese und winzige genetische Veränderungen entwickelt habe. Eine gründliche empirische Studie zeige, so Ardrey, dass territoriale Tiere jeden Eindringling vehement angreifen, insbesondere, wenn es sich dabei um Artgenossen handelt. So seien etwa die Kämpfe zwischen männlichen Tieren in einem bestimmten Gebiet, die Forscher in der Vergangenheit für Duelle um die Weibchen gehalten hätten, in Wahrheit gnadenlose Kämpfe um Besitzrechte. Noch weitaus überraschender aber sei, dass die Herrschaft über ein Territorium den Besitzern offensichtlich Kräfte verleiht, die den Eindringlingen fehlen. Bei den meisten Spezies existiere so etwas wie eine »universale Anerkennung territorialer Besitzrechte«, die alle Machtverhältnisse unter ihnen bedingt und steuert.

Also stellte Ardrey die Frage, warum Lebewesen auf ein Territorium angewiesen sind. Dafür gebe es eine ganze Reihe von Gründen, doch entscheidend seien zwei: 1) Das gewählte Gebiet liefert die materielle Existenzgrundlage der Lebewesen, sprich: Nahrung und Wasser. 2) Das Territorium dient als Schutzzone und Zufluchtsstätte vor Fressfeinden. Diese beiden primären Territorialbedürfnisse seien in einem langen evolutionären Prozess Bestandteil des genetischen Erbes der »Territorialisten« geworden. Dieses Erbgut erzeuge ein Bewusstsein für Grenzen und sei die eigentliche, alles entscheidende Grundlage für das Entstehen von Herden oder Schwärmen. Der Zwang, einen Lebensraum zu verteidigen, sei Auslöser für die Gemeinschaftsbildung unter Tieren, und diese fest vereinigte Gruppe ziehe dann in Konflikte mit anderen Kollektiven derselben Spezies.

Hätte es Ardrey bei einer bloßen Beschreibung des Verhaltens von Tieren belassen, wäre seine Studie wohl nur Gegenstand einer Polemik unter Experten für Ethologie geworden und hätte deutlich weniger Aufmerksamkeit erfahren, ungeachtet seines fesselnden rhetorischen Talents und seiner bildstarken Sprache.[40] Doch seine theoretische Zielsetzung und seine Schlussfolgerungen waren weitaus ambitionierter. Jenseits einiger empirischer Vermutungen auf dem Gebiet der Zoologie ging es Ardrey darum, die »Spielregeln« menschlichen Verhaltens über Generationen hinweg zu verstehen. Die Entdeckung der territorialen Dimension in der Fauna machte es, seiner Meinung nach, auch möglich, das Entstehen von Nationen und die Konflikte zwischen diesen in der gesamten Menschheitsgeschichte zu verstehen. Von dieser These ausgehend gelangte Ardrey zur folgenden höchst verstörenden Feststellung:

> Wenn wir unseren Besitz oder unser Land verteidigen, so sind die Gründe hierfür die gleichen, ebenso angeboren und unausrottbar wie bei den niederen Tieren. Der Hund, der hinter dem

Zaun hervor den Fremdling anbellt, tut dies aus den gleichen Motiven, aus denen sein Herr diesen Zaun errichten ließ.[41]

Die territorialen Aspirationen des Menschen seien das Echo eines uralten biologischen Imperativs, der dieses elementare menschliche Verhalten bedinge. Und Ardrey geht noch einen Schritt weiter: »Die Verbindung zwischen einem Menschen und der Scholle, über die er schreitet, ist stärker als die Verbindung zwischen ihm und der Frau, mit der ein gemeinsames Lager teilt.« Der einfache Beweis dafür lasse sich auf eine einzige Frage reduzieren: »Es mag uns höchst sonderbar erscheinen, dass die Bindung des Mannes zu seinem Grund und Boden stärker sein sollte als die Bindung zu der Frau, mit der er schläft. Wir können die Stichhaltigkeit der Behauptung vorläufig mit einer einzigen Frage erproben: Wie viele Männer kennen wir, die für ihr Land gestorben sind? Und wie viele starben für eine Frau?«[42]

Doch diese provokante Frage verdeutlicht uns auch, welcher Generation Ardrey angehörte. Als ein im Jahre 1908 geborener Amerikaner hatte er schon während seiner Kindheit Bekanntschaft mit den Opfern des Ersten Weltkriegs gemacht. Und im Erwachsenenalter gehörte er jener Generation an, die neben dem Zweiten Weltkrieg auch die Kriege in Korea und Vietnam miterlebte. Sein Buch, das mit Beginn des Vietnamkriegs verfasst wurde, konservierte in beträchtlichem Maß das internationale Klima der sechziger Jahre. Der Prozess der Entkolonialisierung, der nach dem Ende des Zweiten Weltkriegs einsetzte, brachte in den folgenden zwei Jahrzehnten mehr »nationale Territorien« hervor, als es in den vorangegangenen hundert Jahren auf der Welt gegeben hatte. Zwar hatte auch das Ende des Ersten Weltkriegs bereits die Gründung zahlreicher neuer Nationalstaaten ausgelöst, doch seinen Höhepunkt sollte dieser Prozess mit dem Erscheinen der Staaten der »Dritten Welt« erreichen. Zudem zeichneten nationale Befreiungskriege, etwa in Indochina, Algerien, Kenia und anderenorts, das Bild einer Welt, in der ein Kampf aller gegen alle tobte, mit dem alleinigen Ziel, unabhängige Nationalterritorien zu erlangen. Das Überschwappen des

Nationalismus über die Grenzen des Westens hinaus verlieh dem Globus mit Ende der Kämpfe ein kunterbuntes Antlitz, dekorierte ihn mit annähernd zweihundert farbenfrohen Nationalflaggen.

In der wissenschaftlichen Phantasie der Soziobiologie steht die Geschichte in aller Regel auf dem Kopf. Denn letztendlich prägt der Soziobiologe, wie andere Forscher im Bereich der Gesellschaftswissenschaften auch, seine Terminologie auf Grundlage von Begrifflichkeiten, die als Nebenprodukt all jener sozialen und politischen Prozesse anfallen, deren Zeuge er im Laufe seines Lebens wird. Doch zumeist ist er sich nicht bewusst, dass spätere historische Ereignisse oft sehr viel mehr zur Erklärung früherer Ereignisse beitragen als umgekehrt. Nachdem der Soziobiologe die meisten seiner Begriffe der gesellschaftlichen Gegenwart »entleiht«, bearbeitet er sie und veranschaulicht mit ihrer Hilfe die Tierwelt, die er beobachtet. Um dann in einem nächsten Schritt den Versuch zu unternehmen, die menschliche Gesellschaft mit eben jenen Begriffen und Bildern aus der Tierwelt zu beleuchten, die er zuvor einem Wortschatz entlehnt hatte, der durch den historischen Prozess überhaupt erst geschaffen wurde.

Und so geraten die zwischen Nationen um Territorien geführten Kriege der vierziger Jahre und die folgenden blutigen Auseinandersetzungen um nationale Unabhängigkeit und souveräne Territorien unter den Händen des tüchtigen Soziobiologen zu evolutionären Prozessen, die in beinahe allen Lebewesen genetisch angelegt sind.

Dieser biologische Determinismus erinnert, bei allen Unterschieden, an den nicht minder berühmten geographischen Determinismus, der von den deutschen Wissenschaftlern Friedrich Ratzel und später Karl Haushofer und anderen entwickelt wurde. Zwar war es nicht Ratzel, der den Begriff der »Geopolitik« prägte, doch gilt er als einer der Begründer dieses Fachs und zählte zu den Ersten, die auf raffinierte und höchst nachhaltige Weise biologische Schlacken mit der politischen Geographie verlöteten. Obgleich ihm vereinfachende rassistische Theoreme zuwider waren, war Ratzel überzeugt, dass schwächere Völker zivilisatorisch höher entwickelte Nationen zu unterstützen hätten, um im Gegenzug durch diesen Kontakt selbst kulturelle und geistige Reife zu erlangen.

Als ehemaliger Student der Zoologie, der zu einem erklärten Anhänger darwinistischer Theorien wurde, war sich Ratzel sicher, dass die Nation ein organischer Körper sei, der beständig die Grenzen seines Territoriums verändern müsste, um sich weiterzuentwickeln. So wie jeder lebende Organismus wachse und dabei seine Haut dehne, so müsse sich auch die Heimat ausdehnen und ihre Grenzen erweitern (oder aber schrumpfen und irgendwann aufhören zu existieren). »Die Nation verharrt nicht bewegungslos über Generationen auf einem Stückchen Land«, verkündete Ratzel, »sie muss sich ausdehnen, um zu erstarken und zu wachsen.«[43] Obgleich er diese Ausdehnung an kulturelles statt an machtpolitisches Wirken band, war es Ratzel, der als Erster den Begriff »Lebensraum« prägte.

Karl Haushofer ging bei der Entwicklung der Theorie von nationalen Lebensräumen noch einen Schritt weiter. Nicht von ungefähr wurde seine Geopolitik zu einem höchst populären Forschungsfeld im territorial frustrierten Deutschland der Zwischenkriegszeit. Denn diese Disziplin, die auch in Großbritannien, in den USA und schon früher in Skandinavien Anhänger fand, versuchte, die internationalen Machtverhältnisse mit Hilfe fester Gesetzmäßigkeiten zu erklären, die sich aus Vorgängen in der Natur ableiteten. Der Hunger nach Raum rückte dabei immer mehr ins Zentrum des theoretischen Unterbaus, der eine allgemeingültige Erklärung für die nervösen Spannungen zwischen den Nationalstaaten des noch jungen 20. Jahrhunderts liefern sollte.

Die geopolitische Logik kam zu der Feststellung, dass jede Nation, die demographisch wächst und erstarkt, Lebensraum benötige, das heißt, die ursprüngliche Fläche ihres Vaterlandes ausdehnen müsse. Da zum Beispiel die Bevölkerungsdichte in Deutschland deutlich höher war als in den umliegenden Staaten, habe Deutschland ein natürliches und historisches Recht, dorthin zu expandieren. Dieser Zuwachs solle wirtschaftlich schwächere

Regionen betreffen, die in der Vergangenheit oder bis in die Gegenwart von »ethnischen« Deutschen bewohnt wurden.[44]

Deutschlands später Eintritt in den kolonialistischen Wettlauf Ende des 19. Jahrhunderts diente ebenfalls als politischer Nährboden für das Aufblühen der populären »Lebensraumtheorien«. In dem Gefühl, bei der Verteilung der territorialen Beute übergangen worden zu sein, und zudem zutiefst frustriert über die harten Friedensbedingungen nach dem Ersten Weltkrieg, war Deutschland diesen Thesen zufolge dazu verpflichtet, territorial zu expandieren und damit einem Naturgesetz zu folgen, das seit den Anfängen der Geschichte die Beziehungen zwischen den Völkern bestimmt hatte. Anfangs beteiligten sich auch nichtdeutsche Geographen mit Begeisterung an der Entwicklung dieser Denkrichtung.

Da besagtes Naturgesetz aber ganz auf Herkunft und Boden fußte, verbanden sich Geopolitik und Ethnozentrismus zu einer explosiven Mischung, die bekanntlich wenige Jahre später in die Luft fliegen sollte. Haushofer und viele andere »beeinflussten« Hitler und sein Regime nicht wirklich, arbeiteten diesem aber indirekt zu. Sie verschafften dem Führer eine komplexe, elaborierte ideologische Legitimation für seinen unstillbaren Eroberungswahn. Folgerichtig verschwanden ihre Theorien mit seinem militärischen Fiasko im »wissenschaftlichen« Orkus.[45]

Auch Ardreys populäre Thesen gerieten relativ schnell in Vergessenheit. Obgleich seine soziobiologischen Erklärungen von Zeit zu Zeit auf neuerliches Interesse stießen, verkümmerte ihre Anwendung auf die Entstehung von Vaterländern zusehends. Ungeachtet der Attraktivität von Ardreys Analysen machte sich die Welt der Ethnologie letztendlich doch von deren starrem Determinismus ebenso frei wie von verwandten Anschauungen zum Territorialverhalten.[46]

Erstens stellte sich heraus, dass ausgerechnet hochentwickelte Primaten, die nächsten Verwandten des Menschen, wie Schimpansen, Gorillas und zum Teil sogar Paviane keineswegs »Territorialisten« sind. Darüber hinaus erscheint das Verhalten von Tieren in Bezug auf ihre Umgebung erheblich vielschichtiger zu sein, als es Ardreys bunte Schilderungen nahelegen. Selbst unter Vögeln, vielleicht die territorialsten Spezies überhaupt, existieren Verhaltensformen, die sehr viel mehr von sich verändernden Umweltbedingungen abhängen als von angeborenen Instinkten. Experimente zu den variablen Lebensbedingungen von Tieren haben bewiesen, dass aggressives Verhalten in Bezug auf das physische Umfeld sich anders äußert, sobald sich die geographisch-biologischen Vorgaben ändern.[47]

Ein Anthropologe mit breiter historischer Bildung sollte außerdem nicht außer Acht lassen, dass es der menschlichen Rasse, die ihren Weg offensichtlich auf dem afrikanischen Kontinent begann, gerade deshalb gelang, demographisch zu reüssieren und zu gedeihen, weil sie sich nicht an ein bekanntes Terrain klammerte, sondern weiterwanderte und so auf ihren flinken Füßen die Welt eroberte. So wurde der Erdball von immer zahlreicheren Jäger- und Sammlerstämmen bevölkert, die auf der Suche nach Nahrung unaufhörlich weiterzogen, um neue Lebensräume oder fischreiche Gewässer zu finden. Erst wenn es der Natur gelang, dieses Grundbedürfnis zu befriedigen, blieb der Mensch in einer bestimmten Gegend und verwandelte diese durch mehr oder weniger tiefe Eingriffe in seine Wohnstätte.

Was aber den Menschen sehr viel später dauerhaft an eine Scholle binden sollte, war nicht sein biologisch festgelegtes Streben nach einem festen Territorium, sondern vielmehr die sich langsam entwickelnde Landwirtschaft. Mit dem Übergang vom Nomadentum zur Sesshaftigkeit, der sich zunächst in systematischer Form vor allem dort vollzog, wo Flüsse oder Bäche Boden anschwemmten (und so ohne das dazu notwendige menschliche Wissen die Qualität der Böden verbesserten), entwickelte sich eine bisher unbekannte Lebensweise, die langsam, aber sicher immer weitere Verbreitung fand. Allein die Bestellung des Landes lieferte das Fundament für die Entwicklung territorialer Zivilisationen, die mit der Zeit zu großen Imperien heranwuchsen.

Dennoch entwickelte sich in diesen frühen Großreichen wie Mesopotamien, Ägypten oder China kein kollektives territoriales Bewusstsein, das allen das Land bestellenden Untertanen gemein gewesen wäre. Die Grenzen dieser riesigen Imperien fanden als Demarkationslinien des eigenen Lebensraums niemals Eingang in das Bewusstsein der Bauern oder Sklaven. Mit großer Sicherheit darf mithin angenommen werden, dass den Produzenten der Nahrungsmittel das bestellte Land zweifellos wichtig war und sie sich gewiss auch emotional mit ihm verbunden fühlten, doch sind erhebliche Zweifel angebracht, ob sie darüber hinaus irgendeine Beziehung zu den unendlichen Territorien der damaligen Reiche empfanden.

Auch sollte man in Erinnerung behalten, dass in frühen traditionalen Gesellschaften, nomadischen wie bäuerlichen gleichermaßen, die Erde oftmals als Göttin aufgefasst wurde, die alles gebar und hervorbrachte, was auf ihr lebte.[48] Die Heiligung des Stückchen Lands, auf dem ein Stamm oder ein Dorf saß, war ein unter unzähligen Populationen auf allen Kontinenten verbreiteter und gängiger Brauch, doch glich er in nichts dem modernen Patriotismus. Der Boden galt fast immer als Eigentum der Götter, nicht aber als Besitz der Sterblichen. Die Menschen des Altertums betrachteten sich oft als Pächter oder Lohnarbeiter, die das Land vorübergehend nutzten, niemals aber als dessen Eigentümer. Die Götter (oder, nach Aufkommen des Monotheismus, der eine Gott) waren es, die vermittels ihrer Vertreter auf Erden ihren Anhängern das Land überantworteten und dieses, wenn ihnen der Sinn danach stand oder kultische Gebote nicht beachtet wurden, wieder entzogen.

2. Geburtsort oder Bürgergemeinde?

Wenn Ardrey den Ursprung der Nationalterritorien bereits in der Tierwelt verortete, so verbinden Historiker die Geburt des uns heute bekannten »Vaterlandes« in aller Regel mit dem Auftauchen dieses Begriffes in antiken Texten. Doch so wie unter Altertumsforschern die Neigung vorherrscht, über Völker zu schreiben, als hätten diese existiert, seit menschliche Kollektive sich zu organisieren begannen, findet sich auch das ewige und unumstößliche Vaterland in nicht eben wenigen Geschichtsbüchern, seien sie nun eher populärer oder streng wissenschaftlicher Natur.

Da der Rohstoff des Historikers, im Unterschied zu dem des Anthropologen, der geschriebene Text ist, beginnt seine Vorstellung von der Welt der Vergangenheit stets mit und basiert auf »Primärquellen«. Selbstverständlich ist es für ihn von Bedeutung zu wissen, von wem dieses Textmaterial stammt und unter welchen Umständen es entstand, weshalb ein guter Historiker bekanntermaßen zunächst ein umsichtiger Philologe sein sollte. Doch zu selten haben wir es mit Forschern zu tun, die sich voll bewusst sind und auch nie vergessen, dass beinahe alles, was uns von vergangenen Generationen schriftlich überliefert ist, die Zeugnisse einer gebildeten Elite sind, die immer nur einen winzigen Prozentsatz aller vormodernen Gesellschaften ausmachte.

Diese Zeugnisse sind selbstverständlich von großer Bedeutung für uns, da wir ohne sie nur sehr wenige Informationen über die Vergangenheit besäßen. Andererseits ist jede historische These oder Schlussfolgerung nur von geringem Wert, welche die Subjektivität und die intellektuellen Beschränkungen nicht in Rechnung stellt, die jedem schriftlichen Zeugnis zu eigen sind, sei es literarischer, juristischer oder sonstiger Art. Ein Historiker, der sich der technischen Aspekte seiner narrativen Rekonstruktion voll bewusst ist, muss anerkennen, dass es ihm niemals gelingen wird, die Gedanken und Empfindungen der Bauern und Landarbeiter zu entschlüsseln, also jener schweigenden Mehrheit aller vormodernen Gesellschaften, die keinerlei schriftliche Zeugnisse hinterließ. Jeder Stamm, jedes Dorf oder Tal sprach bekanntlich ein eigenes Idiom. Doch die Angehörigen der nomadisierenden Stämme oder die sesshaft gewordenen Bauern, die nur über äußerst beschränkte Kommunikationsmittel verfügten und selbst rudimentärer Kenntnisse des Lesens und Schreibens entbehrten, benötigten keinen hochentwickelten und komplexen Wortschatz, um zu arbeiten, Kinder zu gebären oder auch zu beten.

Der kommunikative Austausch in dieser agrarischen Welt basierte zu einem beträchtlichen Maße auf direktem verbalem Kontakt, auf Gestik und Betonung, nicht jedoch auf abstrakten Begrifflichkeiten, wie sie die wenigen Gebildeten in handschriftlichen Texten niederlegten, die uns zum Teil erhalten geblieben sind.

Hofschreiber, Philosophen, Priester und Mönche haben, in kultureller und gesellschaftlicher Symbiose mit dem Landadel, den wohlhabenden städtischen Schichten und den militärischen Ständen, einen großen Fundus von Informationen hinterlassen. Das Problem ist, dass Historiker dieses Material oftmals als eine allgemein zugängliche, umfassende Datenbank zu Mechanismen der Begriffsbildung und zu fundamentalen Bräuchen und Sitten der Gesamtgesellschaft betrachten. Unter anderem daraus resultiert der verbreitete und nicht selten verwirrende Gebrauch von Begriffen wie »Rasse«, »Ethnie«, »Volk«, »Nation«, »Völkerwanderung«, »Vertreibung« und »Nationalreich«, die unterschiedslos und mit ziemlicher Nachlässigkeit für vormoderne Gesellschaften verwendet werden.

Jedes historische Narrativ ist letztendlich in einem Strudel schriftlicher Überlieferungen gefangen. Ein vorsichtiger Historiker weiß, dass er sich mit einem gewissen Unbehagen, mit Bedacht und Vorsicht in diesem Strudel bewegen muss, als habe er einen Faden durch ein Nadelöhr zu fädeln. Entsprechend illusionslos muss er vorgehen und sich bewusst sein, dass er sich in seinem Schreiben allein auf Werke der Vergangenheit stützt, die sich den intellektuellen Leistungen einer kleinen Elite verdanken. Sprich: Er berührt nur die Spitze eines menschlichen Eisbergs, der geschmolzen und vergangen ist und niemals in Gänze wieder zu rekonstruieren sein wird. Die schriftlichen Primärquellen erinnern mithin an das Licht von Scheinwerfern, die in der allgemeinen Dunkelheit nur kleine Ausschnitte beleuchten.

Dieses kurze Unterkapitel wird eine schnelle Exkursion zu einigen alten, aus dem Mittelmeerraum stammenden Texten unternehmen, um anschließend bei einer Reihe epochaler europäischer Schriften zu verharren. Unglücklicherweise wird dieser Abriss also stark eurozentrisch ausfallen, doch dieser eingeschränkte Blickwinkel ist weniger einem ideologischen Standpunkt als den intellektuellen und fremdsprachlichen Unzulänglichkeiten des Autors geschuldet.

Dem Begriff des »Vaterlandes« oder der »Geburtsstätte« zum Beispiel begegnen wir in der antiken Kultur des Mittelmeerraumes bereits in sehr frühen Werken. Wenn etwa der klassische Dichter Homer in der *Ilias* das Geburtsland einer Person erwähnt, greift er immer wieder auf den Begriff »patrís« (πατρίς) zurück. Dieser bezeichnet auch den Ort, nach dem sich die Krieger auf ihren Kriegszügen sehnen. In dieser geliebten Heimat befinden sich stets Frau, Kinder, die Eltern und die ganze übrige Familie. Im Grunde genommen stellt es das ideale Heim dar, zu dem die Helden der griechischen Mythologie zurückkehren, wenn sie trotz allen Heldenmutes kampfesmüde werden. Die Heimat ist auch immer der geheiligte Ort, an dem die Ahnen begraben liegen.[49]

Wenn Aischylos rund 300 Jahre später in *Die Perser*, der ältesten uns überlieferten Tragödie, mit Inbrunst die berühmte Schlacht von Salamis schildert, die im Jahr 480 v. u. Z. zwischen einer hellenischen Koalition und der Streitmacht der Perser ausgetragen wird, legt er seinen Helden folgenden Schlachtruf in den Mund: »Auf, o Hellas' Söhne, kommt! Das Vaterland befreit, befreiet Weib und Kind / Befreit der heimatlichen Götter teuren Sitz / Der Väter Gräber! Jetzt um alles kämpfen wir!« Auch die Überreste des persischen Invasionsheeres kehren geschlagen in die »patrís« (πατρίς) zu ihren Angehörigen zurück, um ihr bitteres Schicksal zu beweinen.[50] Doch hier ist Vorsicht geboten. Denn weder Griechenland noch Persien sind »Heimat« oder »Vaterland« der Krieger. Das Vaterland ist das Zuhause, die eigene Stadt und der Ort, aus dem man stammt. Es ist nur ein kleines, von Geburt an vertrautes Territorium, das allen seinen Bewohnern, deren Nachfahren und ihren Nachbarn unmittelbar und konkret bekannt ist.

Auch in späteren Dramen wie etwa Sophokles' *Antigone* oder Euripides' *Medea* und weiteren Werken aus dem 5. vorchristlichen Jahrhundert spielt die Heimat eine zentrale Rolle als ein konkreter Ort, der mit Gold nicht aufzuwiegen ist, ein Ort, den man um keinen Preis verlässt. Die Entwurzelung aus der Heimat wird daher stets als Vertreibung aus einem warmen, schützenden Zuhause aufgefasst, als schweres Unglück, ja mitunter als Exil, das schlimmer ist als der Tod. Die Heimat ist etwas Bekanntes, etwas, das sicher und vertraut ist, und alles, was sich außerhalb davon befindet, ist fremd, bedrohlich und feindlich.[51]

Etwas später, als die Krieger von Syrakus auf dem Höhepunkt des Peloponnesischen Krieges der Belagerung durch eine athenische Streitmacht standhalten, schreibt der berühmte Historiker Thukydides, sie hätten gekämpft, um ihr Vaterland zu verteidigen, während ihre athenischen Feinde in die Schlacht gezogen seien, um ein fremdes Land zu erobern.[52] In seinem Geschichtswerk *Der Peloponnesische Krieg* taucht der Begriff »Vaterland« an zahlreichen Stellen auf, bezeichnet jedoch, und dies muss nochmals betont werden, niemals das Land aller Hellenen. Auch wenn es Anhängern des griechischen Nationalismus in der Neuzeit nur zu willkommen gewesen wäre – der Begriff »patrís« (πατρίς) taucht in der antiken Literatur niemals als Synonym für die Erde Griechenlands auf. Ebenso wenig lässt er sich in dieser Weise deuten. Der Ausdruck »patrís« wird bei Thukydides einzig und allein auf einzelne Stadtstaaten angewandt – auf die jeweilige Polis. Wenn er etwa die beeindruckende Rede des Politikers Perikles rekonstruiert, verdient selbstverständlich allein Athen Bewunderung und Verehrung.[53]

Was aus diesen griechischen Bezugnahmen auf das Vaterland ersichtlich wird, ist eine besondere und höchst interessante Form der politischen Aufladung eines Territoriums. Denn die Heimat einschließlich der mit ihr verbundenen überschwänglichen Gefühle meint nicht bloß eine geographische Lokalität, sondern wird als Begriff häufig auch auf ein bestimmtes politisches System bezogen. So wie die hellenische Politik immer auch eine territoriale ist, wird auch das Territorium politisiert. Um dies zu verstehen, sollten wir einen Augenblick bei Platon verweilen, da sein außergewöhnlich scharfes Denken dazu geeignet ist, uns bei der Entschlüsselung dieser Fragestellung zu unterstützen.

Wie bei Thukydides ist auch bei dem Athener Philosophen Platon die Heimat absolut deckungsgleich mit der einen, für sich stehenden Polis, nicht aber mit Gesamtgriechenland. Der souveräne Stadtstaat mit seinen Einrichtungen und seinem Rechtssystem – er allein ist die wahre »patrís«. Immer wieder bezieht sich Platon dabei auf das Vaterland nicht als bloßen Geburts- und Herkunftsort, nicht nur auf ein physisches Gebiet, dessen Landschaften Sehnsüchte hervorrufen, sondern vor allem auf eine politische Wesenheit, die die gesamte Bürgerschaft umfasst. In dem bekannten Dialog *Kriton* zum Beispiel legt er Sokrates folgende vorwurfsvolle Worte in den Mund, die dieser, in seiner Zelle auf den Tod wartend, seinem Freund und Schüler Kriton vorhält:

> Oder bist du so weise, dass du nicht weißt, wie viel höher als Vater und Mutter und alle anderen Vorfahren das Vaterland geachtet ist, und wie viel ehrwürdiger und heiliger bei den Göttern und bei allen Menschen, welche Vernunft haben? Und wie man ein aufgebrachtes Vaterland noch mehr ehren und ihm nachgeben und es besänftigen muss als einen Vater, und entweder es überzeugen oder tun, was es befiehlt, und was es zu leiden auflegt, ganz ruhig leiden, wenn es auch wäre, dich schlagen zu lassen oder dich fesseln zu lassen, oder wenn es dich in den Krieg schickt, wo du verwundet oder getötet werden kannst, du dies doch alles tun musst und es so allein recht ist? Und dass du nicht weichen und nicht weggehen und nicht deine Stelle verlassen musst, sondern im Kriege und vor Gericht und überall tun musst, was der Staat gebietet und das Vaterland, oder es überzeugen musst, was eigentlich Recht sei? Dass aber Gewalt nicht ohne Frevel gebraucht werden kann gegen Vater und Mutter und noch viel weniger als gegen sie gegen das Vaterland?[54]

Auch hier ist die platonische »patrís« eine Stadt, die einen höchsten Wert darstellt und der alles andere untergeordnet wird. Ihre einzigartige moralische Macht verdankt sie der Tatsache, dass sie ein Raum der Selbstregierung souveräner Bürger ist. Das fundamentale Interesse der Bewohner an diesem Staat verpflichtet sie, ihr Vaterland zu verteidigen, das genau genommen identisch mit ihrer Gemeinschaft ist. Deshalb ist es auch notwendig, es zu heiligen, in religiöse Riten einzubinden, ja bei Festen sogar anzubeten. Der strikte patriotische Imperativ Platons gilt dieser Vaterstadt, die hoch über den Niederungen privater Interessen schwebt und diese den kollektiven Bedürfnissen und Werten unterwirft.

In vielerlei Hinsicht erinnert der Athener Diskurs über das Vaterland an die Einstellung zu diesem in unserer heutigen Welt. Treue und Hingabe an das Vaterland und die Bereitschaft, sich für es zu opfern, werden als Werte und geheiligte Tugenden begriffen, die nicht in Frage zu stellen und gewiss nicht mit sarkastischer Ironie zu behandeln sind. Fast hat es den Anschein, als stünden wir hier vor den ersten zarten Knospen eines nationalen Bewusstseins, wie es in menschlichen Gesellschaften erst in den letzten zweihundert Jahren entstanden ist. War das Vaterland, das Thukydides, Platon und alle die anderen Bewohner Athens vor Augen hatten, dasselbe nationale Vaterland, das sich Benito Mussolini, Charles de Gaulle, Winston Churchill und etliche Millionen Namenloser im 20. Jahrhundert vorstellten? Also wieder einmal nichts Neues unter der Sonne?

Doch so frappierend die Übereinstimmungen erscheinen, so gewaltig ist der Unterschied. So wie die Gesellschaften des antiken Griechenlands keine repräsentative Demokratie kannten, sondern nur die direkte, partizipatorische Volksherrschaft, so war ihnen auch die abstrakte Verallgemeinerung, auf der die Nation in der Moderne gründet, vollkommen fremd. Die antiken Kulturen waren gezwungen, sich auf patriotische Treue zu einem kleinen und konkreten Stadtstaat zu beschränken. Das physische und menschliche Gepräge der Polis war jedem Bewohner dieser Stadt bekannt, er kannte ihre Ausmaße und Grenzen aus eigener Anschauung. Tag für Tag traf er auf der Agora die anderen Einwohner und nahm gemeinsam mit ihnen an Volksversammlungen teil, an Festen und Theatervorstellungen. Diese unmittelbar erfahrene Welt war es, die das Wesen und die Kraft des patriotischen Gefühls hervorbrachte, das im Bewusstsein einen der zentralen Plätze einnahm.

Die Wahrheit ist, dass die beschränkten kommunikativen und medialen Mittel die Entstehung einer großen, demokratischen Heimat schlicht unmöglich machten. Zwar mag »der Mensch seiner Natur nach ein politisches Tier« sein, wie Aristoteles behauptet, doch zunächst einmal war er Bewohner eines Stadtstaates, in dem es keine Druckerzeugnisse, weder genaue Landkarten, noch Zeitungen, noch Radio, noch ein staatliches Schulsystem, noch vieles andere mehr gab. Als schließlich die hellenische Welt unter der Führung des Epoche machenden Alexander des Großen vereint wurde, löste sich der patriotische Bezug auf die Polis bald ebenso in Wohlgefallen auf, wie die demokratische Dimension aus dem alltäglichen Leben der Griechen verschwand.

Davon abgesehen waren die ethnischen Grenzen einer Polis-Demokratie etwas vollkommen anderes als die politischen Grenzen einer modernen Demokratie. Die freien, souveränen Bürger der Polis stellten nur eine Minderheit unter allen Einwohnern der Stadt und der Bauernschaft, die das umliegende Land bestellte. Zudem galten nur freie Männer, deren Eltern bereits die Bürgerrechte besessen hatten, als Autochthone und hatten damit das aktive und passive Wahlrecht. Frauen, Zuwanderer, Mischlinge und die zahllosen Sklaven besaßen keine Bürgerrechte und waren damit in keiner Form an der Regierung der Polis beteiligt. Das universale Menschenbild, das in der Moderne aufkommen und sich durchsetzen sollte, war noch gänzlich unbekannt in der antiken Welt des Mittelmeerraums mit ihrer reichen, feingeistigen und – höchst elitären Kultur.[55]

Die Treue zur Heimat als Verpflichtung gegenüber einer Bürgerschaft mit unabhängiger, repräsentativer Regierungsform zeichnet auch einen Teil der literarischen Werke aus, die im republikanischen Rom verfasst wurden. Am Vorabend ihres Verschwindens und ihrer Verwandlung in ein gigantisches Kaiserreich preisen zahlreiche Gebildete die Republik in regelrechten Lobeshymnen, welche bis in die Neuzeit als fester Bestandteil der europäischen Kultur bewahrt worden sind. Horaz' berühmter Satz aus den *Oden* über den süßen Tod für das Vaterland ist bereits zitiert worden. Indes, der große römische Dichter hatte dabei weniger die Heiligung eines nationalen Territoriums im Sinn als vielmehr den Wunsch, seine Verbundenheit mit dem republikanischen Vaterland zum Ausdruck zu bringen, der res publica, gerade als Julius Cäsar sich anschickte, diese ein für alle Mal zu Grabe zu tragen.

Der Historiker Gaius Sallustius Crispus, ausgerechnet einer von Cäsars Anhängern, identifizierte in seiner Schrift *De coniuratione Catilinae* (Über die Verschwörung des Catilina) das Vaterland mit der Freiheit, die im Widerspruch zur Herrschaft der wenigen stehe.[56] Entsprechendes findet sich auch bei dem Senator Marcus Tullius Cicero, dem aufgrund seines Anteils an der Vereitelung dieser antirepublikanischen Verschwörung der Ehrentitel »Vater des Vaterlandes« verliehen wurde. In seiner berühmten Rede gegen den Verschwörer, einem seiner rhetorischen Meisterstücke, hält er seinem Opponenten entgegen:

> Wenn deine Eltern dich fürchteten und hassten und du dich auf keine Weise mit ihnen aussöhnen könntest, du würdest dich, meine ich, wohin es auch sei, vor ihren Blicken verkriechen. Nun aber hasst und fürchtet dich das Vaterland, der gemeinsame Ursprung von uns allen, und es befindet, dass du schon seit langem an nichts denkst als an seine Vernichtung: willst du weder seine Meinung achten noch sein Urteil befolgen noch vor seiner Macht erzittern?[57]

Letzten Endes jedoch sollte dieser begnadete Politiker und Rhetoriker in sich überschlagenden Entwicklungen sein Leben lassen, die zum Niedergang und schließlich zum Ende der republikanischen Regierungsform führten, die ihm so teuer gewesen war. Kurz vor seinem Tod jedoch fand er noch Gelegenheit, seine unverbrüchliche Haltung zur Heimat in einem an Platon gemahnenden Dialog niederzulegen, der auf der Schwelle zur Moderne in einer Fülle von Schriften Widerhall finden sollte. In Ciceros berühmter Schrift *De Legibus* (Über die Gesetze) findet sich eine logische Fortsetzung der seinerzeit gängigen Identifizierung des Vaterlandes mit der Republik, diesmal in einer faszinierenden dualistischen Formulierung:

> Ich meine tatsächlich, beim Herkules, dass Cato und überhaupt alle Bürger aus Landstädten eine doppelte Heimat haben: eine natürliche und eine politische. Wie jener Cato, nachdem er in Tusculum geboren war, in die politische Gemeinschaft des römischen Volkes aufgenommen wurde, und weil er daher seiner Herkunft nach ein Tusculaner, seiner politischen Gemeinschaft nach ein Römer war, besaß er einerseits die Heimat des Geburtsortes und andererseits die Heimat des gemeinsamen Rechts; wie eure Attiker, bevor Theseus ihnen befahl, ihre Äcker zu verlassen und sich allesamt in die Stadt, wie sie genannt wird, zu begeben, zugleich sie selbst und Attiker waren, so halten wir sowohl den Ort, wo wir geboren wurden, als auch jene Gemeinschaft, von der wir aufgenommen wurden, für unsere Heimat. Aber mehr Liebe verdient die Heimat, von der die gesamte Bürgerschaft ihren Namen hat, für die wir sterben, der wir uns ganz hingeben und der wir alle unsere Fähigkeiten zur Verfügung stellen und gleichsam als Opfer darbringen müssen. Die Heimat aber, die uns hervorbrachte, ist uns nicht viel weniger süß als jene, die uns aufnahm. Daher werde ich keinesfalls irgendwann einmal leugnen, dass dies die Heimat ist, solange nur jene die größere bleibt und diese in ihr aufgeht. (…) (Jedermann) besitzt (zwar eine natürliche und) eine politische (Heimat), aber er betrachtet jene beiden als *eine* Bürgerschaft.[58]

Die Treue zur römischen Republik, ebenso wie die Hingabe an die griechische Polis, war ein höchster Wert und eine Tugend, die noch höher angesiedelt war als das nostalgische Sentiment für den eigenen Geburtsort und die Schauplätze der Kindheit. Ausgerechnet der Ort, an dem man sein eigener Herr war, als Gleicher unter Gleichen in einem souveränen Kollektiv, galt als das Wertvollste überhaupt. Dies war auch der Ort, der ein bürgerliches Freiwilligenheer zu rekrutieren imstande und nicht auf Söldnertruppen angewiesen war, der Ort, der von einem verlangen konnte, für ihn zu sterben. Sich für die Allgemeinheit zu opfern war gerechtfertigt, da diese Allgemeinheit der eigenen selbstbestimmten Existenz Ausdruck verlieh. Diese Auffassung von einer politischen Heimat war in der vormodernen Welt einzigartig und erinnert, wie bereits erwähnt, an die Vaterlandsvorstellung der modernen Nationen.

Und tatsächlich sollten sich im 18. Jahrhundert nicht wenige aufgeklärte Intellektuelle finden, die von den patriotischen Aussagen Ciceros und anderer fasziniert waren, da sie darin Zeugnisse einer idealen Herrschaft der Freiheit und einer antiken Welt ohne Tyrannen und Monarchen erkannten. Zu unserem großen Glück findet sich unter diesen brillanten Denkern auch Giambattista Vico, der sich bemüßigt fühlte, seine Leser daran zu erinnern, dass jene römischen Adeligen nicht zögerten, »um der Rettung ihres Vaterlands willen sich und ihre Familien dem Willen der Gesetze zu opfern, die ja zugleich mit der Rettung des gemeinsamen Vaterlandes für sie persönlich ihr gewisse private monarchische Herrschaft über ihre Familien aufrechterhielten.«[59]

Denn der hellsichtige und in vielerlei Hinsicht außergewöhnliche neapolitanische Historiker Vico schont die »lateinischen Ahnen« nicht und fügt hinzu: »Das wahre Vaterland sei, wie wir mehrmals gesagt haben, das Interesse weniger Väter, wodurch die Bürger natürlicherweise Patrizier seien.«[60]

Das republikanische Vaterland Ciceros war in der Tat eine Oligarchie, die von einer sehr übersichtlichen Schicht kontrolliert wurde. Die Wahlberechtigten wie die gewählten Amtsträger gehörten ausnahmslos einer kleinen Elite an. Und was in diesem Kontext von noch größerer Bedeutung für unser Verständnis der damaligen Bedeutung von Heimat ist: Nur wer physisch in der römischen Hauptstadt anwesend war, war berechtigt, an den Wahlen teilzunehmen. Bürger, die sich außerhalb der Stadt aufhielten, konnten das Recht, zu wählen und gewählt zu werden, nicht wahrnehmen. Da zu Ciceros Zeiten bereits die Mehrheit der wohlhabenden Bürger außerhalb der Stadt wohnte, nahm sie häufig nicht mehr am Geschick des Vaterlandes Anteil.

Mit dem Erstarken und der Expansion des imperialen Rom wurde die Beziehung der Römer zu ihrer bürgerlichen Heimat nach und nach vollkommen ihres Inhalts beraubt. Das große Kaiserreich war in gewissem Sinne eine Liga aus vielen Stadtstaaten, die jedoch keinerlei echte Unabhängigkeit besaßen. Als alle Einwohner des Kaiserreichs, die keine Sklaven waren, zu Beginn des 3. Jahrhunderts zu Bürgern gemacht wurden, die keinerlei Möglichkeit und Recht besaßen, an der Gestaltung der Herrschaft zu partizipieren, wurde der mit dem republikanischen Vaterland verbundene emotionale und politische Impetus noch weiter verwischt und entwertet. Gleichzeitig jedoch bereitete diese Maßnahme den Boden für die Ausbreitung und das Erstarken des universalen Monotheismus, dessen Verbundenheit mit einem spezifischen Ort entscheidende Veränderungen bringen sollte. Denn die Beziehung zu heiligen Stätten würde auf anderen Mentalitäten basieren und vollkommen neuartige intellektuelle Bezüge hervorbringen.

Den Kirchenvätern war es selbstverständlich darum zu tun, die Treue zur republikanischen Heimat in eine Treue zum himmlischen Königreich zu überführen. Da alle Menschen vor Gott gleich seien, sollte die alte Hingabe an die elitäre griechische Polis oder die Sklaven haltende römische Republik durch die Hingabe an das ewige Leben abgelöst werden, das die Menschen jenseits ihrer irdischen Existenz erwartete. Bereits bei Augustinus lässt sich die Idee nachweisen, dass sich eine Bürgerschaft im wahren und reinen Sinn des Wortes nur in der Stadt Gottes finde. Wenn der Tod für das Vaterland einen Sinn habe, dann nur als Opfer für den Glauben an das himmlische Königreich Gottes.[61] Diese Auffassung von der Liebe zur »patria aeterna« sollte in weiten Kreisen der Kirche nachhallen und als ein zentrales Fundament der christlichen Glaubenslehre dienen.

Die Bürgerheere der römischen Republik verschwanden mit der Expansion des Imperiums, so dass es Söldnertruppen waren, die die Fahne Roms nicht nur rund um das Mittelmeer, sondern auch tief in das besetzte Europa hinein trugen. Dieses historische Zusammentreffen bedingte erste Veränderungen auf dem bewaldeten und vor sich hinschlummernden Kontinent. Doch erst die zunehmende Schwäche und der Zerfall des Reiches sollten die Voraussetzungen dafür schaffen, dass verschiedene europäische Stämme und Siedlungsgebiete sich von dem römischen Joch befreien konnten. Erst an diesem Punkt setzte der sehr langsam verlaufende Prozess ein, der letztendlich zur Entstehung einer neuen Zivilisation mit einer vollkommen andersartigen Struktur gesellschaftlicher Beziehungen führen sollte. Im sich formierenden europäischen Feudalismus gab es keine Bürger, keinen heroisch-patriotischen Tod und auch keine Treue zu einer territorial-politischen Heimat. Dennoch sickerte die Begriffswelt des antiken Mittelmeerraumes über unterschiedliche Kanäle in die europäische Kultur und ihre Sprachen ein, vor allem dank des Wirkens und Erstarkens der Kirche.

Wie Ernst Kantorowicz in seiner Studie zur politischen Theologie des Mittelalters so trefflich beschreibt, verlor in Gesellschaften, in denen Loyalität und persönliche Abhängigkeiten überwogen, der griechische und republikanisch-römische Vaterlandsbegriff vollkommen an Klarheit und Greifbarkeit.[62] Zwar wurde die »patria« zu einem gängigen Begriff, doch fand er in den meisten Fällen auf den Geburtsort oder den Wohnort eines Menschen Anwendung. Der Begriff des Vaterlandes wurde zum Synonym für ein kleines Land – das »Pays« in den französischen Dialekten und die »Heimat« in den deutschen –, sprich: für die Region, in der das Elternhaus stand, in der man aufgewachsen war und die Großfamilie immer wohnen bleiben würde.

Parallel zu dieser gebräuchlichen, althergebrachten geographischen Verwendung des Begriffes wurde er jedoch auch von Königen und Fürsten genutzt. Unterschiedliche Eliten machten ihn sich zu eigen und wandten ihn auf eine Vielzahl politischer Gebilde an: Königreiche, Herzogtümer, Grafschaften und andere regionale Rechts- und Steuerbezirke wurden zu »Heimaten«. Auch das Papsttum mochte auf dieses alte prestigeträchtige Wort nicht verzichten und rief von Zeit zu Zeit zur Rettung der »Heimat« auf, um die christliche Harmonie zu wahren und natürlich um für die Sicherheit der Gläubigen Sorge zu tragen.

Die Bereitschaft der Ritter, ihr Leben zu geben, galt einerseits dem Feudalherren und andererseits der Kirche, später dann dem König und dem Königreich. Ab dem 13., 14. Jahrhundert wurde die Formel des »pro rege et patria« (Für König und Vaterland) immer populärer und sollte bis ins Zeitalter der Revolutionen überdauern. Doch auch in Monarchien mit einem höherem Organisationsgrad blieb ein Spannungsverhältnis zwischen der Treue zum himmlischen Königreich und der Verpflichtung gegenüber weltlichen Identitäten bestehen, die stets hierarchisch, nie aber egalitär strukturiert waren. Davon abgesehen war in dem militärischen Ethos der vormodernen europäischen Gesellschaften die Hingabe an die Heimat zumeist mit sehr viel bedeutsameren Werten vermischt – mit Ruhm und Ehre und natürlich mit einer erklecklichen finanziellen Entschädigung für die Bereitschaft zur pseudopatriotischen Selbstopferung.

Der allmähliche Rückzug der feudalen Gesellschaft und die Erschütterungen, welche die Stellung der Kirche trafen, führten auch dazu, dass die Bedeutung des abgedroschenen Begriffs »patria« sich wandelte. Der langsame Aufstieg der mittelalterlichen Stadt nicht nur zu einem regionalen Finanz- und Handelsplatz, sondern auch zu einem Faktor überregionaler Arbeitsteilung ließ viele in der Stadt die erste westeuropäische »Heimat« erkennen. Glaubt man Fernand Braudel, so keimte in den Städten eine Art Präpatriotismus, der das spätere Nationalbewusstsein bereits ankündigte.[63]

Gleichzeitig brachte die Begeisterung der Renaissance für das klassische Erbe der Antike eine weitere, wenn auch nicht originäre Verwendung des alten »patria«-Begriffs mit sich. Verschiedene Humanisten versuchten, ihn auf die neuen Stadtstaaten anzuwenden, die sich als oligarchische Republiken etabliert hatten.[64] Machiavelli ließ sich in einem geradezu prophetischen Augenblick sogar dazu hinreißen, ihn auf die gesamte italienische Halbinsel zu beziehen.[65] Dennoch sollte der Begriff »patria« damals nirgendwo den mentalen Widerhall hervorrufen, den er im antiken Athen oder in der römischen Republik ausgelöst hatte, und erst recht nicht das territoriale Konzept späterer Nationalstaaten aufgepfropft bekommen.

Auch die absolutistischen Monarchien vermochten nicht, intellektuelle Ausdrucksformen von Treue und Opferbereitschaft für ein Vaterland zu hervorzubringen, wie sie die Spätmoderne formulieren sollte. Nehmen wir zum Beispiel Montesquieu und Voltaire. Diese beiden großen Liberalen des 18. Jahrhunderts verstanden sehr genau und erklärten auch ihrer Leserschaft, warum die Monarchie nicht als »patria« begriffen werden könne. So stellt Montesquieu, ein Mann von breiter historischer Bildung, in seinem 1748 erschienen *Vom Geist der Gesetze* fest:

> Der Bestand des Staates ist unabhängig von der Vaterlandsliebe, dem Streben nach wahrem Ruhm, der Selbstverleugnung, der Aufopferung teuerster Neigungen, kurz all den Heldentugenden, die wir bei den Alten finden und nur noch vom Hörensagen kennen.[66]

Und Voltaire, dessen geschichtliche Bildung gewiss nicht minder umfassend gewesen sein dürfte, schreibt unter dem Eintrag »Patrie« in seinem geschliffenen philosophischen Wörterbuch aus dem Jahre 1764:

> Heimat ist ein Zusammenschluss mehrerer Familien; und so, wie man für gewöhnlich seiner Familie aus Selbstachtung beisteht, solange dem kein zuwiderlaufendes Interesse entgegensteht, steht man aus der gleichen Selbstachtung seiner Stadt oder seinem Dorf bei, welche als Heimat bezeichnet werden. Je größer diese Heimat ist, desto weniger liebt man sie, da jede verteilte Liebe zwangsläufig schwächer gerät. Ebenso ist es unmöglich, eine zu vielköpfige Familie, die man nur schwerlich kennt, inniglich zu lieben.[67]

Die Wahrheit ist, dass diese beiden großen Denker zum einen bestechend logisch argumentierten, zugleich aber auch in den

Verhältnissen einer Epoche befangen waren, die schon bald untergehen sollte. Sie kannten sehr wohl die Anwendung des Begriffes auf die Verbindung des Menschen zu seinem Geburtsort und der Region, in der er aufgewachsen war. Andererseits konnten sie sich nicht vorstellen, dass all diese Befindlichkeiten eine Transformation erfahren und auf deutlich größere staatliche Strukturen übertragen werden würden. Jene Monarchien, die auf der Schwelle zur Moderne errichtet wurden, bereiteten zwar dem Zeitalter des Nationalismus den Boden, indem sie die Amtssprachen vom Zentrum in die Peripherie trugen, so dass diese später zu Nationalsprachen werden konnten. Und was für unsere Fragestellung noch schwerer wiegt: Sie begannen, das Gebiet zu umreißen, das später vielfach zum Territorium des Vaterlandes werden sollte. Doch waren sie noch weit entfernt von der Sensibilität für das Territoriale, welche die nationale Demokratie einmal auszeichnen würde.

Sowohl Montesquieu als auch Voltaire waren liberale Pioniere und mutige Kämpfer für die Freiheit. Doch sie teilten auch ein dezidiert antidemokratisches Temperament. Die analphabetische Volksmasse interessierte sie nicht als politisches Subjekt, weshalb sie sich auch nicht vorstellen konnten, dass sich diese geschlossen mit etwas identifizieren würde, sei es nun die Monarchie oder eine Heimat im politischen Sinn.

Es ist kein Zufall, dass der erste Vordenker des modernen Patriotismus in gewissem Sinne auch der erste antiliberale Demokrat der europäischen Aufklärung war. Jean-Jacques Rousseau befasste sich nicht systematisch mit dem Begriff der »Patrie« und hielt es auch sonst nicht für erforderlich, uns zu ausführlich zu erläutern, was er mit dem im Überfluss gebrauchten Wort meint. Doch in seinen Schriften propagiert er immer wieder die Pflege patriotischer Werte, und dies in einer Rhetorik, die uns zuweilen an die Reden von Staatsmännern erinnert, die der politischen Moderne zuzurechnen sind, nicht aber den Philosophen des 18. Jahrhunderts.

Bereits in der 1754 verfassten, bewegenden Widmung an die Genfer Republik, die er seiner *Abhandlung über den Ursprung und die Grundlagen der Ungleichheit unter den Menschen* voranstellte, erklärt Rousseau, welche »Heimat« er vorziehen würde, wenn er die Möglichkeit hätte, eine zu wählen:

> Wenn ich meinen Geburtsort zu wählen gehabt hätte [...], dann ein Staat, in welchem, da alle einzelnen sich untereinander gekannt hätten, weder die dunklen Machenschaften des Lasters noch die Bescheidenheit der Tugend es vermocht hätten, sich den Blicken und dem Urteil der Öffentlichkeit zu entziehen. [...] Ich hätte mir daher als mein Vaterland eine glückliche und ruhige Republik ausgesucht, deren Alter gewissermaßen in grauer Vorzeit verlorenginge. [...] Ich hätte mir ein Vaterland wählen wollen, das durch glückliche Machtlosigkeit von der wilden Leidenschaft für Eroberungszüge abgehalten würde. [...] Ich hätte mir ein Land ausgesucht, in dem das Recht der Gesetzgebung allen Bürgern gemeinsam wäre; denn wer kann besser wissen als sie, unter welchen Bedingungen es ihnen zusagt, in derselben Gesellschaft miteinander zu leben? [...] Und wenn die Vorsehung dem noch eine anmutige Lage, ein gemäßigtes Klima, einen fruchtbaren Boden und den köstlichsten Anblick, den es unter dem Himmel gibt, hinzugefügt hätte, dann hätte ich, um mein Glück zu vollenden, nur gewünscht, all diese Güter im Schoß des glücklichen Vaterlandes zu genießen, friedlich in einer süßen Gesellschaft mit meinen Mitbürgern lebend.[68]

Rousseau, dieser Sohn der Republik Genf, sollte sich sein ganzes Leben nach egalitären, souveränen Gesellschaften sehnen, die über klar abgegrenzte Territorien verfügen, die ihnen eine natürliche Heimat bieten. Gleichzeitig zögerte dieser so große wie widersprüchliche Denker nicht, in seinem Hauptwerk *Der Gesellschaftsvertrag* sich die Frage zu stellen:

> Wie kann sich ein Einzelner oder ein Volk anders eines riesigen Landes bemächtigen und dem ganzen Menschengeschlecht entziehen, als durch eine strafbare und widerrechtliche Inbesitznahme, da sie ja den übrigen Menschen die Wohnmöglich-

> keit und die Nahrungsmittel entzieht, welche die Natur allen gemeinsam gegeben hat?[69]

Doch ungeachtet solcher ethischer und »anarchistischer« Äußerungen blieb Rousseau immer ein politischer Denker par excellence. Seine egalitäre Auffassung vom Menschen und der universale Blick, der dahinter hervorlugte, verleiteten ihn dazu, die Freiheit, um die es ihm immer zu tun war, ausschließlich im Rahmen der Politik zu suchen, sprich: im Rahmen der Errichtung eines staatlichen Gemeinwesens. Doch auch für den Vater der Idee von der modernen Demokratie konnte die ersehnte Freiheit nur in kleinen Einheiten Anwendung finden, genauer gesagt in Form direkter Demokratien. Aus diesem Grund musste die ideale Heimat seiner Meinung nach klein und überschaubar bleiben.[70] Denn auch der »Prophet« Rousseau gelangte nicht über die Schwelle zum nationalen Zeitalter. Aus der Ferne und kraft seines Geistes sah er diese Epoche in aller Deutlichkeit voraus, konnte sie aber nicht mehr erreichen.

3. Territorialisierung des nationalen Körpers

Die patriotischen Schlachtrufe hallten bereits im Aufstand der Niederlande gegen das spanische Königreich um die Wende zum 17. Jahrhundert wider. Auch im englischen Bürgerkrieg Mitte desselben Jahrhunderts setzte der radikale Zweig der Levellers die Heimat mit einer freien Gemeinschaft gleich, die sich gegen die monarchische Tyrannei erhebt. Und betrachteten die Aufständischen zu Beginn des amerikanischen Unabhängigkeitskrieges Großbritannien noch als ihr Mutterland, so hatte sich mit dessen Ende ihre Haltung grundlegend gewandelt, war eine neue patriotische Position daraus erwachsen. Das »Land der Freien und die Heimat der Tapferen« erlebte seinen Aufbruch und sollte schon bald selbst Geschichte machen.[71]

Eine der wichtigsten Etappen in der vielversprechenden Karriere des modernen »Vaterlandes« war selbstverständlich die Französische Revolution, vor allem in ihrer republikanischen Phase. Hatte die »Patrie« bis dahin vor allem den politischen und intellektuellen Eliten als Bezugspunkt gedient – den Regierungsbeamten, Diplomaten, Intellektuellen, Dichtern und Philosophen –, begab sie sich nun sicheren Schrittes in die Gassen des einfachen Volkes. Die *Marseillaise* zum Beispiel, im Elsass von einem Offizier aus der Franche-Comté verfasst, wurde 1792 zu einem populären Schlachtgesang des Marseiller Regiments und schon bald zu einem Gassenhauer. »Auf, Kinder des Vaterlands! Der Tag des Ruhms ist da. Gegen uns wurde der Tyrannei blutiges Banner erhoben«, sangen die Freiwilligen, als sie im September 1792 in die Schlacht von Valmy marschierten, um gegen die Söldnerheere des alten Europa zu kämpfen. Und wen die Geschützsalven nicht zerfetzten, dem blieb es vergönnt, auch das Ende des Liedes zu schmettern: »Heilige Liebe zum Vaterland, führe, stütze unsere rächenden Arme. Freiheit, geliebte Freiheit, kämpfe mit Deinen Verteidigern!« Nicht von ungefähr sollte die »heilige Liebe zum Vaterland«, wenn auch sehr viel später, zur Nationalhymne Frankreichs werden.[72]

Doch in der Zwischenzeit waren es die Eroberungszüge Napoleons, die außerhalb Frankreichs eine neue Welle patriotischer Ansprüche weckten, so etwa auf den künftigen Territorien von Deutschland und Italien. Nach und nach wurde der Samen gepflanzt, der das alte Europa zu einem schillernden Mosaik immer neuer Nationen und Vaterländer machen sollte.

Seit jenen stürmischen Tagen im Frankreich der 1790er Jahre und bis zu den Volksaufständen in der arabischen Welt zu Beginn des zweiten Jahrzehnts des 21. Jahrhunderts haben so gut wie alle Revolutionäre und Rebellen ihre glühende Freiheitsliebe beschworen und gleichzeitig ihre unverbrüchliche Treue zum Vaterland verkündet. Letzteres sollte mit großem Getöse während des europäischen Völkerfrühlings von 1848 auf den Plan treten, ja auch die Aufständischen der Pariser Kommune im Jahr 1871 einen. Und auch wenn die russische Revolution sich immer ihres

Internationalismus gebrüstet hatte – im Moment der Wahrheit, als die Sowjetunion nach dem Überfall Nazideutschlands ums Überleben kämpfte, warf sie den Patriotismus als effektivste ideologische Waffe zur Mobilisierung der Massen in den propagandistischen Ring. Im Grunde genommen waren die beiden Weltkriege des 20. Jahrhunderts entsetzliche Konfrontationen, die im Namen einer Leitideologie geführt wurden, welche den Staat als Beschützer des Vaterlandes betrachtet, der sich zumindest bemüht, dessen Grenzen zu erweitern. Auch in allen Waffengängen der großen Dekolonisierungsbewegung, die, wie erwähnt, die Welt von den vierziger bis in die siebziger Jahre des vergangenen Jahrhunderts überspülte, wurde ein eigenes Territorium als zentrales Ziel des nationalen Projekts ausgegeben. Denn Sozialisten wie Kommunisten der Dritten Welt waren zunächst einmal Patrioten und unterschieden sich erst in zweiter Linie nach ihren soziopolitischen Einstellungen.

Die entscheidende, noch immer nicht geklärte Frage lautet: Wie wurde die tiefe Empfindung für einen kleinen, vertrauten und sinnlich erfahrbaren Ort in einen Komplex von Emotionen überführt, der sich auf gewaltige Räume bezieht, die Menschen niemals persönlich und unmittelbar werden erfahren können? Die Antwort auf diese Frage findet sich möglicherweise in einer Analyse des sehr langsamen, aber folgenschweren Prozesses der Territorialisierung der Politik im Zeitalter der Nationen.

Die Patrioten im englischen Bürgerkrieg, die die *Marseillaise* anstimmenden Freiwilligenverbände, die Aufständischen gegen Napoleons Okkupation, ja sogar die Revolutionäre von 1848 in den verschiedenen europäischen Hauptstädten – sie alle waren, ungeachtet ihrer großen historischen Bedeutung, noch immer eine – wenn auch bedeutsame – Minderheit innerhalb der Bevölkerung, in der sie agierten. Und obwohl in den gärenden Hauptstädten das Vaterland zu einem Schlüsselbegriff der Forderungen nach Freiheit und Demokratie wurde, so war die große Mehrheit der Menschen, die nach wie vor auf dem Land lebte, doch weitgehend unberührt von den politischen Eliten, die sich bereits zu den Klängen einer kulturellen und sprachlichen Moderne bewegten.

Was die Masse der Bevölkerung dazu einlud, sich in den neuen Vaterländern einzufinden, oder genauer gesagt: was den Begriff des nationalen Territoriums in ihrem Bewusstsein formte, waren selbstverständlich gesetzgeberische Maßnahmen, die von den politischen Zentren ausgingen und in großen Gebieten umgesetzt wurden. Gesetze, die nicht wenige Bauern von feudalistischen Sitten, Steuern und Auflagen befreiten und zuweilen auch endgültig ihr Eigentumsrecht an dem von ihnen bestellten Stückchen Land festschrieben. Die neuen Landgesetze und Agrarreformen waren die erste Voraussetzung für die Umwandlung der Fürstenstaaten in lebensfähige Nationalstaaten und bedingten gleichzeitig die Entstehung großer vaterländischer Territorien.

Der große Verstädterungsprozess, der hinter allen gesellschaftlichen Veränderungen sowohl des 19. wie auch des 20. Jahrhunderts stand, und die damit einhergehende Loslösung großer Teile der Bevölkerung von ihren angestammten »kleinen Heimaten« stellten eine weitere wichtige Bedingung dafür dar, dass breite Bevölkerungskreise ein riesiges, unbekanntes Nationalterritorium mental verarbeiteten. Die für jeden Modernisierungsprozess charakteristische Mobilität gebar Bedürfnisse nach einer neuartigen gesellschaftlichen Zugehörigkeit, welche die nationale Identität durch das verlockende Versprechen befriedigte, sich einem ungleich größeren Bezugsrahmen zu öffnen und in diesem heimisch zu werden.

Doch diese politischen, rechtlichen und gesellschaftlichen Prozesse sowie unzählige weitere dienten nur als Startschuss oder, besser gesagt, als Einladungskarte. Denn die Eingeladenen würden einen langen und harten Weg zurücklegen müssen, bis sie Vertrauen in die große, imaginäre Heimat fänden.

Erinnern wir uns: Nicht die Heimat war es, die den Nationalismus gebar, sondern der Nationalismus, der das Vaterland erschuf – eine der bemerkenswertesten (und vielleicht auch verheerendsten) Schöpfungen des modernen Zeitalters. Die Entstehung von Nationalstaaten verlieh sowohl den Territorien, über welche diese herrschten, als auch den Grenzen, die sie umgaben, eine neue Bedeutung. Der kulturell-politische Prozess, der Briten, Franzosen, Deutsche, Italiener und später Algerier, Thailänder oder Vietnamesen aus einem Gemenge lokaler Kulturen und Sprachen hervorgehen ließ, schuf tiefe Gefühle der Zugehörigkeit zu einer nationalen Gruppe und damit auch eine ganze Phalanx von Emotionen, die sich auf einen bestimmten physischen Raum bezogen. Die Landschaft wurde zu einem elementaren Bestandteil der kollektiven Identität, ja man kann sogar sagen, dass sie die Wände des Hauses bildete, in dem die im Entstehen begriffene Nation wohnen sollte. Der thailändische Historiker Thongchai Winichakul analysiert dies in brillanter Form, wenn er die Entstehung des siamesischen Nationalstaates skizziert. Der »geo-body« war, Winichakul zufolge, eine Grundvoraussetzung für die Entstehung der neuen Nation, und ermöglicht wurde die Konstruktion dieses Territorialgebildes in erster Linie durch die moderne Kartographie.[73] Wenn gemeinhin gesagt wird, Historiker seien die ersten Bevollmächtigten der Nationen gewesen, dann ist dieser Ehrentitel auch Geographen und Kartographen zuzugestehen. Die Geschichtsschreibung half dem Nationalstaat zweifelsohne, seine Vorgeschichte mit Sinn zu erfüllen, doch es war die Kartographie, die ihm ermöglichte, seine Vorstellungen von und Machtansprüche auf einen geographischen Raum zu verwirklichen.

Das materiell-technologische Fundament für die Erweiterung des territorialen Horizonts war selbstverständlich die sich entwickelnde und ausbreitende Massenkommunikation. Der politisch-kulturelle Unterbau vervollständigte diesen Prozess anhand effektiver staatlicher Mechanismen für den Ideologietransfer. Die Revolution des Buchdrucks im 15. Jahrhundert, der sich beständig zu einem omnipräsenten Medium entwickelte, sowie die Einführung der allgemeinen Schulpflicht seit dem Ende des 19. Jahrhunderts sollten das Verhältnis zwischen der Eliten- und der Massenkultur ebenso radikal verändern wie dasjenige zwischen der Kultur der urbanen Zentren und der des flachen Landes.

Ohne die Drucktechnik wären die Karten der Königreiche und die immer exakteren geographischen Aufzeichnungen der physischen Welt nur wenigen zugänglich geblieben. Und hätte es keine allgemeine Schulbildung gegeben, wären weiterhin nur wenige mit den Grenzen des Staates vertraut gewesen. Landkarten und Schulbildung bildeten eine natürlichen Einheit, die einen klar benannten und allgemein bekannten Raum formte. Nicht umsonst schmücken die Klassenzimmer in den meisten Staaten dieser Welt bis heute Karten, die die Grenzen des Vaterlandes tief im Bewusstsein und Wissen aller Schüler verwurzeln. Oft hängen neben den Karten Fotografien von verschiedenen Landschaften des Vaterlandes. Diese zeigen immer Täler, Berge oder Dörfer, niemals jedoch eine urbane Landschaft.[74] Die plastische Präsentation der Heimat geht immer auch mit einer gewissen romantischen Sehnsucht nach Verwurzlung im ländlichen Raum einher.

Im Rahmen der intensiven Nationalisierung der Massen hing die Vermittlung von Vaterlandsliebe zwangsläufig vom Wissen um die geographische Beschaffenheit dieses Vaterlandes ab. Und wenn die physische Kartographie dem Menschen half, sich die Erde und ihre Naturschätze untertan zu machen, dann half die politische Kartographie dem Staat, in den Herzen aller seiner Bürger heimisch zu werden. Neben dem Geschichtsunterricht, der die Vergangenheit des nationalen Gebildes ersann, waren es, wie erwähnt, die Geographiestunden, die das territoriale Gebilde erschufen und Form annehmen ließen. So wurde die Nation zugleich in zeitlicher wie in räumlicher Dimension geformt.

Daraus ergab sich auch der komplexe Zusammenhang zwischen der allgemeinen Schulpflicht und der allgemeinen Wehrpflicht. Bis dato waren die Fürsten noch gezwungen gewesen, Söldnerheere anzuwerben, um Landstriche unter ihrer Herrschaft zu verteidigen oder sich fremde Gebiete anzueignen, wobei die Soldaten nicht die mindeste Vorstellung vom Gebiet des Landes hatten, in dessen Dienst sie standen. Dieses Problem löste sich mit der Zeit für die modernen Nationalstaaten. Die allgemeine Wehrpflicht stützte sich, am Ende einer langen Entwicklung, auf die Bereitschaft einer Mehrheit der Bürger, in nationalen Streitkräften zu dienen. So wurden die modernen Kriege immer totaler und länger, womit im Vergleich zur vormodernen Welt auch die Zahl ihrer Opfer in schwindelerregende Höhen stieg. Die Bereitschaft, für das Vaterland zu sterben, die in der antiken Welt des Mittelmeerraums das Privileg einiger weniger gewesen war, wurde in der neuen globalisierten Welt zu einem Allgemeingut.

Doch wir sollten nicht meinen, die Verwandlung derart vieler Menschen in eingeschworene Patrioten sei ausschließlich das Ergebnis von Indoktrination gewesen, also des manipulativen Wirkens moderner Machteliten. Natürlich wäre den Bürgern ohne die Informationstechnologie, durch Zeitungen, Bücher, Radiosendungen und später Kinowochenschauen, und ohne eine intensive pädagogische Formung durch ein staatliches Bildungssystem nicht in diesem Maß bewusst geworden, welches Gewicht dem Nationalterritorium in ihrem Leben zukam. Kein Zweifel, um sich mit dem Vaterland zu identifizieren, musste man lesen und schreiben können, musste man imstande sein, wichtige Teile des »nationale Kultur« genannten Puzzles zu konsumieren. Demnach war das neue Ideologisierungsinstrument und Medium des Staates – die Schule nämlich – direkt verantwortlich für die Serienproduktion von Vaterländern und Patrioten.

Doch die wichtigste Triebfeder hinter dem Konsens, sich massenhaft für das Volk und das von ihm bewohnte Land aufzuopfern, war der atemberaubende Demokratisierungsprozess, der sich seit dem Ende des 18. Jahrhunderts über den gesamten Globus ausbreitete. Kaiserreiche, Monarchien und Fürstentümer hatten in der Geschichte immer nur wenigen gehört. Die griechische Polis und die römische Republik hatten in den Händen einer kleinen Minderheit gelegen. Der moderne Staat hingegen sollte, ob nun als liberale oder autoritäre Demokratie, der förmlichen Herrschaft aller seiner Bürger unterworfen sein. Alle seine Bewohner ab einem bestimmten Alter sollten Bürgerrechte genießen und damit, im Prinzip, souveräne und rechtmäßige Herrscher über ihre Staatswesen sein. Dabei meint die kollektive

Herrschaft der Bürgerschaft über den Staat zugleich auch ein kollektives Eigentum an dessen Territorium.[75]

Der moderne Staat mit seiner Justiz und seinen Gesetzbüchern war bekanntermaßen eine der Grundvoraussetzungen für die Sicherung des bürgerlichen Eigentums. Und es war nicht nur das staatliche Gewaltmonopol, das eine günstige Kapitalentwicklung ermöglichte, sondern auch das territoriale Eigentum des Staates und die souveräne Kontrolle seines Gebiets. Die fortschreitende Legitimierung des Privateigentums in einem modernen Staatswesen verstärkt sich mit der zunehmenden Demokratisierung der Staatsgewalt: Ausgerechnet die Auffassung vom abstrakten Kollektiveigentum der Gesellschaft am Staatsgebiet befördert indirekt die Akzeptanz des durch die wenigen Wohlhabenden angehäuften Vermögens.

Das Territorium ist der gemeinschaftliche Besitz aller »nationalen Anteilseigner« des Staates. Auch für die Mittellosesten unter ihnen gibt es mithin immer etwas, das ihnen gehört. Auch diejenigen, die nur über unbedeutenden Privatbesitz verfügen, sind zugleich Herren über das gewaltige Nationaleigentum. Dieser Besitzerstolz verschafft emotionale Befriedigung und ein Gefühl von Sicherheit, mit dem kein politisches Zukunftsversprechen konkurrieren kann. Diese Erkenntnis, die den meisten Sozialisten und Anarchisten des 19. Jahrhunderts entgangen ist, sollte ihre ganze Tragweite im 20. Jahrhundert unter Beweis stellen. In die blutigsten Konflikte jenes Jahrhunderts marschierten Soldaten – Arbeiter, Angestellte, Handwerker und Bauern –, deren Vorstellung von Politik ihnen suggerierte, sie kämpften für ein Vaterland, das sich unter ihren Füßen erstreckte und ihre Zukunft sicherte. Und das hieß: für einen Staat, dessen Führer theoretisch direkt von ihnen bestellt waren. Diese demokratischen Vertreter waren damit betraut, das Eigentum der Massen zu verwalten, sprich: das Territorium zu wahren, ohne das der Staat nicht existieren konnte.

Womit wir einen der Ursprünge für die kollektiven Gefühlsausbrüche benannt haben, welche die nationale Moderne erschüttern sollten. Als Samuel Johnson Ende des 18. Jahrhunderts konstatierte, dass »der Patriotismus die letzte Zuflucht des Schuftes« sei, sah er in geradezu prophetischer Weise die politische Rhetorik voraus, welche die kommenden zweihundert Jahre beherrschen sollte – ein jeder, der sich selbst als der treueste Wachhund des Nationaleigentums ausgeben konnte, würde zum ungekrönten König der modernen Demokratie werden.

So wie jedes Eigentum in seinem Umfang juristisch festgelegt ist, hat auch jeder nationale Raum eine Grenze, die heute dem Völkerrecht unterliegt. Doch während es möglich ist, den Gegenwert von Privateigentum genau zu quantifizieren (auch wenn es sich um Landbesitz handelt), ist das beim nationalen Kollektiveigentum nicht der Fall: Da es für solcherlei Güter keinen Markt gibt, lässt sich ihr Wert nur schwerlich schätzen.

Anfang des 19. Jahrhunderts konnte Napoleon noch das große Louisiana in Nordamerika veräußern, ohne die Proteste derjenigen zu ernten, die gerade erst begonnen hatten, Franzosen zu werden. Und 1867 verkaufte Russland Alaska an die USA (für den läppischen Betrag von 7,2 Millionen Dollar). Kaum ein Russe beklagte sich, stattdessen fanden sich Amerikaner, die sich darüber erbitterten, hier würde Geld verschleudert. Solche Phänomene einer finanziellen Quantifizierung und Übertragung staatlichen Eigentums waren jedoch bald Geschichte und würden im Verlauf des 20. Jahrhunderts nicht mehr auftreten.

Demgegenüber sollten mit Beginn des 20. Jahrhunderts die neuen patriotischen Kriege gewaltige Blutopfer einfordern. In Verdun zum Beispiel kam es 1916 zu einer der verlustreichsten Schlachten des Ersten Weltkriegs. Auf einem nur wenige Quadratkilometer großen Niemandsland wurden innerhalb weniger Monate mehr als 350 000 Soldaten – Deutsche und Franzosen – getötet, 500 000 weitere wurden verwundet oder verkrüppelt. Gewiss, nicht alle Soldaten hielten sich aus freien Stücken in den feuchten, stinkenden Schützengräben auf. In dieser Phase des Großen Krieges dürstete es sie schon sehr viel weniger nach einem Waffengang als noch zu dessen Beginn. Doch die meisten von ihnen hielten sich noch immer an das eherne Gebot der Verteidigung des Vaterlandes, das gepaart war mit der halsstarrigen

Weigerung, auch nur einen Kilometer davon preiszugeben. Im 20. Jahrhundert verhieß der Tod fürs Vaterland den Soldaten den Eintritt in eine weihevolle Ewigkeit, wie sie ihnen kein anderer Tod zu bieten hatte.

4. Die Grenze – Umriss eines territorialen Besitzes

»Ein Territorium ist zweifellos eine geographische Idee, doch vor allem ist es eine rechtlich-politische Auffassung: Es wird immer beherrscht durch die eine oder andere Form von Regierungsgewalt.«[76] Diese Bemerkung Michel Foucaults trifft den Nagel auf den Kopf, auch wenn sie es nicht leisten kann, sämtliche Aspekte des nationalen Raumes zusammenzufassen. Die endgültige Gestaltung des nationalen Territoriums erfolgt mit der begeisterten Unterstützung seiner Bewohner, die nun zu Staatsbürgern werden, sprich: zu den rechtmäßigen Eigentümern des Staatsgebietes. Natürlich ist diese finale Formgebung auch auf das Einverständnis der Nachbarstaaten und irgendwann auch auf die Anerkennung durch das Völkerrecht angewiesen. Wie jedes gesellschaftlich-rechtliche Phänomen ist auch die Grenze Ausdruck eines historischen Kräfteverhältnisses, das zu einem bestimmten Zeitpunkt anerkannt und eingefroren wurde.

Fließende Grenzen zwischen großen oder kleinen Territorien hat es in der Geschichte beinahe immer gegeben, doch unterschieden sie sich vollkommen von denen im modernen Zeitalter. Diese waren nicht geometrisch exakte Demarkationslinien, sondern breite Grenzgebiete. Zumeist waren es natürliche Objekte, welche die Königreiche voneinander trennten – ein Berg, ein Fluss, ein Tal, ein Waldgebiet oder eine Wüste –, wobei diese natürliche Gegebenheit in ihrer Gesamtheit als Grenze diente. Viele Dorfbewohner wussten früher nicht, welcher staatlichen Autorität sie unterstanden, und die Wahrheit ist, dass sie es auch nicht so genau wissen wollten. Allein die Herrschenden hatten ein Interesse, ihre – nicht immer zuverlässigen – Steuerzahler zu registrieren.

Ein Gutteil der heutigen internationalen Grenzen wurde auf willkürliche und zufällige Weise noch vor dem Auftreten der Nationen gezogen – Imperien, Königreiche und Fürstentümer legten nach Kriegen in diplomatischen Abkommen ihre Herrschaftsbereiche fest. Doch territoriale Konflikte der Vergangenheit, von denen es nicht gerade wenige gab, mündeten nicht in mehrjährige Weltkriege, und es war auch nicht unbedingt die Gier nach Gebietszuwachs als solche, die den bewaffneten Konflikt hauptsächlich auslöste. In jedem Fall wurden Grenzziehungen vor dem Aufkommen des Nationalismus niemals als etwas Sakrosanktes betrachtet.

In diesem Zusammenhang ist Peter Sahlins' faktenreiche empirische Studie höchst erhellend.[77] Sahlins verfolgt in seiner Arbeit en detail die Entstehung der französisch-spanischen Grenze in den Pyrenäen seit dem 17. Jahrhundert. Dabei weist er nach, dass Herrschaft unter der vorrevolutionären Ordnung rechtlich sehr viel stärker auf die Untertanen und deutlich weniger auf die fraglichen Landstriche ausgerichtet war. Die langsame und langwierige Ausformung der Grenze, die anfangs nur eine gedachte Linie war, welche höchst ungenau mit Hilfe sporadisch gesetzter Grenzsteine markiert wurde, erfuhr während der Französischen Revolution eine scharfe Wendung. Vom Ende des 18. Jahrhunderts und bis zum Jahre 1868, in dem die Grenze endgültig festgelegt wurde, mutierte das fragliche Territorium zum Eigentum der Nation. Der Übergang von einer wilden, durchlässigen Grenzregion hin zu klar abgesteckten Besitzungen sei im Grunde genommen eine Domestizierung des Raumes und seine Verwandlung in ein Vaterland gewesen.[78]

Benedict Anderson verweist in seiner Pionierstudie *Die Erfindung der Nation* ebenfalls auf diese Idee, wenn er schreibt:

> Nach moderner Vorstellung wird die staatliche Souveränität vollständig, umfassend und gleichmäßig über jeden Quadratmeter eines legal abgegrenzten Territoriums ausgeübt. Früher

hingegen, als Staaten durch Zentren definiert wurden, waren die Grenzen durchlässig und unklar; Souveränitäten gingen kaum wahrnehmbar ineinander über.[79]

Jeder Nationalstaat in der ersten Phase seiner Entstehung ist, genau wie jeder Kapitalist mit Blick auf sein erstes Vermögen, hungrig nach Raum und begierig, seine Grenzen auszudehnen, sprich: seinen Grundbesitz zu vergrößern. Die Vereinigten Staaten zum Beispiel zeigten von Geburt an die Neigung, weitere Territorien zu annektieren. Im Grunde weigerten sie sich, in Grenzen etwas anderes als dehnbare Grenzgebiete (frontiers) zu sehen, die ihnen – früher oder später – zufallen würden. Ähnlich verhielten sich auch andere Siedlerstaaten, sei es in Afrika, Australien oder im Nahen Osten.[80]

Die französischen Revolutionäre folgten nach 1789 der Idee von den »natürlichen Grenzen« und forderten eine Ausdehnung ihres Staates in Richtung großer Flüsse oder hoher Berge, die oftmals weit jenseits der »künstlichen« Grenzen lagen. So betrachteten viele Franzosen während der Revolution und unter Napoleon Gebiete wie das Rheinland oder die Niederlande als organische Bestandteile eines Großfrankreichs. Die nationalsozialistische Revolution in Deutschland wiederum schrieb sich die Logik des »Lebensraums« auf die Fahnen, der Polen, die Ukraine und Westrussland umfassen sollte – eine Idee, die von entscheidendem Gewicht für den Ausbruch des Zweiten Weltkriegs sein würde.

Nicht von ungefähr wurden die ersten Nationalstaaten auch zu den führenden Kolonialmächten. Selbstverständlich waren dabei die Gründe und Bedingungen für die territoriale Expansion vor allem ökonomischer Natur, ebenso wie die wachsende technische Überlegenheit Westeuropas. Doch die begeisterte Unterstützung der patriotisch gesinnten Volksmassen für die kolonialistische Landnahme diente als wichtige Triebfeder des Strebens nach imperialer Größe. Auch wissen wir, dass die Frustration der Volksmassen in jenen Staaten, die bei der Aufteilung der territorialen Beute zu spät gekommen waren, nicht wenige dieser Länder in einen radikaleren und aggressiveren Nationalismus treiben sollte.

Selbst die Nationalstaaten, die in der Dritten Welt auf den Plan traten, unter anderem aus dem Widerstand gegen die Kolonialherrschaft, begannen ihre territoriale Konsolidierung mit blutigen Grenzkonflikten. Die Streitigkeiten zwischen Vietnam und Kambodscha, zwischen Iran und Irak oder zwischen Äthiopien und Eritrea zum Beispiel unterschieden sich nicht wesentlich von den Rivalitäten, die einhundert Jahre zuvor zwischen England und Frankreich, zwischen Frankreich und Preußen oder zwischen Italien und Österreich ausgefochten worden waren. Eine Welle des demokratischen Nationalismus löste schließlich im ehemaligen Jugoslawien die vorerst letzten Schlachten um die »richtigen« Grenzziehungen auf dem alten Kontinent aus.

Der Prozess der Umwandlung von Land in Nationaleigentum nimmt in aller Regel im Machtzentrum von Regierung und Verwaltung seinen Ausgang, wird im weiteren Verlauf jedoch Bestandteil eines breiten gesellschaftlichen Bewusstseins, das den Aneignungsprozess von unten her befördert. Im Gegensatz zu vormodernen Gesellschaften werden die Massen dabei selbst zu Priestern und Wächtern auf den Mauern der neuen, heiligen Erde. Und wie in den alten religiösen Riten wird der geheiligte Ort eindeutig von dem profanen Raum abgegrenzt, der ihn umgibt, wird in der neuen Welt jeder Quadratzentimeter des gemeinschaftlichen Besitzes Teil des heiligen nationalen Orts, der von da an als unentbehrlich gilt. Was indes nicht besagt, dass der »externe, profane« Raum nicht eines Tages zu einer »geheiligten, zugehörigen« Fläche werden kann – die Annektierung weiterer Gebiete zu dem bereits vorhanden Nationalterritorium wurde bisher stets als patriotischer Akt ersten Ranges aufgefasst. Vom Vaterland oder der Heimat indes durfte nicht eine Krume abgetreten werden.

In dem Augenblick, in dem die Grenze die Größe des Nationaleigentums anzeigte, nicht nur als horizontale Demarkationslinie, sondern auch als Sperrlinie in der Tiefe der Erde und als Begrenzung des Luftraums, hafteten ihr sogleich Würde und Erhabenheit an, weckte sie Ehrfurcht und Pflichtgefühl. Oft verlangte das Grenz-Zeichen nach tief hinabreichenden historischen Fundamenten und wurde zuweilen auf pure Mythologie gegründet. Jedes Fitzelchen an Information über die Existenz oder die Herrschaft einer altertümlichen »ethnischen« Gruppe, in der die moderne Nation angeblich ihren Ursprung hat, diente als Vorwand für die Annektierung, Okkupation oder Besiedlung von Landstrichen, die sich irgendwie mit jener Gruppe in Verbindung bringen ließen. Jeder noch so abwegige Mythos und jede unbedeutende Sage wurden, sofern sich daraus irgendwelche territorialen Ansprüche und Besitzrechte destillieren ließen, zu ideologischen Waffen und Eckpfeilern bei der Konstruktion der nationalen Erinnerung.[81]

Alte Schlachtfelder wurden zu Wallfahrtsstätten. Gräber tyrannischer Reichsgründer oder grausamer Rebellen wurden zu staatlichen Gedenkorten. Erzsäkulare Nationalisten sprachen schweigenden Landschaften uranfängliche oder gar transzendente Eigenschaften zu. Demokratische Revolutionäre und sogar Sozialisten, die die Brüderlichkeit der Völker predigten, flirteten mit einer monarchistischen, imperialistischen und auch religiösen Vergangenheit, um ihre Herrschaft über möglichst ausgedehnte Territorien zu begründen.

Außer der unmittelbaren, auf Gewalt gegründeten Herrschaft ist fast immer auch eine weit zurückreichende Vergangenheit erforderlich, welche die nationalen Liegenschaften mit der Aura von Ewigkeit umhüllt. Die große politische Heimat blieb zu abstrakt und bedurfte deshalb sowohl zeitlicher Fixpunkte wie auch greifbarer räumlicher Stützen. Vor diesem Hintergrund wurde, wie erwähnt, die Geographie ähnlich der Historiographie zum Bestandteil einer neuen pädagogischen Theologie. In dieser neuen Lehre erhielt auch die nationale Erde ihren Anteil am Göttlichen, ja sie nahm gewissermaßen die Stellung des Himmels ein: Im Zeitalter der Moderne war es mit einem Mal sehr viel leichter, sich ironisch über Gott zu äußern als über das Vaterland.

Das große, abstrakte Vaterland war im 19. und 20. Jahrhundert der Superstar der nationalen wie der internationalen Politik. Millionen ließen für es ihr Leben, andere töteten ihm zu Ehren, viele wollten auf immer nur in einem solchen leben. Doch wie jedes andere historische Phänomen war seine Macht nicht absolut und – vielleicht unnötig hinzuzufügen – auch nicht von ewiger Dauer.

So wie das Vaterland Außengrenzen hatte, die sein Gebiet umgaben, so hatte es auch eine innere Grenze, die seine emotional-mentale Macht beschränkte. Als Menschen unter der Last des Lebens stöhnten, als es ihnen nicht mehr gelang, ihre Familien in Ehren zu ernähren, machten sie sich auf, um in andere Staaten auszuwandern. Und so tauschten sie auch nationale Territorien so, wie man schöne, aber abgetragene Kleidung wechselt: mit Wehmut, aber voller Entschlossenheit. Das Phänomen der Massenemigration ist nicht minder charakteristisch für die Modernisierung als der Prozess der Nationalisierung von Bevölkerungen und die Errichtung von Vaterländern. Trotz Abschiedsschmerz und Ungewissheit klopften in Zeiten von Mangel oder Unterdrückung viele Millionen von Menschen an die Türen von »Lebensräumen«, die ihnen eine sicherere und stabilere Existenz ermöglichen sollten, als es ihre Herkunftsländer vermocht hatten. Doch im Zuge der schwierigen Verwurzelung in einer neuen Heimat wurden die Immigranten auch zu Patrioten. Und gelang dies nicht immer in der ersten Generation, so war in der Folgegeneration die neue Heimat schon tief und fest in den Herzen eingepflanzt.

Jedes politische Phänomen, das in einer bestimmten Phase der Geschichte geboren wird, verschwindet letztendlich auch wieder aus dieser. Das nationale Vaterland, das sich gegen Ende des 18. Jahrhunderts zu formieren begann und der normale und »normative« Raum aller seiner Staatsbürger war, offenbarte gegen Ende des 20. Jahrhunderts erste Abnutzungserscheinungen. Noch ist das Vaterland weit davon entfernt, von der Bildfläche zu verschwinden, und in »entlegenen« Ecken der Welt wird noch immer auf nationalem Boden gestorben, aber in anderen Regionen haben die »klassischen« Grenzen bereits begonnen sich aufzulösen.

Die Marktwirtschaft, die in ferner Vergangenheit kleine Heimaten zerstörte und viel dazu beitrug, große nationale Vaterländer zu errichten und diese mit undurchdringlichen Grenzen zu umgeben, ist dabei, ihre früheren Errungenschaften zu pulverisieren. Die politischen Eliten und noch stärker die audiovisuellen Medien und das Internet sind bei diesem Prozess höchst behilflich. Der sinkende Wert der Landwirtschaft als Quell ökonomischen Wohlstands hat ebenfalls zur Schwächung der mental-emotionalen Bindung an das Vaterland beigetragen. Wenn ein Franzose, ein Deutscher oder ein Italiener heute aus ihren Ländern ausreisen, sind der Staat und seine Wachhunde schon nicht mehr am Grenzübergang präsent. Die Europäer bewegen sich bereits in territorialen Räumen, die vollkommen neue Konturen angenommen haben.

Verdun, vielleicht das wichtigste Symbol für patriotische Verblendung im 20. Jahrhundert, ist zu einem beliebten Ziel für Touristen geworden. In geradezu ironischer Weise ist dieser Stätte heute der Pass oder die nationale Identität seiner europäischen Besucher einerlei. Sicher, Europa hat neue Grenzen an seinen Rändern errichtet, höher und zuweilen nicht weniger grausam als die vormaligen Landesgrenzen, doch die Territorien innerhalb des Kontinents tragen schon nicht mehr all die Merkmale der alten politischen Vaterländer.

Franzosen werden allem Anschein nach nicht mehr für Frankreich sterben und Deutsche sich offensichtlich nicht mehr für Deutschland töten lassen. Auch erscheint es wahrscheinlich, dass die Italiener jene Tradition fortzusetzen gedenken, die sich in der Gestalt des alten, zynischen Italieners in *Catch 22* verkörpert findet, Joseph Hellers großartigem Roman, dessen Worte diesem Kapitel vorangestellt sind.

Obgleich ein konventionelles Massenmorden im Zeitalter von Atomwaffen komplizierter und problematischer geworden ist, lässt sich gewiss nicht ausschließen, dass Menschen auch künftig neue Mittel und Wege finden werden, zu töten und getötet zu werden, doch wird dies, wie es aussieht, für politische Ziele noch gänzlich unbekannter Art geschehen.

II. »Mytherritorium« – Am Anfang verhiess Gott das Land

> Wenn du Kinder und Kindeskinder zeugst und ihr im Land heimisch seid, wenn ihr dann ins Verderben lauft und ein Gottesbildnis macht, das irgendetwas darstellt, wenn ihr also tut, was in den Augen des Herrn, deines Gottes, böse ist, und wenn ihr ihn erzürnt – den Himmel und die Erde rufe ich heute als Zeugen gegen euch an: dann werdet ihr unverzüglich aus dem Land ausgetilgt sein …
>
> Deuteronomium 4,24 f.

> Drei Eide, welches sind sie? Einer, dass Israel nicht in Scharen in das Land zieht, einer, dass der Heilige, gepriesen sei er, Israel hat schwören lassen, sich nicht gegen die Völker der Welt zu empören, und einer, dass der Heilige, gepriesen sei er, die Anbeter der Sterne hat schwören lassen, dass sie Israel nicht über die Maßen bedrücken.
>
> Babylonischer Talmud, Ketubbot 111a

Der Begriff »Moledet« – Vaterland oder Heimat – taucht in allen Büchern der hebräischen Bibel insgesamt neunzehn Mal auf, wobei allein das Buch Genesis etwa die Hälfte dieser Fundstellen aufweist. Alle Konnotationen, die diesem Begriff anhängen, kreisen um das Geburtsland oder den Herkunftsort der Familie. Niemals jedoch findet sich darin eine bürgerliche oder öffentliche Dimension, wie wir sie in den antiken Kulturen der griechischen Polis oder der römischen Republik angetroffen haben. Die Helden der hebräischen Bibel sind niemals ausgezogen, ihre Heimat um der Freiheit willen zu verteidigen, haben niemals die Liebe des Bürgers zum Vaterland artikuliert und wussten auch nichts von einem süßen Tod für dasselbe. Kurzum, die Idee des politischen Patriotismus, die sich im nördlichen Mittelmeerraum entwickelte, war an dessen südlichen Gestaden so gut wie unbekannt, von den Weiten des fruchtbaren Halbmondes ganz zu schweigen.

Das zionistische Denken, das gegen Ende des 19. Jahrhunderts Formen annahm, sah sich folglich mit einem nicht unerheblichen Problem konfrontiert. Da die Bibel ihnen von Anfang an als Besitzurkunde über Palästina, das schon bald zu Erez Israel mutieren sollte, diente, mussten sie es nicht nur unbedingt zu einem imaginären Herkunftsland machen, aus dem angeblich alle Juden ins Exil vertrieben worden waren, sondern auch zu einer biblischen Heimat, die sich schon immer in Besitz ihrer mythischen Vorväter befunden hatte.

Also erfuhr die Bibel eine Umgestaltung zum Nationalepos. Anstatt einer Sammlung theologischer Texte, die sich historisierender Erzählungen und auch göttlicher Wundertaten bedienen, um so Überzeugungsarbeit zu leisten und einen Glauben zu verwurzeln, wurde die jüdische Bibel zu einem historiographischen Konvolut, das außerdem einige eher überflüssige religiöse Weisheiten enthielt. Es erschien sogar erforderlich, das metaphysische Wesen Gottes weitestgehend zu verschleiern und aus ihm stattdessen eine patriotische Persönlichkeit sondergleichen zu destillieren. Die zionistischen Vordenker waren allesamt, wenn auch in unterschiedlicher Ausprägung, Freidenker, Theologie interessierte sie nicht. Gott, dessen Existenz ins Wanken geraten war, hatte seinem »auserwählten Volk« nicht länger ein Land als Preis dafür versprochen, dass es ihm treu anhing. Er hatte sich nunmehr in eine Art voice-over in einem Historienfilm verwandelt, die die Nation anwies, für das Vaterland einzutreten und zu ihm hinzuziehen.

Gewiss war es nicht einfach, weiter von einem »verheißenen Land« zu schwadronieren, da der Verheißende im Sterben lag oder vielen bereits für tot galt.[82] Auch war es heikel, theologischen Schriften, denen ein nationaler Geist vollkommen fremd war, einen imaginären Patrioten einzupflanzen. Das ganze Projekt war problematisch, sollte jedoch am Ende von Erfolg gekrönt sein. Sein Ziel erreichte es jedoch nicht dank des Genius zionistischer Vordenker und Schriftsteller. Der Grund für seine Erfolge liegt vielmehr in den allgemeinen historischen Umständen, die diese Studie zumindest in Teilen zu ergründen versucht.

1. Begnadete Theologen bescheren sich selbst ein Land

Den Büchern der hebräischen Bibel geht jedwede politische Dimension eines israelischen Vaterlandes ab.[83] Anders als später das Christentum lehren sie nicht, die wahre Heimat finde sich im ewigen Himmelreich. Demgegenüber spielt das Territorium eine wichtige Rolle und ist beinahe so etwas wie ein Hauptdarsteller in den Texten. Der Begriff »Erez« (Land) etwa taucht an mehr als tausend Stellen auf und ist von höchster Bedeutung für die theologische Fracht, die im überwiegenden Teil der Schriften transportiert wird.

Während Jerusalem in den fünf Büchern Mose überhaupt nicht erwähnt wird,[84] taucht das Land Kanaan bereits im Buch Genesis mehrfach auf und dient fortan als Ziel, Schauplatz, Geschenk, Erbe, erwählter Ort und vieles mehr. So heißt es darüber: »Das Land, das wir durchzogen haben, um es zu erkunden, ist sehr gut« (Num 14,7), »ein Land, darin Weizen, Gerste, Weinstöcke, Feigenbäume und Granatäpfel wachsen« (Dtn 8,8), und selbstverständlich vor allem »ein Land, darin Milch und Honig fließt« (Lev 20,24; Ex 3,8; Dtn 27,3). Die in der breiten Öffentlichkeit – der jüdischen wie der nichtjüdischen – gängige Annahme lautet, das Land (Kanaan) sei dem »Samen Israels« bis ans Ende aller Tage vermacht, und es finden sich nicht eben wenige Verse, die dies zu untermauern scheinen. Doch wie andere epochale Werke in der Geschichte des menschlichen Schrifttums auch lassen sich die Verse der hebräischen Bibel auf vielfältige Weise auslegen – hier liegt einer der Gründe für ihre Wirkmächtigkeit.

Es lassen sich indes nicht zu jedem Thema gegensätzliche Aussagen treffen. Im Unterschied zu den christlichen Überlieferungen, welche die Geburt der Religion Jesu eindeutig im Lande Judäa verorten, zeugen die Texte der hebräischen Bibel paradoxerweise davon, dass auf dem Territorium, das Jahwe seinen auserwählten Anhängern zugedacht hatte, der Glauben an ihn weder das Licht der Welt erblickte, noch dort heranwuchs. Überraschenderweise ereignen sich die ersten beiden entscheidenden Erscheinungen Gottes (Theophanien), die zur Basis des Glaubens an ihn werden und de facto den Grundstein für den Monotheismus in der westlichen Hemisphäre (die jüdisch-christlich-muslimische Zivilisation) legen, nicht im Lande Kanaan.

Zum ersten Mal offenbart sich Gott in Haran, in der heutigen Türkei, und befielt dem Aramäer Abram: »Zieh weg aus deinem Land, von deiner Verwandtschaft und aus deinem Vaterhaus in das Land, das ich dir zeigen werde« (Gen 12,1). Und tatsächlich gibt Jahwes erster Gefolgsmann seine Heimat auf und macht sich auf die Wanderschaft in das verheißene, unbekannte Land. Doch der Hunger lässt ihn nicht lange dort verweilen, weshalb er alsbald nach Ägypten weiterzieht.

Die zweite große, dramatische Begegnung ereignet sich, dem konstituierenden Mythos zufolge, in der Wüste, beim Auszug aus Ägypten.[85] Jahwe wendet sich auf dem Berg Sinai unmittelbar an Mose. Nach der Gabe der Zehn Gebote taucht unter all den weiteren Anweisungen, Geboten und Ratschlägen, die Gott reichlich erteilt, auch eine Bezugnahme auf das verheißene Land auf: »Ich werde einen Engel schicken, der dir vorausgeht. Er soll dich auf dem Weg schützen und dich an den Ort bringen, den ich bestimmt habe ... Ja, mein Engel wird vor dir hergehen und dich bringen zu den Amoritern, Hetitern, Perisitern, Kanaanitern, Hiwitern und Jebusitern, und ich will sie vertilgen« (Ex 23,20.23). Da die Angesprochenen nun wissen sollten, dass das verheißene Land mitnichten leer und unbewohnt ist, enthält Gottes Verpflichtung zum ersten Mal auch die unverhohlene Zusicherung einer »Beseitigung« der ursprünglichen Bewohner, die bei der Besiedlung zu stören drohen.

Oder anders gesagt – sowohl »der Vater des Volkes« Abraham als auch »sein erster großer Prophet« Mose, die beide in den Genuss einer exklusiven, unmittelbaren Bekanntschaft mit dem Schöpfer kommen, sind nicht im verheißenen Land geboren, sondern gelangen von außen dorthin. Anstelle eines autochthonen Mythos, der die Alteingessenheit der einheimischen Bevölkerung als Ausdruck des Besitzrechtes an dem Land heraushebt, verweist der jahwistische Glaube immer wieder auf die fremde Herkunft seiner Gründerväter wie auch derjenigen, die für das Staatsgebilde verantwortlichen zeichnen, das man im Lande errichtet.

Als der »Proselyt« Abraham, der mit seiner aramäischen Frau aus Mesopotamien ins Land Kanaan eingewandert ist, seinen Lieblingssohn verheiraten will, befiehlt er seinem Sklaven: »Ich will dir einen Eid beim Herrn, dem Gott des Himmels und der Erde, abnehmen, dass du meinem Sohn keine Frau von den Töchtern der Kanaaniter nimmst, unter denen ich wohne. Du sollst vielmehr in meine Heimat zu meiner Verwandtschaft reisen und eine Frau für meinen Sohn Isaak holen« (Gen 24,3 f.). Der Sklave ist nicht im mindesten überrascht. Er kehrt in die Heimat seines Herrn zurück und bringt aus der Fremde die schöne Rebekka mit. Dieser »antipatriotische« Brauch hält sich auch in der darauffolgenden Generation noch. Rebekka, die Hochmütige, die wie ihr Schwiegervater aus dem Ausland stammt, meint zu ihrem alternden Ehemann: »Mein Leben ekelt mich wegen der Hetiterinnen. Wenn Jakob so eine Hetiterin, eine Einheimische, zur Frau nimmt, was liegt mir dann noch am Leben?« (Gen 27,46). Isaak beugt sich seiner dominanten Frau, die in dieser Hinsicht seiner Mutter ähnelt, und befiehlt seinem Sohn Jakob: »Isaak rief Jakob, segnete ihn und befahl ihm: Nimm keine Kanaaniterin zur Frau!« (Gen 28,1).

Jakob, dem fügsamen Sohn, bleibt keine andere Wahl. Er verlässt Kanaan und reist nach Mesopotamien, die Heimat seines Großvaters, seiner Großmutter und seiner Mutter. Dort, im nicht unweit gelegenen »Exil«, heiratet er Lea und Rachel, zwei seiner dort lebenden Verwandten, und zeugt mit diesen und ihren beiden Mägden insgesamt zwölf Söhne und eine Tochter. Die Söhne, von denen elf (zusammen mit den beiden Söhnen Josefs) zu den eponymen Begründern der Stämme Israels werden, sind, bis auf einen, der später im Lande Kanaan zur Welt kommen sollte, mithin alle in der Fremde geboren. Und auch die »vier Mütter des Volkes« sind Fremde, nennen eine ferne Heimat ihr Vaterland. Zusammengefasst: Abraham, seine Frau, die Frau seines Sohnes, die Frauen und Nebenfrauen seines Enkels und so gut wie alle seine Urenkel waren – der Erzählung der Bibel zufolge – aus dem Norden des fruchtbaren Halbmondes gebürtig und auf Geheiß des Schöpfers nach Kanaan ausgewandert.

Und in diesem Stil geht die antipatriotische Saga weiter. Alle Söhne Jakobs wandern bekanntlich nach Ägypten aus, wo alle seine Nachkommen, sprich: der gesamte »Samen Israels«, in den folgenden vierhundert Jahren zur Welt kommen – eine Zeitspanne, die länger ist als die zwischen der puritanischen Revolution in England und der Erfindung der Atombombe. Und selbstverständlich zögern auch Jakobs Sprösslinge ebenso wenig wie ihre Vorväter, einheimische Frauen zu heiraten (solange es sich nicht um Kanaaniterinnen handelt, ist alles statthaft). So ehelicht etwa Josef Asenat, ein Geschenk des Pharaos (wobei man sich in Erinnerung rufen sollte, dass auch Hagar, Abrahams Mätresse, keine Kanaaniterin war, sondern Ägypterin). Mose, der angehende große Führer des »Samens Israels«, nimmt sich Zippora aus Midian zur Frau. Und all diese Eheschließungen, die den späteren halachischen Normen vollkommen zuwiderlaufen, hatten die zu erwartenden Folgen: »Aber die Söhne Israels waren fruchtbar, so dass das Land von ihnen wimmelte. Sie vermehrten sich und wurden überaus stark; sie bevölkerten das Land« (Ex 1,7).[86] Doch dieses Land ist Ägypten und nicht Kanaan – der biblischen Erzählung zufolge wächst das »Volk« an einem Ort heran, der ihm gewiss nicht verheißen war, im Altertum jedoch als kulturell exklusiv galt. Auch Mose, Aaron und Josua, die Führer der »Israeliten«, die das »Volk« später nach Kanaan führen sollten, waren allesamt in dem gewaltigen Pharaonenreich geboren, erzogen und zu Anhängern Jahwes geworden.

Dieses antiautochthone mythische Schema des »heiligen Volks«, das in der Fremde heranwächst, ist, wie schon gesehen, aufs Engste mit einem weiteren Phänomen verknüpft. Denn die Verfasser der biblischen Erzählungen schrecken nicht nur vor den Bewohnern des Landes zurück und distanzieren sich von ihnen, sie bringen auch immer wieder eine abgrundtiefe Feindseligkeit zum Ausdruck. Die Mehrheit der Bibel-Autoren scheint die lokalen (»eingeborenen«) Stämme, harmlose Bauern und Götzenanbeter, regelrecht gehasst zu haben und bereitet Stufe für Stufe den ideologischen Boden für deren Vernichtung.

Bereits auf dem Berge Sinai, unmittelbar nach Aushändigung der Zehn Gebote, verspricht Jahwe, wie gesagt, die autochthone Bevölkerung des Landes zu vertreiben, um Platz für seine auserwählte Gefolgschaft zu schaffen.[87] Mose, der vormalige ägyptische Prinz, wiederholt Gottes Versprechen bei verschiedenen Gelegenheiten. Im Buch Deuteronomium betont der Prophet, der die göttliche Moral an die »Kinder Israels« übermittelt hat: »Wenn der Herr, dein Gott, die Völker, deren Land der Herr, dein Gott, dir geben will, niederstreckt und du ihren Besitz übernimmst und in ihren Städten und Häusern wohnst« (Dtn 19,1). Und nachdem er Anweisungen ausgab, die eine relativ »milde« Behandlung vorsehen, welche jenen Eroberten zuteilwerden soll, die nicht Bewohner Kanaans sind, fährt Mose fort und befiehlt nachdrücklich: »Aus den Städten dieser Völker jedoch, die der Herr, dein Gott, dir als Erbbesitz gibt, darfst du nichts, was Atem hat, am Leben lassen.« (Dtn 20,16).

»Niederstrecken«, »vertilgen«, »nichts, was Atem hat, am Leben lassen« – all das sind klare Instruktionen, aber der in der hebräischen Bibel am weitesten verbreitete Terminus für eine vollständige Liquidation der Bewohner des Landes lautet »den Bann vollstrecken«. In der Tat, der totale Bann oder die physische Vernichtung der einheimischen Bevölkerung setzte, der biblischen Erzählung zufolge, mit der Überquerung des Jordans und dem Einzug der israelitischen Stämme ins gelobte Land ein.

Nach der Einnahme von Jericho beginnt das Massaker: »Mit scharfem Schwert weihten sie alles, was in der Stadt war, dem Untergang, Männer und Frauen, Kinder und Greise, Rinder, Schafe und Esel« (Jos 6,21). Dieses Szenario setzt sich konsequent nach dem Fall jeder weiteren Stadt fort: »So schlug Josua das ganze Land – das Bergland und den Negeb, die Schefela und ihre Ausläufer – mit allen seinen Königen. Niemand ließ er entkommen; alles, was lebte, weihte er dem Untergang, wie es der Herr, der Gott Israels, befohlen hatte« (Jos 10,40). Der große Eroberungszug findet schließlich in einer Orgie der Plünderung und des ungezügelten Blutvergießens seinen Abschluss: »Den ganzen Besitz aus diesen Städten und das Vieh nahmen die Israeliten für sich, die Menschen aber erschlugen sie alle mit scharfem Schwert und rotteten sie völlig aus. Niemand ließen sie am Leben.« (Jos 11,14).

Nach dem großen Morden beruhigten sich die Eroberer ein wenig und wandten sich der Besiedlung zu. Das »Volk«, das in Ägypten geboren ward, zerfiel erneut in Stämme, die das Land untereinander aufteilten. Doch zum Zeitpunkt der Aufteilung ist das »Land« größer als das Mose von Gott versprochene und umfasst mit einem Mal auch Transjordanien. Zweieinhalb Stämme lassen sich jenseits des Flusses nieder, womit die Lokalhistorie des verheißenen Landes beginnt, das, wie gesagt, mehr als nur die Erde Kanaans umfasst. Diese Geschichte wiederum wird in der hebräischen Bibel bis ins kleinste Detail und mit sehr viel Phantasie erzählt, ist durchsetzt mit der wiederkehrenden Anprangerung der immer gleichen Sünden, die schließlich zur ultimativen Strafe führen: einem zweifachen Gang ins Exil – zunächst der Bewohner des Königreiches Israel nach Assyrien (im 8. Jahrhundert v. u. Z.) und dann der Bewohner des Königreiches Juda nach Babylon (im 6. Jahrhundert v. u. Z.). Dem Narrativ, das die Geschichte der Hebräer im Lande Kanaan nachzeichnet, geht es nicht zuletzt darum, die Gründe für die beiden traumatischen Exilierungen zu beleuchten.

Einem Historiker oder Bibelwissenschaftler, der nicht an die Heiligkeit dieser Bücher glaubt und den anachronistischen, unmöglichen Ablauf der Geschehnisse nicht akzeptiert, stellen sich folgende Fragen: 1) Warum betonen die Verfasser dieser alten Texte beharrlich, dass Gott sich ausgerechnet an Orten offenbarte, die außerhalb des verheißenen Landes liegen? 2) Welchen Grund hat die nicht autochthone Herkunft der Helden dieses spannenden Epos? 3) Zu welchem Zweck wird der glühende Hass gegen die eingeborene Bevölkerung derartig gepflegt, und warum wird die fürchterliche, in jeder Hinsicht merkwürdige Geschichte ihrer massenhaften Vernichtung angeführt?

Es sollte an dieser Stelle daran erinnert werden, dass in nicht allzu ferner Vergangenheit ausgerechnet das Buch Josua von breiten zionistischen Kreisen, deren prominentester Vertreter sicherlich David Ben-Gurion war, allen anderen biblischen Büchern vorgezogen wurde – und das, obwohl viele Intellektuelle seit den Tagen der Aufklärung sich wegen der in ihm geschilderten Vernichtungsaktion vom Buch Josua distanziert haben.[88] Die Geschichte der Besiedlung und Rückkehr des »Volkes Israel« in sein verheißenes Land hauchte den Gründervätern des Staates Begeisterung und Tatendrang ein, sie stürzten sich regelrecht auf die inspirierenden Analogien zwischen der biblischen Vergangenheit und der nationalen Gegenwart.[89]

Talmud-Studenten wussten immer schon und wissen auch heute noch, dass die hebräische Bibel nicht ohne Anleitung zu lesen ist, ohne vermittelnde und abfedernde Auslegung der erbarmungslosen und »unverständlichen« Worte Gottes. Jüdische Schüler erfahren in sämtlichen Schulen des israelischen Staates hingegen schon mit neun oder zehn Jahren von den im Buch Josua geschilderten Greueltaten, und dies ohne die schützenden und rechtfertigenden Filter der talmudischen Tradition. Denn das israelische Erziehungsministerium befand es niemals für nötig, sich von den entsetzlichsten Stellen der hebräischen Bibel zu distanzieren, und verhängte so niemals irgendeine Zensur über diesen Lernstoff. Da der Pentateuch und die Bücher der ersten Propheten (Josua, Richter, Samuel, Könige) als authentische historische Zeugnisse aufgefasst wurden (und werden), die die Geschichte des »jüdischen Volkes« seit frühester Zeit rekonstruieren, herrschte über Jahre Konsens darüber, dass man vielleicht auf eine Lektüre der abstrakteren Werke der späteren Propheten verzichten könnte, auf keinen Fall jedoch das Buch Josua übergehen dürfte. Auch als der moralisch-pädagogische Schaden nachgewiesen wurde, den die Vermittlung dieser »Vergangenheit« anrichtet, blieb das Erziehungsministerium bei seiner Weigerung, sich von den peinlichen Genozidgeschichten zu verabschieden.[90]

Glücklicherweise sind in den letzten Jahren sowohl unter zionistischen Bibelwissenschaftlern wie auch bei israelischen Archäologen wachsende Zweifel am Wahrheitsgehalt des biblischen Narrativs aufgekommen. Da archäologische Befunde immer eindeutiger belegen, dass der Auszug aus Ägypten niemals stattfand und das Land Kanaan in dem Zeitraum, von dem die biblische Erzählung berichtet, auch nicht auf einen Schlag erobert wurde, darf zu Recht davon ausgegangen werden, dass die grauenvolle Geschichte über den Massenmord pure Erfindung ist. Es waren, allem Anschein nach, einheimische Bevölkerungselemente, die in einem langwierigen, stufenweisen Übergang vom Nomadentum zur Landwirtschaft zu einem bunten Gemisch aus Kanaanitern und Hebräern wurden, und aus dieser autochthonen Bevölkerung erwuchsen im weiteren Verlauf zwei Königreiche – das größere Israel und das kleinere Juda.[91]

Die Theorie, die sich in progressiven wissenschaftlichen Kreisen inzwischen durchsetzte, datiert die Entstehung der Erzählungen von der blutigen Eroberung Kanaans auf das Ende des 8. Jahrhunderts v. u. Z. oder allerspätestens auf die Regierungszeit König Joschijas im 7. Jahrhundert v. u. Z. Unter Joschija wurde der Kult auf den Jahwe-Tempel in Jerusalem konzentriert, es kam zur vorgeblichen »Entdeckung« der Tora. Hauptziel dieses historisch-theologischen Narrativs sei, so die neue Theorie, den Bewohnern Judas ebenso wie den Flüchtlingen aus dem Königreich Israel, die nach der Zerstörung der Nordmonarchie nach Süden gezogen waren, den Ein-Gott-Glauben einzupflanzen. Der Kampf der monotheistischen Könige gegen die Götzenverehrung sei schwierig und langwierig und jedes Überzeugungsmittel deshalb legitim gewesen. Das habe auch die erbitterte, pauschalisierende Hetze gegen Götzenverehrung und moralische Verderbtheit motiviert.[92]

Solche Hypothesen sind spannend und erfrischend, jedoch in keiner Weise überzeugend. Sie erlösen uns zwar zumindest teilweise von dem literarischen Alptraum eines frühzeitlichen Genozids, beantworten jedoch nicht die Kardinalfrage: Warum präsentiert die biblische Erzählung die ersten Monotheisten als Einwanderer, als Eroberer, als vollkommen Fremde in dem Land, in das sie kommen? Auch sind sie nicht in der Lage zu erhellen, warum die Idee eines grauenvollen Massenmords an der einheimischen Bevölkerung sich überhaupt entwickelte, eines Gemetzels, dessen Schilderung selbst in der Literatur des Altertums ihresgleichen sucht. Zugegeben, die Grausamkeit der Menschen im Altertum ist sprichwörtlich, und nicht eben wenige Quellen berichten uns davon. Geschichten von Massentötungen finden sich in den Sagen der alten Assyrer, in der *Ilias* Homers, und jeder Geschichtsstudent im ersten Semester weiß, wie die Römer mit den unterlegenen Bewohnern Karthagos verfahren sind. Derartige Vernichtungsfeldzüge mögen mitunter Erwähnung in den Chroniken gefunden haben, doch soweit mir bekannt, findet sich nicht ein Akteur eines solchen Massakers, der sich im Nachhinein seiner rühmte oder die Auslöschung einer ganzen Bevölkerung theologisch-moralisch rechtfertigte, um ihr Land zu erben.

Erstens ist es wenig plausibel, dass der historiographische Kern der hebräischen Bibel vor dem Untergang des Königreichs Juda im 6. Jahrhundert v. u. Z. geschrieben wurde. Vor dessen Zerstörung war es schlicht nicht möglich, über ein großes, prächtiges Königtum zu schreiben, von einer Hauptstadt mit gewaltigen Palästen und prächtigen Tempeln zu erzählen, da archäologische Funde belegen, dass das historische Jerusalem zu jenem Zeitpunkt nicht mehr als ein größeres Dorf war, das erst ganz allmählich zu einer kleinen Stadt wurde. Zweitens hätte die systematische Unterwerfung regierender Könige unter die absolute Allmacht Gottes oder gar unter die Verdikte zürnender Propheten wohl kaum von Hofschreibern oder Tempelpriestern verfasst werden können, denen keinerlei intellektuelle Autonomie zugestanden wurde. Zudem hätte keine Monarchie, und sei sie noch so klein, ein Leitmotiv geduldet, laut dem eine Dynastie auf Initiative des Volkes eingesetzt worden war und sich zudem wieder und wieder gegen Gott versündigte. Drittens lässt sich nur schwerlich erklären, warum eine derart bedeutsame und an gewagten Einsichten reiche monotheistische Revolution ausgerechnet in einem kleinen, abgelegenen Königreich ihren Anfang genommen haben sollte, an einem Ort, der in nichts den pulsierenden kulturellen Zentren des damaligen Nahen Ostens ähnelte.

Sehr viel plausibler dagegen erscheint, was viele nichtisraelische Forscher vermuten und seinerzeit sogar schon Spinoza mit seiner messerscharfen Logik geschlussfolgert hatte, nämlich dass die Hauptbestandteile der hebräischen Bibel erst nach der Rückkehr der Exilanten nach Jerusalem verfasst und theologisch ausgestaltet wurden, wenn nicht sogar noch später, in hellenistischer Zeit.[93] Es steht praktisch außer Zweifel, dass die begabten Verfasser dieser Texte das einschneidende, als Strafe begriffene Exil aus eigener Anschauung kannten. Ohne Unterlass bringen sie ihre Erschütterung darüber zum Ausdruck, versuchen ständig, der Exilierung eine ideologische Erklärung zuzuweisen. In den fünf Büchern Mose wie in den Prophetenbüchern ist vom Exil oftmals wie von etwas allgemein Bekanntem und Konkretem die Rede, wieder und wieder wird mit ihm gedroht: »Euch aber zerstreue ich unter die Völker und zücke hinter euch das Schwert. Euer Land wird zur Wüste und eure Städte werden zu Ruinen ... ihr geht unter den Völkern zugrunde und das Land eurer Feinde frisst euch. Diejenigen von euch, die dann noch überleben, siechen dahin in den Ländern eurer Feinde wegen ihrer Sünden, auch wegen der Sünden ihrer Väter, so dass sie, gleich ihnen, dahinsiechen« (Lev 26,33.38 f.). »Der Herr wird euch unter die Völker verstreuen. Nur einige von euch werden übrig bleiben in den Nationen, zu denen der Herr euch führt« (Dtn 4,27). Diese Sätze sind vollkommen identisch mit jenen, die in einem offensichtlich »postexilen« Werk wie dem Buch Nehemia zu finden sind: »Wenn ihr mir die Treue brecht, dann werde ich euch unter die Völker zerstreuen« (1,8).

Es lässt sich daher die Arbeitshypothese aufstellen, dass es ehemalige Tempelpriester und Hofschreiber waren, die in Babylon saßen, sowie die Nachfahren von Exilanten aus Juda, die mit der persischen Okkupation Babylons in befruchtenden Kontakt mit der zoroastrischen Religion kamen, die zu diesem Zeitpunkt zwar gegen den Polytheismus ankämpfte, sich selbst aber noch auf der Stufe einer göttlicher Dualität befand. Beredten Ausdruck der entscheidenden epistemologischen Abtrennung zwischen dem zoroastrischen Dualismus und dem monotheistischen Jahwismus können wir bei dem Propheten Jesaja finden, der mit Verve predigt: »So spricht der Herr zu Kyrus, seinem Gesalbten ... Ich bin der Herr und sonst niemand ... Ich erschaffe das Licht und mache das Dunkel, ich bewirke das Heil und erschaffe das Unheil. Ich bin der Herr, der das alles vollbringt« (Jes 45,1.5.7).

Meiner Meinung nach konnte ein solches Maß an Abstraktion, wie es in dem noch jungen Monotheismus zum Vorschein kommt, nur aus einer materiell-staatlichen Kultur heraus geboren werden, die auf hohem Niveau die Natur technologisch beherrscht. Derartige Kenntnisse waren zu dieser Zeit nur in jenen Zivilisationen vorhanden, die an einem der großen Flussläufe angesiedelt waren, wie etwa in Ägypten oder in Mesopotamien. Die einzigartige und faszinierende Begegnung der Exilanten aus Juda und ihrer Nachfahren mit dieser Hochkultur legte allem Anschein nach das Fundament für ihre epochalen Thesen.[94]

Diese furchtlosen und gebildeten Männer waren, wie stets bei intellektuellen Revolutionen von historischer Tragweite, gezwungen, ihre radikalen Ideen außerhalb der etablierten, institutionalisierten Kultur auszuarbeiten und zu vervollständigen. Das Schreiben in einer kaum bekannten Sprache und die Auswanderung einiger von ihnen nach Kanaan, unter dem Patronat des persischen Herrschers, waren ein probater Ausweg, um Konfrontationen mit einer feindlich gesinnten, noch immer halb polytheistischen Priesterschaft aus dem Weg zu gehen. Und so wurde im Austausch zwischen Babylon und Kanaan der erste Schritt im Übergang zu einer vollkommen neuartigen theologischen Tradition vollzogen.

Das kleine Jerusalem des 5. Jahrhunderts v. u. Z. wurde für diese außergewöhnlichen Intellektuellen zum Unterschlupf und Brutkasten. Ein Teil von ihnen blieb allem Anschein nach in Babylon und versorgte die Ausgewanderten mit der materiellen und geistigen Logistik, die für die Abfassung des revolutionären Schriftenkorpus notwendig war. Kanaan diente demnach dem im Norden des fruchtbaren Halbmonds geborenen Glauben als geistiger Brückenkopf unter den Kulturen des Mittelmeerraumes. Somit sollte Jerusalem zur ersten Station einer großen theologischen Reise werden, eines jüdisch-christlich-muslimischen Eroberungszuges, der am Ende eines langen Prozesses einen Großteil des Erdballs eingenommen haben würde.

Machen wir uns diese Hypothese zu eigen, werden die monotheistischen Ursprungslegenden, die außerhalb des verheißenen Landes angesiedelt sind, um vieles verständlicher. Literarische Gestalten wie Abraham und Mose, die den Glauben an den einen Gott nach Kanaan »importieren«, sind eine sagenhafte Mimesis der tatsächlich stattgefundenen Auswanderung jener »Importeure Gottes«, die mit Beginn des 5. Jahrhunderts v. u. Z. aus Babylon nach Zion strömen. Diese Pioniere des westlichen Monotheismus im 5. und 4. Jahrhundert v. u. Z. – eine Zeit größter kultureller Blüte, in der die Geburt der griechischen Philosophie und Dramen ebenso fällt wie die Ausbreitung des Buddhismus und des konfuzianischen Glaubens – sammelten sich im kleinen Jerusalem und begannen, von dort aus ihren revolutionären Glauben zu verbreiten.

Diese kulturellen Aktivitäten erfolgten mit dem Wissen und der Billigung von Vertretern des persischen Königs, zum Beispiel der hochangesehenen Gründerfiguren Esra und Nehemia. Die gewählten narrativen Strategien waren zum einen bestimmt, eine eingeschworene Gemeinde zu schaffen, zum anderen sollten sie verhindern, dass diese Gemeinde zu stark und damit zu einer Bedrohung für die imperiale Oberherrschaft würde. Daher war es statthaft, sich in der kleinen persischen Provinz Jahud die Eroberung eben jenes Landes im Namen des einen Gottes auszumalen, von gewaltigen Königreichen der Vergangenheit zu erzählen und von verheißenen, indes irrealen Grenzen zu träumen, die bis zum Herkunftsland der Neueingewanderten reichten. Doch empfahl es sich, in der realen Gegenwart keine echte Macht zu fordern, sich mit der Errichtung eines bescheidenen Tempels zu begnügen, unentwegt den »großherzigen« persischen Herrschern zu danken und so einem übermäßigen Erstarken der neuen Gemeinde entgegenzuwirken.

Im Unterschied zu den Dynastien, die über sie geherrscht hatten, und der Elite der Gebildeten waren die hebräischen Einheimischen, »das Volk des Landes«, deren Vorfahren in den Königreichen Juda und Israel gelebt hatten, niemals ins Exil nach Assyrien oder Babylon vertrieben worden, ebenso wenig wie die kanaanitischen Stämme, mit denen sie zusammenlebten. Sie waren und blieben fromme Heiden ohne jede Bildung. Diese Bauern, die eine Unzahl von Dialekten sprachen, wussten nichts von der exklusiven Einzigartigkeit Jahwes, beteten ihn aber als die herausragende Gestalt unter einer ganzen Reihe von Gottheiten an. Ziel der monotheistischen Zuwanderer musste es sein, die Eliten unter den Götzendienern zu gewinnen, sie von der Masse der Bevölkerung zu trennen und aus ihnen einen harten Kern von Gläubigen zu formen. Und so wurde, allem Anschein nach, die literarische Idee des »auserwählten Volkes« geboren.

Detaillierte Königschroniken – verfasst im Stil der Mescha-Stele oder ähnlicher Inschriften, auf denen, wie unter den Königen von Babylon üblich, die wichtigsten Ereignisse ihrer Herrschaftszeit für die Nachwelt festgehalten wurden –, die ganz offenbar in Jerusalem verblieben oder mit dem Untergang des Königreiches ins Exil gerettet worden waren,[95] wurden mit dem reichen Fundus an Mythen und kosmologischen Traditionen verschmolzen, den die Zuwanderer aus dem Norden des fruchtbaren Halbmonds mitgebracht hatten. All das bildete das erste Fundament für die literarische Gestaltung der Schöpfungsgeschichte und der Offenbarung des einen Gottes. Rhythmen,

Reime und sprachliche Strukturen wurden aus der ugaritischen Dichtung übernommen. Auszüge von Rechtskodizes der mesopotamischen Könige wurden zu Befehlen und Anordnungen der hebräischen Bibel. Auch die verwickelte Geschichte der zwölf Stämme Israels ist, allem Anschein nach, der griechischen staatstheoretischen Tradition entlehnt, der Platon in seiner Beschreibung des idealen Staats mit seiner Gliederung in zwölf Abteilungen / Stämme einen bekannten literarischen Ausdruck verlieh.[96]

Wie in den traditionellen Mythologien war eine ruhmreiche und prachtvolle Vergangenheit vonnöten, um die bescheidene und aus materieller und politischer Sicht dürftige Gegenwart zu überhöhen. Und da es um die Erziehung zum Monotheismus und eine entsprechende Propaganda ging, war ein neuartiges Genre erforderlich, das auch prompt erfunden wurde. Zur selben Zeit, als Herodot Kanaan, von ihm als »Palaistine Syria« bezeichnet, durchquert, beginnen die Gebildeten in Jerusalem und Babylon, ihre Lehre niederzulegen. Doch können ihre Schriften nicht als Historie gelten. Sehr viel angemessener wäre es, diese als echte »Mythohistorie« zu bezeichnen.[97] In diesem neuen und noch unbekannten Genre finden sich zwar nicht länger die Taten diverser Götter, doch fassen die Texte die Erforschung der Ereignisse und menschlichen Handlungen auch noch nicht als eigenständiges Ziel auf, wie es in der griechischen Welt bereits geschieht. Das Hauptmotiv für die Schaffung dieses neuen Genres bestand in der Notwendigkeit, eine Vergangenheit zu rekonstruieren, die den Beweis für den Plan und das Wirken des einen Gottes einerseits und für die Unzulänglichkeit des Menschen andererseits lieferte, der dazu bestimmt ist, ewig zwischen der Sünde und Strafe hin- und hergeworfen zu werden.

Daher war es erforderlich, ohne Unterlass die Spreu vom Weizen zu trennen; festzustellen, wer unter den Königen der Vergangenheit von Gott erwählt war, so dass ihm alle seine Fehltritte verziehen wurden, und wer in Gottes Augen ein Frevler blieb und deshalb verstoßen wurde. Zu entscheiden galt es, welcher König in der Vergangenheit Jahwe die Treue hielt (wobei die zentralen Figuren, insbesondere die späteren, Gestalten der Geschichte sind, deren Namen den umfangreichen Chroniken entnommen wurden), und wer auf immer verflucht war. Und da in jenem Zeitraum in Samaria gerade andere Priester von sich reden machten und behaupteten, vom großen Königreich Israel abzustammen, wurde eilig jener wundersam langlebige Mythos vom Königreich Davids und Salomos geschmiedet, das frevelhafte Separatisten verheerenderweise in zwei Königtümer spalteten. Die Führer des Nordreiches wurden dabei ganz nebenher zu verabscheuungswürdigen Götzendienern, was aber dem prestigeträchtigen Namen »Israel« keinen Abbruch tat, der fortan das »auserwählte Volk« schmückte.

Im Gegensatz zu Spinozas seinerzeit revolutionärem Standpunkt erscheint es jedoch nicht sonderlich plausibel, dass nur ein oder zwei Verfasser für diese grandiosen Texte verantwortlich zeichneten. Wahrscheinlicher ist, dass die Gruppe der Autoren deutlich größer und heterogener war und – wie bereits erwähnt – ständigen Kontakt zu den Metropolen in Babylon hielt. Der Charakter der einzelnen Schriften belegt, dass diese über viele Generationen verfasst und immer wieder umgeschrieben wurden. Daraus resultieren Doppelungen von Erzählungen, die wie aneinandergeflickt wirken, das Fehlen einer narrativen Kongruenz, Schwankungen im Stil, unterschiedliche Namensgebungen für Gott, ja sogar nicht wenige immanente ideologische Widersprüche. Denn die Verfasser konnten selbstverständlich nicht wissen, dass alle ihre Schriften eines Tages zu einem Schriftenkanon zusammengefasst werden würden.

Wenn zwischen den einzelnen Teilen auch so etwas wie ein Konsens über die Existenz eines einzigen Gottes gewahrt bleibt, so lassen sich nicht eben wenige Meinungsverschiedenheiten in Bezug auf die ethisch-moralischen Werte finden, die es zu vermitteln galt, und selbstverständlich offenbart sich auch eine gewisse Bandbreite in den Außenbeziehungen.[98] Die späteren Autoren waren allem Anschein nach sehr viel weniger apodiktisch als ihre Vorgänger, so wie sich auch die Deuteronomisten in ihrem Stil und ihrer Auffassung von der Gegenwart Gottes etwa von den Verfassern des Buches Levitikus deutlich unterscheiden.

Doch wie auch immer, selbst wenn die eifrige Schreibarbeit dazu bestimmt gewesen sein mag, den harten Kern einer Gemeinde von Gläubigen zu formen, so zielte sie gleichzeitig, und vielleicht sogar in weitaus stärkerem Maße, auf die ferne Zukunft ab.

Der Dünkel der Zuwanderer aus Mesopotamien und ihre tiefe Verachtung für die autochthone Bevölkerung spiegeln sich im überwiegenden Teil der Schriften der Tora und in den Büchern der ersten Propheten wider. Das Vaterland ist dort in der Fremde, in Babylon oder Ägypten, den beiden wichtigsten und prestigeträchtigsten Kulturmetropolen des Altertums. Die geistigen Führer der »Kinder Israels« treffen entsprechend von dort ein und bringen ihren exklusiven Glauben und die wichtigsten Anordnungen Gottes mit. Die Bewohner Kanaans dagegen werden als ungebildet und verderbt dargestellt, die immer wieder aufs Neue dem Götzendienst erliegen.

Die Verachtung für die autochthone Bevölkerung und die Entfremdung ihr gegenüber werden letztendlich auch in schwer erträgliche literarische Schilderungen ihrer Vertreibung und Auslöschung übersetzt. Denn die ersten Autoren der biblischen Texte, die nach Kanaan gelangten, verfügten weder über einen Herrschaftsapparat noch über militärische Macht. Sie waren keine Kreuzfahrer und konnten sich keiner institutionalisierten Inquisition bedienen. Das Einzige, was ihnen zunächst blieb, waren die Phantasie, das Wort und die Einschüchterung.

Natürlich wandten sich die Verfasser der biblischen Texte nicht an eine breite Öffentlichkeit. Die literarische Agitation erfolgte innerhalb sehr übersichtlicher Eliten, die lesen und schreiben konnten, und beschränkte sich auf eine spärliche Anzahl neugieriger Zuhörer, die sich in den Ortschaften rings um das kleine Jerusalem versammelten. Nach und nach jedoch weitete sich dieser Kreis, gedieh der »Samen Israels« und ging auf, bis es im 2. Jahrhundert v. u. Z. möglich wurde, den ersten monotheistischen Staat in der Geschichte zu begründen – das kleine Königreich der Hasmonäer (das letztendlich nur kurz Bestand haben sollte).

Nachdem sie den alteingesessenen Bewohnern des verheißenen Landes zunächst das Besitzrecht über dieses und dann auch noch das Recht zu leben abgesprochen haben, schanzen die Verfasser der hebräischen Bibel den Ort sich selbst und all jenen zu, die bereit sind, ihrer Lehre zu folgen. Wir befinden uns noch in einer Phase, in welcher der Monotheismus sich seiner noch nicht sicher ist und den Einfluss des Polytheismus, der seine Existenz und Zukunft bedroht, zutiefst fürchtet. Erst mit seinem Erstarken und seiner Konsolidierung nach dem Makkabäeraufstand im 2. Jahrhundert v. u. Z. beginnt dieser monotheistische Glauben, Außenstehende unterschiedslos zu bekehren. Noch aber kämpft er erbittert gegen die zahllosen Götzendiener an, die ihn umgeben, und schmiedet unnachgiebige, isolationistische Einstellungen ihnen gegenüber.

So wird das Verbot, einheimische Frauen zu heiraten, zum obersten Gebot der »Zionsrückkehrer«, werden jene, die dennoch Einheimische zur Frau genommen haben, angehalten, diese Ehen wieder aufzulösen (Esra 10, Nehemia 13). Entsprechend sind die Zuwanderer gezwungen, sich Frauen aus Babylon zu beschaffen. Diese Politik der Abschottung und der Brandmarkung der autochthonen Bevölkerung entsprach offenbar der globalen Strategie des persischen Imperiums, welches das bekannte Prinzip des »teile und herrsche« beherzigte. Dem neuen »heiligen Volk«, das in und um Jerusalem agierte, war es untersagt, sich mit der einfachen, bäuerlichen Bevölkerung des Landes zu vermischen, weshalb in einem retroaktiven literarischen Akt auch Isaak und Jakob verpflichtet wurden, aramäische Jungfrauen zu ehelichen, während es Mose und Josef gestattet war, sich Frauen aus Ägypten und Midian zu nehmen, keinesfalls aber Kanaaniterinnen. Und als »später« König Salomo, der unermüdliche Wüstling, unter seine siebenhundert Hauptfrauen und dreihundert Nebenfrauen auch örtliche Schönheiten aufnahm, machte er sich damit der in Jahwes Augen schlimmsten Sünde schuldig, weshalb als Strafe sein imaginäres Reich in zwei Königtümer zerfiel. Was wiederum, unter anderem, als theologische Legitimation für den Fortbestand der Königreiche Israel und Juda dienen sollte (1 Kön 11,1–13).

Das Verbot, Kanaaniterinnen oder Kanaaniter zu ehelichen, die aus lokalen heidnischen Familien stammten und den weitverzweigten Sippen und Stämmen angehörten, war mithin bindend und strikt. Nur Verstoßenen und Verdammten wie etwa Esau, dem ältesten Sohn Isaaks, war dies gestattet, womit ihr gesellschaftlicher Status jedoch einen traurigen Abstieg erfuhr. In diesem Zusammenhang ist es höchst instruktiv, die Textur der biblischen Erzählung vom Erlass des göttlichen Gebotes bis hin zu dessen Umsetzung zu verfolgen. So befiehlt Mose:

> Wenn der Herr, dein Gott, dich in das Land geführt hat, in das du jetzt hineinziehst, um es in Besitz zu nehmen, wenn er dir viele Völker aus dem Weg räumt – Hetiter, Girgaschiter und Amoriter, Kanaaniter und Perisiter, Hiwiter und Jebusiter, sieben Völker, die zahlreicher und mächtiger sind als du –, wenn der Herr, dein Gott, sie dir ausliefert und du sie schlägst, dann sollst du sie der Vernichtung weihen. Du sollst keinen Vertrag mit ihnen schließen, sie nicht verschonen und dich nicht mit ihnen verschwägern. Deine Tochter gib nicht seinem Sohn und nimm seine Tochter nicht für deinen Sohn! (Dtn 7,1–3).

Merkwürdiger- und verwirrenderweise ordnet Gott an, nachdem er seinen Parteigängern befahl, alle zu vernichten, sich mit den Hingemetzelten nicht zu vermählen. Die Vernichtung und das Heiratsverbot verbinden sich offenkundig in der Phantasie der eifernden Autoren, bis sie zu einem einzigen, stählernen Bannstrahl werden.

Denn nachdem die Verfasser die Vernichtungsaktion Josuas schilderten, klären sie ihre schockierte Leserschaft darüber auf, dass – wie jeder andere Genozid in der Geschichte – auch dieser nicht total und vollkommen gewesen sei. Denn da ja auch nach der »Rückkehr nach Zion« tatsächlich Götzendiener in großer Zahl im Land Kanaan lebten, war es ein Gebot der Stunde, dass auch nach den sagenhaften »Eroberungszügen Josuas« eine ähnliche Situation geherrscht haben musste. So wissen wir etwa von der Begnadigung, die der Hure Rahab zuteilwurde, und den Gibeonitern, die zu den Holzfällern und Wasserträgern der Gemeinschaft wurden. Damit nicht genug: Kurz vor seinem Tod ruft Josua, der gnadenlose Heerführer, seine Getreuen zusammen und befiehlt ihnen:

> Denn wenn ihr euch wirklich von ihm abwendet und euch diesen Völkern, die bei euch noch übrig geblieben sind, anschließt, wenn ihr euch mit ihnen verschwägert, wenn ihr euch mit ihnen vermischt und sie sich mit euch vermischen, dann könnt ihr gewiss sein, dass der Herr, euer Gott, diese Völker nicht mehr vor euren Augen vertreiben wird (Jos 23,12 f.).

Und im Buch der Richter, das in der hebräischen Bibel direkt auf das Buch Josua folgt, stellen wir erstaunt fest, dass die autochthone Bevölkerung mitnichten ausgelöscht wurde, die Obsession der drohenden Vermischung mit den Eingeborenen ungebrochen ist:

> Die Israeliten wohnten also mitten unter den Kanaanitern, Hetitern, Amoritern, Perisitern, Hiwitern und Jebusitern. Sie nahmen sich deren Töchter zu Frauen und ihre Töchter gaben sie deren Söhnen und sie dienten deren Göttern. Die Israeliten taten, was dem Herrn missfiel. Sie vergaßen den Herrn, ihren Gott, und dienten den Baalen und den Kultpfählen (Ri 3,5–7).

Die größte »Überraschung« jedoch ist wohl, auch im »späteren« Buch Esra festzustellen, dass die unheilvolle Vermischung mit den »alten« und verderbten Völkern noch immer anhält:

> Als das vollbracht war, kamen die Obersten zu mir und sagten: Das Volk Israel und die Priester und die Leviten haben sich nicht fern gehalten von der Bevölkerung des Landes und ihren Gräueltaten, von den Kanaanitern, Hetitern, Perisitern, Jebusitern, Ammonitern, Moabitern, Ägyptern und Amoritern. Sie haben von deren Töchtern Frauen genommen für sich und ihre

Söhne. So hat sich der heilige Same mit den Völkern des Landes vermischt (Esra 9,1 f.).

Die Abgrenzung Jahwes als einzigem Gott von seiner vormaligen, bunten Familie – seiner Frau Aschera, selbst eine Göttin des Bodens, und ihren begabten Kindern, dem wilden Baal, der promisken Astarte, der Jägerin Anat und dem Meeresgott Jam – erscheint als Sysiphosarbeit. Die Götter der Vergangenheit mussten entwurzelt werden, um einen obersten »Gott« zu implementieren, und solange dieser Schritt nicht vollzogen war, solange die »Kinder Israels« immer wieder in die Vielgötterei zurückfielen, mussten sie bestraft und aus dem Land vertrieben werden, das ihnen gegeben worden war. Obgleich er eine gute Meinung von sich selbst hat, denn schließlich ist er auch der »Barmherzige und Nachsichtige«, erweist sich Jahwe als unerbittlicher, rachsüchtiger Gott. Und wie ein besitzergreifender, eifersüchtiger Ehemann verzeiht er keinen Verrat an seiner Person, weshalb seine Anhänger, sobald sie fehlgehen, sogleich ihre Strafe zu gewärtigen haben. Am Ende der Geschichte steht daher die ständige Drohung mit Zerstörung und Vertreibung, die sich zu guter Letzt auch »erfüllen« wird.

Das Buch der Könige wiederum soll beweisen, dass aufgrund der Gräueltaten des Hauses Omri die Israeliten vertrieben wurden, genauso wie die Bewohner des Südreiches Juda wegen der Sünden ihres Königs Menasche ins Exil gejagt wurden. Und so gut wie alle Propheten – von Jeremia und Jesaja bis hin zu Amos und Micha – drohen unablässig sowohl mit Katastrophen, die über das Land kommen und es verwüsten werden, als auch mit einer Vertreibung des sündigen Volkes und dessen brutaler Enteignung. Denn dies ist zweifelsohne die ultimative Waffe der Verfasser der hebräischen Bibel, um die allmählich anwachsende Gemeinde unablässig zu warnen und dazu anzuhalten, dem einen Gott treu zu bleiben.

Denn im theologischen Diskurs des »Buchs der Bücher« ist die Verheißung des Landes an das auserwählte Volk stets an Bedingungen geknüpft. Nichts ist für die Ewigkeit, denn alles hängt von der inbrünstigen Treue zu dem einen Gott ab. Das Land wird nicht ein für alle Mal vergeben, ist kein Geschenk, das sich nicht wieder zurücknehmen ließe. Es bleibt eine Art Lehen und wird niemals als Grundeigentum aufgefasst. Die »Kinder Israels« erhalten kein kollektives Besitzrecht am verheißenen Land, das auf immer Eigentum Gottes bleiben wird, der es in seiner großen Güte lediglich als Lehen vergibt.

»Mir gehört die ganze Erde« (Ex 19,5), verkündet der allmächtige Grundherr ein ums andere Mal. Das versprochene Territorium überlässt er nur gegen Entgelt und Bedingungen, und sollten jemandem Zweifel hinsichtlich des Nutzungsrechtes und der Eigentumsverhältnisse kommen, so bestimmt er unmissverständlich und in aller Schärfe: »Das Land darf nicht endgültig verkauft werden; denn das Land gehört mir und ihr seid nur Fremde und Beisassen bei mir« (Lev 25,23).[99] Gehört nach moderner Staatslehre, zumindest seit den Schriften John Lockes, das Land immer denjenigen, die es bestellen, so ist dies im biblischen Denken nicht der Fall. Das Land war ebenso wenig Eigentum der Völker Kanaans wie später der hebräischen Stämme – seine Bewohner ähneln eher mittellosen Kindern in einem Waisenhaus.

Die Nachfahren der »Kinder Israels«, so mächtig ihre Bindung an die heilige Stadt Jerusalem auch sein mochte, betrachteten »Erez Israel« niemals als das Land ihrer Väter, da, wie dargestellt, viele ihrer – imaginären – Ahnen nicht dort geboren waren. Ja mehr noch: Die Helden der hebräischen Bibel haben gar keine Heimat, weder im hellenisch-römischen, politischen Sinn des Begriffes, noch im engeren Sinn als ein vertrautes und sicheres Refugium. Das Territorium der ersten monotheistischen Lehre wird niemals zum Rückzugsort oder sicheren Hafen gewöhnlicher Sterblicher, sondern bleibt immer eine Herausforderung: ein Stück Land, dessen man sich würdig erweisen muss, um es zu gewinnen und – sei es auch nur vorübergehend – innezuhaben.

Mit anderen Worten: In sämtlichen Büchern der hebräischen Bibel wird das Land Kanaan nicht zur Heimat oder zum Vaterland der »Kinder Israels«, weshalb es von ihnen auch niemals als »das Land von Israel« bezeichnet wird.

2. Die Wandlung des Landes Kanaan zum Land Judäa

Sowenig sich Israelis heute bewusst sind, dass der gängige Eigentumstitel »Erez Israel« in der hebräischen Bibel nicht zu finden ist, so sehr waren sich die Verfasser der Mischna und des Talmud über diese Tatsache im Klaren, da ihnen zu ihrem großen Glück vergönnt war, die biblischen Texte ohne nationale Brille zu lesen. So heißt es etwa in einem halachischen Midrasch, der offenbar aus dem 3. Jahrhundert datiert, in etwas idyllischer Form: »Kanaan war so würdig, dass das Land seinen Namen trug. Aber was hat Kanaan gemacht? Als Kanaan hörte, dass Israel im Land siedelte, machte es sich auf und räumte vor ihnen (das Land). Der Herr, er sei gepriesen, sagte ihm: Du hast vor meinem Sohn (das Land) geräumt. Ich werde meinerseits das Land nach dir benennen« (Mechilta, Pis'cha 18,69). Und wie ich bereits in der Einleitung zu diesem Buch schrieb: Nicht nur in der hebräischen Bibel, sondern über die gesamte lange Epoche bis zur Zerstörung des Tempels im Jahre 70 u. Z. wurde das Land nicht als »Erez Israel« aufgefasst – weder im Sprachgebrauch seiner Bewohner noch in den Augen seiner Nachbarn.

Indes sind Ortsbezeichnungen in der Geschichte nicht für die Ewigkeit, denn gesellschaftliche und demographische Veränderungen bedingen immer wieder neue Bezeichnungen und Etikettierungen. Wie es an jedem anderen Ort auf der Welt in einem Zeitraum von über vierhundert Jahren geschieht, so veränderte sich auch die politische Morphologie Kanaans zwischen dem 2. Jahrhundert v. u. Z. und dem 2. Jahrhundert u. Z. Mehr und mehr wurde für das Land – wenn auch die alte Bezeichnung niemals ganz verschwinden sollte – der Name Judäa geläufig. Flavius Josephus zum Beispiel, der gegen Ende des 1. Jahrhunderts schreibt, verwendet den Begriff »Land Kanaan«, wenn er sich auf die Vergangenheit bezieht, macht seine Leser jedoch zugleich darauf aufmerksam, dass das Land »jetzt Judäa genannt« werde.[100]

Über das Geschehen in Kanaan vom 5. bis zum 2. vorchristlichen Jahrhundert, jenem Zeitraum, in dem die Texte der hebräischen Bibel verfasst und redigiert wurden, wissen wir leider nicht viel. Andernfalls wären wir sehr viel besser über die Umstände ihrer Niederschrift im Bilde und könnten ihre Bedeutung präziser entschlüsseln. Die Geschichte der Bewohner der kleinen persischen Provinz Jahud, die bis zur Eroberung der gesamten Region durch Alexander den Großen bestand, ist uns so gut wie unbekannt, da hierzu keinerlei Quellen vorliegen, was ebenso für den Beginn der hellenistischen Epoche gilt. Klar hingegen ist, dass die heiligen Schriften von einer Generation an die nächste weitergegeben und mehrfach kopiert wurden und dass die Verbreitung der jahwistischen Religion in den Ortschaften und Dörfern rings um Jerusalem in jener Phase Früchte trug. Im 2. Jahrhundert v. u. Z. existierte bereits, wie gesagt, ein umfangreicher Kern von Anhängern, die an den einen Gott glaubten und in der Lage waren, auf ihrer Überzeugung zu bestehen und sich sogar gegen lokale heidnische Herrscher aufzulehnen, um die wichtigsten Charakteristika ihres Glaubens und ihres Ritus zu verteidigen.

Der Aufstand der Hasmonäer, zu dem es in den Jahren 167 bis 160 v. u. Z. kam, ist eines der historischen Ereignisse, das entscheidend zum Siegeszug des Monotheismus in der Geschichte der westlichen Welt beitragen sollte. Ungeachtet der verheerenden Niederlage der Aufständischen auf dem Schlachtfeld schuf die Schwächung des Seleukidenreichs eine einmalige Situation, welche die Errichtung einer autonomen religiösen Herrschaft ermöglichte, aus der im Jahre 140 v. u. Z. ein souveränes theokratisches Königreich hervorging. Auch wenn die Unabhängigkeit dieses Königreiches Judäa nur von kurzer Dauer war und lediglich siebenundsiebzig Jahre bis zur Ankunft des römischen Feldherrn Pompeius währte, sollte es zu einem gewaltigen Katalysator für die Verbreitung des Judentums in der Welt werden.

Über den Aufstand selbst wissen wir nur aus wenigen, nicht sehr umfangreichen Quellen. Das erste und wichtigste Zeugnis ist eine Schrift, die als das 1. Makkabäerbuch bezeichnet wird.

Zudem existieren das später verfasste 2. Makkabäerbuch, einige im Allgemeinen bleibende Bemerkungen bei griechischen und römischen Historikern sowie einige Stellen im Talmud, die jüngeren Datums sind. In den *Jüdischen Altertümern* und dem *Jüdischen Krieg* des Flavius Josephus kommt der Aufstand zwar vor, jedoch bezieht der jüdische Historiker den Großteil seiner Darstellung offenkundig aus dem 1. Makkabäerbuch, ohne weitere nennenswerte Informationen hinzuzufügen. Das jüdisch-biblische Buch Daniel sowie einige Schriften, die als deuterokanonisch beziehungsweise apokryph bezeichnet werden, sind ebenfalls in der Zeit der Hasmonäer entstanden und redigiert worden, doch tragen sie wegen ihres ahistorischen Charakters nichts zur Rekonstruktion der geschichtlichen Abläufe bei.

Der (oder vielleicht auch die) Verfasser des 1. Makkabäerbuchs ist namentlich nicht bekannt. Es wird allgemein angenommen, dass er etwa dreißig Jahre nach dem Aufstand während der Regierungszeit von Johannes Hyrkanos I. in Judäa lebte und dem Haus der Hasmonäer nahestand. Ursprünglich auf Hebräisch verfasst, wurde das Werk durch die jüdische Tradition leider abgelehnt und fand keine Aufnahme in ihren Kanon heiliger Schriften.[101] Im Verlauf der Geschichte ging die hebräische Originalfassung verloren, so dass uns nur die griechische Fassung in der Septuaginta erhalten blieb, die dank der christlichen Textüberlieferung überdauert hat. Das ist nicht ohne Ironie: Hätte das Frühchristentum nicht zu schriftlicher Überlieferung geneigt, läge die Epoche zwischen dem Hasmonäeraufstand und der Zerstörung des Tempels heute vielleicht in völligem Dunkel, da auch die Schriften Philos von Alexandria und des Flavius Josephus allein dank des treuen Festhaltens der griechisch-christlichen Tradition an diesen antiken Texten gerettet wurden.

Liest man das 1. Makkabäerbuch aufmerksam, ist man fassungslos angesichts der gewaltigen Kluft, die zwischen den dort dargelegten Einsichten einerseits und der Interpretation des Hasmonäeraufstands andererseits besteht, wie sie heutzutage durch das israelische Schulsystem vermittelt wird. Denn so wie der Zionismus das traditionelle Chanukka-Fest nationalisiert hat, so hat er auch den Versuch unternommen, den religiösen Charakter sowohl dieser Schrift als auch des Aufstandes selbst so weit wie möglich zu verschleiern.[102] Doch das alte Narrativ erlaubt keinerlei Rückschlüsse auf eine »nationale« Erhebung, die aus dem Kampf gegen eine fremde hellenistische Kultur geboren wurde. Noch weniger wird ein »patriotischer« Aufstand sichtbar, der darauf zielte, das Land gegen fremde Invasoren zu verteidigen. Ungeachtet der dogmatischen Überzeugung zionistischer Historiker,[103] taucht der Ausdruck »Land Israel« dort nirgends auf. Ebenso wenig finden sich dort die Wörter »Heimat« oder »Vaterland«, obwohl der Verfasser, der sich in den Texten der hebräischen Bibel gut auskannte, auch in der griechischen Literatur äußerst belesen war und sich aus dieser gleichfalls bediente.

Die jüdischen Gläubigen waren über viele, viele Jahre gewohnt, unter Herrschern zu leben, die nicht ihrem Glauben angehörten. Solange jedoch die persischen Könige, und später die ersten hellenistischen Machthaber, sie nicht behelligten und sie ihren eigenen, exklusiven Gott anbeten ließen, entstand aus ihren Reihen keine wie auch immer geartete Protestbewegung, die historisch aktenkundig geworden wäre. Es waren die exzessiven religiösen Verfolgungen des Antiochos IV. Epiphanes und vor allem die Schändung des Tempels, die den todesmutigen Aufstand auslösten. Mattathias und seine Söhne erheben sich gegen die Monarchie, da »die Beamten, die vom König den Auftrag hatten, die Einwohner zum Abfall von Gott zu zwingen, in die Stadt Modeïn (kamen), um die Opfer durchzuführen« (1 Makk 2,15). Der alte hasmonäische Priester Mattathias tötet einen Bewohner Judäas, der anderen Göttern Schlachtopfer darbringen will – nicht aber einen Juden, der einer fremden »nationalen Kultur« erlegen wäre. Seine Anhänger schart er mit dem Ruf um sich: »Wer sich für das Gesetz ereifert und zum Bund steht, der soll mir folgen« (1 Makk 2,27).

Um die Bedeutung von Begriffen wie »hellenisiert« oder »sich hellenisieren« als Gegensatz zu den authentischen »Hebräern« zu verwenden, Begriffe, die in sämtlichen Populärexegesen der zionistischen Historiographie nicht fehlen dürfen, hätte der Verfasser des ersten Makkabäerbuches wohl per Zeitmaschine in die Moderne reisen müssen. Da er diese Möglichkeit aber nicht hatte, tauchen diese Begriffe in seinem Text auch nicht auf. Aus seiner Warte, wie aus Sicht der Verfasser der biblischen Schriften vor ihm, existieren nur Gläubige und Sünder, rechtschaffene Diener des Himmels und abscheuliche, unbeschnittene Götzendiener. Unter den Bewohnern Judäas gibt es in jenem Zeitraum noch immer zu viele, die der Götzenverehrung anhängen oder der Versuchung erliegen, abermals heidnische Riten und Bräuche zu praktizieren. Von diesen gilt es sich abzugrenzen, sie müssen unterworfen werden. Die gesamte Geschichte des Makkabäeraufstands kreist um das schreckliche Spannungsverhältnis zwischen Gottesfurcht und dem Verstoß gegen die Gebote der Tora, nicht aber um eine sich ihrer selbst bewusste hebräische Kultur, die sich gegen eine sie bedrängende hellenistische Kultur auflehnt.

Selbst Judas Makkabäus, der Sohn des Mattathias, ruft seine Anhänger auf, für ihr Leben und ihre Gesetze zu kämpfen, nicht aber für »ihr Land« (1 Makk 3,21). Später, als sein Bruder Simon ein neues Heer rekrutieren will, begründet er dies wie folgt: »Ihr wisst selbst, wie ich, meine Brüder und meine Familie sich für unsere Gesetze und für das Heiligtum eingesetzt und welche Kämpfe und Gefahren wir dafür auf uns genommen haben« (1 Makk 13,3). Von »nationaler« Aufopferung oder Leiden zugunsten eines Vaterlandes hingegen spricht er nicht – eine Idee, die im Judäa jener Zeit schlicht nicht existiert.

Die Streitmacht der Makkabäer besteht, im Unterschied zu dem Söldnerheer des späteren hasmonäischen Königtums, aus Freiwilligen, aus gesetzestreuen Männern, die die Korruption und moralische Verderbtheit der Priester in der Hauptstadt leid sind und offenbar auch unter der Steuerlast leiden, welche die seleukidischen Herrscher ihnen auferlegen. Die Kombination aus monotheistischem Fanatismus und ethisch-gesellschaftlichem Protest verleiht den Aufständischen außergewöhnliche mentale Stärke und führt ihnen überraschend viele Anhänger zu.

Dennoch ist davon auszugehen, dass sie immer eine Minderheit unter der bäuerlichen Bevölkerung bleiben.[104] Nach heftigen Kämpfen gelingt es ihnen schließlich, Jerusalem zu erreichen und den Tempel zu befreien. Die rituelle Reinigung des Ortes und der Bau eines neuen Altars für den einen Gott krönen ihren Sieg. Die Weihe dieses Altars wird in der Tradition des Judentums zu einem Festtag.

Es sei angemerkt, dass der Kampf zwischen monotheistischen Juden und heidnischen Nichtjuden sich auch nach der Einnahme Jerusalems fortsetzt. Die Streitmacht der Aufständischen überschreitet dabei die Grenzen Judäas und dringt in weiter entfernte Gebiete vor – nach Galiläa, Samaria und den Negev sowie nach Gilad auf dem östlichen Ufer des Jordans – und bringt gottesfürchtige Juden zurück in »ihr Land«, wo sie unbehelligt ihren Gott anbeten können, ohne den heidnischen Verlockungen ihrer Nachbarn ausgesetzt zu sein. Nach Ende der Kämpfe hat sich das Land Judäa beträchtlich ausgedehnt und angrenzende Gebiete annektiert, die unter die Herrschaft der neuen Priesterdynastie gelangen (1 Makk 10,30.41). Der seleukidische König Alexander I. Balas gibt den Annexionen seinen Segen und verleiht Jonathan, einem der Söhne des Mattathias, das Amt des Hohepriesters.

Am Ende des Dramas, als ein Gesandter von Antiochos VII., des neuen seleukidischen Herrschers, die Rückgabe einiger der von den Hasmonäern eroberten Landstriche fordert, legt der Verfasser des ersten Makkabäerbuches dem amtierenden Hohepriester Simon folgende Worte in den Mund: »Wir haben kein fremdes Land besetzt und uns nichts angeeignet, was uns nicht gehörte, sondern wir haben nur das Erbe unserer Väter zurückgeholt, das unsere Feinde zu Unrecht vorübergehend an sich gerissen hatten« (1 Makk 15,33). Diese Argumentation, die vollkommen aus dem bis dahin gültigen Zusammenhang fällt, zeugt von einem neuartigen Anspruch der vorgeblich Autochthonen, der sich von den traditionellen Auffassungen der hebräischen Bibel abhebt und sich der territorialistischen Tradition der Griechen nähert.

Eine ganze Reihe von Textdetails (Kleidung, Gold, Ehrbekundungen am Hofe Simons und das herzliche Verhältnis zu den hellenistischen, den Hasmonäern wohlgesinnten Herrschern) kündet davon, dass der Autor des Makkabäerbuches, ein tiefgläubiger Hofschreiber, keinerlei Abscheu für die »Hellenisierung« empfand, die sich unter der neuen Priesterherrschaft auszubreiten begann. Denn nicht von ungefähr hatte der Hohepriester Jochanan (Johannes), vielleicht der Patron des Schreibers, sich den explizit griechischen Beinamen Hyrcanos gewählt. Wir wissen, dass alle seine Nachfolger unter den Hasmonäern sich sein Vorbild zu eigen machen und sowohl nichthebräische Namen wie auch das Gebaren anderer Herrscher in der Region annehmen sollten. Letztendlich leistete die Herrschaft der Hasmonäer der kulturellen Hellenisierung der Einwohner Jerusalems in ebensolchem Maße Vorschub, wie sie mit wirkungsvollen und mitunter auch brutalen Mitteln den Glauben an den einen Gott zu erhalten wusste.

Gleichzeitig aber sollten wir nicht vergessen, dass sich die Bedeutung des Ausdrucks »Land unserer Väter« inzwischen sehr weit vom Begriff »patris« in seiner ursprünglichen politischen Bedeutung entfernt hatte. Lange Zeit vor den Eroberungszügen Alexanders des Großen in der unabhängigen Polis geboren, hatte er das Verhältnis der freien Bürger zu ihrer Stadt ausgedrückt, dann aber seine ursprünglich patriotische Konnotation verloren und war in der hellenistischen Epoche nur noch das ferne Echo einer längst vergangenen Zeit. In Judäa, wo die Herrschaft der Hohepriester erblich war und es keinerlei Wahlen durch ein »städtisch-plebizitäres« Kollektiv gab, ähnelten auch die auf sie folgenden Könige, deren Regentschaft bis zur endgültigen Unterwerfung durch Rom im Jahre 6 u. Z. währte, in nichts den gewählten Führern der griechischen demokratischen Stadtstaaten.

Das 2. Makkabäerbuch ist sowohl ein stärker jüdisch-theologisches als auch dezidiert hellenistischeres Werk als das 1. Makkabäerbuch, doch leider ist es auch weniger historisch.[105] Es ist »jüdischer« und weniger historisch, weil Gott aktiven Anteil an den Geschehnissen nimmt und den Aufstand geradezu dirigiert. Und es ist auch hellenistischer, da im Unterschied zum 1. Makkabäerbuch dort unvermittelt und überraschend der Ausdruck »patris« (πατρίς) als einer der auslösenden Faktoren des Aufstands auftaucht. Im Gegensatz zu seinem in Jerusalem verfassten Vorgänger heißt es im 2. Makkabäerbuch, nach der flammenden Mobilmachungsrede des Judas seien seine Anhänger bereit gewesen, »für die Gesetze und das Vaterland zu sterben« (2 Makk 8,21).[106] Doch auch diese Rhetorik, die der Tradition der hebräischen Sprache vollkommen fremd ist, lässt den Text nicht besonders patriotisch geraten, da auch im 2. Makkabäerbuch das zentrale Ziel des Aufstands die Reinigung des Tempels bleibt, statt sich in die Errichtung einer unabhängigen Polis oder gar eines jüdischen »Nationalstaates« zu verwandeln. Das Buch beginnt mit der Weihung des Altars und endet mit der Enthauptung Nikanors, des seleukidischen Heerführers. Zum Zeichen dieses Sieges wird der Tag zu einem jüdischen Dankesfest für die Taten Gottes.

Die historische Entwicklung von einem rein religiös motivierten Aufstand hin zu einem unabhängigen jüdischen Königreich ist ein höchst spannender Prozess, doch leider sind die Zeugnisse hierzu äußerst dürftig, so dass es sehr schwerfällt, dem Gang der Ereignisse zu folgen und daraus eine tragfähige Geschichte zu rekonstruieren. Auf jeden Fall jedoch scheint sich die Auffassung des geographischen Raumes bei den Hasmonäerkönigen grundlegend gewandelt zu haben, was wir indes nicht dank ihres Sinnens, das uns verborgen bleibt, sondern vielmehr dank ihres Trachtens wissen, genauer gesagt ihres militärisch-religiösen Vorgehens. Wie wir bereits im 1. Makkabäerbuch gesehen haben, wuchs der territoriale Appetit des Hohepriesters Simon mit jedem weiteren Sieg auf dem Schlachtfeld. Wie jedes andere politische Gebilde in der Region versuchte auch das Königreich Judäa, seine Grenzen so weit als möglich auszudehnen, und das nicht ohne Erfolg. Am Ende des langen Eroberungszuges der Hasmonäerkönige würde »das Land« auf dem Höhepunkt seiner Macht Samaria, Galiläa und Idumäa umfassen. Mit anderen Worten: Das Königreich Judäa sollte den in pharaonischer Zeit genannten Grenzen des Landes Kanaan äußerst nahe kommen.

Und um ihre Herrschaft in den eroberten Gebieten zu festigen, wählten diese neuen Juden eine Strategie, die sich eindeutig von der ihrer Vorfahren unterschied, jenen sich absondernden, elitären »Zionsheimkehrern«, die allem Anschein nach die literarische Gestalt des »bannenden« Josua geschaffen hatten. Während sich die Altvorderen, wie dargestellt, vor ihren heidnischen Nachbarn gefürchtet und sich ihnen vollkommen entzogen hatten, ignorierten die hellenistischen Herrscher Judäas, die sich der eigenen Sache weitaus sicherer waren, das biblische Gebot der Heidenvernichtung gänzlich und bekehrten stattdessen mit Gewalt und Begeisterung ihre unterworfenen Nachbarn zum Judentum. Die Idumäer im Negev und die Ituräer in Galiläa wurden von den hasmonäischen Besatzern gezwungen, sich von ihren Vorhäuten zu trennen und in jeder Hinsicht zu Juden zu werden. Und so wuchs und erstarkte die jüdische Glaubensgemeinschaft, wie ebenso das Land Judäa expandierte.

Der massive Religionswechsel war indes kein Phänomen, das auf das Königreich Judäa beschränkt blieb. In jener Epoche wurde, vor allem dank des befruchtenden Aufeinandertreffens zwischen Monotheismus und griechischer Kultur, das Judentum zu einer aktiv bekehrenden Religion, so dass es sich im gesamten Mittelmeerraum auszubreiten begann und viel Zulauf erfuhr.[107] Hatte in Babylon durchgehend, allem Anschein nach seit dem 5. Jahrhundert v. u. Z., eine monotheistische Gemeinde existiert, so wanderten dreihundert Jahre später Juden aus Judäa in alle Metropolen der hellenistischen Welt aus und begannen, ihre Religion dort zu verbreiten.

Doch welches Verhältnis pflegten die judäischen Auswanderer und die vielen neubekehrten Juden zum Lande Kanaan, das in einem langsamen Prozess zum Lande Judäa geworden war? Hier taucht zum ersten Mal eine Frage auf, die bis in die Moderne die Erforschung des Judentums und seiner Gemeinden wie auch der zum jüdischen Glauben übergetretenen Reiche beschäftigen wird. Denn zu verstehen, wie sich das Verhältnis der Anhänger des Judentums zum Land der hebräischen Bibel entwickelte, kann offensichtlich einen großen Beitrag zum Verständnis der Geschichte dieser Religion leisten. Doch ich werde mich in diesem Unterkapitel, vor allem der dürftigen Quellenlage wegen, nur auf die Präsenz Judäas in den Herzen einiger weniger jüdischer Denker beschränken, deren Werke Pioniercharakter hatten. Oder, genauer gesagt, auf zwei von ihnen, bei denen sich allerdings nur schwerlich einschätzen lässt, inwieweit sie repräsentativ sind. Insbesondere lässt sich nicht sagen, ob ihre Schriften tatsächlich die Ansichten und Gefühle der breiten Masse der zum Judentum Übergetretenen ausdrücken, unter denen sie lebten und mit denen sie in den neuen Synagogen beteten.

Philo von Alexandria kann als der erste jüdische Philosoph angesehen werde, wenn wir in dieser Kategorie die Verfasser der biblischen Prophetenbücher und des Buches Kohelet nicht berücksichtigen. Dieser originelle jüdische Gelehrte war in Alexandria zu Beginn des 1. Jahrhunderts tätig und darum bemüht, den platonischen Logos mit der mosaischen Lehre zu kombinieren. Er war in die hellenistische Kultur hineingeboren und konnte kein Hebräisch, doch die griechische Bibelübersetzung, das Sprungbrett vieler gelehrter Polytheisten zum jüdischen Monotheismus, ermöglichte es ihm, eine konsistente theologische Lehre zu formulieren. Und so wie dieser bedeutende jüdische Denker herbeisehnte, die ganze Welt möge zum Judentum übertreten, machte er auch aus seiner tiefen Beziehung zu Jerusalem keinen Hehl.[108]

Wenn die Bezeichnung »Land Israel«, wie bereits mehrfach betont, in der jüdisch-hellenistischen Literatur vollkommen unbekannt ist, so wird der Ausdruck »Heiliges Land« (Erez Kodesh), der sich sporadisch in den Schriften der Bibel findet, in späteren Texten gang und gäbe, und auch Philo benutzt ihn relativ häufig.[109] In den Schriften des alexandrinischen Gelehrten findet sich auch der griechische Ausdruck »patris«, doch pflegt Philo grundsätzlich und nachvollziehbarerweise das ihm teure Heilige Land nicht mit seiner weltlichen Heimat in Verbindung zu setzen:

> Derweil sie (die Juden) ihre Mutterstadt (Metropolis) als ihre heilige Stadt betrachten, in welcher der heilige Tempel des höchsten Gottes errichtet wurde, halten sie alle Regionen, die von ihren Vätern, Vorvätern und noch früheren Generationen auf sie gekommen und in denen sie geboren und aufgewachsen sind, für ihre Heimat.[110]

Philos Sätze erinnern an die wenige Jahre zuvor von Cicero formulierte Unterscheidung. Auch hier steht die Heimat, die nichtpolitische, der Ort, an dem man geboren, aufgewachsen und geprägt worden ist, neben einem weiteren, ersehnten Ort. Doch die Beziehung zu diesem läuft nicht dem Gefühl für die vertraute Umgebung zuwider. Dieser »zusätzliche« Ort indes war für Cicero der städtische Raum gewesen, in dem er agierte, eine Sphäre, die der bürgerlichen Souveränität seiner Heimat Ausdruck verlieh. Bei Philo hingegen ist der »zusätzliche« Ort ein ferner Bezugspunkt religiöser Sehnsucht. Cicero stand für die zusehends schwindende politische Vorstellungskraft, während Philo die neue religiöse Vorstellungskraft zum Ausdruck bringt, die in den kommenden Jahrhunderten Gestalt annehmen sollte.

Die Stadt, die noch heiliger als das Land ist, sollte jedem Juden teuer sein, sie sollte er niemals vergessen, denn die Mutterstadt ist Ursprung und Ausgangspunkt der Ausbreitung des Judentums, so wie es die antiken griechischen Städte für alle griechischen Siedler in den Kolonien waren. Eine »patris« ist sie jedoch nicht, und keinem gläubigen Juden würde einfallen, dorthin auszuwandern.

Philo hat sein ganzes Leben im ägyptischen Alexandria verbracht, eigentlich nur einen Steinwurf vom ersehnten Heiligen Land entfernt. Möglich, dass er im Laufe seines Lebens sogar einmal nach Jerusalem gepilgert ist, auch wenn sich dies nicht mit Sicherheit sagen lässt. Zu seinen Lebzeiten war der Tempel in Jerusalem noch nicht zerstört, er hätte seinen Wohnsitz in unmittelbarer Nähe zu ihm nehmen können, in seiner »Metropolis« – wenn er nur gewollt hätte. Das Königreich Judäa befand sich zum damaligen Zeitpunkt unter römischer Herrschaft, genau wie Ägypten auch, und der Verkehr zwischen beiden Ländern war frei und sicher. Doch genau wie es Hunderttausenden anderen Juden im Lande des Nils nicht in den Sinn kam, in das nahegelegene Heilige Land auszuwandern, zog es auch der alexandrinische Philosoph vor, in seiner ursprünglichen »Heimat« zu leben und zu sterben.

Philo war vielleicht der Erste, der mit aller Klarheit und Schärfe das Verhältnis eines gläubigen Juden zu seinem Ursprungsland einerseits und seiner heiligen Stadt Jerusalem andererseits formulierte. Viele sollten ihm darin folgen, sollten dieses komplizierte und spannende Beziehungsgeflecht vertiefen und erweitern. Die Essenz der Beziehung indes würde sich nicht wesentlich verändern – der heilige Ort würde niemals zum Vaterland der Juden und der im Laufe der Geschichte zum Judentum Konvertierten werden, die das »auserwählte Volk« um Hunderttausende aufstockten.

Einen weiteren bemerkenswerten Aspekt in Philos Auffassung von Jerusalem und dem Lande Judäa finden wir in ferner Zukunft im Christentum wieder, das im Gegensatz zum Judentum die Schriften des Juden Philo bekanntermaßen adaptiert und bewahrt hat. Wie wir bereits gesehen haben, ist Jerusalem für den Philosophen weniger ein existenter, konkreter Ort als vielmehr eine Art geistiger Hauptstadt, nach deren Heiligkeit es alle Anhänger des Judentums auf der Welt verlangt. Doch Philo geht in seiner religiösen Phantasie noch einen Schritt weiter und schreibt, die ewige göttliche Stadt finde sich tatsächlich nicht auf Erden und sei nicht »aus Holz und Stein« erbaut.[111] Dieses überraschende Diktum entspricht auch seinem Standpunkt, dass die Seelen herausragender weiser Menschen ihr wahres Vaterland im Himmel fänden, während die irdische Sphäre ihnen fremd bleibe.[112] Wie bereits im vorangegangenen Kapitel kurz erwähnt, sollte es Augustinus sein, der vierhundert Jahre später diesen unendlichen Himmel vom geistigen Erbbesitz einiger weniger Gelehrter zur Heimat aller Gläubigen erheben sollte.

Versuchte die zionistische Historiographie um jeden Preis, den antiken Philosophen Philo zu einem jüdischen Patrioten zu machen,[113] so gestaltete sich dieses Unterfangen bei Flavius Josephus unvergleichlich schwieriger. Der Grund hierfür ist selbstverständlich, dass dieser große jüdische Historiker Verrat an seinen Waffenbrüdern übte, die Seiten wechselte und sich in das Lager des römischen Feindes absetzte. Gleichzeitig jedoch hat eben diese zionistische Historiographie mit vollen Händen aus dem Hauptwerk des Flavius Josephus geschöpft, um die Erhebung des Jahres 66 u. Z. als »großen nationalen Aufstand« zu präsentieren. Dieser Aufstand, der mit der Belagerung der Bergfeste Masada sein Ende fand, wurde ebenso zu einem historischen Meilenstein des modernen Unabhängigkeitsstrebens wie zu einem unerschöpflichen Quell zionistischen Stolzes.

Die Tatsache, dass die heterogene Bevölkerung im alten Judäa ein Sammelsurium von Sprachen sprach und Grundbegriffe wie Staatsbürgerschaft, staatliche Souveränität oder nationales Territorium überhaupt nicht kannte, interessierte die zionistischen Sachwalter der Erinnerung indessen nicht. »Masada wird kein zweites Mal mehr fallen«, lernten israelische Schüler über Jahrzehnte auswendig, um, kaum herangewachsen, ihr Leben im Sinne dieses nationalen Imperativs freudig zu opfern. Als Jugendliche wurden sie mit Bussen herangekarrt, um die Light-and-Sound-Show am Fuße jener Festungsmauern zu bestaunen, die Herodes seinerzeit aus Furcht vor einem Aufstand seiner Untertanen hatte errichten lassen. Und als junge Soldaten des Staates Israel legten sie oben auf dem Bergplateau den Eid auf die Bibel ab, genau dort, wo einstmals der Palast und die römischen Badehäuser des skrupellosen jüdisch-idumäischen Königs gestanden hatten.

Weder Schüler noch Soldaten wissen, dass ihre realen Vorväter den Namen Masada über viele Jahrhunderte hinweg gar nicht kannten. Und im Unterschied zur Zerstörung des Tempels, die tief in das Gedächtnis jüdischer Gemeinden auf der ganzen Welt eingegraben ist, hat die rabbinische Tradition die Schriften des Josephus niemals anerkannt, jene Schriften, durch die allein die modernen jüdischen Nationalisten überhaupt erst von dem Morden und dem kollektiven Freitod des Eleasar ben Ja'ir und seiner

Sikarier Kenntnis erlangen sollten. Unabhängig von den berechtigten Zweifeln, ob sich dieser wahnsinnige Massensuizid überhaupt zugetragen hat, war er doch auf keinen Fall geschaffen, als vorbildliche Tat in die jüdische Tradition einzugehen, da er in keiner Weise als Aufopferung für Gott erfolgte.[114]

Josephus lebte eine oder zwei Generationen nach Philo. Der große Historiker war in Jerusalem geboren worden, lebte dort bis zum Aufstand gegen die Römer und kehrte nach ihrer Verwüstung nicht wieder in die Stadt zurück. Da er die wichtigste und beinahe einzige Quelle für unser Wissen über den Aufstand der Zeloten im Jahre 66 ist, ist sein Standpunkt in Bezug auf sein »Vaterland« von besonderem Interesse. Wobei natürlich berücksichtigt werden muss, dass er seine Werke als ein komfortabel in Rom lebender Jude verfasste, nicht aber als jener Judäer, der zu Beginn aktiv am Aufstand teilgenommen hatte.

Wenn wir die Chronologie der Ereignisse auf den Kopf stellen und Josephus' *Jüdischen Krieg* vom tragischen Ende her lesen, finden wir eine überraschende Rede, die Josephus dem auf Masada zum Freitod bereiten Sikarier Eleasar ben Ja'ir in den Mund legt und die auf den ersten Blick durchaus patriotische Anklänge zu haben scheint. Der Führer der Aufständischen spricht in dem Versuch, seine Mitstreiter zu überreden, ihre Frauen und Kinder zu töten und dann dem eigenen Leben ein Ende zu bereiten, von einem Freiheitskampf und der Bereitschaft zu sterben, doch nicht etwa im Namen Gottes, sondern um nicht in römische Gefangenschaft zu fallen.[115] Gleichzeitig jedoch vergisst Josephus nicht zu erwähnen, dass es dieselben Sikarier gewesen seien, die vor ihrem Rückzug in die Bergfeste Masada kaltblütig siebenhundert Juden in der Ortschaft En Gedi abgeschlachtet hätten, einschließlich aller Frauen und Kinder.

Sowohl in der Darstellung des Charakters und des Verhaltens seiner Anführer wie auch der Gründe, die zu dem Aufstand geführt haben, ist Josephus weit davon entfernt, in den geschilderten Ereignissen eine »nationale Erhebung« zu sehen. Auch wenn sein Wortschatz hellenistisch geprägte Begriffe wie »Vaterland« umfasst und ihm die (aristokratische) Freiheit am Herzen gelegen haben dürfte, sind die Aufständischen in seinen Augen alles – nur keine »Patrioten«.

Der erste Grund für den Aufstand waren die wachsenden Reibereien zwischen den Anhängern des Judentums und ihren heidnischen Nachbarn in den gemischtkonfessionellen Städten. Die Hasmonäerkönige hatten in der Vergangenheit zwar die Bevölkerung in den von ihnen eroberten Gebieten zu einem Übertritt zum Judentum genötigt, doch waren sie dabei in den Städten, die von den Angehörigen einer polytheistischen und toleranten hellenistischen Kultur bevölkert waren, auf große Schwierigkeiten gestoßen, die sich über das Ende ihrer Herrschaft hinaus fortsetzten. Der zweite Grund für den Aufstand war, dass die römischen Statthalter, entgegen ihren vormaligen Gepflogenheiten, eine rücksichts- und verantwortungslose Politik gegenüber dem jüdischen Glauben verfolgten und die Heiligkeit des Tempels schwer beschädigten. Zudem weckte die rigorose römische Steuerpolitik soziale Unruhe. Diese gesellschaftlich-objektiven Umstände schufen für radikal-messianische Gruppierungen eine willkommene Gelegenheit, einen Teil der armen Landbevölkerung aufzuwiegeln und mit ihrer Hilfe Jerusalem einzunehmen.

Obgleich Josephus selbst zu Beginn des Aufstands daran beteiligt war, distanziert er sich in seinen Schriften davon, ja er fühlt sich von den Aufständischen abgestoßen und betrachtet sie als diejenigen, die für den Verlust der Heimat verantwortlich seien.[116] Die Zeloten bezeichnet er als marodierende Räuber und gefährliche Schurken, da sie Angst und Schrecken in ihrer Umgebung verbreitet und nicht wenige ihrer Glaubensbrüder ermordet hätten. Nach seiner Auffassung hätten etwa Simon bar Giora und Jochanan aus Gischala, zwei miteinander konkurrierenden Anführer der Zeloten, den Geboten der Tora zuwidergehandelt und Unheil über das Vaterland gebracht.[117] Der Fall Jerusalems und die Zerstörung des Tempels seien nicht auf die »Treulosigkeit« der traditionellen Führung der judäischen Bevölkerung zurückzuführen, die mit aller Macht versucht habe, die »fremden« Herrscher zu beschwichtigen, sondern seien im Gegenteil jenen fundamentalistischen Eiferern anzulasten, die zu keinem Kompromiss fähig und bereit gewesen seien.

In einer anderen Schrift tritt er für die Einhaltung des Schabbat ein, obwohl diese, Spöttern zufolge, dem Fall Jerusalems Vorschub geleistet habe. Dort betont er, dass gläubige Juden »immer die Einhaltung der Gebote und die Furcht vor Gott der Rettung ihres Lebens und ihrer Heimat vorgezogen« hätten.[118]

Zweifelsohne betrachtete Josephus Judäa als sein Land, das ihm lieb und teuer war. Jerusalem galt in den Augen dieses Priestersprosses immer als die Stadt seiner Väter. Doch ist auch unbestreitbar: Wenn Josephus sich daranmacht, das Territorium zu beschreiben, das Schauplatz des dramatischen Aufstands wird, unterteilt er dieses in drei verschiedene Länder: das Land Galiläa, das Land Samaria und das Land Judäa.[119] Diese drei Regionen bilden in keiner Weise eine territoriale Einheit, während das Konzept eines »Landes Israel« bei Josephus überhaupt nicht existiert.

Aber damit nicht genug: In den *Jüdischen Altertümern*, seinem zweiten großen Werk, in dem Josephus versucht, die Geschichte der Hebräer seit Abraham zu rekonstruieren, »korrigiert« er hin und wieder die hebräische Bibel und fügt hinzu, was die Phantasie ihm eingibt: »Denn ich gebe dir die Herrschaft in diesem Land, möget ihr alles Festland und alle Meere unter dem Auge der Sonne füllen«, lässt der Historiker etwa Gott verkünden. Und später: »Du, gesegnetes Heer, staunst, dass ein solch großes Volk aus einem Vater soll werden? Zur Stund ist es klein noch und das Lande Judaä fasst es, doch wisset, dass die ganze Welt vor euch liegt als euer ewiger Wohnsitz, denn einnehmen sollt ihr Inseln und Festland in Scharen.«[120]

Mit diesen Worten schafft Josephus eine Verbindung zur religiös-kosmopolitischen Auffassung Philos. Allerdings schreibt er sie zu einem etwas späteren Zeitpunkt, als die Präsenz von Juden und jüdischen Konvertiten im Mittelmeerraum und im Zweistromland sich auf ihrem Höhepunkt befindet. Das Land der Juden ist kein kleines, begrenztes Territorium, sondern die Welt. Die Anhänger des jüdischen Glaubens leben überall, doch nicht als Strafe – schließlich weiß Josephus, dass die Bevölkerung Judäas trotz der katastrophalen Niederlage nicht in ihrer Gesamtheit exiliert wurde –, sondern weil Gott sie von Anfang an dazu bestimmt hat.

Natürlich wird die himmlische Erlösung, so die Vision des Sohnes einer angesehenen priesterlich-königlichen Familie, auch in irgendeiner Form eine Rückkehr nach Zion beinhalten, doch meint dies nicht die Sammlung von Juden auf einem nationalen Territorium, sondern eine eschatologische Vision der Errichtung eines neuen Tempels. Trotz aller intellektuellen und mentalen Distanz zwischen ihm und den Verfassern der Midraschim und des Talmud, die in eben jenem Zeitraum beginnen, ihre mündliche Überlieferung in Judäa und Babylon niederzuschreiben, teilt Josephus ihren starken Glauben an die Erlösung.

Obwohl Josephus den Aufstand der Zeloten sehr genau verfolgt und sein Werk, ungeachtet aller ideologischen, theologischen und literarischen Verzeichnungen, eine historiographische Abhandlung ersten Ranges darstellt, ist es unstrittig, dass Josephus noch nicht über eine ausreichend breite historische Perspektive verfügte, um die Erhebung des Jahres 66 darin zu verorten. Wir müssen noch die beiden nächsten großen jüdischen Volksaufstände und ihr schreckliches Scheitern abwarten, um das Wesen des monotheistisch-messianischen Aufruhrs dechiffrieren zu können, welcher die südlichen Gestade des Mittelmeers im 1. Jahrhundert u. Z. erfasste. Überraschend ist allerdings, dass die zionistische wissenschaftliche Literatur es bis auf den heutigen Tag ablehnt, diese drei Rebellionen, die sich in einer Zeitspanne von siebzig Jahren ereigneten, als Teil ein und desselben Phänomens zu betrachten – des gewaltigen Kampfes nämlich, den der Monotheismus gegen das Heidentum führte.

Das Erstarken des Judentums infolge der großen Konversionswelle ließ die Spannungen zwischen den hellenistischen Juden und ihren heidnischen Nachbarn in den großen Städten des römischen Imperiums eine neue Qualität erreichen. Von Antiochia bis zur Kyreneika, in Cäsarea und Alexandria verstärkten sich die Reibereien und Animositäten, bis es in den Jahren 66 bis 70 u. Z.

in Judäa zur ersten Eruption kam. Doch die Niederschlagung des Aufstands in Jerusalem sollte nur die Ouvertüre zu der weitaus größeren und blutigeren Erhebung der Jahre 115 bis 117 sein.

Und auch in der Folgezeit sollte das expandierende und pulsierende Judentum immer wieder die Konfrontation mit dem römischen Heidentum suchen, in Nordafrika, in Ägypten und auf Zypern, jedoch ohne den geringsten Anflug eines »patriotischen« Sentiments, wie es in Judäa scheinbar noch existiert hatte. In den Aufständen der jüdischen Gemeinden, welche in der zionistischen Historiographie als »Rebellion der Diaspora« bezeichnet werden, um deren imaginiertes »nationales« Zentrum zu betonen, ist weder eine Sehnsucht nach einer Rückkehr in das Land der Väter nachzuweisen noch ein Funken von »Treue« zu einem fernen Ursprungsland. Das gegenseitige Morden und Abschlachten, die systematische Zerstörung von Tempeln und Synagogen im Verlauf dieses blutigen Kräftemessens künden von der Macht des Glaubens an den einen Gott und auch, man muss es sagen, vom Ausmaß des Fanatismus und der Sehnsucht nach dem Kommen des Messias. Sie sind mithin Beleg für die schweren Geburtswehen des Monotheismus, ehe dieser bald darauf zu einem weltumspannenden Phänomen werden sollte.

Der Bar-Kochba-Aufstand in Judäa in den Jahren 132 bis 135 u. Z. schließlich bedeutete den Schlussakkord des verzweifelten messianischen Versuchs, dem Heidentum auf dem Schlachtfeld zu begegnen. Das totale Fiasko dieses Aufstands beschleunigte den Niedergang und dramatischen Rückzug des hellenistischen Judentums rund um das Mittelmeer nachhaltig und begünstigte den Aufstieg ihrer jüngeren postmessianischen Schwesterreligion – des Christentums. Die Zeit der Kämpfe war vorüber, doch es blieb der verführerische Blick auf den einen Gott und einen eindimensionalen Himmel.

Östlich von Jerusalem war dem Christentum weit weniger Erfolg beschieden, führte die Niederlage des kriegerischen jüdischen Glaubens ausgerechnet zu einem Aufblühen des exegetischen Glaubens, sprich: zu einer Hochphase des pazifistischen rabbinischen Judentums. Die Mischna, die wichtigste jüdische

Schrift seit den biblischen Texten, die noch auf Hebräisch verfasst ist, wurde zu Beginn des 3. Jahrhunderts, allem Anschein nach im galiläischen Tiberias, redigiert und abgeschlossen. Der Jerusalemer und der Babylonische Talmud wiederum wurden zwischen dem Ende des 3. Jahrhunderts und dem 5. Jahrhundert (Letztgenannter war offensichtlich erst etwas später vollendet) verfasst, und zwar in der Region zwischen Zion und Babylon, wo der Einfluss der griechischen Sprachen und Kulturen weniger dominant war. Doch wie stehen die wichtigsten rabbinischen Werke zu jenem Territorium, das zuvor Judäa geheißen hatte und nunmehr, seit dem Erlass des römischen Kaisers nach der Niederschlagung des Bar-Kochba-Aufstandes, als Syria Palaestina bezeichnet werden sollte?

3. Ein erster Auftritt – das Land Israel in der Halacha

In sämtlichen halachischen Schriften, der Mischna, den beiden Versionen des Talmud, den Midraschim und den Tosafot findet sich nirgends der Begriff »Moledet« – Heimat oder Vaterland. Dieser Terminus, dessen moderne Bedeutung, wie dargestellt, aus der griechisch-römischen Tradition übernommen wurde und der über das Christentum seinen Weg nach Europa fand, spielte für das rabbinische Judentum keine Rolle. Die Verfasser der Mischna und des Talmud waren, genau wie ihre Vorläufer, die Autoren der biblischen Schriften, niemals »Patrioten«. Jene, die in Babylon lebten, sahen, genau wie Millionen anderer Juden und zum Judentum Konvertierter im Mittelmeerraum, keinerlei Notwendigkeit, von dort ins Land der Bibel überzusiedeln – trotz der relativ geringen Entfernung zwischen beiden Ländern. Aber obwohl sich, im Gegensatz zum hellenistisch-jüdischen Schrifttum, in der rabbinischen Literatur der Begriff »Moledet« nicht findet, so feiert doch der Ausdruck »Erez Israel« dort Premiere.[121]

Hillel der Ältere, einer der Begründer des pharisäischen Judentums, war noch im 1. Jahrhundert v. u. Z. von Babylon nach Jerusalem übergesiedelt. Doch ab dem 2. Jahrhundert u. Z. sollte sich diese Migrationsbewegung umkehren. Das »einfache Volk« verblieb zwar weiterhin auf seiner Scholle, doch die Abwanderung von Gelehrten, offenkundig infolge der massiven Christianisierung, beunruhigte die religiösen Zentren in Judäa und Galiläa zutiefst, was allem Anschein nach der Geburt des rabbinischen Ausdrucks »Erez Israel« Vorschub geleistet haben muss.

Dennoch lässt sich nicht sagen, wann genau dieser Begriff erfunden wurde und was der unmittelbare Grund für sein Auftauchen war. Möglich, dass er erstmals verwendet wurde, als die Römer nach der Niederschlagung des Bar-Kochba-Aufstandes die Bezeichnung »Provincia Judaea« aufhoben und begannen, die alte Bezeichnung »Palaestina« zu verwenden. Und da für gewöhnlich Galiläa nicht als Teil Judäas betrachtet wurde, gingen die dort wirkenden Rabbiner dazu über, den neuen Ausdruck »Erez Israel« zu benutzen. Möglich ist auch, dass die Bezeichnung auftauchte, um die Position der rabbinischen Lehrhäuser in Galiläa zu stärken, das ungeachtet der hasmonäischen Eroberung niemals wirklich zu einem Teil Judäas geworden war. Zudem ist anzunehmen, dass mit der Zerstörung Jerusalems und dem für Juden geltenden Verbot, die Stadt zu betreten, die Stellung Galiläas eine völlig neue Dimension erhielt.

Jeshajahu Gafni, einer der führenden Historiker der Hebräischen Universität in Jerusalem für die Zeit der Mischna und des Talmdus, hat seinerzeit die Vermutung angestellt, die zentrale Stellung des »Landes« (Israel) im halachischen Schrifttum sei relativ späten Ursprungs:

> Die Bezugnahme auf Erez Israel seitens der ersten Tannaiten ist [...] so gut wie nicht vorhanden. [Das gilt für] die ersten drei Generationen der Tannaiten und im Grunde bis in die Zeit nach dem Bar-Kochba-Aufstand. Sichtet man die Hunderte von Aussprüchen von Jochanan ben Sakkai, Rabbi Jehoschua, Rabbi Eleasar ben Asarja und sogar von Rabbi Akiba, stellt man

> schnell fest, dass es so gut wie keine Abhandlungen gibt, die die Beschaffenheit und Vorzüge des Landes Israel, seine zentrale Stellung gegenüber der Diaspora und deren daraus resultierende Verpflichtung behandeln. Was in eklatantem Gegensatz zu ihrer intensiven Beschäftigung mit den Ge- und Verboten steht, die sich auf das Land beziehen.[122]

Der große Umschwung erfolgte, nach Ansicht Gafnis, also erst nach dem Bar-Kochba-Aufstand im Jahre 135 u. Z. Aus seinen Worten lässt sich zudem schlussfolgern, obgleich er selbst dies nicht ausdrücklich erwähnt, dass von diesem Zeitraum an der bis dahin unübliche Terminus »Erez Israel« neben den altbekannten Bezeichnungen »Judäa« und »Kanaan« zu einem gängigen Begriff wird.

Dagegen betont Gafni jedoch, dass, infolge der zunehmend stärkeren Stellung der babylonischen Gemeinde und der daraus resultierenden Bedrohung für die Vormachtstellung der Rabbiner in Judäa, »Erez Israel« mit Superlativen bedacht wird, wie sie zuvor gänzlich unbekannt waren. Schon in der Mischna finden sich etwa Huldigungen wie: »Das Land Israel ist heiliger als alle Länder« (Kelim I,6) oder »Das Land Israel ist rein, seine Tauchbäder reiner als rein« (Mikwot VIII,1). Dem Jerusalemer Talmud bleibt also in der Folge nur, diese Feststellungen zu bestätigen (Scheqalim XV,4) und weitere Lobpreisungen hinzuzufügen.

Im Babylonischen Talmud wiederum wird der Kult um das Heilige Land gestärkt, es tauchen neue Elogen darin auf: »Der Tempel ist höher als das Land Israel, und das Land Israel ist höher als alle Länder« (Zebachim 54b), »Zehn Maße Weisheit sind auf die Welt niedergegangen, neun auf das Land Israel und eines auf die ganze Welt« (Qidduschin 49b), und ähnliche Stellen ließen sich anführen.

Dennoch lassen sich neben solchen Aussagen im Babylonischen Talmud auch gegenteilige Feststellungen finden: »So wie es verboten ist, aus dem Lande Israel nach Babylon zu ziehen, so ist es untersagt, aus Babylon in andere Länder zu ziehen.« Und weiter: »Jeder, der in Babylon wohnt, ist, als wohnte er im Lande Israel« (Ketubbot 111a). Ja, es findet sich sogar eine originelle Auslegung der Exilierung im 6. vorchristlichen Jahrhundert: »Warum wurde Israel nach Babylon verbannt vor allen anderen Ländern? Weil das Haus ihres Vaters Abraham dort stand [...] weshalb die Sache einer Frau ähnelt, die aufsässig war gegen ihren Gatten, worauf er sie in das Haus ihres Vaters schickt« (Tosefta, Baba Kamma VII,2). Der Vergleich zwischen »Erez Israel« und einer geschiedenen Frau, die in ihr Elternhaus zurückkehrt, ist nicht eben geeignet, das Bild eines leidvollen Exils in einem fremden Land zu stärken.

In Talmud und Midrasch finden sich nicht wenige widersprüchliche Aussagen, doch wie bei anderen heiligen Texten in der Geschichte auch liegt gerade darin ihre große Wirkungskraft begründet. Und da diese weitverzweigte Literatur ein Kompendium von denkbar ahistorischen Zeugnissen darstellt, lässt sich nur sehr schwer bestimmen, in welcher Zeit genau die einzelnen Aussagen verfasst wurden und wann der jeweilige Rabbiner lebte, der für sie verantwortlich zeichnet. Dennoch lässt sich mit aller Vorsicht vermuten, dass im Zuge der Schwächung des jüdischen Glaubens in Judäa und seiner Ablösung durch das Christentum, vor allem ab dem 4. nachchristlichen Jahrhundert, die Bedeutung dieses geheiligten Fixpunktes wächst und seine Verehrung zunimmt. Denn schließlich waren in diesem Land die heiligen Schriften abschließend redigiert, waren die wichtigsten Prophezeiungen dort gegeben worden.

Die genaue Ausdehnung dieses Landes ist nicht immer ganz klar, doch in aller Regel erstreckt es sich vom Rande Akkos im Norden bis nach Aschkelon im Süden – zwei typischen heidnischen Städten. Etliche Regionen des biblischen Kanaans hingegen unterliegen nicht der halachischen Vorstellung von der Heiligkeit des Landes. So gelten zum Beispiel die Stadt Beit Shean und ihre Umgebung sowie Cäsarea und seine Peripherie nicht als zugehörig, da diese Landstriche von zu vielen Götzendienern bewohnt seien.[123] Der Bibel- und Talmudforscher Moshe Weinfeld, auch er von der Hebräischen Universität in Jerusalem, behauptet sogar: »Die Bereitschaft, auf Teile des Landes Israel zu verzichten, um die Almosen-Gebote befolgen zu können, spiegelt eine Auffassung wider, die im Besitz des Landes nur ein Mittel zum Zweck sieht, nicht aber einen Selbstzweck.«[124]

Gleichzeitig blieb das Territorium des Landes Israel in den Augen der Halachisten ein Gebiet der Anwendung spezieller Mitzwot, von Ge- und Verboten, die mit dem Heiligen Land verbunden sind, so zum Beispiel Vorschriften zur Reinheit, der Abtretung von Opfergaben und dem Ruhejahr, in dem die Böden nicht bestellt werden durften. Ein jüdischer Bauer, der in jener Zeit lebte, hatte es besonders schwer, ein Stück Land zu bestellen und sich davon zu ernähren, wenn dieses als zum Land Israel gehörig galt. Ab dem 3. Jahrhundert wurde es zudem üblich, die Toten zur Bestattung ins Heilige Land zu verbringen, gewissermaßen anstelle eines Lebens dort. Da der Bibel zufolge einst die Leichen von Jakob und Josef aus Ägypten überführt worden waren, gilt die Bestattung im Land Israel als vorteilhaft, zumal sie nicht zuletzt auch im Ruf steht, den Anteil an der kommenden Welt schneller herbeizubringen. Oberhäupter großer Lehrhäuser und Gemeindehonoratioren, die sich die immensen Kosten leisten konnten, wurden nach ihrem Tod daher zur Bestattung nach Beit Shearim und später auch nach Tiberias in Galiläa gebracht.[125]

Doch wenn eine wie auch immer geartete Sehnsucht existierte, dann bezog sie sich sehr viel stärker auf die Stadt als auf das Territorium. Ähnlich wie Philo huldigen auch die Autoren von Mischna und Talmud Jerusalem – oder Zion – in vielen Hunderten von Aussprüchen, Kommentaren und Auslegungen. Die Präsenz der Stadt ist damit sehr viel bedeutsamer als die des territorialen Raumes, auf den im Prinzip nur im Zusammenhang mit der kultisch-agrarischen Gesetzgebung Bezug genommen wird. Der bereits erwähnte Moshe Weinfeld betont sogar, dass, obwohl sich das Land im Judentum, im Gegensatz zum Christentum, als wichtige physische Gegebenheit habe halten können, »gegen Ende der Zeit des Zweiten Tempels ein Spiritualisierung des Begriffs ›das Land‹ einsetzte, wie sie auch in Bezug auf Jerusalem erfolgte. Das Erbe des Landes wurde als Anteil an der kommenden Welt ausgelegt, so wie Jerusalem in idealisierender Form als himmlisches Königreich und geistiges Jerusalem gedeutet wurde.«[126]

Da der Babylonische Talmud in den meisten jüdischen Gemeinden zum verpflichtenden und kanonischen Werk wurde, entwickelte er sich auch zum wichtigsten Unterrichtswerk in den Lehrhäusern. In weiten Kreisen der damaligen jüdischen Welt bildete sich die Beziehung zum Land Israel sehr viel stärker auf Grundlage der talmudischen Auslegungen der biblischen Texte als durch deren unmittelbare Lektüre. Jede Sentenz im Talmud wurde geheiligt, jeder Abschnitt war verpflichtend. Sämtliche Auffassungen von Exil und Erlösung, von göttlichem Lohn und Strafe, von Sünde und Sühne wurden aus der Halacha geschöpft, auch wenn sie dabei selbstverständlich unterschiedliche und mannigfaltige Auslegungen erfuhren.

Zwar trifft die Tosefta die wichtige Feststellung: »Ein Mensch wohne im Lande Israel, selbst in einer Stadt, deren Mehrheit Götzendiener sind, und nicht außerhalb des Landes Israel, und sei es in einer Stadt, die ganz Israel [jüdisch] ist. Dies lehrt: Im Lande Israel zu sitzen wiegt alle Gebote auf, die da in der Tora sind« (Aboda Zara V,2). Doch gibt es andererseits eine nicht weniger wichtige Stelle, die den Gläubigen in ihrem Verhältnis zum Heiligen Land als Warnschild diente. So heißt es im Babylonischen Talmud: »Drei Eide, welches sind sie? Einer, dass Israel nicht in Scharen in das Land zieht, einer, dass der Heilige, gepriesen sei er, Israel schwören ließ, sich nicht gegen die Völker Welt zu empören, und einer, dass der Heilige, gepriesen sei er, die Anbeter der Sterne [die Völker der Welt] schwören ließ, dass sie Israel nicht über die Maßen bedrücken« (Ketubbot 111a). Diese drei Eide beziehen sich auf drei Verse, die im biblischen Hohelied mehrfach auftauchen: »Bei den Gazellen und Hirschen auf der Flur / beschwöre ich euch, Jerusalems Töchter: Stört die Liebe nicht auf, / weckt sie nicht, / bis es ihr selbst gefällt« (2,7).

Die zitierten drei Eide kommen praktisch göttlichen Verboten gleich: Der erste untersagte gläubigen Juden, vor dem Kommen des Messias kollektiv in das Heilige Land überzusiedeln. Der zweite ist als historische Lehre aus den drei gescheiterten jüdischen Aufständen gegen die Vormacht der Götzendiener zu lesen. Und der dritte enthielt die Weisung an alle weltlichen Herrscher, sich der Juden zu erbarmen und ihr Leben zu schonen.[127]

Bis zur Geburtsstunde des modernen Nationalismus würden es nur sehr wenige wagen, das Verbot einer Übersiedlung ins Land Israel zu missachten. Diese »antizionistische« Haltung des rabbinischen Judentums sollte sich als langlebig erweisen, ja sie trat an jedem bedeutenden Wendepunkt in der Geschichte dieser Glaubensgemeinschaften von neuem hervor. Sie war nicht der eigentliche Grund für die konsequente Weigerung, ins Heilige Land auszuwandern, sollte aber jahrhundertelang als eine bevorzugte theologische Begründung für diese Weigerung dienen.

4. Das Festhalten am »Exil« und die Sehnsucht nach dem Heiligen Land

Wie ich bereits in der Einleitung zu dieser Studie dargelegt habe, unternahmen die Juden, da sie nach der Zerstörung des Tempels ja niemals gewaltsam aus Judäa vertrieben worden waren, auch keine besonderen Anstrengungen, dorthin »zurückzukehren«. Die Anhänger der mosaischen Religion in der hellenistisch-römischen und der mesopotamischen Zivilisation waren bereits vor der Zerstörung des Tempels sehr zahlreich geworden und hatten mit einigem Erfolg ihren Glauben verbreitet. Doch die Beziehung der vielen Konvertiten zum Land der Bibel konnte naturgemäß nicht auf einer »Sehnsucht nach dem Vaterland« basieren, da weder diese Menschen noch ihre Vorfahren jemals von dort gekommen waren. Diese Situation eines Lebens im spirituellen »Exil« bei gleichzeitiger Wahrung und Pflege fester Bindungen an die konkreten Herkunftsorte und ihre Kultur schwächte nicht etwa die Beziehung zu dem einen »Ort« als Objekt von Sehnsucht und Verlangen, sondern bewahrte in gewissem Sinne dessen einzigartige Bedeutung.[128]

Die Überhöhung dieses Ortes erfolgte im Judentum in einer Zentrifugalbewegung. Denn das Verhältnis wurde im Laufe der Jahrhunderte immer mehr ein fernes und symbolisches, das nicht länger von einem konkreten Bezugspunkt abhing. Die Notwendigkeit eines heiligen Ortes, an dem eine vollkommene kosmische Ordnung herrscht, verwies niemals auf den menschlichen Wunsch, an diesem Ort auch tatsächlich zu leben oder ihm auch nur nahe zu sein.[129] Im Fall des Judentums ist das Spannungsverhältnis zu jenem heiligen Ort sogar noch größer. Da die »Exil-Existenz« ein Zustand ist, aus dem sich ein Jude nicht selbst befreien kann, ist jeder Gedanke, diesem Ort zuzustreben, von vornherein obsolet.

Diese dialektische Konstellation unterscheidet sich vollkommen von der Beziehung des Christentums zum Heiligen Land, die immer schon sehr viel unmittelbarer und weniger problembehaftet war. Sie gründet darauf, dass die jüdische Metaphysik nicht anerkennt, dass der Welt die Erlösung bereits zuteilwurde. Dieser spirituelle Standpunkt entstand zunächst aus dem Widerstand des pharisäischen Judentums gegen den Gnadenerweis in Gestalt des Gottessohnes Jesus. Letztendlich sollte er sich zu einer existentiellen Haltung in Bezug auf das Beziehungsgeflecht zwischen Himmel und Erde entwickeln.

Das Gebot, »nicht in Scharen in das Land zu ziehen«, brachte die unbedingte Ablehnung zum Ausdruck, das menschliche Subjekt als aktiven Faktor in den Gang der (von Gott gelenkten) Geschichte einzubeziehen, und betonte die Schwäche dieses Subjektes. Der allmächtige Gott tritt somit in jeder Hinsicht an die Stelle des handelnden Menschen, der nicht in den Gang der Ereignisse eingreifen und die Erlösung herbeiführen soll. Das Christentum und der Islam, die jüngeren Schwesterreligionen des Judentums, vermochten es dank ihrer Flexibilität und ihres handfesten, tiefverwurzelten Pragmatismus sehr viel erfolgreicher, sich weltliche Gewalten – Königreiche, Fürstentümer oder den Landadel – untertan zu machen und sich ihrer zu bedienen und so eine beherrschende Rolle in weiten Teilen der Welt einzunehmen. Obgleich auch jüdischen Obrigkeiten in unterschiedlichen Regionen der Erde zeitweilig Erfolg beschieden war, zog es das Judentum nach seinen schmerzlichen Niederlagen zu Beginn der christlichen Zeitrechnung vor, seine Identität auf die Selbstwahrnehmung als »auserwähltes Volk« hin zu formen, das keinerlei Besitzrecht oder Zugriff auf eine konkrete physische Heimat hat. Daher verstärkte sich die spirituelle Sehnsucht nach dem Heiligen Land umso mehr, je weniger realistisch sie wurde. Das Judentum weigerte sich schlicht, an irgendein Stück Land gebunden zu sein. Bei aller Verehrung für das Heilige Land lehnte der jüdische Glaube jede Versklavung durch dieses ab. Zum Tätigkeitsfeld des rabbinischen Judentums und seiner »raison d'être« wurden einzig und allein die Tora und ihre Auslegungen. Und so lässt sich ohne Übertreibung sagen, dass das traditionelle rabbinische Judentum mehrheitlich und strukturell tatsächlich konsequent »antizionistisch« war.

So ist es auch kein Zufall, dass ausgerechnet eine Rebellion gegen dieses Judentum, die der Weigerung entsprang, die Autorität des Talmud zu akzeptieren, im 9. Jahrhundert u. Z. zu einer Masseneinwanderung nach Palästina führte. Den »um Zion trauernden« Karäern galt das Land nicht als heiliger Boden, solange es nicht von Gläubigen bewohnt war. Entsprechend predigten sie die Liebe zur Stadt Davids und vollzogen diese Liebe und ihre tiefe Trauer über die Zerstörung des Tempels, indem sie sich in Jerusalem ansiedelten. Nachdem sie ihr Schicksal auf diese Weise selbst in die Hand genommen hatten, stellten sie, soweit sich dies heute sagen lässt, im 10. Jahrhundert die Mehrheit der Bevölkerung in der Stadt. Hätte es die Eroberung durch die Kreuzfahrer im Jahre 1099 nicht gegeben, die das Ende dieser Glaubensgemeinschaft bedeutete, wären die Karäer vielleicht die ersten Wächter auf den Mauern der Stadt geworden.[130]

Sie erkannten – und dies vollkommen zu Recht – im rabbinischen Schrifttum eine antiterritoriale Philosophie, die darauf zielte, das Exil zu heiligen und die Gläubigen vom Land der Bibel fernzuhalten. Daniel ben Mosche al-Kumisi, einer der wichtigsten Führer der Karäer, siedelte Mitte des 9. Jahrhunderts nach Jerusalem über und rief seine Anhänger auf, seinem Beispiel zu folgen. Für die rabbinischen Juden empfand er nur Verachtung und schrieb über sie:

> Und wisse, dass die Schufte, die da in Israel [unter den Juden] sind, miteinander besprechen, wir dürften nicht nach Jerusalem kommen, bis wir nicht gesammelt werden, wie wir dereinst vertrieben wurden [...] daher müsst ihr, die ihr Gott fürchtet, nach Jerusalem kommen und in ihr wohnen, um Wache zu halten bis zum Tag der Erbauung Jerusalems [...] und es soll keiner sagen, wie soll ich gehen nach Jerusalem, da ich Räuber und Wegelagerer fürchte, und woher soll mir mein Lebensunterhalt erwachsen in Jerusalem [...] Daher müsst ihr, unsere Brüder Israel, aus allen Staaten euch aufmachen, ihr, die ihr Gott fürchtet, bevor Verderben und Verwirrung in allen Ländern herrscht, wie geschrieben steht: Denn es war große Verwirrung bei allen, die in diesen Ländern wohnten.[131]

Auch Sahl ben Matzliach, ein anderer prominenter Führer der Karäer, wandte sich in einem äußerst erregten Aufruf an die Juden der Welt: »Brüder Israels! Ich bitte euch, helft Gott und kommt zu seinem Allerheiligsten, das er der Welt geweiht hat, denn er befiehlt euch [...]: Sammelt euch in der Heiligen Stadt und sammelt eure Brüder, denn bis jetzt seid ihr ein Volk, das sich nicht sehnt nach dem Haus seines Vaters, der im Himmel seine Wohnstatt hat.«[132] Doch diese und ähnliche Appelle der Karäer blieben, obgleich es Juden unter dem Islam erlaubt war, in Jerusalem zu wohnen, nicht nur weitestgehend ungehört, nein, die institutionalisierte Rabbinerschaft setzte alles daran, diese aufsässigen Ketzer mundtot zu machen.

Hinzuzufügen bleibt, dass der wohl prominenteste Gegenspieler der Karäer interessanterweise Saadia Gaon war, jener große Gelehrte, der die hebräische Bibel ins Arabische übersetzte und mit Fug und Recht als der erste große rabbinische Exeget nach Abschluss des Talmuds betrachtet werden kann. Dieser berühmte

Gelehrte, der im 10. Jahrhundert u. Z. lebte, war in Ägypten geboren worden und dort aufgewachsen, ehe er nach Tiberias am See Genezareth ging und dort einige Jahre wirkte. Doch wie viele andere auch zog er es um seiner Karriere willen vor, bei der erstbesten Gelegenheit in die pulsierenden und verlockenden Zentren jüdischer Gelehrsamkeit im Zweistromland überzusiedeln. Als ihm der Vorsitz über die berühmte Jeschiwa von Sura angetragen wurde, verzichtete er ohne zu zögern auf »Erez Israel« und ignorierte das Gebot, sich in Zion niederzulassen und dort zu leben. Möglich ist auch, dass der Widerwille gegen ein längeres Verweilen im Heiligen Land auf die massive Islamisierung unter dessen jüdischer Bevölkerung zurückzuführen ist, ein Phänomen, das der große Rabbiner aus Furcht vor den muslimischen Herrschern wohl nur stillschweigend bedauerte.[133]

Nicht nur den »zionistischen« Karäern war Saadia Gaon konsequent abgeneigt, er bekämpfte auch mit aller Macht den Versuch, die babylonische Vorherrschaft bei der Bestimmung von Schaltjahren und der Festlegung des jüdischen Kalenders in Frage zu stellen, ein Versuch, der immer wieder von Seiten »erez-israelischer« Rabbiner unternommen wurde. An beiden Fronten war ihm einiger Erfolg beschieden, so dass er sein ganzes Leben im großen Mesopotamien tätig blieb. Und so finden wir bei diesem großen Philosophen keinerlei Kokettieren mit oder Sehnsucht nach dem Heiligen Land, womöglich auch deswegen, weil er es aus eigener Anschauung kannte. Entsprechend suchen wir auch vergeblich nach dem starken Wunsch, dort zu leben, wovon nicht zuletzt ja auch seine Biographie ein beredtes Zeugnis abgibt.

Moses Maimonides, der wichtigste Nachfolger Saadia Gaons, der rund zweihundert Jahre nach diesem lebte, verbrachte ebenfalls einige Zeit in Galiläa. Doch anders als Saadia war er noch relativ jung, als er für wenige Monate in der Stadt Akko lebte. Seine Eltern waren über Marokko aus Cordoba gekommen, auf der Flucht vor der Verfolgung durch die unduldsamen Almohaden. In Galiläa wurden sie jedoch nicht heimisch und zogen kurze Zeit später weiter nach Ägypten. Dort machte der junge Philosoph schon bald von sich reden und wurde zum wichtigsten Exegeten und der herausragenden jüdischen Rechtsautorität im Mittelalter, ja vielleicht sogar aller Zeiten. Leider verfügen wir nur über sehr wenige Zeugnisse über seine Erfahrungen während seines Aufenthalts im Heiligen Land, doch ähnlich seinem Vorgänger Philo von Alexandria hat es Maimonides – trotz der relativ geringen Entfernung – niemals der Mühe für wert befunden, dorthin zurückzukehren und in Zion ansässig zu werden. Dabei war es zu seinen Lebzeiten, dass Saladin Jerusalem für den Islam zurückeroberte und den Juden gestattete, sich dort niederzulassen. In den Schriften des Gelehrten findet sich indessen, ungeachtet seiner persönlichen Bekanntschaft zu dem muslimischen Sultan als dessen Leibarzt, keinerlei Erwähnung dieses wichtigen historischen Ereignisses. Dennoch ist es von Interesse, dass »Erez Israel« in seinen zahlreichen Schriften durchaus am Rande auftaucht.

Gemeinhin gilt Maimonides als größter jüdischer Philosoph des Mittelalters, bekannt ist der Ausspruch »Von Moses bis Moses ist keiner erstanden wie Moses«, sprich: Seit Mose ist dem Judentum keine Geistesgröße mehr erwachsen wie Moses ben Maimon. So verwundert es nicht, dass zionistische Historiker nichts unversucht ließen, um ihn ein wenig zu nationalisieren und zu einer Art zurückhaltendem Protozionisten zu machen, nicht anders als eine lange Reihe weiterer Persönlichkeiten der jüdischen Tradition.[134] Und da sich jedes komplexe Gedankengebäude, wie bereits festgestellt, in vielfältiger Weise auslegen lässt, so wurden auch den Schriften des Maimonides unterschiedliche, zum Teil auch einander widersprechende Interpretationen zuteil. In der Frage des Verhältnisses zum Lande Israel tat sich hier allerdings ein nur schwer zu umgehendes Problem auf. Denn der durchaus penible Maimonides erwähnt im Rahmen der verbindlichen Gebote mit keinem Wort die Verpflichtung, sich im Heiligen Land anzusiedeln und zu wohnen, ja nicht einmal nach bereits erfolgter Erlösung. Was ihn sehr viel mehr beschäftigte, waren die Tora, die Mitzwot sowie der Tempel und seine Stellung im künftigen Ritus.[135]

Zur großen Enttäuschung der Zionisten zeigt sich Maimonides bezüglich der Stellung des Landes Israel im geistigen Kosmos des Judentums ähnlich konsequent. Nicht genug, dass es dem Gläubigen nicht auferlegt sei, dorthin auszuwandern, nein, das Land zeichne sich zudem auch nicht durch all die Vorzüge aus, die ihm irgendwelche leichtfertigen Rabbiner andichteten. Sosehr er auch, wie alle Philosophen des Mittelalters, ein Anhänger der antiken Klimalehre sein mochte, so konnte Maimonides doch nicht finden, dass das Land Judäa, obgleich von angenehmem Klima, einen höheren Rang als andere Länder einnehme.[136] Im Unterschied zu anderen Exegeten machte Maimonides die Befähigung zur Prophetie auch nicht vom Aufenthalt im Lande Israel abhängig, wie er auch deren Ausbleiben nicht mit dem Verweilen an einem Ort außerhalb desselben begründete. Die Fähigkeit zur Prophezeiung hing seiner Ansicht nach allein vom Seelenzustand eines Menschen ab, und um den talmudischen Rahmen nicht zu sehr zu überschreiten, erklärte er, da das Exil nun einmal deprimiere und Trägheit hervorbringe, trete diese wichtige Tugend im »Volk Israel« nicht mehr in Erscheinung.[137] Denn offensichtlich war Maimonides intellektuell zu lauter, als dass er die schriftlichen Traditionen ignorieren konnte, nach denen Mose, der erste Prophet, seine Weissagungen außerhalb des Landes Kanaan getätigt hatte. Ihm war wohl ebenso bewusst, dass die jüdische Gemeinschaft in Judäa in all den Jahren zwischen dem Makkabäeraufstand und der Zerstörung des Tempels nicht einen einzigen Propheten hervorgebracht hatte.

Und mehr noch: In seinem berühmten Brief in den Jemen aus dem Jahre 1172 u. Z. beschwört Maimonides die dort ansässigen Juden, sich trotz ihrer Notlage nicht durch falsche Propheten verführen zu lassen und auf keinen Fall den Versuch zu unternehmen, die Ankunft des Messias zu beschleunigen. Am Ende dieses wichtigen Zeugnisses führt der große Gelehrte ausdrücklich die drei talmudischen Eide an, also die Warnung vor einer organisierten Massenauswanderung ins Heilige Land.[138] Noch entscheidender vielleicht in der Lehre des Maimonides ist die Tatsache, dass er das Kommen des Messias nicht an die Taten der

Juden bindet. Seiner Philosophie zufolge wird die Erlösung völlig unabhängig von der Einhaltung der Gebote eintreten. Denn die Erlösung wird ein göttliches Wunder in reinster Form sein, unbeeinflusst durch jeglichen menschlichen Willen, da sie zwingend auch die Auferstehung der Toten mit umfassen wird.[139]

Diese letztgenannte Auffassung des Philosophen sollte es sein, die seine Vereinnahmung durch die »nationalisierte« Rabbinerschaft in der zweiten Hälfte des 20. Jahrhunderts unmöglich machte. Denn im Prozess der »Zionisierung« der jüdischen Religion erhielt das menschliche Subjekt wieder einen prominenten Platz im Glaubenssystem, da dessen irdisches Tun das Kommen des Messias befördern könnte und sollte. Diese moderne revisionistische Unterscheidung zwischen dem Prozess der Erlösung und ihrem endgültigen Eintreten ermöglichte im Grunde den Anfang vom Ende des historischen Judentums und dessen Verwandlung in einen jüdischen Nationalismus, dessen Ziel und Daseinszweck darin besteht, im Land Israel zu siedeln, um der göttlichen Erlösung den Weg zu bereiten.

Während Maimonides nur schwer für patriotische Ziele zu vereinnahmen war, dienten zwei andere jüdische Gelehrte des Mittelalters als Stützen der nationalen Revolutionierung des Judentums im 20. Jahrhundert. Diese beiden Megastars, die die unverbrüchliche Beziehung zum Lande Israel repräsentierten, waren die Rabbiner Jehuda Halevi, der vor Maimonides gelebt hatte, und Nachmanides beziehungsweise Moshe ben Nachman, in der jüdischen Welt gemeinhin als Ramban bekannt, der unmittelbar nach diesem wirkte. Ihre Bedeutung in der rabbinischen Welt war weitaus geringer als die des »großen Adlers«, was jedoch nicht für die zionistische Welt galt. Halevi und Nachmanides wurden zur Klagemauer des zionistisch-religiösen Bewusstseins und als solche auch in der zionistisch-säkularen Pädagogik des Staates Israel verewigt. Halevis berühmtes Werk *Sefer ha-Kuzari* (Buch der Chasaren) blieb in israelischen Schulen noch lange Unterrichtsstoff, auch nachdem die Chasaren längst aus der nationalen Erinnerung verbannt worden waren. Und die Tatsache, dass der Ramban im 13. Jahrhundert die letzten Jahre seines Lebens im Heiligen Land verbracht hatte, wurde stets als beispielhafte nationale Pioniertat angeführt.

Wir wissen nicht, warum Jehuda Halevi, der zu Lebzeiten unter seinem arabischen Namen Abu al-Hasan al-Lawi bekannt war, ausgerechnet einen fiktiven Dialog zwischen einem jüdischen Frommen und einem chasarischen König als Rahmen seines Werkes wählte. Das Wissen um die Existenz eines Königreichs am Kaspischen Meer, das zum Judentum übergetreten war, verbreitete sich in der gesamten jüdischen Welt und gelangte auch auf die iberische Halbinsel, wo Halevi lebte. Jeder wichtige jüdische Gelehrte kannte die Korrespondenz aus dem 10. Jahrhundert u. Z. zwischen Hasdai ibn Schaprut, dem Sekretär für auswärtige Angelegenheiten des Kalifen von Cordoba, und dem König der Chasaren. Schenkt man zusätzlich dem Zeugnis Abraham ben Davids Glauben, dann saßen auch in Tudela, der Geburtsstadt Jehuda Halevis, chasarische Gelehrte.[140] Wobei man nicht vergessen darf, dass Halevi sein Werk in den vierziger Jahren des 12. Jahrhunderts verfasste, als sich das jüdische Königreich im Osten bereits aus der Geschichte verabschiedet hatte.

Wie dem auch sei, das Leid, welches die Juden in der Zeit der christlichen Reconquista erfuhren und das auch den Dichter Halevi selbst traf, stärkte die Sehnsucht sowohl nach einem jüdischen Führer, der einem allmächtigen Königreich vorstand, als auch nach einem ebenso fernen wie magischen Heiligen Land. In seinem *Kusari* oder, wie das Werk im arabischen Original heißt, *Buch zur Verteidigung der gedemütigten und verachteten Religion*, war es dem begnadeten Dichter darum zu tun, eine Synthese dieser beiden starken eschatologischen Sehnsüchte herzustellen.

Diese Zielsetzung erklärt, warum der Autor die Vorzüge des Landes lobt und seine hervorragende Stellung unterstreicht, wobei er es sowohl als Kanaan als auch als Israel bezeichnet. Sie erklärt ebenso, warum sich der jüdische Held schließlich entscheidet, sich aus dem fernen Land der Chasaren dorthin aufzumachen. Denn das Heilige Land besitzt demnach alle klimatischen und geographischen Vorzüge, und allein dort könnten die Gläubigen zu geistiger und seelischer Vollkommenheit finden.

Es trifft jedoch nicht zu, dass Halevi das Exil ablehnte oder dass er gar die Absicht hegte, das Kommen der Erlösung zu beschleunigen oder die Sehnsucht nach dieser kollektiv zu verwirklichen, wie zionistische Historiker gerne betonen und in seine Schriften hineininterpretieren.[141] Der Dichter empfand wohl eher ein persönliches Bedürfnis, nach Jerusalem zu gelangen, um der Sühne und einer seelisch-religiösen Reinigung willen, was sowohl in seinen Gedichten als auch im *Kusari* zum Ausdruck kommt. Andererseits wusste er sehr wohl, dass die Juden nicht gerade begeistert von der Idee waren, nach Kanaan zu ziehen, weshalb er auch behauptete, ihre Gebete seien in dieser Beziehung nicht ernst gemeint und glichen eher dem »Gezwitscher der Stare«.[142]

Möglich auch, dass Halevis unstillbare Neugier auf das Land Israel durch die christliche Kreuzzugseuphorie hervorgerufen wurde, die in jenem Zeitraum ganz Europa erfasste. Doch dem Dichter sollte es nicht vergönnt sein, nach Jerusalem zu gelangen, da er allem Anschein nach auf dem Weg dorthin verstarb. Dagegen sah sich Rabbi Moshe ben Nachman, der Ramban, der ebenfalls im christlichen Katalonien lebte und der mystischen Strömung des Judentums nahestand, im hohen Alter gezwungen, aufgrund des wachsenden Drucks durch die örtliche Kirche ins Land Israel auszuwandern. Schon zuvor hatte er sich durch sein inniges Verhältnis zum Heiligen Land und durch Lobreden auf es hervorgetan, die über das übliche Maß hinausgingen und sogar diejenigen Halevis in den Schatten stellten. Über ein Werk Rambans, das sein Verhältnis zum Land zusammenfasst, verfügen wir nicht, doch kommt dieses wieder und wieder in seinen zahlreichen Schriften zum Ausdruck.

In seinen kritischen Anmerkungen zu Maimonides' *Sefer hamizwot* (Buch der Gebote), und zwar in dem Teil, in dem sich Nachmanides mit jenen »vom Meister vergessenen Geboten« auseinandersetzt, versucht der Exeget um jeden Preis die Verpflichtung zur Ansiedelung im Land Israel wieder auf die Agenda zu setzen. So erinnert er seine Leser an das biblische Gebot, die ursprünglichen Bewohner des Landes »zu verderben, das heißt, der Bann möge sie treffen«, und er fügt hinzu: »Uns ist die Einnahme [des Landes] in allen Generationen anbefohlen [...]. Uns wurde befohlen, das Land zu erben und dort zu siedeln. Ein Gebot ist es folglich für alle Generationen, das jeden von uns sogar in Zeiten des Exils verpflichtet.«[143] Dieser radikale Standpunkt ist für die jüdische Philosophie des Mittelalters mir Sicherheit absolut außergewöhnlich.

Kein Zweifel, dass Nachmanides ein Leben im Heiligen Land auch vor dem Kommen des Messias als besonders erhaben ansah und ihm eine mystische Dimension beimaß. Doch auch wenn es zuweilen den Anschein hat, als hätte er der Strömung der Karäer nahegestanden, so bleibt er in seinen zahlreichen Aussagen wie auch in seiner Auswanderung nach Jerusalem letztendlich dem Babylonischen Talmud treu. Auch träumte er wohl kaum davon, die Juden würden sich vor dem Kommen der Erlösung in Scharen ins Land Israel aufmachen, und hütete sich, wie Professor Michael Nahorai schreibt, »sogar noch mehr als der Rambam davor, seine Leserschaft auf den Gedanken zu bringen, es sei möglich, die messianischen Hoffnungen unter den gegebenen Umständen zu realisieren«.[144]

Doch die Nähe des Nachmanides zur mystischen Tradition der Kabbala bringt auch die Frage nach deren Verhältnis zum Land Israel auf. So ist schon manches darüber geschrieben worden, dass in der Kabbala sich einige sexuelle Motive im Verhältnis der göttlichen Gegenwart zur Erde und damit auch zum alten Land Kanaan finden. Gleichzeitig lässt sich jedoch kein einheitlicher Standpunkt der Kabbalisten zum Charakter der Erlösung und der zentralen Stellung des Heiligen Landes am Ende der Zeiten finden. Dem Sohar zufolge, dem wichtigsten Werk der Kabbala, haftet einem Leben im Land Israel ein eigener ritueller und mystischer Wert an. Und in der Tat stand Nachmanides dieser Auffassung offenbar sehr nahe. Doch es finden sich unter den namhaften Kabbalisten der Geschichte auch jene, die anderer Meinung waren. Abraham bar Chiyya, der im 12. Jahrhundert u. Z. auf der iberischen Halbinsel lebte, vermutete etwa, dass diejenigen, die im Lande Israel säßen, der Erlösung ferner wären als jene, die im Exil lebten, weshalb eine jüdische Besiedlung des

Landes dem Kommen der Erlösung entgegenwirkte. Auch Abraham Abulafia, im 13. Jahrhundert einer der bedeutendsten spanischen Kabbalisten, vermied es, das Land Israel als primäres Ziel der wundersamen Ankunft des Erlösers zu betrachten. Wie schon erwähnt, ist die gängige Exegese zu der Einschätzung gelangt, Prophetie sei einzig und allein im Land Israel möglich. Abulafias Ansicht nach ist die Prophezeiung jedoch ein Phänomen, das vollkommen von der Beschaffenheit des menschlichen Körpers, nicht aber von einem konkreten geographischen Ort abhängt. In dieser Hinsicht – und nur in dieser – ist der große Kabbalist nicht weit von der Auslegung des »rationalistischen« Maimonides entfernt.

Moshe Idel, Kabbala-Forscher an der Hebräischen Universität in Jerusalem, formuliert: »Die mystischen Auffassungen vom Land Israel vermochten es, dessen zentralen Stellenwert in seiner geographischen Dimension aufzuheben oder zumindest einzuschränken, eine Tatsache, die keiner der beteiligten Denker offen einzugestehen bereit gewesen wäre.«[145] Und weiter resümiert Idel seinen Standpunkt in der These, der wichtigste Beitrag der jüdischen Mystik zur Vorstellung und zum Begriff der traditionellen, physisch-geographischen Einwanderung nach Israel (Alia – Aufstieg) sei »die mystische Alia des Einzelnen gewesen, die sich in dem Ausdruck ›Aufstieg der Seele‹ erschöpft, unabhängig davon, ob von einer Erfahrung des Aufstiegs der Seele in höhere Sphären oder vom Erlebnis einer Innenschau die Rede ist«.[146]

Gegen Ende des 18. Jahrhunderts, unmittelbar bevor die nationalen Erschütterungen einsetzten, die die gesamte kulturelle und politische Morphologie Europas verändern sollten, lebten in Palästina weniger als 5000 Juden, die meisten von ihnen in Jerusalem, unter einer Gesamtbevölkerung von mehr als 250 000 Muslimen und Christen.[147] Zur selben Zeit lebten auf der Welt bereits rund 2,5 Millionen Anhänger des jüdischen Glaubens, vor allem in Osteuropa. Demgegenüber charakterisiert die geringe Zahl von Juden, die damals in Palästina lebten, einschließlich all der dort zufällig gestrandeten Immigranten und Pilger, besser als jedes schriftliche Zeugnis die Beziehung zwischen der jüdischen Religion und dem Heiligen Land in jener Zeit.

Doch es waren nicht – zuweilen durchaus vorhandene – objektive Hindernisse, welche die Juden davon abhielten, über einen Zeitraum von 1600 Jahren nach Zion auszuwandern. Auch die drei talmudischen Eide dürften dem »authentischen Durst«, im Land der Bibel zu wohnen, nicht entgegengestanden haben. Die Geschichte ist sehr viel prosaischer: Im Gegensatz zu dem in die Unabhängigkeitserklärung des Staates Israel geschickt eingewobenen Mythos hat es einen brennenden Durst, nach Zion überzusiedeln, niemals wirklich gegeben. Die starke metaphysische Sehnsucht nach einer umfassenden Erlösung, die mit diesem Ort verbunden war, dem Nabel der Welt, von dem aus sich der Himmel auftun sollte, hatte nichts mit dem allgemein menschlichen Wunsch zu tun, in ein vertrautes Land zu emigrieren und sich dort niederzulassen.[148]

Die hier zu stellende Frage lautet demnach nicht, warum die Juden nicht alles daransetzten, in »ihr Land aufzusteigen«, sondern warum sie überhaupt bestrebt gewesen sein sollten, dorthin auszuwandern. Denn in aller Regel ziehen es gläubige Menschen vor, nicht an einem heiligen Ort zu wohnen. Der Ort, an dem sie arbeiten, Sex haben, Kinder gebären, essen, erkranken und ihre Umwelt verschmutzen, sollte nicht identisch mit dem Ort sein, an dem sich beim Kommen der Erlösung die Tore des Himmels öffnen.

Trotz allen Leids und der Existenz als religiöse Minderheit in von anderen, zuweilen intoleranten und repressiven Religionen dominierten Zivilisationen waren Juden, genau wie ihre andersgläubigen Nachbarn, in ihrem alltäglichen Leben mit ihren Herkunfts- und Geburtsländern fest verbunden. Ebenso wie Philo »der Alexandriner«, Josephus »der Römer«, die »babylonischen« Weisen des Talmud, Saadia Gaon »der Mesopotamier«, Maimonides »der Ägypter« und Zehntausende anderer Rabbiner und Gelehrten gaben auch Juden ohne besondere Bildung zu allen Zeiten ihrem Wohnort den Vorzug, dem Ort, an dem sie geboren und aufgewachsen waren, an dem sie lebten und dessen Sprache sie sprachen. Natürlich stellte dieser Ort, bis zum Anbruch der Moderne, keine politische Heimat für sie dar. Doch vergessen wir nicht, dass das ganze lange Mittelalter hindurch niemand in Besitz eines eigenen nationalen Territoriums war.

Und wenn Juden nicht bestrebt waren, in das Land der Bibel zu ziehen, um dort zu leben, empfanden sie dann nicht zumindest den religiösen Drang, um der eigenen Läuterung willen ins Heilige Land zu gelangen, wie er unter Christen allgegenwärtig war? Ersetzte etwa nach der Tempelzerstörung die jüdische Pilgerfahrt in die heilige Stadt die dauerhafte Ansiedlung?

III. Von der Wallfahrt zum christlichen Zionismus: Balfour verheisst das Land

Wie jene, die Athen ansichtig werden, die griechische Geschichte besser verstehen, so wird auch ein Mensch, der Judäa mit eigenen Augen schaut, der die Lage der antiken Städte und ihre Namen kennt, die heiligen Schriften besser verstehen.

Hieronymus, Vorwort zur Chronik,
ungefähr 400 u. Z.

Der Zionismus, unabhängig davon, ob er im Recht ist oder nicht, ob er gut oder schlecht ist, wurzelt in uralten Überlieferungen, seine Wurzeln jedoch nähren sich aus den Erfordernissen der Gegenwart und den Hoffnungen auf die Zukunft – und diese Wurzeln reichen weit tiefer hinab als der Wille und die Vorurteile von 700 000 Arabern, die dieses alte Land derzeit bewohnen.

Lord Balfour in einem Memorandum
vom 11. August 1919

Im Jahre 70 u. Z. zerstörte Titus das Haus Gottes in Jerusalem in der Hoffnung, der monotheistischen Herausforderung, die Roms heidnischer Herrschaft den Kampf angesagt hatte, ein für alle Mal ein Ende zu bereiten. Der siegreiche Feldherr und seine Berater »hatten behauptet, der Tempel müsse ohne Aufschub zerstört werden, um die Religion der Juden und der Christen vollkommen zu vernichten«.[149] Sowohl auf kurze Sicht als auch langfristig sollten sich der künftige Kaiser und sein Stab verkalkuliert haben. Die beiden Aufstände, die sich in der Folgezeit entwickelten – die Erhebung der jüdischen Gemeinden im südlichen Mittelmeerraum in den Jahren 115 bis 117 u. Z. und der Bar-Kochba-Aufstand in Judäa im Zeitraum von 132 bis 135 u. Z. –, sind Beleg genug, dass die Kraft des noch jungen Monotheismus mit der Verwüstung seines Tempels noch lange nicht geschwunden war. Die rasante Ausbreitung des Christentums nach der brutalen Niederschlagung des Bar-Kochba-Aufstandes zeugte davon, dass die Sehnsucht nach einem einzigen, abstrakten Gott kein Phänomen sein würde, das sich mit der physischen Zerstörung einer Kultstätte aufhalten ließe.

Wir wissen nicht genau, wann der Tempel erbaut wurde, der in der jüdischen Tradition als »Zweites Haus« bezeichnet wird. Leider verfügen wir auch über keine archäologischen Hinweise auf die Existenz des »Ersten Hauses«, doch dürfte anzunehmen sein, dass sich vor der Herausbildung des jahwistischen Monotheismus dort ein frühzeitlicher Opfertempel befand. Der Tradition zufolge lag im Zentrum dieses Tempels der sogenannte »Trinkstein«, aus dem die Erde spirituell getränkt wurde und der dem Ort neben einigen weiteren Überlieferungen seine Heiligkeit verlieh. Doch obgleich der Tempel in den Schriften der hebräischen Bibel Erwähnung findet, haben deren Autoren beinahe gänzlich »vergessen«, uns zu erzählen, ob eine Verpflichtung zur regelmäßigen Pilgerfahrt bestand.[150] Woraus sich schlussfolgern lässt, dass erst das »Zweite Haus« tatsächlich zu einer festen Wallfahrtsstätte wurde, zunächst für die Bewohner Judäas und später für die zum Judentum Übergetretenen, die außerhalb des Landes immer mehr an Zahl gewannen.

Im Jahre 19 v. u. Z. ließ der Vasallenkönig Herodes, um seiner Herrschaft bleibenden Ruhm zu verleihen, den Tempel zu einem monumentalen und prachtvollen Bau erweitern, der die Gläubigen in großer Zahl anlockte. Das Judentum befand sich zum damaligen Zeitpunkt auf seinem Höhepunkt, und Hunderttausende von Juden und Neujuden schickten, zum Teil von weit her, Spenden. Die Pax Romana, der römische Frieden, der rund um das Mittelmeer immer mehr an Stabilität gewann, ermöglichte es den Reisenden, sich sicher und frei zu bewegen. Er begünstigte sowohl die Verbreitung der jüdischen Religion wie auch später der christlichen und bot zugleich eine materielle Infrastruktur, die Pilgerreisen nach Jerusalem erleichterte. Bis zum Jahre 70 u.Z., also für einen Zeitraum von fast neunzig Jahren, war das Haus Gottes, in dem sich Himmel, Erde und Urwasser trafen, das Zentrum der erstarkenden jüdischen Religion.

Die Wallfahrt war eine Mitzwa, ein verpflichtendes Gebot, das für Männer, nicht aber für Frauen galt. Sie fand in fester, institutionalisierter Form zu den drei großen Festen des Jahres statt: zu Pessach, dem Wochenfest und dem Laubhüttenfest. Neben dem Augenzeugenbericht des Philo von Alexandria und den Beschreibungen des Flavius Josephus nehmen auch die halachischen Werke ständig auf diese grandiose Epoche Bezug und beschreiben die Kultpraxis rund um den Tempel. Die Pilger brachten Pflichtopfer und Privatopfer mit nach Jerusalem, zusätzlich zu den vielen Spenden und Zehnten, die großzügig an die Priesterschaft verteilt wurden. Das Ganze war eine religiöse Massenfeier, die sowohl die Obrigkeit als auch den Priesterstand stärkte und von diesen kontrolliert wurde.[151]

Die Zerstörung des jüdischen Tempels machte die Wallfahrt obsolet und trug erheblich zur morphologischen Veränderung des Judentums bei. Die Position der Priesterschaft des Tempels wurde von nun an mehr und mehr durch die in den Synagogen tätigen Rabbiner der pharisäischen Strömung eingenommen. Die Vernichtung des Schauplatzes der religiösen Riten, des heiligen Zentrums in Jerusalem, leistete ihrer Bedeutung für die örtlichen Synagogen Vorschub, die auch schon vor der Zerstörung des Tempels wesentlich zur Blüte und erfolgreichen Verbreitung des Judentums beigetragen hatten. Jerusalem zu vergessen war gewiss unmöglich, und bis ans Ende aller Tage würde die Stadt einen festen Platz in den Herzen der Gläubigen einnehmen, doch so wie die Synagoge faktisch den Tempel und das Gebet die Opferriten ablöste, so löste die mündliche Tora im Grunde die reale Örtlichkeit ab.

1. Die Wallfahrt nach der Zerstörung – ein jüdischer Brauch?

Wenn es auch nach dem Jahr 70 u. Z. noch zögerliche und trauernde Wallfahrten nach Jerusalem gegeben haben mag, so kamen diese nach der Niederschlagung des Bar-Kochba-Aufstandes im Jahre 135 u. Z. fast gänzlich zum Erliegen.[152] Die Römer radierten das jüdische Jerusalem bekanntlich brutal aus und errichteten an seiner Stelle die heidnische Stadt Aelia Capitolina. Beschnittenen Männern war der Zutritt zur Stadt unter Todesstrafe verboten, so dass bis zur Christianisierung des Imperiums zu Beginn des 4. Jahrhunderts die Hauptstadt des jüdischen Glaubens in aller Regel Juden nicht zugänglich war. Und mit dem Triumph der christlichen Religion in weiten Teilen des römischen Reiches verbesserte sich die Lage nicht wirklich. Jerusalem wurde zu einer heiligen Stadt der Christen, was sich unter anderem im Bau zahlloser Kirchen niederschlug. Erst mit den Eroberungszügen des Islams zu Beginn des 7. Jahrhunderts war es Juden endlich wieder gestattet, ihre einstmalige heilige Stadt zu betreten und sogar in ihr zu wohnen.

Die arabische Eroberung brachte jedoch auch die Errichtung zweier eindrucksvoller muslimischer Sakralbauten genau an der Stelle mit sich, an der in ferner Vergangenheit einst der jüdische Tempel gestanden hatte. Angesichts des symbiotischen Verhältnisses zwischen Judentum und Islam nimmt es nicht wunder, dass es der Sage nach zum Islam konvertierte Juden waren, die den Siegern den genauen Standort des Tempels verrieten – inmitten von Bergen aus Unrat, die in der christlichen Epoche dort angehäuft worden waren. Die Vermutung liegt nahe, dass angesichts der äußeren Veränderungen, die der Tempelberg im Laufe der Zeit erfahren musste, der heilige Ort nach und nach immer weniger attraktiv für Anhänger des rabbinischen Judentums wurde. Wie im vorherigen Kapitel dargestellt, waren es ausgerechnet die »protestantischen« Karäer, welche nach Jerusalem pilgerten und auswanderten, weil sie die unter anderem im Talmud niedergelegte mündliche Tora ablehnten und dazu aufriefen, zu den ursprünglichen biblischen Texten ebenso zurückzukehren wie in die Heilige Stadt.[153]

Der Islam selbst erwählte sich Jerusalem zum drittheiligsten Ort nach den Städten Mekka und Medina. Als Religion, die einige ihrer Quellen dem Judentum entlehnt hatte, war die heilige Stadt im Herzen Palästinas anfangs sogar der zentrale Ort, dem man sich beim Gebet zuwandte. Der Überlieferung zufolge war Mohammed von dort zu seiner Himmelsreise aufgebrochen. Zwar wurde der Haddsch, die Pflicht zur Pilgerfahrt, von Beginn an auf Mekka bezogen, doch gab es nicht wenige Pilger, die nach Jerusalem strebten. Mystiker verschiedener Richtungen betrachteten die Ansiedlung in und die Wallfahrt nach »Sham«, dem heiligen Land, als höchsten religiösen Wert und behielten über viele Jahre die Tradition bei, dorthin zu ziehen.[154]

Demgegenüber gab es, soweit bekannt, nach dem Ende des Bar-Kochbar-Aufstandes im Jahre 135 u. Z., in dessen Verlauf die Aufständischen unter anderem den Tempel hatten neu errichten wollen, bis zum Jahre 1099 u. Z., dem Jahr der Einnahme Jerusalems durch die Kreuzfahrer, sprich: über einen Zeitraum von beinahe tausend Jahren, keine Versuche von Anhängern des rabbinischen Judentums, in die Heilige Stadt zu pilgern. Wie bereits festgestellt, »vergaßen« die Juden Jerusalem nicht einfach, denn zweifelsohne ist die Beziehung zu jenem zentralen heiligen Ort eines der wichtigsten Merkmale des Judentums. Aber diese Beziehung mündete nicht mehr in einen Impuls, sich mit dem Land konkret zu vereinen, seinen Boden zu betreten, es zu bereisen und seine Geographie kennenzulernen.

Die umfangreiche Literatur der jüdischen Halacha behandelt zwar, wie erwähnt, erschöpfend die Vorschriften zum Tempelkult, doch ist sie in Bezug auf die Wallfahrten nach Jerusalem in der Zeit nach 70 u. Z. sehr wortkarg. In der Mischna, dem Talmud und den Midraschim, Schriften, die sich intensiv und umfassend mit den Geboten befassen, finden sich sogar Anweisungen für die Erneuerung des Tempelkultes beim Kommen der Erlösung, doch fehlen uns leider Stellungnahmen zum religiösen

Wert der Wallfahrt für die Zeitgenossen. Denn anders als im Christentum dient die Reise nach Jerusalem im Judentum nicht als Sühne, die den Gläubigen von seinen Sünden reinwäscht, weshalb auch Empfehlungen für eine Pilgerfahrt fehlen. Letztendlich war es so, dass die lange währende ungünstige Gesamtsituation das Geflecht physischer Verbindungen zum heiligen Zentrum bröckeln und sich in spirituelle und metaphysische Beziehungen wandeln ließ.

Jüdische Pilgerfahrten nach Jerusalem und ins Heilige Land begannen allem Anschein nach erst im Gefolge ihrer Eroberung durch die Kreuzfahrer. Elchanan Reiner, seines Zeichens Historiker an der Universität Tel Aviv und Experte für jüdische Wallfahrten, legt dies so dar:

> Es hat den Anschein, als habe sich der Brauch der Wallfahrt an sich, wie er in der jüdischen Gesellschaft des Mittelalters nach und nach entstand, vor allem innerhalb der jüdischen Gemeinden, die in den Herkunftsländern der Kreuzfahrer existierten, unter dem Einfluss der Herausforderung durch die Kreuzzüge oder als Antwort auf diese entwickelt. Vor der Zeit der Kreuzzüge existierte keinerlei institutionalisierte Wallfahrt von Juden aus den Ländern der lateinischen Kirche, und ganz gewiss gab es kein festes Ritual der Wallfahrt ins Land Israel. Ihre ersten Schritte unternahm die Institution der Wallfahrt innerhalb der jüdischen Gemeinden des katholischen Europas im 12. Jahrhundert, doch erst zu Beginn des 13. Jahrhunderts, im Gefolge des dritten Kreuzzugs, hatte sie den ihr angemessenen Platz in der religiösen Welt der Juden Frankreichs, Spaniens und schließlich auch Deutschlands eingenommen.[155]

Warum aber »beeinflussten« das Aufkommen der Kreuzzüge und das christliche Interesse am Heiligen Land die jüdischen Gemeinden in Europa? An andere Arbeiten zu diesem Thema anschließend, stellt der Tel Aviver Historiker die Vermutung an, das jüdische Interesse an den Wallfahrten sei letztlich das Ergebnis eines Wettstreits um das Eigentum am Land. Der Anspruch des Christentums, als rechtmäßiger Erbe des Alten Testaments berechtigt zu sein, über die in ihm erwähnten Territorien zu herrschen, habe die Sorge der Juden geweckt und ihre neuerlichen Pilgerfahrten nach Jerusalem ausgelöst.[156]

Doch diese lapidare Erklärung ist unbefriedigend. Denn auch wenn es in der christlichen Literatur Argumentationen geben mag, dass dank Jesu Leiden das Land seinen Anhängern neu versprochen worden sei, so findet sich doch keine ernsthafte jüdische Gegenpolemik, die ein kollektives Besitzrecht an dem Ort für sich reklamierte. Somit erklärt Reiners Deutungsversuch nicht, warum es eine florierende jüdische Wallfahrt nicht schon seit Beginn des 4. Jahrhunderts u. Z. gegeben hat, als das Christentum begann, seine Beziehung zum Heiligen Land und die Kontrolle über dieses zu zementieren, indem es dort eine Unzahl von Kirchen errichtete. Reiners Erklärungsversuch macht zudem nicht klar, warum jener jüdische »Besitzeifer« nicht mit der muslimischen Eroberung Jerusalems und dem Bau der prachtvollen Moscheen erwachte und zu eilfertigen Wallfahrten aus den großen Gemeinden des benachbarten Ägyptens und Mesopotamiens führte.

Nicht von ungefähr sah sich Daniel al-Kumisi, jener nach Jerusalem übergesiedelte Führer der Karäer, bereits im 9. Jahrhundert bemüßigt, sein maßloses Erstaunen über die Weigerung der rabbinischen Juden, Zion zu besuchen, zum Ausdruck zu bringen: »Denn [außer] Israel kommen Völker aus allen vier Himmelsrichtungen nach Jerusalem jeden Monat und jedes Jahr der Gottesfurcht wegen: Und was ist euch, Brüder Israels, dass ihr nicht, wie es die Religion der Völker [vorschreibt], kommt und betet, wie es geschrieben steht und Recht ist bei den Gojim, die um euch sind.«[157]

Niemand hinderte die Juden in jener Zeit daran, Jerusalem zu besuchen oder gar dort wohnhaft zu werden. Unverkennbar steckt ein gehöriger Anachronismus in dieser Interpretation, die versucht, den Juden der rabbinischen Strömung ein Gefühl des Anrechts auf das Land Israel zuzuschreiben. In Wahrheit projiziert diese Deutung ein modernes zionistisches Besitzgefühl auf eine traditionelle jüdische Geisteswelt, deren Beziehung zu jenem Ort immer prämodern sowie eindeutig apolitisch und spirituell war.

Wir wissen nicht genau, aus welchem Grund die jüdischen Wallfahrten zum Erliegen kamen und warum sie erst so spät und zunächst nur in geringem Umfang wieder aufgenommen wurden. Dazu lassen sich lediglich einige Vermutungen anstellen. Zunächst ist daran zu erinnern, dass die Wallfahrten von Judäern und Konvertiten vor dem Jahr 70 nicht an irgendwelche anderen heiligen Stätten in Judäa, sondern einzig und allein nach Jerusalem führten, und zwar zu festen, in der Tora vorgeschriebenen Anlässen. Die Zerstörung des Tempels und eines Teils der jüdischen Stadt infolge der großen messianischen Aufstände entzog dieser Praxis die Grundlage und veränderte, wie bereits angemerkt, den jüdischen Glauben tiefgreifend. Das reale Jerusalem zog sich in die Randbereiche des jüdischen Bewusstseins zurück, während das himmlische Jerusalem zum imaginären Fixpunkt wurde.

Möglich ist auch, dass das Zusammentreffen mit christlichen und später muslimischen Konvertiten, die nicht lange zuvor noch Juden gewesen waren, ebenfalls ein abschreckender Faktor für jene gewesen sein mag, die weiter an der mosaischen Religion festhielten. War die Christianisierung der in Palästina lebenden Juden bis zum Eintreffen der arabischen Heere noch relativ überschaubar gewesen, so nahm mit Beginn des 7. Jahrhunderts die Islamisierung, die anfangs nur langsam verlief und nicht zwangsläufig gezielt verfolgt wurde, allem Anschein nach flächendeckende Ausmaße an. Offenbar dauerte es einige Generationen, bis die rasche Massenkonversion der im Land lebenden Bevölkerung so weit aus dem Bewusstsein gelöscht war, dass es wieder möglich wurde, das Heilige Land von neuem zu bereisen, ohne auf Schritt und Tritt offenkundig zum Islam Konvertierten oder deren Nachfahren zu begegnen. Denn es ist anzunehmen, dass diese zuvor versucht hatten, den jüdischen Reisenden nahezulegen, doch auch den Kultus und den Glauben der siegreichen Eroberer anzunehmen.

Auch darf nicht vergessen werden, dass für einen einzelnen jüdischen Pilger die Reise von Europa nach Zion beinahe unmöglich war, da er ständig Gefahr lief, gegen die Gebote zu verstoßen. Soweit bekannt, gab es unterwegs keine Herbergen oder Pilgerquartiere, die für Juden bestimmt gewesen wären. Nicht nur die Gefahr, auf den vielen unbekannten Wegen den Schabbat zu entweihen, sondern auch die fehlende Möglichkeit, mit den vorgeschriebenen neun anderen religionsmündigen Männern zu beten oder die Speisegesetze einzuhalten, waren allem Anschein nach Faktoren, die viele vor diesem beschwerlichen, gefahrvollen Weg zurückschrecken ließen.[158] Denn die Wahrheit ist, dass ein sehr strenggläubiger Jude wohl gezwungen war, etwas weniger strenggläubig zu werden, um sich in sein heiliges Land zu begeben.

Auch wenn die jüdische Wallfahrt das christliche Pilgerwesen in vielerlei Hinsicht nachgeahmt haben mag, so erreichte sie doch niemals dessen Dimensionen und dürfte wohl kaum als institutionalisierte Praxis anzusehen sein. Ab dem 12. Jahrhundert und bis zum Ende des 18. Jahrhunderts machten sich im Vergleich zu den Zehntausenden christlicher Pilger nur wenige jüdische Wallfahrer auf den Weg. Gewiss gab es deutlich weniger Juden als Christen auf der Welt, doch ist verwunderlich, in welch geringem Maß »das Land Israel« ein echter Anziehungspunkt für die »ursprünglichen Kinder Israels« war. Denn trotz aller jahrzehntelangen Versuche der zionistischen Historiographie, jede auch noch so bruchstückhafte Information über die unverbrüchliche Beziehung der Juden zu »ihrer Heimat« aufzuzeigen und zu sammeln, ist der Ertrag erschreckend dürftig geblieben.

Soweit bekannt, war es der Dichter und Philosoph Jehuda Halevi, der als Erster die Absicht hegte, im Jahr 1140 u. Z. ins Heilige Land zu ziehen, was ihm allerdings nicht vergönnt war, da er offenbar auf der Reise dorthin verstarb. Als wenig später, im Jahre 1165 u. Z., die Familie von Moses Maimonides Marokko verließ und nach Akko gelangte, fand der junge Philosoph Gelegenheit, Jerusalem und Hebron zu besuchen. Doch wie bereits erwähnt, befand er es nicht für notwendig, noch einmal dorthin zurückzukehren, nachdem seine Familie sich bald darauf im nicht allzu weit entfernten Ägypten niedergelassen hatte. Für die Zeit ab der zweiten Hälfte des 12. Jahrhunderts verfügen wir auch über das Zeugnis Jakob ben Natanels, der aus der Provence nach Palästina reiste und Aufzeichnungen zu seinem Besuch hinterließ. Ein Werk mit dem Titel *Patriarchengräber* ist eine weitere kurze Schrift aus jener Zeit, geschrieben von einem unbekannten Juden, der allem Anschein nach aus Damaskus stammte.

Interessant hingegen ist, dass die beiden wichtigsten jüdischen Autoren, die in jenem Zeitraum Palästina bereist und das Land detailliert beschrieben haben, überhaupt nicht als Pilger betrachtet werden können. Benjamin von Tudela und Petachja aus Regensburg waren beide gleichermaßen Reisende und Forscher, die sich aufgemacht hatten, die jüdischen Gemeinden der damals bekannten Welt zu erkunden, und so zwangsläufig auch ins Heilige Land gelangten. Aus geo-anthropologischer Sicht sind ihre auf Hebräisch verfassten Berichte von unschätzbarem Wert.[159] Ihre malerischen Beschreibungen des Lebens von Juden in unterschiedlichen Regionen, von Gallien bis auf die chasarische Krimhalbinsel, sind schlicht fesselnd. Doch gerade diese beiden Schilderungen belegen auch, dass das Land Israel in der jüdischen Vorstellungswelt der damaligen Zeit keineswegs eine entscheidende Rolle spielte.

Denn die beiden wagemutigen Reisenden sind sehr viel mehr an Menschen als an Orten interessiert. Heilige Stätten und Grabmäler wecken zwar ihre Neugierde, doch Lebensweise und religiöse Praktiken der Juden ernten weitaus originellere Kommentare und Schilderungen. Benjamin von Tudela und Petachja aus Regensburg können mit Fug und Recht als Repräsentanten der jüdischen Geisteswelt des Mittelalters betrachtet werden, sie stehen insbesondere für deren hellwache und wissbegierige Seite. Sicherlich ist nicht alles in ihren Berichten zutreffend und präzise. Vieles sehen sie durch die Brille von Sagen und Wunderberichten, die sie schon vor ihrer Reise gekannt hatten. Und die Informationen, die sie übermitteln, stammen teilweise aus zweiter Hand statt aus eigenem Erleben, doch selbst in solchen Fällen sind ihre Berichte von seltener Qualität.

So schätzt Benjamin von Tudela, dass, im Vergleich zu ihrer demographischen Stärke in Mesopotamien, zwischen Akko und Aschkelon nur sehr wenige Juden lebten. Es habe den Anschein, als würden sie eher ihre Toten ins Land Israel bringen als ihre Nachkommen. Auch zeigt er sich von Damaskus weit mehr beeindruckt als von Jerusalem, das, wie er feststellt, alles in allem bloß ein kleines Städtchen sei. Auch Petachja, der seine Eindrücke nicht selbst niederschrieb, sondern sie einem Schüler anvertraute, wundert sich sehr über die geringe Anzahl von jüdischen Gemeinden im Land, ist demgegenüber aber voller Bewunderung und Begeisterung für Damaskus. Wohnten in dieser nördlichen Metropole gut und gerne 10 000 Juden, so gäbe es im ganzen Land Israel nicht mehr als dreihundert jüdische Familien. Auch überrascht es den Leser, wie wenig Raum Jerusalem in seiner Geschichte zugestanden bekommt. Zudem gewinnt man den Eindruck, Juden seien viel lieber zur Grabstätte des Propheten Ezechiel in Babylon gepilgert. Und selbst Abgesandte der zum Judentum übergetretenen Chasaren, »der Könige der Mesech und ihres ganzen Landes«, kämen dorthin.[160]

Neben den Werken Benjamins von Tudela und Petachjas aus Regensburg im 12. Jahrhundert liegen uns bis zum Ende des 17. Jahrhunderts nur sehr wenige Reiseberichte von Juden vor, die in das Land der Bibel gelangten: die fragmentarischen Berichte des Samuel bar Simon (1210) über eine Gruppe von Rabbinern, die mehrheitlich aus der Provence stammten; die Geschichte des Rabbi Jakob, den es nach Jerusalem verschlug, um dort Gelder für seine Jeschiwa in Paris zu sammeln (vor 1257); die Übersiedlung des greisen Nachmanides und der spätere Bericht seines Schülers davon; die bewegenden Verse des Dichters und Übersetzers Jehuda al-Harisi, auch diese aus dem 13. Jahrhundert; das schillernde Zeugnis des Estori al-Parchi vom Beginn des 14. Jahrhunderts und noch einige andere, fragmentarische und spärliche Handschriften.

Im 15. und 16. Jahrhundert treffen dann Isaak ibn al-Fara aus Malaga (1441), Meschulam aus Volterra (1481), Ovadija aus Bertinoro (1489) und Moses Basula aus Pesaro (1521) ein. Aus Osteuropa lassen sich ab dem 17. Jahrhundert weitere Reisetagebücher finden, angefangen von dem des Moses Porit, der aus Prag stammte (1650), über jenes der messianischen Gruppe des Jehuda ben Samuel he-Chassid aus dem Jahre 1700 bis hin zum Bericht des überraschenden Eintreffens von Rabbi Nachman von Bratslav im Jahre 1798.[161]

Jüdische Pilgerreisen waren demnach ein wenig verbreiteter Brauch unter vermögenden jüdischen Gelehrten. Diese waren in aller Regel (aber nicht immer) Rabbiner oder wohlhabende Kaufleute, deren Beweggründe unterschiedlicher, indes nicht vornehmlich religiöser Natur waren. Zuweilen lösten sie mit der Reise ein Gelübde ein oder wollten Sühne leisten, in anderen Fällen war es Neugierde oder bloße Abenteuerlust. Gleichfalls darf angenommen werden, dass auch die christlichen Pilgerreisen einige jüdische Wallfahrer anspornten, insbesondere solche aus Italien. Dabei ist zu erwähnen, dass ab dem 14. Jahrhundert regelmäßig Schiffe zwischen Venedig und Jaffa verkehrten und die Zahl der christlichen Pilger auf dieser Route auf vier- bis fünfhundert pro Jahr stieg.[162]

Das Interesse der jüdischen Reisenden an anderen Juden und das Gefühl der Solidarität mit diesen sind in beinahe allen Reiseberichten augenfällig. Auch zeigen sich die Reisenden über den Anblick der alten, biblischen Landschaften keineswegs gleichgültig, doch kommt diesen längst nicht immer eine zentrale Rolle in ihren Berichten zu. Insgesamt fallen all diese Reiseberichte sachlich aus, sie schwelgen nicht in der Schilderung außergewöhnlicher Ergriffenheit oder Zuständen religiöser Ekstase. Bemerkenswert ist zudem das Fehlen jeglicher Anfeindungen von Seiten der »Ismaeliten«, der einheimischen Muslime, gegen die jüdischen Reisenden. Die Briefe und Sendschreiben der Besucher sind voller Anerkennung und Wertschätzung für die lokale Bevölkerung, die – im Gegensatz zu den Christen in Europa – das Judentum nicht als minderwertige, verabscheuungswürdige Religion betrachtete.[163] Tatsächlich lässt sich nichts erkennen, das Juden davon abhalten könnte, das Heilige Land zu bereisen, zumal sie in aller Regel sogar die Möglichkeit hatten, sich dort niederzulassen. Tatsächlich empfing sie das Land freundlich, auch wenn es vielen von ihnen ein wenig zu trocken, zu heiß und zu wüst erschien. Dennoch blieb es für sie stets das Land, in dem Milch und Honig fließen, da der biblische Text letztendlich viel wichtiger war als das, was man mit eigenen Augen sah.

Als Meschulam aus Volterra in Jerusalem eintrifft, um ein Gelübde einzulösen, zeigt er sich zwar voller Bewunderung über die Schönheit der Bauten, doch ist der feingeistige Bankierssohn aus der Toskana nicht minder beeindruckt von der Lebensweise der Einheimischen: »Die Ismaeliten sind, ebenso wie die hier ansässigen Juden, beim Essen rechte Schweine, da alle aus einem Gefäß mit den Fingern und ohne Decke auf dem Tisch essen, wie es auch die Ägypter tun, ihre Kleidung aber ist reinlich.«[164] Moses Basula dagegen interessiert sich sehr viel mehr für Gräber und bietet seinen Lesern eine vollständige Liste, damit andere Gläubige ihm mühelos zu den heiligen Stätten folgen können.[165] Tatsächlich pilgerten die meisten unter den jüdischen Reisenden zu den Gräbern der Zadikim, der Gerechten, um sich dort niederzuwerfen. Von den Patriarchengräbern in der Machpela-Höhle in Hebron über das Josefsgrab in Nablus bis hin zu den Gräbern von Schimon bar Jochai, Hillel und Schammai am Berg Meron wurden immer mehr heilige Stätten zu festen Zielen der Pilgerfahrten.

Von dem strenggläubigen Moses Porit, der aus Prag stammte und auf Jiddisch schrieb, erfahren wir, dass Juden bereits im 17. Jahrhundert begannen, an der Klagemauer zu beten: »Einem Juden ist der Zutritt zu dem Ort, an dem der Tempel dereinst stand, untersagt. Ebendort findet sich die Westmauer, und Juden ist es gestattet, den Ort von seiner äußeren Seite her zu besuchen, nicht aber von seiner inneren. Dennoch stehen wir und beten in einigem Abstand zu der Westmauer, denn aufgrund der Heiligkeit nähern wir uns ihr nicht.«[166] Demgegenüber hebt Moses Chaim Kapsoto, der 1734 von Florenz aus nach Jerusalem reist, in seinem Reisetagebuch hervor, »die Juden haben kein Ghetto und sie können wohnen, wo immer es ihnen beliebt; sie zählen ungefähr 2000 Seelen [unter insgesamt etwa 50 000 Einwohnern nach Kapsotos Schätzung], darunter relativ viele Weiber, die von überall her als Witwen nach Jerusalem gekommen sind, um hier den Rest ihres Lebens in Gottesfurcht zu verbringen.«[167]

Kein Zweifel, dass es noch sehr viel mehr Juden gegeben haben wird, die nach Jerusalem gereist sind, ohne jedoch literarische Spuren zu hinterlassen. Denn nicht wenige Wallfahrer dürften des Lesens und Schreibens nicht mächtig gewesen sein. Auch darf angenommen werden, dass etliche Zeugnisse verlorengegangen sind. Dennoch ist klar, dass eine Reise nach Zion eine höchst nebensächliche Praxis im Leben der jüdischen Gemeinden war. Jeder Vergleich zwischen der Zahl der christlichen Pilger und jener der jüdischen Wallfahrer belegt eindrücklich, dass jüdische Reisen ins Heilige Land marginal waren. Aus dem Zeitraum zwischen dem Jahr 135 u.Z. und der Mitte des 19. Jahrhunderts, also aus ungefähr 1700 Jahren, sind uns etwa dreißig Beschreibungen jüdischer Wallfahrten bekannt. Demgegenüber lassen sich vom Jahr 333 u.Z. bis 1878 mehr als 1500 Berichte christlicher Pilger aufzählen.[168] Die Gründe für das relative Desinteresse oder den nachgerade physischen Widerwillen der »Kinder Israels«, eine Wallfahrt ins »Land Israel« zu unternehmen, waren sicher vielfältig. Einige sind schon genannt worden, doch lassen sich weitere hinzufügen.

Die im Judentum tiefverwurzelte Angst vor messianischen Gefühlen und Strömungen, welche die Gemeinden erschüttern und die fragile jüdische Existenz, die vom Wohlwollen der herrschenden Religionen abhing, gefährden könnten, trug offensichtlich ebenfalls dazu bei, den Brauch einer Wallfahrt nach Jerusalem weder zu pflegen noch ausdrücklich zu ermutigen. Denn seit den Arbeiten des Soziologen Victor Turner wissen wir, dass eine unkontrollierte und unreglementierte Pilgerbewegung die gesellschaftliche Ordnung jeder religiösen Institution zum Einsturz bringen kann. Konservative Gemeinden, die zuweilen um ihren Fortbestand fürchten mussten, konnten die spontanen und sogar anarchistischen Aspekte der individuellen und kollektiven Reisen zu den heiligen Stätten nicht gutheißen, ebenso wenig wie die »Gegen-Struktur«, die sich aus dem Erlebnis einer solchen Reise entwickeln konnte.[169] Im Gegensatz zur mächtigen Institution der Kirche, die die Pilgerbewegung kanalisieren und zu ihren Gunsten nutzen konnte, waren die Institutionen der jüdischen Gemeinden zu schwach, um geleitete und kontrollierte Wallfahrten zu organisieren, die ihren Interessen hätten dienen können. Aus diesem Grund finden wir bis auf vereinzelte Fälle keinerlei Unterstützung und Ermutigung seitens der Gemeinden für Reisen ins Heilige Land. Ja, wir wissen sogar von dezidiertem Widerstand gegen derartige Bestrebungen, insbesondere innerhalb der aschkenasischen Judenheit, als solche Reisen allmählich populärer wurden.[170]

Jeder Karäer, der sich aufmachte, um in seine ewige Stadt zu pilgern, erhielt den Ehrentitel »Jerusalemer«, der ihn sein ganzes Leben begleitete. Im rabbinischen Judentum findet sich nichts dergleichen. Im Unterschied auch zum christlichen, auf Jesu Spuren wandelnden Pilger warteten auf den jüdischen Wallfahrer weder Ansehen noch jene Ablassbriefe, welche die gutorganisierte Kirche großzügig an ihre treuen Anhänger zu verteilen wusste, die zur Stätte von Jesu Kreuzigung pilgerten. Und es ließe sich hinzufügen, dass es auch ohne einen Besuch im irdischen Jerusalem ohne weiteres möglich war, ein guter und vollkommener Jude zu bleiben, während etwa ein gläubiger Muslim dazu angehalten war, nach Mekka zu pilgern. Allerdings blieb es dem Juden verboten, dessen Zerstörung zu vergessen, da sonst seine rechte Hand verdorren würde (Ps 136,5).

»Im nächsten Jahr in Jerusalem« rief jeder Jude an Jom Kippur und in der Pessach-Nacht, doch war dies ein Gebet um eine baldige Erlösung und nicht ein Appell zum Handeln. Denn die heilige Stadt war jedem Juden ein Hort teurer Erinnerungen und eine Inspiration für seinen Glauben, weniger jedoch ein realer Ort, der seine Neugier weckte und ihn anzog, da dessen Besuch das Kommen der Erlösung verzögern, wenn nicht gar vereiteln könnte. Letztendlich sollten sich die Kräfte der jüdischen Seele sehr viel mehr auf Gebete und das eifrige Studium der Halacha konzentrieren als auf einen beschwerlichen Fußmarsch zu einem unbekannten Ziel.

2. Sakrale Geographie und Reisen ins Land Jesu

Trotz des Mythos von der Wallfahrt Jesu nach Jerusalem zum Pessachfest gewinnt man den Eindruck, dass das frühe Christentum die Idee eines heiligen Zentrums oder mehrerer heiliger Fixpunkte nicht kannte. Hatten die Verfasser der hebräischen Bibel Gott den Satz in den Mund gelegt: »Macht mir ein Heiligtum! Dann werde ich in ihrer Mitte wohnen« (Ex 25,8), so liest sich Paulus' aufrührerische Rede in Athen wie ein Gegenentwurf: »Gott, der die Welt erschaffen hat und alles in ihr, er, der Herr über Himmel und Erde, wohnt nicht in Tempeln, die von Menschenhand gemacht sind« (Apg 17,24). Doch wie in anderen Religionen auch, sollten kommende christliche Generationen diese Botschaft den sich verändernden spirituellen Bedürfnissen unterordnen. Der christliche Glaube daran, dass Jesus in Judäa gewirkt hatte, dass er dort umhergezogen und schließlich gekreuzigt worden war, war zu übermächtig und zu präsent, als dass es möglich gewesen wäre, den Ethos eines zentralen heiligen Ortes zu unterbinden.[171]

Nach drei jüdischen Aufständen versuchten die Römer, wie erwähnt, Jerusalem als monotheistisches Zentrum auszuradieren und die Aura der Heiligkeit, welche die Stadt noch immer umgab, so weit wie möglich zu unterdrücken. Aber noch ehe das Christentum zur Staatsreligion des Imperiums geworden war, tauchten vereinzelt christliche Pilger in der gepeinigten Stadt auf. Melito, Bischof von Sardes, der Mitte des 2. Jahrhunderts nach Jerusalem kam, war wohl der erste von ihnen. Ihm sollten einige wenige folgen. Wir wissen auch von einer Handvoll wagemutiger Pilger, die im selben Zeitraum nach Betlehem gelangten, dem Geburtsort des Gottessohnes, und nach Golgatha, der Stätte seiner Kreuzigung.

Doch erst als Helena, die Mutter Kaiser Konstantins I., die noch vor ihrem Sohn zum Christentum übergetreten war, im Jahre 326 u.Z. nach Palästina kam, begann das Zeitalter der christlichen Heiligung der Stadt wirklich. Ähnlich einer anderen

Helena, der zum Judentum konvertierten Mutter des Königs Monobazus II. von Adiabene, die im Jahr 30 u. Z. nach Jerusalem kam und ein Vermögen zur Ausschmückung des Tempels spendete, ließ auch die zum Christentum konvertierte Helena in Jerusalem die ersten Kirchen errichten, die bald schon zu Wallfahrtsstätten und Mittelpunkten einer wichtigen christlichen Tradition wurden.

Auch wenn die Institution der Pilgerfahrt in beinahe allen Religionen existiert, so stellen sich ihr Stellenwert und ihre Funktion doch jeweils unterschiedlich dar. Die christlichen Pilgerreisen unterschieden sich schon in ihren Anfängen ebenso deutlich von den festlichen Wallfahrten zum jüdischen Tempel wie auch von der jährlichen Pilgerfahrt ins muslimische Mekka, die sich bekanntlich erst sehr viel später entwickelte. Im Gegensatz zu den beiden Letztgenannten war die christliche Pilgerschaft nicht an ein ausdrückliches Gebot geknüpft, sondern basierte auf einer eindeutig voluntaristischen Idee. Auch fand sie nicht in einem formalen kollektiven Rahmen und zu festen Terminen statt.

Von Edward David Hunt stammt die These, dass weniger die biblisch-jüdische Wallfahrt als vielmehr die hellenistisch-römische Kultur der Forschungsreisen den kulturellen Hintergrund für die Ausformung der christlichen Pilgerreisen gebildet habe.[172] Den »Bildungstourismus« in der Zeit der Pax Romana nährten Neugierde und Forscherdrang, das Erbe des großen Historikers und Reisenden Herodot. Die Begeisterung über die unmittelbare Begegnung mit Orten, die in der Literatur der Vergangenheit Erwähnung fanden, löste eine Besichtigungswelle aus, die ihrerseits die späteren Bräuche religiöser Pilgerreisen prägte. Natürlich war dies eine ausgesprochen intellektuelle Beschäftigung, so dass die Mehrheit der Reisenden sowohl gebildet als auch zwangsläufig einigermaßen betucht war. Gleiches galt für ihre Erben, die neuen Monotheisten.

Der ausgeprägte Universalismus der neuen Religion wirkte als zusätzlicher Anreiz für die christlichen Pilgerreisen. Die Gläubigen waren begierig zu erfahren, wie ihre Glaubensbrüder an anderen Orten lebten. Das prominenteste Ziel war Rom, die

Hauptstadt des Imperiums, in der das kulturelle und religiöse Erbe der antiken Welt versammelt war. Die besten intellektuellen Kräfte hatte es dorthin gezogen, und es war nur logisch, dass die Stadt zum heiligen Zentrum der noch jungen Religion wurde. Die Kreuzigung des Apostels Petrus führte später zur Gründung der größten Kirche der Welt.

Im Lauf der Geschichte sind zahllose christliche Wallfahrtsstätten entstanden. Die Gräber bedeutender Mönche und Priester wurden ebenso geheiligt und fleißig besucht wie Orte, die im Ruf standen, Schauplatz eines Wunders gewesen zu sein. Das Land der Bibel jedoch, in dem die Propheten gewirkt hatten und über das Jesus, der Sohn Gottes gewandelt war, wurde zum religiösen Epizentrum. Die »Provincia Palaestina« mutierte schnell zum Heiligen Land der Christen. Von der Wallfahrt eines namenlosen Reisenden aus Bordeaux im Jahre 333 u. Z. bis zum Besuch von Papst Benedikt XVI. im Jahre 2009 haben Hunderttausende, wenn nicht Millionen von Christen das Heilige Land bereist. Und während das Judentum seinen Weg mit der Ausrichtung auf ein physisches Zentrum begonnen hatte, um im weiteren Verlauf seiner Entwicklung eine Spiritualisierung zu erfahren und sich von diesem Ort zu lösen, so marschierte das Christentum gewissermaßen in die entgegengesetzte Richtung.

Die Territorialisierung der christlichen Vorstellung vom Heiligen erfolgte mit maßgeblicher Hilfe einer avantgardistischen Pilgerschaft und der psychischen und materiellen Ressourcen, die sie aufbot. Auch wenn die noch junge zionistische Forschung einst den Versuch unternahm, das Wissen des »Reisenden aus Bordeaux« der jüdischen Tradition einzuverleiben,[173] so war dieser erste, unbekannte Pilger, der einen Reisebericht hinterließ, zweifelsfrei ein Christ, der mit seinem Werk eine vollkommen neue Tradition im europäischen Bewusstsein verankern sollte. Dieser wagemutige Pionier kommt nach »Palästina, das ist Judäa« (so seine Definition des Landes),[174] als dort gerade die Christianisierung einsetzt und die ersten Kirchen errichtet werden. Er besucht Cäsarea und Jesreel, Scythopolis (das heutige Beit Shean) und Neapolis (Nablus) und erkundet dann ausgiebig

Jerusalem mit all seinen biblischen Stätten (den Tempelberg, den Siloahteich, das Haus des Hohepriesters Kaiphas, den Palast Davids, Golgatha, die Gräber des Propheten Jesaja und des Königs Hiskija und vieles mehr). Von Jerusalem reist er weiter nach Jericho, wo er das Haus der Hure Rahab findet, und zum Jordan, wo Johannes Jesus taufte. Es folgt Betlehem, wo sich das Grab Rachels befindet und der Erlöser geboren wurde; dann Hebron, wo Abraham und Sara, Isaak und Rebekka, Jakob und Lea begraben sind, und von dort über Diospolis (das heutige Lod) zurück nach Cäsarea.

Auf seinem Weg nach Palästina macht der Pilger aus Bordeaux auch Zwischenstation in Rom, doch lässt er dieses so gut wie unerwähnt. Auch die Bewohner des Heiligen Landes interessieren ihn nicht, ebenso wenig dessen Landschaften, die Güte seiner Böden oder dessen Täler und Flüsse. Er berichtet einzig und allein über Orte und Schauplätze, die sich ihm aus seiner tiefgläubigen Lektüre der »Biblia« ergeben. Als »wahres Kind Israels« begreift auch er die hebräische Bibel und das Neue Testament als narrative Einheit. Genau genommen breitet er vor uns nicht seine Eindrücke von einer Reise durch ein reales Land aus, sondern eine präzise geo-theologische Skizze heiliger Orte. Denn es geht ihm darum, der physischen Realität nachzuspüren, die hinter der schriftlichen Überlieferung steht, womit er, ganz nebenbei und ohne es zu wollen, das Genre der sakralen Geographie erfindet.

Der zweite Reisebericht, der uns überliefert ist, trägt ebenfalls die Konturen dieser neuen Geotheologie. Egeria, eine geweihte Jungfrau, vielleicht auch eine Äbtissin, die sich in der zweiten Hälfte des 4. Jahrhunderts entweder aus Aquitanien (Südfrankreich) oder von der iberischen Halbinsel aus auf ihre Pilgerfahrt machte, beschreibt in einem Itinerar sämtliche heiligen Stätten im Nahen Osten, angefangen von den Wegen, auf denen die alten Israeliten wandelten, bis hin zu Jesu Kreuzweg in Jerusalem. Dabei besucht sie nicht nur »Palästina, welches das Land der Verheißung ist«,[175] sondern reist bis nach Mesopotamien, um Haran, den Geburtsort Abrahams, zu erkunden, und selbstverständlich auch die Wüste Sinai, durch die Mose einst die israelitischen Stämme geführt hatte. Das Heilige Land selbst beschreibt sie in allen Einzelheiten, insbesondere Jerusalem, und bemüht sich, auch nicht einen Ort zu übergehen, der in ihrer heiligen »Biblia« erwähnt wird. Nach eigenem Bekunden (sie schreibt in der ersten Person) ist sie »sehr neugierig«[176] und wird nicht müde, ihre geographischen Befunde den biblischen Texten anzugleichen. Auch bemüht sie sich, Informationen, die in der Bibel im Vagen bleiben, zu ergänzen, indem sie die Einheimischen befragt. Doch ähnlich wie der Pilger aus Bordeaux kümmert sie sich nicht im mindesten um die Gegenwart, wecken auch bei ihr die Bewohner des Landes kein besonderes Interesse, es sei denn, diese halten Gottesdienste und Prozessionen ab, die sie bewegen und ihr Herz erfüllen.

Der anschauliche, detaillierte Bericht der Egeria offenbart eine zentrale Dimension der christlichen Pilgerfahrt, die in den Jahren nach ihrem Besuch an Bedeutung gewinnen wird. Denn sie bewegt sich eher in der Zeit als im Raum und ist auf die ferne Vergangenheit angewiesen, um mit ihrer Hilfe das Fundament ihres Glaubens zu stärken. Die Kenntnis der heiligen Stätten dient dazu, der allzu abstrakten Religiosität ein materielles Fundament zu verleihen. Ihre starke, drängende, alles begierig aufsaugende Frömmigkeit befeuert ihren Wissensdurst, und es hat den Anschein, als diene die Geographie in erster Linie dazu, die Mythohistorie zu bestätigen. Denn Egeria hegt nicht den geringsten Zweifel an den Wundern und Mysterien des Neuen und Alten Testamentes, da die realen Orte ihr den Wahrheitsgehalt und die Genauigkeit des Erzählten bestätigen. Das Land ist ein Beweis für die göttlichen Wahrheiten und verleiht ihnen Gültigkeit.

Somit sind die christlichen Pilgerreisen ins Heilige Land eine Praxis, die zwei intellektuelle Traditionen zusammenführt: die wissenschaftlichen Forschungsreisen der Griechen und das theologische Erbe des Alten Testaments. Hieronymus, der gelehrte Mönch und Kirchenvater, der sich in Betlehem niederließ, verdeutlicht dies sehr schön in seinen zahlreichen Briefen und Übersetzungen. Trotz aller Vorbehalte gegen die Verehrung von Orten oder Gräbern und seiner Abscheu für pilgernde Massen preist er die gelehrten Reisen in das »Athen des Christentums« und sieht in ihnen eine wichtige Hilfe bei der Erforschung der geheimen Bedeutungen des Alten wie des Neuen Testamentes. Und schließlich entwickelt Hieronymus die Idee, die Topographie sei der Amboss, auf dem das theologische Wissen geschmiedet werde. Jeder Ort habe einen Namen, und jeder Name berge in sich verborgene Bedeutungen, deren Verständnis uns dem Willen Gottes näherbringe. Und als seine enge Freundin, die wohlhabende Witwe Paula von Rom, von einer heiligen Stätte zur nächsten zieht, durchwandelt sie eine wundersame allegorische Welt. Das Palästina von Hieronymus und Paula ist ein imaginiertes Territorium, und sein Besuch wird zu einer Art Reise in den heiligen Text, genau wie es auch bei dem unbekannten Pilger aus Bordeaux und Egeria der Fall war.[177]

Bei der Lektüre der Reisetagebücher von Mönchen und Priestern stellen wir fest, wie sehr das Christentum tatsächlich auf die Topographie angewiesen war, nicht nur, um den Wahrheitsgehalt der biblischen Erzählungen nachzuweisen, sondern auch, um eine Brücke zwischen dem Königreich Judäa mit seinen alttestamentlichen Herrschern und Propheten und dem Wirken Jesu und seiner Jünger zu schlagen. Die Konstruktion eines fließenden Übergangs von den Geschichten der hebräischen Bibel zur Erzählung vom Leben und Wirken Jesu erfolgt mittels eines sakralen geographischen Kontinuums, das, obgleich es auf der Vergangenheit basiert, kein Früher und kein Später kennt. So ließen sich zum Beispiel alte Bauwerke bedenkenlos gleich mehreren, weit auseinanderliegenden Epochen zuweisen. Und hätte ein Pilger, so meint man, den Stammvater Abraham und Johannes den Täufer Arm in Arm gesehen, wäre er sicherlich zutiefst aufgewühlt und von frommer Erregung ergriffen, jedoch nicht gänzlich überrascht gewesen.

Die Gewissheit, dass Jesus zugleich ein Spross des Hauses Davids und der geistige Erbe der Propheten Mose und Elia war, bestätigte sich auch über die Identifizierung einer Reihe von

Schauplätzen, die sich alle in ein und demselben geographischen Raum verorten ließen. Die epochenübergreifende territoriale Einheit des Heiligen Landes war zugleich auch der Beweis für den narrativen Zusammenhalt der alt- und der neutestamentlichen Schriften.

Jeder neue Pilger oder jede neue Pilgerin, die ein schriftliches Zeugnis ihrer Reise hinterließ, fügte dem sich seit dem 4. Jahrhundert herausbildenden geographischen Wissen über das Heilige Land weitere Schichten und Details hinzu. Auch ist nicht zu vergessen, dass die schriftliche Dokumentation nicht das alleinige Instrument der Verbreitung dieses Wissens war. Wenn die Pilger in ihre Herkunftsländer zurückkehrten, zogen sie oft von Stadt zu Stadt und erzählten, in der Regel gegen Bezahlung, vor Zuhörern von ihren Erlebnissen. Manchmal reisten sie in Gruppen, oft aber auch allein. Wohl gab es Fälle, in denen die Kirche ihre Auftritte mit Sorge verfolgte, doch zumeist gelang es ihr, die Erlebnisse der Pilger zu ihrem Nutzen zu kanalisieren und zu instrumentalisieren.

Während der byzantinischen Herrschaft wurde die sakrale Geographie erstmals in großem Umfang unter gebildeten Christen verbreitet. Von der britischen Insel über Skandinavien bis ins mittelalterliche Russland und in die deutschen Länder organisierten sich Pilger, um den Geschmack des Landes Jesu zu kosten und seinen Wohlgeruch aufzunehmen. Dafür waren sie bereit, Strapazen und Entbehrungen auf sich zu nehmen und ihr Leben in Gefahr zu bringen. Die muslimische Eroberung des Heiligen Landes machte dieser Hochkonjunktur der Pilgerfahrten nicht wirklich ein Ende, da die arabischen Machthaber zumeist von dem endlosen Besucherstrom und den ins Land gespülten »Devisen« profitieren. Zudem galt dem Islam das Christentum bekanntlich als Schwesterreligion, auch wenn diese das nicht anerkennen wollte.

Infolge der mit der Jahrtausendwende verbundenen eschatologischen Szenarien schwollen die Pilgerströme, die Europa überspülten, vor dem Jahr 1000 noch weiter an. Stärker als je zuvor erschien Jerusalem als der Nabel der Welt, aus dem die Erlösung hervorgehen würde. Betrachtet man handgezeichnete Karten aus jener Zeit, stellt man fest, dass die christlichen Kartographen Jerusalem stets als Mittelpunkt der Welt darstellten, von dem alles kommt und zu welchem alles strömt. Auch nach der Jahrtausendwende kamen, obgleich sich die endzeitlichen Erwartungen nicht erfüllt hatten, Pilger weiter in Scharen nach Jerusalem. Unter ihnen waren Bischöfe, Äbte und Mitglieder des Hochadels. Abenteurer, Händler und sogar entflohene Verbrecher, denen die Reise Flucht und Sühne zugleich war, schlossen sich ebenfalls dem Pilgerstrom an. Auch Olaf Tryggvason, der erste christliche König Norwegens, traf im Jahre 1003 als gewöhnlicher Pilger in der Stadt ein.

Erst als Jerusalem im Jahre 1078 den Seldschuken in die Hände fiel und diese die Freiheit des Kultus in der Grabeskirche und anderen Gotteshäusern einschränkten, gingen die Pilgerzahlen nachweislich zurück. Doch nicht für lange. Denn der erste Kreuzzug im Jahre 1099 öffnete erneut die Tore der Stadt, und der Strom der Besucher schwoll abermals an und sollte bis in die Moderne nicht mehr abreißen.

Die vorgeblichen Motive für den ersten Kreuzzug waren die kultischen Beschränkungen und Belästigungen christlicher Pilger durch die Seldschuken. Doch gab es selbstverständlich noch schwerwiegendere innereuropäische Gründe politischer und sozioökonomischer Natur für diese mächtige Eruption. Der Prestigeverlust und die ökonomischen Probleme von Adeligen, die über keinen oder nicht ausreichend Grundbesitz verfügten, Macht- und Expansionsinteressen der katholischen Kirche, Profitgier gewiefter Händler und zügellose Ritter gehörten zu den zahlreichen Faktoren, die diese blutigen Invasionen auslösten.[178] Doch es steht praktisch außer Zweifel, dass die lange ideologische Schulungsarbeit der sakralen Geographie ebenfalls zur massiven Mobilisierung und der seelischen Erbauung der Kreuzfahrer beigetragen hat. Dank der Verbreitung von Pilgerberichten und -tagebüchern – die, wohlgemerkt, die Bibel ergänzten, nicht aber ersetzten – meinten viele der Kreuzritter, in ein vertrautes Land zu ziehen, das in ihren Augen seit jeher heiliger Boden war. Es finden sich sogar Historiker, die in den Kreuzzügen eine Art Pilgerfahrt sehen, wenn auch eine waffenstarrende.[179]

Interessant ist, dass Urban II., jener kämpferische Papst, dessen Aufruf den ersten Kreuzzug auslöste, in seiner flammenden Rede bei der Synode von Clermont 1096 die biblische Eroberung des Landes durch die »Kinder Israels« pries und von ihren christlichen Erben verlangte, diesem Vorbild zu folgen.[180] Auch wird berichtet, dass die »Ritter Jesu«, wie sie sich selbst nannten, nach ihrer Ankunft vor Jerusalem sieben Mal barfüßig die Stadtmauern umrundeten, um jenes Wunder sich wiederholen zu lassen, das in Jericho geschehen war. Doch wie jeder gute Gläubige weiß, wiederholen sich Wunder nicht, so dass sie am Ende gezwungen waren, die Mauern eigenhändig einzureißen. Auch das Massaker, das sie unmittelbar nach Einnahme der Stadt an deren Bewohnern verübten – an Muslimen, Karäern, Juden und sogar byzantinischen Christen –, erinnert an die Gräueltaten, von denen im Buch Josua so ausführlich erzählt wird.

Das Königreich der Kreuzritter beherrschte Jerusalem 88 Jahre lang und kontrollierte auch über den Verlust der Stadt hinaus die schmale Küstenregion Palästinas und des heutigen Südlibanons. Endgültig zerstört wurde es erst im Jahre 1291. Seine Herrschaft über die Heilige Stadt währte damit in etwa so lange wie die Lebensspanne des Königreiches der Makkabäer, das im 2. und 1. Jahrhundert v. u. Z. bestanden hatte. Die Kreuzritter unternahmen auch den Versuch, die zahlreichen Pilger, die sie als Brüder im Geiste wähnten, zu überreden, in Jerusalem wohnen zu bleiben, um den christlichen Charakter der Stadt zu stärken. Doch viele der Pilger verachteten die Kreuzritter wegen ihres weltlichen Lebensstils und ihrer rohen Sitten, die das Heilige Land besudelten. Die überwiegende Mehrheit zog es daher vor, schnellstmöglich nach Europa zurückzukehren.[181] Schließlich erreichte die Zahl der christlichen Einwanderer in Jerusalem etwa 30 000, während im gesamten Kreuzritterreich nie mehr als 120 000 westeuropäische Christen lebten. Die Mehrheit der arbeitenden Bevölkerung hingegen, zwischen einer Viertel- und einer halben Million Menschen, blieb muslimisch, hinzu kam eine kleine Minderheit byzantinischer Christen. Trotz aller Anstrengungen und logistischen Hilfe, die regelmäßig aus Europa geschickt wurde, entwickelte sich Palästina niemals zu einem wirklich christlichen Land. Während der langen Zeit zwischen dem 7. und der zweiten Hälfte des 20. Jahrhunderts, also über gut und gerne 1300 Jahre hinweg, war und blieb es eindeutig ein muslimisches Land.[182]

Doch der Verlust des Heiligen Landes hinderte die Christen nicht daran, ihm innig verbunden zu bleiben. Die Tatsache, dass so viel »Christenblut« im Lande Jesu vergossen worden war, rückte es erst recht ins Zentrum des christlichen Bewusstseins. Und so gingen die Pilgerreisen keineswegs zurück, auch wenn der Charakter der Reisetagebücher zum Teil bedeutsame Veränderungen erfuhr. Es scheint, als sei das Missionarische, das so tief in dieser Religion verwurzelt ist, unverändert auf die Anschauung des Heiligen Landes angewiesen gewesen, um ihre geistige Wahrheit aufzuzeigen. Die missionarische Überzeugungsarbeit stützte sich naturgemäß im Wesentlichen auf die Gnade, die bereits der Welt zuteilgeworden war. Doch die Erlösung hatte sich nicht an irgendeinem abstrakten Ort manifestiert, sondern auf einem ganz konkreten Territorium. Der Zweck der Tatsachenberichte, die weiterhin von dort eintrafen, lag auch darin, einen Beitrag zu einer wirkungsvollen religiösen Propaganda zu leisten. Denn die Pilgerschaft prägte von Anfang an ein starker missionarischer Impuls – Jerusalem zuzustreben war integraler Bestandteil des unstillbaren Dranges, die ganze Welt christlich werden zu lassen.[183]

Der Pilger, der aus Jerusalem zurückkehrte, wurde gegen Ende des Mittelalters zu einem Helden der Kultur – soweit sich dieser Begriff überhaupt auf die damalige Epoche anwenden lässt. Er war das Sinnbild eines wagemutigen, wahrhaftigen Gläubigen, und selbst die ungebildete Landbevölkerung kannte seine charakteristische Kleidung (da seine Gestalt eine ganze Reihe von Schriften schmückte). Er war es, der die neuesten Nachrichten von jenem Ort überbrachte, den Gott auserwählt hatte, um dort den Messias zur Welt kommen zu lassen, und er war derjenige, der zu berichten wusste, dass dieses geheiligte Land wieder und wieder von fremden, unkultivierten Ketzern entweiht wurde.

Die innige Liebe zum Heiligen Land und die Verehrung für die alten Hebräer schlossen freilich nicht aus, den Anhängern des jüdischen Glaubens, die sich demütig in ein Dasein im Schatten der siegreichen Christentums gefügt hatten, feindselig und verächtlich zu begegnen. Die Kreuzritter, und besonders ihre Begleiter aus dem einfachen Volk, stellten dies wiederholt auf ihrem Weg nach Jerusalem unter Beweis. Ihre Reisen in die Heilige Stadt erinnerten die Pilger zudem an Judas Iskariot, der Jesus verraten hatte.[184] In ihren Augen waren die Juden gedemütigt und aus dem Heiligen Land vertrieben worden, da sie seiner nicht würdig gewesen waren. Ihre beschämende Existenz in den Ghettos Europas war schlagender Beweis dafür. Diese sowohl unter Kreuzrittern wie auch friedlichen Pilgern weitverbreitete Einstellung sollte sich im Westen erst mit dem Aufkommen der Reformation in manchen Regionen des Kontinents ändern.

3. Von puritanischer Reformation zu evangelikaler Mode

Die seismischen Erschütterungen der Reformation, die im 16. Jahrhundert einsetzte, schmälerten für kurze Zeit die christlichen Pilgerströme ins Heilige Land. Die Kritik, die gegen die Korruption der Kirche im Zusammenhang mit dem Ablasshandel hochkochte und mit wachsenden Vorbehalten gegen die Verehrung von Gräbern und irdischen Stätten einherging, ließ vorübergehend den althergebrachten Pilgereifer abkühlen, auch wenn sie zu keinem Zeitpunkt das Phänomen der Pilgerreisen gänzlich zum Erliegen zu bringen vermochte. Ähnlich den Entwicklungen im rabbinischen Judentum nach der Zerstörung des Tempels fiel im ursprünglichen protestantischen Aufbegehren dem himmlischen Jerusalem eine erhabenere Stellung zu als dem irdischen. In der neuen puristischen Rhetorik ging die Erlösung des Geistes der des Leibs voraus, wurde das Heil ein sehr viel stärker immanenter und individualistischer Vorgang.

Doch das Heilige Land verlor unter dem Eindruck dieses frischen Windes nicht jegliche Relevanz für die Anhänger der Reformation. Im Gegenteil: Es wurde sogar lebendiger und rückte ihren Herzen näher. Zwei ineinander verschränkte Phänomene trugen dazu entscheidend bei: die Erfindung der Drucktechnik und die Übersetzung der Bibel in die Landessprachen.

Die Reformation leistete im 16. Jahrhundert der Übertragung der Bibel in zahlreiche Sprachen entscheidenden Vorschub. Innerhalb von vier Jahrzehnten erschien die vollständige Bibel in sämtlichen wichtigen Verwaltungssprachen, die später zu Nationalsprachen werden sollten: Deutsch, Englisch, Französisch, Dänisch, Holländisch, Polnisch und Spanisch. Innerhalb weniger Jahre wurden zudem Übersetzungen in all jene Schriftsprachen verfertigt, die sich noch in einem Prozess der Ausformung und Standardisierung befanden. Die Revolution des Buchdrucks, die bald die gesamte kulturelle Morphologie Europas veränderte, sollte die Bibel zum ersten Bestseller in der Menschheitsgeschichte machen. Natürlich handelte es sich bei den potentiellen Lesern noch immer nur um einen kleinen, elitären Kreis, doch war es nun möglich, einer beständig wachsenden Zuhörerschaft die wundersamen theologischen Erzählungen in weitverbreiteten Sprachen zu Gehör zu bringen.

In den Hochburgen der Reformation löste die populäre Bibel die päpstliche Autorität als Ursprung der göttlichen Wahrheit ab. Der große Trend, zu den Quellen zurückzukehren und sich nur noch auf diese statt auf vermittelnde Instanzen zu stützen, verlieh den Texten neue Authentizität. Von nun an war der Gläubige nicht länger auf Symbole und Allegorien angewiesen, sondern berechtigt, das Geschriebene gemäß seinem Wortlaut auszulegen. Die biblischen Geschichten waren den Menschen in übersetzter Form viel näher und erschienen auch menschlicher. Und da sich alle diese Geschichten an Schauplätzen abspielten, auf denen Abraham, Mose, König David, die tugendhaften Propheten, die heldenhafter Makkabäer, Johannes der Täufer und Jesus, der Sohn Gottes, mitsamt seinen Aposteln gewandelt waren, wurde dieser geographische Raum den Lesern zwar vertrauter, blieb aber zugleich geheimnisvoll und unfasslich. In diesem Prozess wurde die Bibel, und nicht nur das Neue Testament, zum protestantischen Buch schlechthin.

Ein Königreich indes pries im Zuge der Rückkehr zu den Quellen nicht nur das Land der Verheißung, sondern auch das »auserwählte Volk«, das bestimmt war, dieses zu erben. Denn gerade im England des ausgehenden 16. Jahrhunderts tauchten zum ersten Mal, in gebildeten Kreisen der gesellschaftlichen Elite, zarte Knospen eines noch zaghaften Protonationalismus auf.[185] Die Ablösung von Rom war vollbracht, und die Errichtung der anglikanischen Kirche trug wesentlich zur Entstehung einer stärker ortsbezogenen, auf Abgrenzung bedachten Identität bei, die, wie jede zukünftige kollektive Identität, nach Vorbildern Ausschau hielt.

Das nachzuahmende Modell ist bei der Geburt eines jeden Nationalismus von alles entscheidender Bedeutung, insbesondere wenn dieser zögerlich auf den Plan tritt und es ihm an Selbstsicherheit mangelt. Im Falle Englands war die Wahl eines historischen Vorbilds, anhand dessen sich die Ausformung einer neuen Identität ins Werk setzen ließe, alles andere als einfach, da sich das protonationale englische Sentiment noch vor dem Zeitalter der Aufklärung im 18. Jahrhundert entwickelte. Die ersten Knospen einer modernen Kollektividentität, die früher oder später überall auf dem Globus zu einem mentalen Rahmen des gesamten politischen Lebens werden sollte, sprossen daher auf der britischen Insel aus tiefen religiösen Erdschichten statt aus dem Nährboden des Zweifelns und Infragestellens derselben. Dieses Faktum sollte entscheidend für die spätere Konstituierung des englischen und hernach des britischen Nationalgefühls werden.

So bestand in dieser frühen protonationalen Phase für die ersten Engländer zum Beispiel gar nicht die Option, in der Keltin Boudicca die Urmutter der englischen Nation zu sehen, eine Sichtweise, die bekanntermaßen erst im 19. Jahrhundert populär wurde. Denn diese Stammesführerin, die sich im 1. nachchristlichen Jahrhundert gegen die Römer aufgelehnt hatte, war eine lupenreine Heidin gewesen, so dass – wenn überhaupt – nur sehr wenige Menschen auf der britischen Insel im 16. Jahrhundert je von ihr gehört haben dürften. Auch die Option, die antike römische Republik als Identifikationsobjekt zu betrachten, wie es während der Französischen Revolution geschehen sollte, kam nicht in Frage, da diese zum einen polytheistisch gewesen war und man zum andern für das zeitgenössische päpstliche Rom nur Feindschaft und Verachtung übrighatte.

Von den Stämmen der »Kinder Israels«, die gewaltsam – und mit voller Rückendeckung Gottes – das Land erobern, über die strengen Richter in Judäa, die den Krieg gegen ihre Nachbarn anführen, bis hin zu den wagemutigen Makkabäern, die in den Kampf ziehen, um ihren Tempel zu verteidigen, wurde das alttestamentliche »Volk« als hehres Modell der Nachahmung und Identifikation begriffen. Von den heiligen Schriften genoss daher das Alte Testament einen gewissen Vorzug vor dem Neuen. Schließlich war die hebräische Bibel weniger universal und kreiste dafür stärker um eine Botschaft, die an eine auserwählte und gesonderte Gruppe adressiert war. Auch erteilte sie nicht den Ratschlag, dem Feind die andere Wange hinzuhalten – der Gott der hebräischen Bibel ist deutlich eifernder und erbarmungsloser in seinem unbeirrbaren Kampf gegen heidnische Gegner. Das England, das mit aller Macht seine wahre Kirche verteidigte, und das England, das sich selbst auserkor, Länder und Kontinente zu erobern, vereinigten sich an der Schwelle zur Moderne im Schatten der hebräischen Bibel.

In der Zeit zwischen 1538, als Heinrich VIII. anordnete, die landessprachliche Bibel in allen Kirchen Englands einzuführen, und 1611, als deren aktualisierte Neuübersetzung unter Jakob I. (King James Bible) erschien, drückte England die biblischen »Kinder Israels« an seinen warmen, wogenden monarchistischen Busen. Was indes nicht hieß, dass Juden sogleich erlaubt wurde, in das Königreich zurückzukehren, aus dem sie im Jahre 1290 vertrieben worden waren. Auf dieses Privileg mussten sie noch bis zum Jahre 1655 warten, bis zur Revolution Oliver Cromwells. Denn noch wurden die stolzen Hebräer der Vergangenheit nicht mit den nichtswürdigen Juden der Gegenwart identifiziert, weshalb auch nicht das geringste Problem bestand, in Ersteren eine Art altertümlicher Gentlemen zu sehen und in Letzteren verabscheuungswürdige Kreaturen.[186] Zumal Erstere inzwischen in der Bibel auch in zeitgenössischem Englisch parlierten und nicht länger im verstaubten und ungelenken Latein. Auch trug die Emanzipation vom Lateinischen im Zusammenspiel mit der Distanzierung von der katholischen Kirche dazu bei, dass das Hebräische die Aura einer reinen, unverfälschten Sprache erhielt, die es nachzuahmen galt, weshalb sich das Studium des Hebräischen an englischen Universitäten ausbreitete und an Renommee gewann. Dieser Prozess führte schließlich auch zur langsamen und zögerlichen Adaptierung eines neuartigen Philosemitismus.[187]

Ja, es gab in jenem Zeitraum sogar Intellektuelle, die nach persönlichen Wurzeln suchten, welche sie biologisch an das Land Kanaan bänden. Auch wurden Vermutungen angestellt, die Bewohner der britischen Insel seien die verschwundenen Nachfahren der zehn Stämme, die im Zuge der Zerstörung des Nordreichs Israel exiliert wurden. Die hebräische Mode erfasste die Eliten des Landes so gut wie vollständig, und in vielen Haushalten war die Bibel der einzige Lesestoff. Das »Buch der Bücher« stand auch im Zentrum der höheren Bildung, und viele Adelssprosse kannten sämtliche Helden der Bibel, bevor sie die Namen englischer Könige der Vergangenheit lernten. Auch waren sie nicht selten mit der Geographie des Heiligen Landes vertraut, noch ehe ihnen die Grenzen des Königreichs bekannt waren, in dem sie aufwuchsen.

Hatte die Gründung der anglikanischen Kirche wesentlich zur Schaffung dieser neuen Atmosphäre beigetragen, so galt dies auch für die Entwicklung nonkonformistischer Protestbewegungen, die denselben Mustern folgte. Der rebellische Puritanismus, der sich vor dem Hintergrund der Instrumentalisierung der neuen Kirche durch das Königshaus bildete, konnte zahlreiche Anhänger gewinnen. Auf ihrem Höhepunkt sollte diese religiöse

Empörung mit jungen politischen und gesellschaftlichen Kräften verschmelzen, um schließlich die große Revoltion herbeizuführen. Und die ganze Zeit über diente die hebräische Bibel als ideologische Schrift, die allen Beteiligten den Weg wies – nicht nur der herrschenden Kirche, sondern auch der Mehrheit jener, die sich gegen sie auflehnten.[188]

Der Verachtung jeder religiösen Autorität und Institution entsprach die grenzenlose Treue der Puritaner zum reinen, nicht von Auslegungen überlagerten Bibeltext. Die verfolgten Denominationen des Puritanismus zogen die ursprünglichen Gesetze des Mose der Rechtsprechung der institutionalisierten Kirche vor. Die moralische Strenge, die sie walten ließen, orientierte sich eher an den Befehlen des zürnenden und herrischen Jahwe als an der Milde und Barmherzigkeit Jesu. Das Schwert des Makkabäers Judas erschien ihnen angemessener als der Wanderstab des Paulus. Nicht von ungefähr waren unter ihnen bald mehr hebräische Namen als traditionell christliche zu finden. Und als ihre Macht in England letztendlich gebrochen wurde und sie in Scharen nach Nordamerika auswanderten, wähnten sie sich selbst als die getreuen Soldaten des Eroberers Josua, die ein neues Land Kanaan einnähmen. Bekannt ist auch, dass Oliver Cromwell sich selbst als einen biblischen Helden ansah. In seinen Truppen wurden vor dem Gang in die Schlacht Psalme verlesen und mitunter auch Strategien aus biblischen Schlachtbeschreibungen gewählt. England wurde dabei zum alten Königreich Juda, während das im Norden gelegene Schottland die Rolle Israels einnahm. Die ferne Vergangenheit wurde als Generalprobe für die Gegenwart aufgefasst, die den Boden für die kommende Erlösung bereitete.

Diese »hebräische Mode« löste auch Überlegungen zu einer Wiedererstehung des Lands der Bibel aus. Und wer erwiese sich als würdig, dieses Land, das sich unter der Herrschaft muslimischer Ketzer befand, von neuem aufzurichten? Die Antwort war schnell gefunden: die Juden. Im Jahre 1649, auf dem Höhepunkt der puritanischen Herrschaft in England, wandten sich zwei englische Baptisten, die im Exil in Holland saßen, mit folgender Bitte an die neue Regierung: »Dass diese englische Nation zusammen mit den Einwohnern der Niederlande die erste und bereitwilligste sei, auf ihren Schiffen Israels Söhne und Töchter in das Land zu fahren, welches deren Vorvätern Abraham, Isaak und Jakob zum ewigen Erbteil verheißen wurde.«[189]

Von dieser Petition Joanna Cartwrights und ihres Sohnes Ebenezer über den Standpunkt Lord Palmerstons, des englischen Außenministers in den vierziger Jahren des 19. Jahrhunderts, bis hin zum berühmten Schreiben Lord Balfours an Lord Rothschild aus dem Jahre 1917 lässt sich eine direkte Linie ziehen, die eine Hauptschlagader im politischen Organismus Englands und später Großbritanniens markiert. Hätte es diese Schlagader und die in ihr pulsierende Ideologie nicht gegeben, wäre der Staat Israel wohl niemals entstanden.

Das relativ frühzeitige Aufkommen protonationaler Gefühle in England bewirkte, wie gesagt, ebenso wie die frühe Abkoppelung der englischen Monarchie vom Papsttum, maßgeblich die wirkmächtige Symbiose zwischen der hebräischen Bibel und den sich herausbildenden modernen politischen Identitäten. Nicht zufällig entstand die erste »zionistische« Idee nicht, wie dreihundert Jahre später, unter Juden, die auf der Schnittstelle zwischen Mitteleuropa und dem Osten lebten, sondern in der revolutionär-religiösen Atmosphäre der britischen Insel.[190]

Die Puritaner begannen – lange bevor die jüdischen Zionisten auf diesen Gedanken kommen sollten –, die hebräische Bibel als Geschichtswerk zu lesen. Und diese strenggläubigen Briten, die sich nach der Erlösung sehnten, verbanden diese aufs Engste mit der Wiedererstehung des Volkes Israel in seinem Land. Ein Nexus, der indes nicht infolge einer besonderen Sorge um die notleidenden Juden hergestellt wurde, sondern vor allem der Vision geschuldet war, dass erst nach einer Rückkehr der »Kinder Israels« nach Zion die christliche Erlösung über die gesamte Menschheit kommen würde. Im Rahmen dieses langfristigen »Package-Deals« sollten die Juden schließlich und endlich auch zum Christentum übertreten, da die Welt erst dann die Wiederkehr Jesu erleben dürfte.[191]

Diese eschatologische Auffassung sollte tief in die Matrix des

Protestantismus mit seinen mannigfaltigen Denominationen eindringen und bis ins 21. Jahrhundert fortbestehen. Während ich diese Zeilen niederschreibe, finden sich etwa in den Vereinigten Staaten auch heute noch zahlreiche evangelikale Zirkel, die ein starkes Großisrael unterstützen, weil sie überzeugt sind, dass nur eine derartige Politik die Herrschaft Jesu über die Welt herbeiführen wird. (Diejenigen Juden, die sich in der Endzeit nicht zum Christentum bekehren lassen – und solche wird es geben –, werden schließlich für ihre Halsstarrigkeit bezahlen müssen und selbstverständlich in der Hölle enden.)

Derweil kamen viele Puritaner des 17. Jahrhunderts zu der Überzeugung, dass es für die Beschleunigung der Erlösung fürs Erste hilfreich sein könnte, den Juden die Rückkehr nach England zu ermöglichen, von wo sie über dreihundert Jahre früher rigoros vertrieben worden waren. Denn die Zerstreuung der Juden über den Erdball stellte nach ihrer Auffassung eine Vorbedingung für deren spätere Sammlung in Zion dar. Immerhin prophezeite ja schon das Buch Deuteronomium: »Der Herr wird dich unter alle Völker verstreuen, vom einen Ende der Erde bis zum anderen Ende der Erde. Dort musst du anderen Göttern dienen ...« (28,64). Unter diesem Blickwinkel behinderte die Weigerung Englands, den »Kindern Israels« am westlichen Rand Europas eine Wohnstatt zu gewähren, das Kommen der Erlösung. Was zur Folge hatte, dass sich verschiedene Persönlichkeiten mit der Bitte, den Juden die Rückkehr nach England zu gestatten, an Cromwell wandten, bis dieser sich gewogen zeigte und dem Parlament diese historische Erlaubnis aufnötigte.

Doch dieser bedeutsame Paradigmenwechsel in der Haltung zu den Juden war nicht vollkommen frei von irdischen Interessen. Genau wie bei Lord Balfour 250 Jahre später verband sich auch für den »Lordprotektor« die Tora aufs Trefflichste mit den Erfordernissen der internationalen Geschäftswelt. Cromwell erkannte das Recht der Juden, auf die britische Insel zurückzukehren, nicht nur aus rein ideologisch-religiösen Motiven an, sondern offensichtlich auch aus handfesten ökonomisch-merkantilen Gründen.[192] Die Instabilität, die Großbritannien in den

Wirren der Revolution erfasst hatte, schwächte vorübergehend die Außenhandelsbilanz des noch jungen Imperiums. Der Hauptkonkurrent auf diesem Feld war Holland, das expandierte und sich neue Märkte erschloss, insbesondere in der Levante. Die dynamischsten Elemente in der Ökonomie Amsterdams waren dabei vor allem Juden. Diese waren größtenteils Nachkommen der im Handel erfahrenen Marranen, die aus Spanien und Portugal gekommen waren. England wiederum hegte ein vitales Interesse daran, diese »Humanressourcen« für den eigenen Welthandel abzuschöpfen. Und in der Tat, das Eintreffen von jüdischen Kaufleuten und Finanziers sollte der Wirtschaft des Königreichs schon bald beträchtlich unter die Arme greifen. Denn schließlich hatten sich die frommen Puritaner längst als begabte Handwerker und findige Kaufleute entpuppt. Bekanntlich war es ihnen gelungen, weite Landstriche eines ganzen Kontinents zum Blühen zu bringen, allerdings erst, nachdem sie dessen Ureinwohnerschaft von dort »entfernt« hatten.[193]

Wandten sich die Puritaner gegen Ende ihres goldenen Zeitalters gen Westen, so zeigte das englische Königreich zum selben Zeitpunkt wachsendes Interesse an den Handelswegen in den Osten. Oder besser gesagt: die Kaufleute seiner Majestät, da diese stets den politischen Entwicklungen in ihrem unermüdlichen Bestreben vorgriffen, immer neue Teile der Welt den englischen Handelsinteressen zu erschließen. Das Hauptziel war dabei der indische Subkontinent, doch der Weg dorthin führte durch den Nahen Osten und damit über das Osmanische Reich.

Bereits 1581 hatte die Londoner Levant Company von Königin Elisabeth I. eine Konzession für den Handel mit dem türkischen Sultan Murat III. erhalten. Dies war der erste Schritt auf einer langen und wechselhaften Entwicklung, die Großbritannien die Herrschaft über Indien und den Zugang zu China einbringen sollte, bis das Empire nach dem Zerfall des Osmanischen Reiches 1918 auch noch weite Teile des Nahen Ostens erbte. Die Geschichte vom Ende des 16. Jahrhunderts bis zur Mitte des 20. Jahrhunderts schuf das britische Weltreich, in dem bekanntlich »die Sonne nie unterging«. Der Glaube an die besondere religiöse Bedeutung des Heiligen Landes ging indes trotz aller Expansionsgelüste niemals ganz verloren.

Infolge des blühenden Handels mit Indien und dem Fernen Osten gelangten neben frommen Pilgern auch abenteuerlustige Kaufleute nach Palästina. Aus kommerzieller Sicht interessierte sie das Land nicht, doch Jerusalem lag nun mal auf dem Weg, und der religiöse Aspekt, der mit dem kaufmännischen Impuls einherging, erzeugte eine ganz besondere Form der Neugierde. Die Gebildetsten unter diesen Handelsreisenden hinterließen Reiseberichte, die sich sehr gut im Mutterland verkauften. Ihre Schilderungen handelten weniger von jener sakralen Geographie, von der die Pilger in immer neuen Werken schrieben, und informierten stattdessen über die Wirtschaft des Landes. Doch wie ihre asketischen Landsleute waren auch sie vollkommen desinteressiert an der muslimischen Mehrheitsbevölkerung. Sie schauten vor allem auf die christlichen Einwohner und gelegentlich auch auf die Juden. Zwar waren sie hin und wieder gezwungen, mit örtlichen muslimischen Machthabern zu verhandeln, die einfachen Feldarbeiter aber blieben für sie konturlose, beinahe nichtexistente Wesen. Diese Ignoranz gegenüber den Arabern und die tiefe Verachtung für die barbarischen Ungläubigen trugen unmittelbar zur Herausbildung jenes orientalistischen Blicks bei, der in der gesamten westlichen Geisteswelt um sich greifen sollte.

Ungeachtet des Aufstiegs des kühnen und scharfsinnigen Empirismus und trotz des Erstarkens des pilosophisch-skeptischen Rationalismus, angefangen von den Deisten bis hin zu David Hume, blieb die britische Kultur stets von Schichten chiliastischer Glaubensvorstellungen umhüllt. Ein Junktim zwischen den prophetischen Versen der heiligen Schriften und politischen Ereignissen der Gegenwart zu sehen war in weiten Kreisen gang und gäbe. Derartige Vorstellungen schienen von der Aufklärung des 18. Jahrhunderts verdrängt zu werden, doch unterhalb der schmalen intellektuellen Eliten gab es eine halbgebildete Kultur, die auch weiterhin eine strenggläubig-christliche Moral in unterschiedlichsten Prägungen pflegte. Angefangen mit John Banyans *The Pilgrim's Progress*, dem nach der Bibel wichtigsten Bestseller im damaligen England, über das populäre Werk des Amerikaners William M. Thomson *The Land and the Book* aus dem Jahre 1858 bis hin zu *Daniel Deronda*, dem bekannten, 1876 erschienenen zionistischen Roman George Eliots, fand das Heilige Land einen zentralen Platz in der Gedankenwelt zahlreicher Engländer und nicht minder vieler Amerikaner.[194] Dem »christlichen Zionismus« wurde zwar zunächst vor allem durch den Bibelunterricht der Weg geebnet, den die Adelssprosse in der Sonntagsschule genossen, doch war er später auch mit zahllosen populärliterarischen Werken gepflastert. So belegt ein Blick in die Liste der Autoren, die Palästina im Verlauf des 19. Jahrhunderts besuchten, wie stark das Land die literarische Phantasie in England, Amerika und auch auf dem europäischen Kontinent anregte. Von William Makepeace Thackeray, der das Land 1845 besuchte, über Herman Melville, der sich 1857 dort aufhielt, bis hin zu Mark Twain, der es 1867 bereiste und sich über die fromme Ergriffenheit aller seiner Vorgänger lustig machte, zog der geheimnisvolle Schauplatz der Bibel zahlreiche Literaten an.[195]

Die literarische Fiktion verschränkte sich mit der politischen Phantasie und passte trefflich zu den ersten, noch zögerlichen imperialistischen Ansätzen. Nach dem dreisten Angriff Napoleons auf die britischen Besitzungen und Einflusszonen in Europa und der Welt wurde die Strategie Londons in der Levante allmählich konsequenter. Bereits während Bonapartes Feldzug entlang des Küstenstreifens Palästinas und seiner Belagerung der alten Kreuzfahrerstadt Akko im Jahr 1799 war die britische Flotte dem türkischen Sultan beigesprungen und hatte das Ihrige dazu beigetragen, den jungen korsischen General zurückzuschlagen.[196] Die Entwicklung enger Beziehungen zu den Osmanen, die nicht zuletzt durch Handelsinteressen befördert wurde, ermöglichte es den Vertretern Großbritanniens, auch im Heiligen Land verstärkt aktiv zu werden.

So wurden im Jahre 1804 die Palestine Exploration Society und 1809 The London Society for Promoting Christianity amongst the Jews gegründet. Doch beiden Gesellschaften war kein übermäßiger Erfolg beschieden. Ersterer sollte es lediglich gelingen, eine einzige gescheiterte Expedition zu organisieren, während Letztere im Land der Bibel nur sehr wenige Juden zum Christentum zu bekehren vermochte. Dennoch sollte die Palestine Exploration Society späteren Organisationen als Vorbild dienen, während einer der Gründer der Londoner Gesellschaft zur Verbreitung des Christentums George Stanley Faber war, seines Zeichens Theologieprofessor an der Universität Oxford, dessen Aufsätze und Monographien sehr viel Anklang fanden und dessen Anhängerschaft die Zahl der eingetragenen Mitglieder der Society um ein Vielfaches überstieg.

Die Bemühungen dieses gelehrten Geistlichen konzentrierten sich auf die Exegese biblischer Prophezeiungen, angefangen von Vorhersagen Jesajas und Daniels bis hin zu den Visionen des Johannes. Im Jahre 1809 veröffentlichte er seine bekannte Schrift *A General and Connected View of the Prophecies, Relative to the Conversion, Restoration, Union and Future Glory of the Houses of Judah and Israel*, in der Faber sich selbst als Prophet betätigte und vorhersagte, im Jahre 1867 würde die Mehrheit aller Juden, nachdem sie von einer großen, im Westen beheimateten Seefahrernation nach Palästina zurückgeführt worden wären, sich zum Christentum bekehren.[197] Viele Evangelikale hatten ähnliche Vorstellungen und betrachteten sich selbst als Angehörige einer Generation, der es vergönnt sein würde, noch zu Lebzeiten das Kommen der Erlösung zu sehen. Man musste nur noch die Welt davon überzeugen, die Juden in »ihr Land« zurückzuführen.

Neben Faber finden sich in der Society for Promoting Christianity Amongst the Jews auch der Missionar und Professor Alexander McCaul, der Hebräisch am King's College in London lehrte, zudem Louis Way, ein renommierter und vermögender Anwalt, der die Gesellschaft finanziell massiv unterstützte, sowie der berühmte Edward Bickersteth. Letzterer verfasste mehrere populäre Werke und organisierte eine Vielzahl von Auftritten, um die Übersiedlung der »Kinder Israels« in den Orient zu forcieren. Für Bickersteth galt, dass nur die Errichtung eines Königreichs Israel den Sohn Gottes zurück nach Zion brächte und damit die vollständige Christianisierung der ganzen Welt garantierte.[198] Seine Bedeutung für die Förderung der »protozionistischen« Idee lag darin, dass er ein enger Freund und Berater von Lord Anthony Ashley-Cooper war, dem 7. Earl of Shaftesbury. Dieser galt als eine der einflussreichsten Persönlichkeiten des viktorianischen Zeitalters und war ein konservativer Philanthrop, der viel zur Gesetzgebung gegen Kinderarbeit und Sklavenhandel beitrug. Zudem protegierte er nach Kräften die Idee einer jüdisch-christlichen Restauration im Heiligen Land.

Angesichts des Beitrags von Lord Shaftesbury zur Ausformung des »christlichen Zionismus« lässt sich dieser vielleicht gar als ein »anglikanischer Herzl« definieren. Manche Historiker gehen davon aus, dass er es war, der das berühmte Diktum in die Welt setzte, dem zufolge Palästina »ein Land ohne Volk für ein Volk ohne Land« sei. (Andere behaupten, er sei lediglich für die Verbreitung dieser allzu griffigen Formel verantwortlich gewesen.)[199] Der philanthropische Lord indes betrachtete die »Kinder Israels« nicht nur als Anhänger einer Religion, sondern auch als Nachfahren einer alten Rasse, die mit ihrer künftigen Christianisierung wieder eine moderne Nation zu werden versprach, ein natürlicher Verbündeter Großbritanniens. Denn gerade weil er das Judentum nicht als legitimen Glauben auffasste, der neben dem wahren – christlichen – Glauben weiterbestehen sollte, sah er in den Juden ein eigenes Volk. Doch ebenso, wie er nicht für das Recht von Juden eintrat, ins britische Parlament gewählt zu werden, war er auch nicht der Meinung, der erneuerten Nation stünde ein eigener souveräner Staat zu.[200] Die fügsamen Juden hätten sich mit der Rolle von Schutzbefohlenen des britischen Christentums zu begnügen. Tatsächlich war keineswegs die aus dem wachsenden Antisemitismus resultierende jüdische Not das Hauptmotiv seines Handelns, auch wenn seine Empfänglichkeit für die Diskriminierung von Juden echt war. In erster Linie bewegte das Herz des gläubigen Lords, dass eine »Restauration« das letztendliche Verschwinden des jüdischen Glaubens herbeiführen könnte, welches wiederum das Kommen der Erlösung zwingend einleiten würde.

So wie sich einst die Pilger auch deshalb ins Heilige Land aufgemacht hatten, um möglichst viele Seelen für ihren Glauben zu gewinnen, bewegte Shaftesbury sein tiefes missionarisches Empfinden dazu, seine eschatologische Vision von der Wiedererstehung Zions zu entwickeln. Die Tatsache, dass er ebenso wie die Gesellschaft zur Verbreitung des Christentums kaum mehr als eine Handvoll Juden zum Christentum bekehrte, vermochte seinen ehernen Glauben nicht zu erschüttern oder seine protozionistische Betriebsamkeit zu schwächen.[201]

Shaftesburys Begeisterung für die Idee einer Rückkehr der Juden nach Zion kannte keine Grenzen und strahlte nicht nur auf große evangelikale Gruppierungen aus, sondern auch auf führende Regierungskreise. Der Umstand, dass er selbst für die Tories im Parlament saß, hinderte ihn nicht daran, Lord Palmerston nahezustehen, dem liberalen Außenminister und späteren Premier, und so war es auch Shaftesbury, der 1838 seinen Freund aus dem gegnerischen politischen Lager davon überzeugte, den ersten britischen Konsul nach Jerusalem zu entsenden. Dieser Vorgang war ein erster, wenn auch nur kleiner Schritt auf dem Weg zur britischen Hegemonie in Palästina. Ein Jahr später veröffentlichte Shaftesbury in der Londoner *Quarterly Review* einen Artikel, in dem er die britischen Handelsinteressen im Heiligen Land erläuterte. Für viele Briten in jener Zeit stellte die Verknüpfung ökonomischer Argumentationen mit religiösen Motiven eine höchst attraktive Weltsicht dar. Wenig später folgte Shaftesburys Artikel in der *Times* unter der Überschrift »Der Staat und die Wiedergeburt der Juden«. Auch dieser Artikel weckte lebhaftes Echo und erntete viele positive Reaktionen, nicht nur in Großbritannien, sondern auch in den USA. In der Tat ist es nicht übertrieben, dieser Veröffentlichung eine ähnliche Bedeutung für den christlichen Zionisms beizumessen wie Herzls *Der Judenstaat* von 1896 für den jüdischen Zionismus.

Neben dem religiösen Hintergrund des Erwachens der christlich-zionistischen Idee in Großbritannien, der sich als ideelle Reaktion auf die Schockwellen der Französischen Revolution verstehen lässt, gehören auch die konkreten politischen Prozesse im Nahen Osten zum Kontext dieses Erwachens. Im Jahre 1831 eroberte Muhammad Ali Pascha, der bis dahin Statthalter der Hohen Pforte in Ägypten gewesen war, Syrien und Palästina. Dieses Husarenstück war den Großmächten Beleg genug für die alarmierende Brüchigkeit des Osmanischen Reiches und brachte Großbritannien und Frankreich letztendlich dazu, die untergehende muslimische Großmacht zu unterstützen. So halfen die Briten im Jahre 1840 den Osmanen, die Truppen Muhammad Ali Paschas zurück nach Ägypten zu drängen. Der Wettstreit zwischen England, Frankreich und Russland um die Aufteilung des »kranken Manns am Bosporus« begann die Außenpolitik der europäischen Mächte zu prägen, um gegen Ende des 19. Jahrhunderts weiter an Intensität zu gewinnen. Dabei geriet auch Palästina zunehmend auf die Tagesordnung der internationalen Diplomatie.

Am 11. August 1840 schickte Lord Palmerston, der britische Außenminister, eine Depesche an Baron John Ponsonby, den britischen Botschafter bei der Hohen Pforte:

> Für den Sultan wäre es von offenkundiger Bedeutung, die Juden zu ermuntern, nach Palästina zurückzukehren, um sich dort anzusiedeln, weil der von ihnen mitgebrachte Reichtum den Wohlstand in den Herrschaftsgebieten des Sultans vermehren würde; und falls die Juden mit Genehmigung des Sultans, unter seiner Protektion und auf seine Einladung zurückkehrten, würden sie allen künftigen Anschlägen Mehmed Alis oder seiner Nachfolger Einhalt gebieten [...] Ich ersuche Eure Exellenz, [der türkischen Regierung] nachdrücklich zu empfehlen, den Juden Europas jede wohlbegründete Ermutigung zu einer Rückkehr nach Palästina vor Augen zu halten.[202]

Ziemlich klar dürfte sein, dass hinter dem Vorschlag des sehr pragmatischen Außenministers der sehr ideologische Shaftesbury stand. Denn Palmerston war es herzlich egal, ob die Juden nun zum Christentum übertraten, bevor sie nach Palästina gingen oder erst danach. Er hatte vor allem begonnen, seinen eigenen kleinen Traum von einem strategisch wichtigen Brückenkopf unter der Obhut des britischen Empires zu träumen. Für den tiefgläubigen Lord Shaftesbury hingegen ging es um die Essenz seines Engagements, und systematisch wirkte er auf die Errichtung eines Israels hin, das am Ende der Zeiten anglikanisch werden würde.

Da kaum Briten im Nahen Osten lebten, war unklar, wie sich die Präsenz des Empires gestalten würde. Eine Ansiedlung von britischen Staatsbürgern in der Region, wie sie in Teilen Afrikas und Asiens erfolgte, war unter der osmanischen Herrschaft ein Ding der Unmöglichkeit. Um dieses Hindernis, das einem Zugriff des Empires auf die Region im Wege stand, zu umgehen, schien die zionistisch-christliche Idee einer Ansiedlung von Juden in Palästina ein probates Mittel zu sein. Schließlich waren diese natürliche Verbündete Großbritanniens, das als das am wenigsten antisemitische Land in Europa galt und immer schon die alten Hebräer verehrt hatte. Auch die deutschen oder französischen Juden würden sich selbstverständlich diesem gemeinsamen europäischen Projekt anschließen können, zumal den finanziellen Mitteln der Wohlhabenden unter ihnen eine zentrale Rolle zugedacht war.

Die Persönlichkeit, die einen lebenden Beleg dafür abgab, dass sich die Juden der Welt an einem jüdischen Kolonisierungsprojekt beteiligen würden, war der bekannte Geschäftsmann und Philanthrop Sir Moses Montefiore. Dieser gläubige, in Italien geborene jüdische Brite, der durch seine »Freundin« Königin Victoria in den Adelsstand erhoben und zum »Sheriff von London«, dem höchsten Verwaltungsbeamten der Stadt, ernannt worden war, sympathisierte mit der Idee, dass Jerusalem zur Hauptstadt der jüdischen Religion werden könnte, und setzte sich nach Kräften für diese Vision ein. 1827 reiste er erstmals ins Heilige Land und zeigte sich tief beeindruckt. 1839 kehrte er ein zweites Mal dorthin zurück, diesmal um der jüdischen Gemeinde der Heiligen Stadt mit Spenden und wohltätigen Projekten zu helfen. Er unterbreitete sogar Muhammad Ali Pascha Pläne zum Erwerb von Ländereien in Palästina, das noch immer von den Ägyptern kontrolliert wurde, wobei die einheimischen Fellachen selbstverständlich vollkommen ignoriert wurden. Biș zu seinem Lebensende sollte Montefiore noch fünf weitere Male nach Jerusalem reisen und versuchen, ein autonomes jüdisches Siedlungswerk zu begründen, das nicht von Zuwendungen aus dem Ausland abhängig wäre. Doch seine Anstrengungen trugen keine Früchte, und am Ende war er gezwungen, sich mit den traditionellen, alteingesessenen Einrichtungen in Jerusalem zu arrangieren. An seinem Traum, das Heilige Land zu einem jüdischen Land zu machen, hielt er indes bis zu seinem Tode fest. Auch kamen Montefiores Kontakte zu britischen, osmanischen und internationalen Regierungskreisen verschiedenen jüdischen Gemeinden unmittelbar zugute und trugen indirekt das Ihre zur Durchsetzung jener protozionistischen Ideen in der politischen Kultur Großbritanniens bei.[203]

Palmerston war nicht der einzige Politiker, der ernsthaft über eine Massenemigration von Juden nach Palästina nachzudenken begann. Bald darauf traten in der Nomenklatur der britischen Monarchie weitere Fürsprecher dieser Idee auf. Colonel Charles Henry Spencer-Churchill etwa, ein entfernter Verwandter des späteren Premierministers und Mitglied der Militärmission in Damaskus, ließ sich von der protozionistischen Idee in ihren Bann schlagen, zum einen unter dem Eindruck Montefiores, der zu Besuch in Damaskus weilte, zum anderen aufgrund seiner eigenen antiosmanischen und prokolonialistischen Auffassungen. Sowohl in seinen Briefen an Montefiore wie auch in seinem halbautobiographischen, kulturhistorischen Werk *Mount Lebanon* rief Churchill die Juden auf, sich in Palästina anzusiedeln. Der eigenen Regierung riet er in bester kolonialistischer Manier, zu deren Schutz ein respektables Truppenkontingent zu stationieren.[204]

Ein anderer glühender Anhänger einer jüdischen Restauration in Palästina war Lieutenant-Colonel George Gawler, der eine Zeitlang auch als Gouverneur von Südaustralien amtierte. Dieser treue Diener des Empires, der ebenfalls Montefiore nahestand und mit diesem 1849 Palästina bereiste, entwickelte einen Plan zur »Rückführung der Juden in ihr Land«, vor allem mit der Intention, den Briten einen sicheren Sperrriegel zwischen Ägypten und Syrien zu bescheren.[205] Aufgrund seiner reichen Erfahrung aus der erfolgreichen Kolonisierung Australiens nahm Gawler an, dass es ohne weiteres möglich sein würde, bei einer Landnahme in Palästina nach einem ähnlichen Muster vorzugehen. Zwar drohten die Araber und Beduinen nach Gawlers Einschätzung das Unternehmen zu stören, doch sei der Großteil des Landes unbewohnt und wüst und könne von tatkräftigen Juden sicher zum Blühen gebracht werden. Trotz aller Verschleierungstechniken lugt hinter Gawlers praxisorientiertem »zionistischem« Projekt immer wieder die inspirierende evangelikale Eschatologie hervor – Großbritannien war für ihn die erwählte Sendbotin Gottes, die erst Israel und dann den Rest der Welt erlösen würde.[206]

Selbstverständlich gab es in der Administration des britischen Königreiches nicht wenige, welche die Idee einer jüdischen Massenemigration ins Heilige Land ablehnten, und noch deutlich mehr, die einer solchen vollkommen indifferent gegenüberstanden. Mitte des 19. Jahrhunderts war das Zeitalter des Kolonialismus noch weit von seinem Höhepunkt entfernt und die britische Regierung noch nicht vollkommen von dem Wahn besessen, sich schier unbegrenzte Territorien anzueignen. Die Gestalt, die mehr als jede andere den historischen Übergang zu einem konsistenten Imperialismus und den Beginn des aktiven britischen Engagements im Nahen Osten symbolisiert, ist auch wegen ihres jüdischen Kontexts von besonderem Interesse für unsere Untersuchung.

4. Zwei »Protestanten« und der Kolonialismus im Nahen Osten

In Tel Aviv, der größten Stadt Israels, findet sich keine Straße, die nach dem britischen Premierminister Benjamin Disraeli benannt wäre, da die Stadtverwaltung dereinst untersagte, zum Christentum konvertierte Juden auf diese Weise zu ehren. Nach Lord Balfour hingegen, einem anderen Premierminister des britischen Empire, ist eine schmucke Straße im Stadtzentrum benannt. Israel hat seinen Namen sogar in einem Moschaw in der Jesreel-Ebene verewigt, einer genossenschaftlichen Siedlung namens »Balfouria«.

Genau wie Montefiore war auch der 1804 geborene Benjamin Disraeli jüdisch-italienischer Herkunft. Doch im Unterschied zu der sehr religiösen Familie des protozionistischen Philanthropen überwarf sich Disraelis Vater mit der jüdischen Gemeinde und ließ daraufhin seine Kinder taufen. Rückblickend betrachtet war es das Glück des künftigen Tory-Führers, in jungen Jahren zu einem guten Anglikaner geworden zu sein, da er als bekennender Jude 1837 nicht ins Parlament hätte gewählt werden können. Disraeli wurde schnell zu einer der schillerndsten Gestalten der britischen Politik. Als begnadeter Redner und gewiefter politischer Strippenzieher bahnte er sich seinen Weg an die Spitze und wurde zum Führer der konservativen Partei. Im Jahre 1868 amtierte er erstmals für kurze Zeit als Premierminister, ehe er dann von 1874 bis 1880 die Geschicke Großbritanniens als Regierungschef lenkte.

Wie Montefiore war auch Disraeli ein persönlicher Freund und Vertrauter von Königin Victoria, und hatte sie Ersteren zum Ritter geschlagen, so machte sie Letzteren im Jahre 1876 zum 1. Earl of Beaconsfield. Disraeli zeigte sich später erkenntlich, indem er als Premierminister seinerseits vorschlug, der Titelsammlung der Königin den einer »Kaiserin von Indien« hinzuzufügen. Doch dieser Vollblutpolitiker beschränkte sich nie nur auf seine öffentliche Karriere. Schon in jungen Jahren schrieb und veröffentlichte er Romane und blieb bis gegen Ende seines Lebens ununterbrochen literarisch tätig. Einige seiner Werke lassen dabei auch Rückschlüsse auf Disraelis Verhältnis zu seiner Herkunft einerseits sowie zum Heiligen Land andererseits zu.

So veröffentliche er im Jahre 1833, also noch vor seinem Einzug ins Parlament, einen Roman über den jüdischen Pseudomessias David Alroy, der bekanntlich im 12. Jahrhundert in Kurdistan lebte. Über die historische Gestalt Alroys ist sehr wenig bekannt, und Disraeli verfügte nur über die wenigen Quellen, die uns auch heute vorliegen, doch zeichnet er Alroy als authentischen Führer, als Spross des Hauses David, der seine jüdisch-palästinischen Wurzeln nicht vergessen hat und sich gegen die muslimischen Herrscher Persiens erhebt, um alle Juden der Welt zu erlösen und Jerusalem zu befreien. Das Problem allein ist, dass die Angehörigen seiner »Rasse« ihm nicht folgen und er am Ende mit seiner grandiosen messianischen Vision scheitert.[207] Der Originalausgabe fügte der Autor die Geschichte eines nicht minder geheimnisvollen Prinzen namens Iskander hinzu, der in seiner Kindheit gezwungen wird, zum Islam zu konvertieren, sich jedoch zeitlebens seiner griechisch-christlichen Wurzeln erinnert.

Sein ganzes Leben bewegte sich Disraeli zwischen der Religion, in die er hineingeboren worden war, und dem Glauben, den man ihn hatte annehmen lassen. Dabei betrachtete er das Christentum als logische und vollendende Fortsetzung des biblischen Judentums. Auch wenn er sich durchaus als gläubiger Mensch definieren lässt, so war er doch offenbar niemals strenggläubig. Und obgleich er sich selbst als guten Christen betrachtete, wähnte er sich – den pseudowissenschaftlichen Moden seiner Zeit entsprechend – einem eigenen Rassenvolk zugehörig und zögerte auch nicht, dies zuweilen öffentlich kundzutun. Denn Disraeli glaubte, die Rassenfrage und nicht etwa die Religion sei der eigentliche Schlüssel zum Verständnis der Geschichte der Welt. Seine stolze Haltung in Bezug auf die eigene »hebräische Rasse« hatte ihre Entsprechung in gebildeten jüdischen Kreisen Mittel- und Osteuropas und trug nicht wenig zur Stärkung der neuen, »wissenschaftlich belegten« ethnozentrischen Identität in ihren Reihen bei.[208] In Disraelis sentimentaler Geschichte von David Alroy erreicht dieser jüdische Essentialismus einen Höhepunkt. Das Blut des jüdischen Pseudomessias diktiert seine Mission. Gleichzeitig wird Jerusalem in romantischer, ja mystifizierender Form beschrieben. Im Jahre 1831, noch ehe er zu einem Tory wurde, hatte Disraeli auf einer Reise durch den Nahen Osten auch das Heilige Land besucht, das unauslöschliche, exotische Eindrücke bei ihm hinterließ.

Ein weiterer Roman aus der Feder Disraelis offenbart noch stärker dessen tiefe Sehnsucht nach den eigenen »nahöstlichen Wurzeln«. *Tancred oder der neue Kreuzzug* erschien 1847, als Disraeli bereits im Hauptberuf Politiker war. Die Geschichte dreht sich um einen jungen englischen Adeligen, der beschließt, auf den Spuren seines Vorfahren Tancred, eines mittelalterlichen Kreuzritters, eine Pilgerfahrt ins Heilige Land zu unternehmen. Dabei soll er zunächst die Geheimnisse des Orients entschlüsseln, bis der junge Held später zum Berg Sinai gelangt und dort einen Engel hört, der ihm aufträgt, eine »egalitäre Theokratie« zu begründen.[209] Unglücklicherweise geht auch in dieser Geschichte die religiöse Vision nicht in Erfüllung. Die ersehnte Symbiose zwischen Juden und Christen, eine Frucht der blühenden Phantasie des Autors, kommt nicht zustande. Dennoch zeugt der Roman sowohl vom orientalischen Flair, das die Londoner Salons jener Zeit durchwehte, als auch von dem großen Interesse, diesen Schauplatz der Frühgeschichte als Entstehungsort der beiden Religionen darzustellen. Und während der Schriftsteller Disraeli seinen Lesern kein wirkliches Happy End bietet, so schafft es der Politiker Disraeli, Großbritannien ein klein wenig »asiatischer« zu machen, oder anders ausgedrückt: sehr viel größer und kolonialistischer.

Ein Zionist oder gar christlicher Zionist indes war dieser Führer des britischen Empire zu keinem Zeitpunkt. Zwar gehörte er derselben Partei an wie Lord Shaftesbury und unterhielt bereits in den 60er Jahren des 19. Jahrhunderts intensive Kontakte zu diesem. Doch das Eintreten für eine jüdische Restauration in Palästina, die irgendwann in die Christianisierung der Juden münden würde, war nichts, das ihm besonders am Herzen gelegen hätte.[210] In seiner Politik diente er konsequent der herrschenden Oberschicht. Vielleicht jedoch hat er indirekt und ohne dies zu wollen dazu beigetragen, die diplomatischen Voraussetzungen zu schaffen, die es Großbritannien später ermöglichen sollten, sich der Idee des jüdischen Zionismus anzunehmen.

Im Jahre 1875 wandte er sich als Premierminister an seinen guten Freund Baron Lionel de Rothschild mit der Bitte, dieser möge ihm helfen, für Großbritannien 44 Prozent der Aktien des Suezkanals zu erwerben. Und tatsächlich konnte das gigantische Geschäft erfolgreich abgewickelt werden, ein Husarenstück, das den Auftakt des nachhaltigen Engagements des Empires im Nahen Osten darstellte. Der Weg nach Fernost war nun offen, und sämtliche Territorien, die entlang dieser Passage lagen, also sowohl Ägypten als auch Palästina, hatten fortan oberste strategische Priorität. Im Jahr 1878 machte Disraeli gegen eine Hilfszusage an die Osmanen – und um den Preis von Bedrückungen für die Bulgaren – Zypern zur britischen Kolonie. Gleichzeitig veranlasste er die Besetzung Afghanistans, um die Russen von dort fernzuhalten und so die Verbindung zwischen dem Nahen und dem Fernen Osten zu festigen. Mit anderen Worten: Es hat in Großbritannien wohl kaum einen anderen Politiker gegeben, der so viel dazu beigesteuert hat, das Imperium derart »orientalistisch« und natürlich auch so gewaltig in seinen Ausdehnungen werden zu lassen.

Die Aufteilung der kolonialen Besitzungen gegen Ende des 19. Jahrhunderts, die beinahe jeden Winkel auf dem Planeten umfasste, wurde nicht durch die außergewöhnliche staatsmännische Begabung eines Benjamin Disraeli oder seiner Kollegen an der Spitze der anderen Großmächte ermöglicht. Sie erfolgte aufgrund der rapiden industriellen Entwicklung in Westeuropa. Die Kluft zwischen Europa und den anderen Gesellschaften war innerhalb weniger Jahrzehnte unvorstellbar gewachsen und schuf die Voraussetzungen für die schnelle imperialistische Landnahme. Von 1875 bis zum Ende des 19. Jahrhunderts okkupierte die nordwestliche Hemisphäre zusätzlich zu den Territorien, die sich schon zuvor unter ihrer Kontrolle befunden hatten, gut und gerne 25 Millionen Quadratkilometer. Hatten sich 1875 nur etwa 10 Prozent Afrikas unter europäischer Herrschaft befunden, so beherrschten die Weißen 1890 etwa 90 Prozent des schwarzen Kontinents.

Das materiell-technologische Ungleichgewicht ging einher mit einem orientalistischen Diskurs, der zunehmend drastischer und unverhohlener wurde. Waren gegen Ende des 18. Jahrhunderts nicht wenige Denker von der Annahme ausgegangen, alle Menschen seien gleich, so behaupteten die Meinungsführer zum Ende des 19. Jahrhunderts, dass dem nicht so sei. Chinesen, Inder, die Indianer in Amerika, die Schwarzen in Afrika oder die Araber des Nahen Ostens galten im Vergleich zu den weißen Europäern als minderwertig. Und sie waren tatsächlich im Nachteil: Sie verfügten weder über schwere eiserne Geschütze noch über Dampfschiffe oder Eisenbahntrassen. Zudem fehlten ihnen politische Vertreter und eine gebildete Führungsschicht. Menschen nichteuropäischer Herkunft waren damit so gut wie ohne Stimme, während im industrialisierten Westen eine Ära anbrach, in der politische Artikulation und die Medien immer wichtiger für die voranschreitende Demokratisierung wurden.[211]

Auch die arabischen Bewohner Palästinas schienen unsichtbar zu sein. In den neuen Planungen, die ab Mitte des 19. Jahrhunderts aufkamen, wurden sie praktisch übersehen. Die erneute Invasion des Westens im Heiligen Land, fürs Erste ein lediglich »wissenschaftlich-geistiger« Vorstoß, nahm sie kaum wahr. Obgleich sich 1834 ein Teil der Landbevölkerung gegen die ägyptische Okkupation aufgelehnt hatte, betrachtete man diese, unter anderem auch wegen einiger Gewaltausbrüche gegen Nichtmuslime während des Aufstandes, allgemein nur als unzivilisierten Pöbel.[212]

Im Jahre 1865 wurde an der Universität Oxford der Palestine Exploration Fund gegründet. Obgleich dessen Ziele angeblich auch anthropologischer Natur waren, diente er vor allem dazu, die Vergangenheit des Heiligen Landes und dessen Geographie zu erforschen. Die Faszination der Heiligkeit, die sich aus der fernen Vergangenheit nährte, und der Wunsch nach kolonialistischer Kartographie waren die zentralen Motive dieser Unternehmung, sehr viel mehr als ein wie auch immer geartetes Interesse an der Bevölkerung des Landes. Kein Wunder, dass Königin Victoria den Exploration Fund sogleich unter ihre Obhut nahm und Männer wie Montefiore und viele andere sich für seine Arbeit einspannen ließen.[213]

Wie John James Moscrop, der Historiker des Palestine Exploration Fund, in seinem Buch unverhohlen offenlegt, war die gelehrte Forschung mit strategisch-militärischen Zielen verschränkt und waren beide gleichermaßen von der Vorahnung bestimmt, dass Großbritannien schon bald das Heilige Land erben würde.[214] Die breite Unterstützung, die der Fonds erfuhr, erklärte sich unter anderem aus der kolonialen Rivalität zu Frankreich und dem großen Interesse am Suezkanal. Auf jeden Fall aber steuerte der Palestine Exploration Fund bis 1890 viel zum Wissen um die Geographie und Topographie Palästinas im 19. Jahrhundert bei. Einige seiner Mitglieder waren zugleich auch Mitarbeiter des britischen Nachrichtendienstes, die sich vor dem Erwerb der Kanalanteile zunächst darauf konzentrierten, sich mit der Wüste Sinai vertraut zu machen. Unter diesen Kartographen befand sich auch der berühmte Thomas E. Lawrence, der sich schließlich in die goldenen Dünenmeere Arabiens verlieben sollte.

Doch nicht nur die Wüste erschien den begeisterten britischen Pionieren als leerer Raum. Auch das Palästina abseits der heiligen Stätten wurde zumeist als Brachland aufgefasst, das sehnsüchtig auf den christlichen Westen wartete, der es aus seiner Jahrhunderte währenden Ödnis erlösen würde.

Kein Wunder also, dass die britische Öffentlichkeit angesichts dieser politisch-mentalen Atmosphäre die Kolonisierung Palästinas als einen natürlichen Vorgang betrachtete. Allerdings befand sich das Heilige Land noch nicht unter der Ägide des Vereinigten Königreichs, sondern war noch immer Teil des altersschwachen Osmanischen Reiches. Als zu Beginn der achtziger Jahre des 19. Jahrhunderts, infolge der schweren Pogrome in Russland, erste kleine Grüppchen jüdischer Kolonisten nach Palästina gelangten, nutzten britische Unterstützer einer jüdischen Besiedlung Palästinas sogleich die Gelegenheit und meldeten sich zu Wort. Denn bis dahin waren die chiliastisch-christlichen Visionen eines Shaftesbury oder die frommen jüdischen Traumgespinste eines Montefiore kaum mehr als graue Theorie gewesen, da sich schlicht niemand fand, der sie verwirklicht hätte. Die Juden Englands, Frankreichs, Deutschlands oder Italiens befanden sich zu dieser Zeit längst in unterschiedlich weit gediehenen Prozessen kultureller Integration, und die Idee, sie in das »Land ihrer Väter« zu schicken, sprich: sie an den äußersten Rand der »zivilisierten« Welt zu versetzen, erschien ihnen unerträglich und absurd. Jedoch boten jetzt die geänderten Verhältnisse in Osteuropa erstmals eine Grundlage für die Verwirklichung der Visionen.

Das Aufkommen verschiedener protonationalistischer Bewegungen im Westen des Zarenreiches, der auch den jüdischen Ansiedlungsrayon umfasste, setzte die dort lebende jiddischsprachige jüdische Bevölkerung zunehmend unter Druck. Die religiöse, kulturelle und sprachliche Eigenart dieser großen Minderheit wurde Gegenstand einer immer größeren Intoleranz der nichtjüdischen Nachbarn, die durch das Zarenregime skrupellos ausgenutzt und in einen offenen, aggressiven Antisemitismus kanalisiert wurde. Hinzu kam, dass das erhebliche jüdische Bevölkerungswachstum im Ansiedlungsrayon, außerhalb dessen sich die Juden zudem nicht ansiedlen durften, die wirtschaftliche Lage und die Lebensverhältnisse der Juden katastrophal verschlechterte. Die ersten Pogrome, die 1881 begannen und sich in Wellen bis zur Revolution von 1905 fortsetzten, führten zur Massenemigration von Juden in Richtung Westen. Schätzungen zufolge verließen bis zum Ersten Weltkrieg etwa 2,5 Millionen Juden das Russische Reich. Diese große Fluchtwelle brandete gegen die Tore der Staaten in Mittel- und Westeuropa und erreichte sogar den amerikanischen Kontinent. Die zunehmende Judenfeindschaft in diesen Ländern hängt unmittelbar mit dieser großen Wanderungsbewegung zusammen. Sie war ebenso verantwortlich für den Beginn der Kolonisierung in Palästina wie für die Geburt der zionistischen Idee und Bewegung.

Die Abwanderung aus dem Zarenreich (und aus Rumänien) weckte Sorge bei verschiedenen jüdischen Institutionen in Mittel- und Westeuropa. Aus Furcht vor einem Erstarken des Antisemitismus infolge der Zuwanderung von »Ostjuden« suchten sie nach Wegen, den »fremden« Emigranten zu helfen und/oder diese schnellstmöglich wieder loszuwerden. Und während die

Führungsspitze der jüdischen Gemeinden in Deutschland alles tat, um diese Menschen zum Hamburger Hafen zu lotsen, damit sie von dort direkt nach Amerika weiterreisten, suchten die einflussreichen, wohlhabenden Vertreter der Gemeinden in Frankreich und Großbritannien nach anderen Möglichkeiten, den Druck des Flüchtlingsstroms zu verringern. So ließ sich etwa Baron Maurice de Hirsch für diese Aufgabe einspannen und stellte beträchtliche Geldmittel für die Ansiedlung jüdischer Kolonisten in Argentinien zur Verfügung. Und Baron Edmond de Rothschild wagte sich an ein ähnliches Unternehmen in Palästina.[215] In beiden Fällen jedoch ließen sich die Kolonisierungsprojekte, die in keiner Weise national überhöht wurden, sehr holprig an und waren, um zu überleben, auf ständige finanzielle Zuwendungen angewiesen.

Neben den Hunderttausenden, ja Millionen, die nach Westen strömten, gab es auch einige wenige Auswanderer, unter ihnen mehrere Dutzend junger Idealisten, die mit Beginn der achtziger Jahre des 19. Jahrhunderts nach Palästina gelangten. Diese spärliche Zuwanderung bewegte kaum etwas, und einige, die mit ihr ins Land gekommen waren, zogen schon bald in Richtung Westen weiter. Dennoch war sie der Beginn eines nur langsam anlaufenden, aber folgenschweren Prozesses.

Interessanterweise war einer der dynamischsten Akteure bei diesem ersten Kolonisierungsversuch ausgerechnet ein britischer Christ. Die Rede ist von Laurence Oliphant, einem ehemaligen Diplomaten und Mitglied des Unterhauses, der ebenfalls glaubte, dass die jüdisch-christliche Rasse über das Heilige Land herrschen müsse. Bereits 1880 veröffentlichte er sein interessantes Werk *The Land of Gilead*.[216] Da es schwierig war, Land auf der westlichen Seite des Jordans zu erwerben, würde es, so Oliphant, leichter sein, Juden auf dem Ostufer des Flusses anzusiedeln. Dazu müssten allerdings die dort ansässigen Beduinen vertrieben werden. Die arabischen Fellachen hingegen seien, wie die Indianer Nordamerikas, in »Reservaten« unterzubringen, um ihre Arbeitskraft in den Dienst der jüdischen Kolonien zu stellen. Mit einem Empfehlungsschreiben Benjamin Disraelis versehen, traf sich Oliphant mit dem osmanischen Sultan, vermochte aber nicht, diesen von seiner transjordanischen Vision zu überzeugen. Auch sein Plan, eine britische Finanzierung für den Bau einer durch den künftigen jüdischen Staat verlaufenden Eisenbahntrasse zu erhalten, ging nicht auf.

Zu Oliphants Ehrenrettung sei gesagt, dass er tatsächlich nach Palästina übersiedelte und in Haifa heimisch wurde, während all die christlichen Zionisten, welche die Juden ins Heilige Land schicken wollten, damit diese dort zu guten Christen würden, sonst selbstverständlich ein Leben in den kultivierten Metropolen vorzogen. Ironie der Geschichte: Oliphants persönlicher Sekretär dort war niemand anderes als Naftali Herz Imber, der Verfasser von *HaTikwa*, jenes Gedichts, das später zum Text der israelischen Nationalhymne werden sollte. Doch wie viele andere Emigranten seiner Generation verließ auch der jüdische Dichter nach dem Tode Oliphants »Zion«, um nach England überzusiedeln und schließlich sein Leben vollkommen mittellos in den Vereinigten Staaten zu beschließen.

Die Geburtsstunde der jüdischen Nationalbewegung kam bekanntermaßen erst mit Ende der neunziger Jahre des 19. Jahrhunderts. Theodor Herzl, der Gründervater der Bewegung und geistige Urheber der zionistischen Idee, der sowohl von der Wiener Kultur als auch, so darf man wohl sagen, vom deutschen Nationalismus geprägt war, versuchte von Anfang an, seine Vision mittels diplomatischer Schachzüge statt durch Kolonisierungsprojekte zu verwirklichen. Nach mehreren gescheiterten Versuchen, die Unterstützung des deutschen Kaisers zu gewinnen, sowie ähnlich erfolglosen Vorstößen beim Sultan und der österreichisch-ungarischen Regierung ergab sich für Herzl doch noch die Gelegenheit, seine gewagten Ideen an höchster Stelle vorzutragen.

Denn mit Beginn des 20. Jahrhunderts hatte sich in England der politische Druck immens verschärft, die Flut von Emigranten einzudämmen, die aus Osteuropa über die britischen Inseln hereinbrach. Diese wurde als bedrohliche Invasion aufgefasst, wobei sich viele Ähnlichkeiten zu der Stimmungslage erkennen lassen, die zu Beginn des 21. Jahrhunderts bezüglich der Zuwanderung von Muslimen nach Europa herrscht. In der Öffentlichkeit wurden beinahe alle Osteuropäer pauschal als Juden identifiziert, und nicht nur in den Armenvierteln Londons, sondern auch im Parlament waren ganz neue antisemitische Töne zu hören.[217] Tatsächlich gelangten zwischen 1881 und 1905 etwa 100 000 »östliche« Juden nach Großbritannien, ohne dass ein Ende der Zuwanderung abzusehen gewesen wäre. Aus diesem Grund war bereits 1902 eine Royal Commission on Alien Immigration eingesetzt worden, deren Aufgabe darin bestand, die Frage der unkontrollierten Zuwanderung zu regeln. Auch das jüdische Establishment in Großbritannien, an dessen Spitze Baron Nathan Rothschild stand, äußerte sich besorgt über die neue Situation und beteiligte sich bei der Suche nach einer Lösung, um Schaden von der etablierten britisch-jüdischen Gemeinde abzuwenden. Trotz anfänglicher Bedenken stimmte auch Rothschild einer Einladung Herzls zu, damit dieser vor der Kommission seine Ideen zu einer Ansiedlung von Juden außerhalb Europas vortrüge.

Am 23. Oktober 1902 gelang es Leopold Greenberg, dem umtriebigen Herausgeber des *Jewish Chronicle*, ein persönliches Treffen zwischen Herzl und Joseph Chamberlain zu organisieren, dem allmächtigen Kolonialminister des Vereinigten Königreichs. Chamberlain, ein ehemaliger Arbeiterführer, war mit ganzem Herzen Kolonialist und lauschte aufmerksam den ungewöhnlichen Plänen des Zionistenführers. Bei der historischen Zusammenkunft trug Herzl die Idee vor, Juden nach Zypern oder auch nach El-Arisch und der Sinaihalbinsel zu verbringen, um eine drohende Masseneinwanderung nach Großbritannien abzuwenden. Beide Orte waren nahe genug zu Palästina gelegen, um eines Tages dorthin zu expandieren oder überzusiedeln. So hoffte Herzl, den Widerstand jener Zionisten zu neutralisieren, die um jeden Preis am Lande Zion festhalten wollten, und sich gleichzeitig die strategische Unterstützung der damals größten Supermacht der Welt zu sichern. Denn noch immer war Palästina Teil des Osmanischen Reiches, während Zypern, El-Arisch und die Sinaihalbinsel damals unter britischer Herrschaft standen. Das brachte Herzl auf die naive Annahme, dass sein Vorschlag sowohl von der britischen Regierung als auch von der Bewegung akzeptiert werden würde, der er vorstand.

Das Problem indes war, dass es auf Zypern zwar auch Muslime gab, die hinreichend namen- und gesichtslos waren, aber eben auch eine »weiße« christliche Bevölkerung, zu deren Unterstützung Großbritannien sich verpflichtet sah. Chamberlain war folglich gezwungen, die Idee mit aller Behutsamkeit abzulehnen. Stattdessen willigte er ein, über die Sinaihalbinsel zu verhandeln, unter der Bedingung, dass Ägypten sich einverstanden erklärte. Doch die Vertreter der britischen Krone in Kairo äußerten umgehend entschiedene Vorbehalte. Aber der britische Kolonialminister, der nach Kräften daran arbeitete, das Empire zu festigen und zu vergrößern, gab sich nicht geschlagen, weil er diese gleich in zweifacher Hinsicht goldene Gelegenheit auf keinen Fall verstreichen lassen wollte: Einerseits konnte man so die ausländischen Juden loswerden, die absonderliche Kleidung trugen, eine Sprache im Munde führten, die dem Deutschen ähnlich war, und verzweifelt an die Tore Englands klopften. Andererseits bot sich die Möglichkeit, in einer spärlich bevölkerten Überseekolonie Europäer anzusiedlen, die dem Königreich und Seiner Majestät treu ergeben wären. Bei einer zweiten Zusammenkunft mit Herzl am 24. April 1903 wartete er daher mit einem Gegenvorschlag auf: Die Kolonie Uganda (das heutige Kenia) sei dringend auf Siedler angewiesen und könne dem auserwählten Volk unentgeltlich überlassen werden.

Dieses Angebot war ein bedeutendes Ereignis: Zum ersten Mal ließ sich eine europäische Großmacht darauf ein, territoriale Verhandlungen mit der winzigen zionistischen Bewegung zu führen. Auch wenn der Plan unmittelbar auf kolonialistische Interessen sowie auf den Wunsch zurückging, die Immigration von unerwünschten Fremden nach Großbritannien zu verhindern, so war dies doch ein Wendepunkt sowohl für den noch jungen Zionismus wie auch für das komplexe Verhältnis der britischen Elite zu den »Nachfahren« des Volkes der Bibel. Der Zionismus, der bis dahin in den jüdischen Gemeinden ein Schattendasein führte, hatte mit einem Mal die politische Legitimation erfahren, nach der er so sehr gedürstet hatte. Großbritannien wiederum wurde von nun an als bevorzugter Pate des jüdischen Schicksals zu Beginn des 20. Jahrhunderts begriffen.

Unter dem massiven Druck Herzls wurde der Uganda-Vorschlag auf dem 6. Zionistenkongress angenommen, wenn auch, wie vorauszusehen, unter einigem Aufruhr und großen Gefühlsausbrüchen. Allerdings ist der Ehrlichkeit halber hinzuzufügen, dass niemand den Plan übertrieben ernst nahm. Wenn es schon schwer genug war, ausreichend Kandidaten für eine Kolonisierung in Palästina zu gewinnen, wie sollte es dann erst in einem »abgelegenen« Gebiet in Ostafrika, dem jeglicher mythologischer Hintergrund fehlte, gelingen, eine nationale Heimstätte zu erschaffen? Doch Herzl verstand sehr wohl, dass allein die Übernahme der Idee durch das britische Kolonialministerium einen Präzedenzfall bedeutete, zwar noch nicht die Anerkennung des zionistischen Anspruchs auf Palästina, aber immerhin das Zugeständnis ihres Anrechts auf ein eigenes Territorium.

Als der Uganda-Plan aufgebracht wurde, war der charismatische Lord Arthur James Balfour in Nachfolge seines Onkels bereits Premierminister geworden. Er unterstützte den »semizionistischen« Plan Chamberlains, unter anderem weil er sich mit seiner Absicht deckte, ein drakonisches Gesetz gegen die Immigration von Ausländern durch das Parlament zu bringen. Balfour, der in der Geschichte des Zionismus seinen festen Platz als einer der größten Wohltäter des »jüdischen Volkes« in der Moderne hat, begann seine Beziehung zu diesem »Volk« beziehungsweise dieser »Rasse«, wie er selbst zu sagen pflegte, mit einem politischen Kampf, der darauf zielte, die verfolgten Söhne dieses »Volkes« daran zu hindern, einen sicheren Hafen in seiner, Lord Balfours, Heimat zu finden. Im Verlauf der Parlamentsdebatten des Jahres 1905 behauptete der Lord, die jüdischen Immigranten würden einzig und allein untereinander heiraten und seien nicht bereit oder geschaffen, sich wirklich in die britische Nation einzufügen. Von daher habe Großbritannien das unbestreitbare moralische Recht, ihre Einreise zu verhindern. Und um der Welt zu beweisen, dass der Parlamentsbeschluss gegen die Fremden nicht von Grund auf inhuman war, hob er in seiner Rede mit Nachdruck auf den Uganda-Plan ab – den Immigranten sei fruchtbarer und großzügig bemessener Boden in den Kolonien angeboten worden, weshalb sie keinen Grund zur Klage hätten.[218]

Selbstverständlich macht diese Haltung allein den Balfour des frühen 20. Jahrhunderts noch nicht zu einem üblen Judenhasser, genauso wie die europäischen Staatsführer zu Beginn des 21. Jahrhunderts in ihrem Bemühen, mit drakonischen Mitteln den Zuzug von arbeitsuchenden Wirtschaftsflüchtlingen zu stoppen, nicht automatisch als hysterische Islamophobe einzuschätzen sind. Antisemitismus ist ein Sammelbegriff für verschiedene Ausdrucksformen unterschiedlicher judenfeindlicher Haltungen. Balfour empfand für die Juden keinen regelrechten Hass, auch wenn es Belege dafür gibt, dass er keine übergroßen Sympathien für sie hegte. Hauptsächlich aber wollte er ganz einfach nicht, dass es zu viele von ihnen in Großbritannien gäbe. Daran hielt er, wie wir sehen werden, auch im Jahre 1917 konsequent fest.

Balfours Politik im Jahre 1905 markierte einen wichtigen Umschwung im Verhältnis Großbritanniens – und vielleicht sogar ganz Westeuropas – gegenüber Fremden. Während Großbritannien, allerdings ohne vorherige Einladung, gleichzeitig in jeden Winkel des Globus vordrang, befand man es in London für richtig, der eigenen politischen Tradition untreu zu werden: Von einem liberalen Land, das Flüchtlingen Asyl gewährte, wurde Großbritannien selbst für Verfolgte zu einem beinahe hermetisch abgeschotteten Territorium. Im Zeitalter des Imperialismus sollten Bevölkerungsverschiebungen nur in eine Richtung erfolgen – von den Metropolen in die Peripherie.

Es ist wohl nicht übertrieben zu behaupten, Balfours fremdenfeindliche Gesetzesinitiative von 1905 habe, zusammen mit einer ähnlichen Gesetzgebung in den USA im Jahre 1924 (Johnson-Reed Act),[219] nicht weniger zur Entstehung des Staates Israel beigetragen als die Balfour-Erklärung des Jahres 1917 – ja vielleicht sogar noch mehr. Denn diese beiden Gesetze zur Einschränkung der Einwanderung schufen erst die historischen Bedingungen, um Juden in den Nahen Osten zu lotsen. Selbstverständlich war eine weitere fundamentale Vorbedingung für diese Entwicklung der Brief, den Balfour an Lord Lionel Walter Rothschild schickte, in dem die Bereitschaft des Vereinigten Königreichs zum Ausdruck gebracht wurde, die Errichtung einer nationalen Heimstätte für das »jüdische Volk« in Palästina wohlwollend zu betrachten. Doch wie kam Großbritannien dazu, eine solche Haltung einzunehmen, die der zionistischen Idee das diplomatische, politische und in den Augen der Zionisten auch moralische Fundament für ein nationales Siedlungswerk in »ihrer Heimat« verschaffte?

Zunächst einmal sei betont, dass Balfour 1917 nicht zu einem Gerechten unter den Völkern wurde. Im Januar jenes Jahres war er durch die britisch-jüdische Kommission gebeten worden, sich für die russischen Juden, die im Zarenreich zu Zehntausenden umkamen, zu verwenden. Doch Balfour sträubte sich, die russische Regierung, mit der er im Kampf gegen das Deutsche Reich verbündet war, zu brüskieren. In einer privaten Unterredung verteidigte er seine Entscheidung mit einer ganzen Reihe von Argumenten:

> Sie müssen bedenken, dass die Unterdrücker auch ihre Gründe haben. Sie fürchten sich einfach vor den Juden, die gescheitere Menschen sind [...] Wenn jemand Osteuropa besucht, wird er, auf diese oder jene Weise, feststellen, dass es dem Juden immer gelingt, sich zurechtzufinden, und wenn wir dann noch die Tatsache hinzuziehen, dass er einer sich absondernden Rasse angehört und einem Glauben anhängt, der bei seiner Umgebung seit jeher verhasst ist, und dass seine Zahl [...] in die Millionen geht, dann lässt sich in diesem Fall das Bestreben verstehen, ihn klein zu halten.[220]

Balfour war indessen auch der Sohn einer tiefgläubigen schottischen Mutter und hatte von ihr die Verehrung für die biblischen Geschichten und deren Hauptdarsteller übernommen: das alte hebräische Volk. So glaubte er, das Christentum schulde diesem

Volk vieles, und betrachtete zeitlebens das traditionelle Verhältnis der Kirche zu den Juden kritisch. Anzunehmen ist auch, dass er von seiner Mutter die Idee einer jüdischen Restauration als notwendige Ouvertüre der Erlösung vermittelt bekommen hatte. Im Gegensatz zu dem aktivistischen Chamberlain war Balfour ein Mann des Buches, der über ein relativ breites historisches Wissen verfügte und sogar einen Teil seiner Zeit dem Schreiben widmete. Zwar war er weder ein Palmerston noch ein Shaftesbury, doch hatte er mit beiden das eine oder andere gemeinsam und kann deshalb ohne weiteres als deren rechtmäßiger Nachfolger betrachtet werden.

Auch ähnelte er Disraeli und all den anderen Lords in seinen rassistischen Auffassungen. Doch auch hier sollte man sich vor Verallgemeinerungen hüten: Balfour stand starren Ideologien von der Reinheit der Rassen stets fern. Wie viele seiner Zeitgenossen nahm auch er an, dass es Rassen mit unterschiedlichem Charakter und Verhalten gäbe, deren Durchmischung begrenzt und unattraktiv bleiben würde. So sei die jüdische Rasse eine feste, ewige Größe in der Historie, eine Rasse, die aus einem Land aufgebrochen sei und sich über die ganze Welt verteilt habe, weshalb es einigermaßen logisch erschien, dass sie möglichst bald in dieses Land zurückkehrte. Auf dieser ideologischen Grundlage konnte Balfour zu einem eingeschworenen Anhänger des Zionismus werden, was er tatsächlich auch wurde. Und wenn er zuweilen auf Distanz zu den echten, ein wenig »ungeschlachten« Juden ging, die im Süden Londons lebten, so verehrte er die Zionisten doch bis an sein Lebensende aufrichtig. Sie verkörperten in seinen Augen die historische Kontinuität einer alten Rasse, die sich absonderte und entschieden weigerte, mit ihren Nachbarn zu verschmelzen. Wäre diese Rasse erst einmal in ihre biblische Heimat zurückgekehrt, so war sich Balfour sicher, würde sie dort, in sicherer Entfernung von London, ihre wahren Talente entfalten.

Die bisher genannten Punkte beziehen sich auf den intellektuellen oder gar den mentalen Hintergrund für Balfours Haltung, doch ist die hier unternommene knappe Darstellung nicht geeignet, mehr als nur eine Skizze der für diese Vorgänge so wichtigen außenpolitischen Aspekte zu liefern. Wie Disraeli war auch Balfour in erster Linie ein zeittypischer britischer Kolonialist, der bestrebt war, die Interessen des Empires zu fördern. Wäre die Gründung einer jüdischen Heimstätte diesen Interessen zuwidergelaufen, hätte er sogleich vehement gegen diese Idee agitiert. Doch Ende 1917, in jener entscheidenden Phase des Ersten Weltkriegs, waren die Bedingungen gegeben, Ideologie und Politik miteinander in Einklang zu bringen. Das Ergebnis dieser Verschmelzung war jener Brief, den das britische Außenministerium am 2. November 1917 an das Büro von Lord Lionel Walter Rothschild sandte:

> Verehrter Lord Rothschild,
> ich bin sehr erfreut, Ihnen im Namen der Regierung Seiner Majestät die folgende Erklärung der Sympathie mit den jüdisch-zionistischen Bestrebungen übermitteln zu können, die dem Kabinett vorgelegt und gebilligt worden ist:
> Die Regierung Seiner Majestät betrachtet mit Wohlwollen die Errichtung einer nationalen Heimstätte für das jüdische Volk in Palästina und wird ihr Bestes tun, die Erreichung dieses Zieles zu erleichtern, wobei, wohlverstanden, nichts geschehen soll, was die bürgerlichen und religiösen Rechte der bestehenden nichtjüdischen Gemeinschaften in Palästina oder die Rechte und den politischen Status der Juden in anderen Ländern in Frage stellen könnte. Ich wäre Ihnen dankbar, wenn Sie diese Erklärung zur Kenntnis der Zionistischen Weltorganisation bringen würden.
>
> Ihr ergebener Arthur Balfour

Dieses Schreiben sollte, wohlgemerkt, nicht etwa das damalige demographische Kräfteverhältnis in Palästina widerspiegeln, und es gab auch nicht vor, dies zu tun. Als es verschickt wurde, lebten dort annähernd 700 000 Araber (eben jene »nichtjüdischen Gemeinschaften«) und weniger als 60 000 Juden. (In Großbritannien selbst lebten zum selben Zeitpunkt rund 250 000 Juden.)[221]

Doch auch diese kleine jüdische Minderheit war ebenso wenig zionistisch, wie sie ein »Volk« war. Sie setzte sich vor allem aus Strenggläubigen zusammen, die die Idee der Errichtung eines modernen Staatswesens, das sich anmaßte, jüdisch zu sein, regelrecht abstieß, da dieses mit seinen säkularen Werten das Heilige Land unweigerlich profanieren würde. Doch all diese Fakten hatten keinerlei Einfluss auf diesen Vorstoß, der eine Kolonisierung unter britischer Ägide ermutigen sollte, um so vielleicht einen Teil der Juden wieder loszuwerden, die es trotz aller Beschränkungen auf die britische Insel geschafft hatten.

Noch war, nicht zu vergessen, das historische Prinzip eines Selbstbestimmungsrechts der Völker kein Allgemeingut. Dieser Grundsatz, der erst zwei Jahre nach der Erklärung ins Völkerrecht aufgenommen werden sollte, kam im Bezug auf nichteuropäische Bevölkerungen bis nach dem Zweiten Weltkrieg nicht zur Anwendung. So ließ auch die Balfour-Deklaration, bei aller semantischen Eleganz und vorsichtigen Unschärfe, mit der sie formuliert war, die kollektiven Interessen der einheimischen Bevölkerung unberücksichtigt, wobei es keine Rolle spielt, ob diese zum damaligen Zeitpunkt tatsächlich nur eine Population und noch nicht ein Volk oder eine Nation war. Zudem konterkarierte sie die von Henry McMahon, dem britischen Hochkommissar für Ägypten, gegenüber Hussein ibn Ali, dem Sherifen des Hedschas, gemachten Versprechungen. Denn um diesen in die Kriegsanstrengungen gegen die Osmanen einzubinden, hatte Großbritannien, wenn auch verklausuliert, den Arabern in allen von ihnen bewohnten Gebieten mit Ausnahme Westsyriens (dem künftigen Libanon), wo es eine bedeutsame nichtmuslimische Einwohnerschaft gab, staatliche Unabhängigkeit in Aussicht gestellt.[222] Großbritannien dürfte über den Vertrauensbruch gegenüber den Arabern, den die Balfour-Deklaration darstellte, jedoch nicht allzu beunruhigt gewesen sein. Man hatte ohnehin niemals ernsthaft in Erwägung gezogen, die ihnen gemachten Versprechungen zu halten, da die ersten Äußerungen eines arabischen Nationalismus höchst geringschätzig betrachtet wurden. Das vornehmliche Ziel der Deklaration bestand vielmehr darin, ein zuvor unter höchster Geheimhaltung mit Frankreich abgeschlossenes Abkommen ins Wanken zu bringen.

Als die beiden kolonialistischen Hyänen sich schließlich daranmachten, den osmanischen Kadaver untereinander aufzuteilen, trafen sich am 16. Mai 1916 Marc Sykes, ein Vertreter des britischen Außenministeriums, und Charles François Georges-Picot, der Bevollmächtigte des französischen Außenministers, und kamen zu einer geheimen Übereinkunft über die Aufteilung der territorialen Beute. Frankreich würde demnach direkte oder indirekte Kontrolle über all jene Territorien erhalten, die später zu Syrien (bis zur Stadt Mossul), dem Libanon, dem südöstlichen Teil der heutigen Türkei und Obergaliläa werden sollten. Großbritannien hingegen reservierte sich die Gebiete, die schon bald darauf zu Transjordanien und dem Irak werden sollten, dazu den Persischen Golf, die Wüste Negev sowie einen Korridor zum Meer mit den Hafenstädten Haifa und Akko. Dem zaristischen Russland sicherte das Abkommen die Kontrolle über Istanbul zu. Das Kerngebiet des Heiligen Landes wiederum sollte einer internationalen Verwaltung unterstellt werden. Juden indes waren nicht Gegenstand der Verhandlungen und werden in dem Dokument mit keinem Wort erwähnt.[223]

Im Dezember 1916 wurde David Lloyd George neuer britischer Premierminister, Lord Arthur Balfour als Außenminister seine rechte Hand. Beide bekundeten offen ihre Sympathie für die zionistische Idee – Lloyd George als frommer walisischer Baptist kannte, nach eigenem Bekunden, die Stätten des Heiligen Landes besser als die Schauplätze des Großen Kriegs –, und beide waren sie über das Abkommen mit den Franzosen nicht glücklich. Der Grund hierfür war ein doppelter, sowohl prosaischer wie von historischem Zauber durchdrungener. In erster Linie waren die Briten bestrebt, die militärische Sicherheitszone rund um den Suezkanal durch eine Besetzung Palästinas zu vergrößern. Der Landweg, der das Mittelmeer mit dem Persischen Golf verband, musste sich nach ihrer Überzeugung in den Händen Seiner Majestät befinden. Auch waren sie nicht im mindesten gewillt, sich das Heilige Land mit den dubiosen französischen »Atheisten« zu teilen. Denn immerhin war – und hier sind wir beim zweiten Aspekt ihrer Motivation – vom Land der Bibel und der europäischen »Ritter Jesu« die Rede, die im Jahre 1291 durch die barbarischen Muslime endgültig von dort vertrieben worden waren, und von der Gelegenheit, kultivierte Europäer dorthin zurückzuführen. Schließlich war das Heilige Land nicht bloß eine weitere Kolonie wie Uganda oder Ceylon. Nein, es war die Heimat des Urchristentums. Und jetzt bot sich den protestantischen Lords in Großbritannien die historische Gelegenheit, die Belange dieses kostbaren Landes mit Hilfe der kleinen und ergebenen zionistischen Bewegung zu lenken.

Am 26. März 1917 marschierten Soldaten des britischen Commonwealth zum ersten Mal in Palästina ein und versuchten, Gaza zu erobern. Der Angriff scheiterte zwar, doch am 31. Oktober gelang es anderen Truppenverbänden unter General Edmund Allenby, Beerscheva einzunehmen, die Kapitale der Negev-Wüste. Der Weg nach Jerusalem war damit frei und das Schicksal Palästinas entschieden. Genau in dieser kurzen Zeitspanne zwischen der Einnahme Beerschevas und der kampflosen Kapitulation Jerusalems am 9. Dezember desselben Jahres ging die berühmte Depesche von Balfour an Rothschild, ein Schreiben, das de facto das Sykes-Picot-Abkommen aufhob und den Briten dank des Geschenks an das »jüdische Volk« eine hegemoniale Perspektive bescherte.[224]

Dabei ist allerdings zu bedenken, dass die Welt zum damaligen Zeitpunkt noch gar nichts von einem französisch-britischen Abkommen wusste. Davon erfuhr sie erst im Jahre 1918, als die bolschewikischen Revolutionäre in einer Art WikiLeaks-Aktion die Archive des zaristischen Außenministeriums öffneten und so das machiavellistische Spiel Großbritanniens ans Licht brachten. Denn das Sykes-Picot-Abkommen war ein höchst zynisches Dokument und hatte daher strengster Geheimhaltung unterlegen. Die Balfour-Deklaration hingegen brüstete sich, eine humanitäre Geste an die drangsalierten Juden zu sein, weshalb sie öffentlich gemacht und nach Kräften kommuniziert wurde. Nicht von ungefähr war ihr Adressat Lionel Walther Rothschild, eine in

London hochgeachtete politische Figur, und nicht etwa einer der relativ unbekannten Vertreter der kleinen zionistischen Organisation. Die Erklärung war tatsächlich vor allem dazu bestimmt, einen raffinierten kolonialistischen Schachzug zu bemänteln, der das Schicksal des Nahen Ostens im 20. Jahrhundert und darüber hinaus erheblich beeinflussen sollte.

Einige Historiker nennen noch weitere mögliche Gründe der Regierung Lloyd George, die Balfour-Deklaration aufzusetzen. So hätten Teile der britischen Führung geglaubt, dass die amerikanischen Juden über die Macht verfügten, ihre eigene Regierung noch nachdrücklicher zu einem Eingreifen in den Großen Krieg anzuspornen. Denn das große Morden durfte nicht enden, ehe der deutsche Gegner nicht vollständig besiegt war. Gleichzeitig sei in den Fluren von Whitehall angenommen worden, dass die russischen Juden, trotz aller Sympathien für die auf Frieden sinnenden Bolschewiki, durch die Zusicherung einer nationalen Heimstätte dazu bewegt werden könnten, sich für eine Fortsetzung der verzweifelten Kämpfe an der Ostfront einzusetzen.[225]

Schon immer haben Anti- wie Philosemiten offenkundig dazu geneigt, sowohl das Ausmaß an Solidarität unter Juden wie auch deren Einfluss und Macht zu überschätzen. So unterschied sich, ungeachtet aller Sympathiebekundungen, die unter christlichen Zionisten vorherrschende Wahrnehmung der Juden nicht grundsätzlich von der Haltung der Antisemiten. Zwar lassen sich viele feine Unterscheide unter den Evangelikalen und sonstigen Protestanten erkennen, doch teilen sie alle eine eindeutig essentialistische und ethnozentrische, von Vorurteilen nur so strotzende Einstellung gegenüber den Juden und ihrer angeblichen Machtstellung in der Welt.[226]

Es existiert zudem noch eine weitere, deutlich naivere historische Lesart, welche die territoriale Großherzigkeit der britischen Krone dem Einfluss eines löslichen organischen Stoffes zuschreibt. Die Geschichte ist hinlänglich bekannt: Schon bald nach Ausbruch des Ersten Weltkriegs gingen die Acetonvorräte der Briten zur Neige, eine farblose Flüssigkeit, die durch die Trockendestillation von Bäumen gewonnen und zur Produktion von

Granaten und Sprengstoff benötigt wurde. Chaim Weizmann, einer der Köpfe der zionistischen Bewegung in Großbritannien und später erster Staatspräsident Israels, war nicht zuletzt auch ein begnadeter Chemiker. Er fand als Erster einen Weg, Aceton mit Hilfe eines Bakteriums fermentativ herzustellen, wurde zur Fahne gerufen und vermochte, das Nachschubproblem zu lösen. Und so, dank seines Genies und seiner Geistesgegenwart, konnte die britische Produktion von Bomben und Mörsergranaten wieder hochgefahren werden. Lloyd George war zum damaligen Zeitpunkt Munitionsminister, Winston Churchill fungierte als Marineminister und wurde 1915 von Balfour in dieser Funktion abgelöst. Alle drei Männer kannten Weizmann, wussten um seinen Beitrag zu den britischen Kriegsanstrengungen und vergaßen diese heroische Tat nicht, als es an ihnen war, über eine nationale jüdische Heimstätte in Palästina zu entscheiden. Mit anderen Worten: die Balfour-Deklaration war auch die Begleichung einer moralischen Bringschuld gegenüber diesem Mann und somit indirekt auch gegenüber der Bewegung, die er repräsentierte.

Bei der Konstruktion eines historischen Narrativs ist bekanntlich beinahe alles möglich. Doch leider findet sie nicht in einem chemischen Labor statt, in dem sich der Versuch einfach noch einmal wiederholen lässt, um herauszufinden, ob es tatsächlich eine bestimmte Zusammensetzung von Stoffen war, die einen Gärungsprozess oder eine Explosion ausgelöst hat. Doch ungeachtet dieser Einschränkung erscheint es unwahrscheinlich, die Spitzen der britischen Regierung hätten nicht gewusst, dass der deutsche Zweig der zionistischen Bewegung zum selben Zeitpunkt mit aller Entschlossenheit das eigene Vaterland unterstützte. Wobei man unverhofft auf eine weitere ironische Note der Geschichte stößt: Es war Fritz Haber, der jüdischstämmige Chemiker und Nobelpreisträger, der dem kaiserlichen Heer den Weg zum Einsatz von Giftgas ebnete. Nach der Machtübernahme durch die Nationalsozialisten sah sich Haber, ein deutscher Patriot, gezwungen, seine Heimat zu verlassen. Er starb 1934 in Basel, auf der Durchreise nach Palästina, wo er am wissenschaftlichen Institut Chaim Weizmanns in Rechovot tätig werden sollte.[227]

Lord Lloyd George, Lord Arthur Balfour, Lord Alfred Milner, Lord Robert Cecil, Sir Winston Churchill und andere adelige britische Staatsmänner – sie alle waren 1917 überzeugt, eine Ansiedlung von Juden in Palästina würde Großbritannien dort bis ans Ende aller Tage einen imperialistischen Zugriff sichern, und vielleicht sogar darüber hinaus, falls die Evangelikalen doch recht behalten würden.

Sie hatten nichts gelernt aus dem Aufstand der Siedler in Nordamerika am Ende des 18. Jahrhunderts, noch aus den Burenkriegen der zweiten Hälfte des 19. Jahrhunderts. Vielleicht glaubten sie ja, dass die Juden, die zwar über gewaltige finanzielle Macht geboten, gleichzeitig aber in politischer Hinsicht fügsam waren, gegenüber dem großherzigen Empire mehr Dankbarkeit an den Tag legen würden, als sie es schließlich taten. Doch auch die zionistischen Juden erlagen einem folgenschweren Irrtum, wenn sie glaubten, die prozionistische Ideologie würde sich unter den britischen Eliten als stabil genug erweisen, um sich gegen all die wechselnden Prioritäten des Empires dauerhaft durchsetzen zu können.

In jedem Fall bleibt festzuhalten: Weder eine übermächtige, zweitausend Jahre währende jüdische Sehnsucht nach einem Land des Altertums noch eine große Welle freiwillig aufgebrochener Einwanderer, die gegen die Tore dieses Landes brandete, lösten diesen diplomatischen Startschuss aus, der in nicht allzu ferner Zukunft zur zionistischen Herrschaft über Palästina führen würde. Am 2. November 1917 kreuzten sich drei ideologische und politische Vektoren, die gemeinsam eine wirkmächtige symbiotische Dreieinigkeit bildeten:

1. Ein althergebrachtes, christlich-evangelikales Sentiment, das sich unauflöslich mit kolonialen Zielen verschränkte, von denen Großbritannien seit der zweiten Hälfte des 19. Jahrhunderts träumte.

2. Die schwere Notlage eines großen Teils der Angehörigen des »jiddischen Volkes«, die sich zwischen zwei bedrohlichen Prozessen gefangen sahen: dem Aufstieg eines antisemitischen Protonationalismus in Osteuropa, der begann, sie mit großer Aggressivität zu verdrängen, und parallel dazu einer Abschottung der westeuropäischen Staaten gegen eine Zuwanderung.
3. Die Entstehung einer modernen, nationalen Gegenreaktion, die sich an den Rändern des Zerfalls und der Zerstörung jenes unfertigen, in sich nicht gefestigten Volkes zu zeigen begann und deren Hauptziel eine Ansiedlung im Lande Zion war.

Es besteht nicht der geringste Zweifel, dass die Balfour-Deklaration der Popularität des Zionismus förderlich war. In ihrer Folge gab es mit einem Mal sehr viel mehr Juden, die begeistert zustimmten, andere Juden loszuschicken und »nach dem Lande Israel aufsteigen« zu lassen. Die Aussicht auf eine nationale Heimstätte und die Gewogenheit der britischen Behörden, zumindest in der Zeit von 1917 bis 1922, vermochten die Jiddisch sprechenden Juden, von den in Großbritannien lebenden Juden ganz zu schweigen, mitnichten zu überzeugen, in Scharen in ihre »historische Heimat« zu strömen.[228] Am Ende der fünfjährigen Flitterwochen zwischen dem christlichen und dem jüdischen Zionismus waren etwa 30000 Zionisten nach Palästina gelangt. Im selben Zeitraum, in dem die US-Regierung die Einwanderung noch nicht eingeschränkt hatte, strömten jedoch Hunderttausende jüdischer Flüchtlinge aus Osteuropa in die Vereinigten Staaten. Sie weigerten sich hartnäckig, ihr Leben an das nahöstliche Territorium zu binden, das ihnen Palmerston, Shaftesbury, Balfour und andere christliche Lords seit Mitte des 19. Jahrhunderts zugedacht hatten.

Doch sollte man sich über dieses demographische Ungleichgewicht nicht allzu sehr wundern. Gewiss gab es beträchtliche ökonomische Schwierigkeiten, die in jenem Zeitraum eine jüdische Ansiedlung in Palästina behinderten, doch waren diese nicht der Hauptgrund für den Mangel an enthusiastischen Kolonisten, sondern ein anderer, höchst banaler Faktor: In der ersten Hälfte des 20. Jahrhunderts betrachtete die Mehrheit aller Juden – ob sie nun orthodox oder liberal waren, Bundisten oder Sozialdemokraten, Sozialisten oder Anarchisten – Palästina schlicht nicht als ihr Land. Zwar wurde der Unabhängigkeitserklärung des Staates Israel der Mythos eingeschrieben, dass »die Juden in jeder Generation in ihre alte Heimat zurückzukehren und in ihr Fuß zu fassen« gesucht hätten, doch wollten diese auch dann nicht zurückkehren, als ihnen jenes Territorium auf einem kolonialprotestantischen Silbertablett dargeboten wurde.

Es waren die schrecklichen, apokalyptischen Schläge, die auf die Juden niedergingen, und ihre Ausgrenzung durch die »zivilisierte« Welt, die letztendlich zur Errichtung des Staates Israel führen sollten.

IV. Zionismus gegen Judentum: Die Eroberung des »ethnischen« Raums

> Denn eines ist ewiges Gesetz: Wenn zwischen dem Nationalstaat und seinem Vaterland eine trennende Linie verläuft oder von jemandem gezogen wird, dann gibt es nur ein Urteil für diese Linie: zu verschwinden.
>
> Menachem Begin, 1948

> Dieser Sieg [von 1967] hat seine Bedeutung nicht nur darin, dass er den Juden die ältesten und erhabensten Heiligtümer des Volkes zurückgegeben hat, jene, die unauslöschlicher als alles andere in seiner Erinnerung und den Tiefen seiner Geschichte ruhen. Seine eigentliche Bedeutung liegt darin, dass er faktisch den Unterschied zwischen dem Staat Israel und dem Land Israel aufgehoben hat.
>
> Nathan Alterman, »Angesichts einer Realität, die ihresgleichen sucht«, 1967

Die britischen Protestanten lasen die Bibel ohne jeden exegetischen Filter und traten direkt mit dem Geist Gottes in Kontakt. Die Juden des Talmuds hingegen schreckten vor solch einem freien Umgang mit dem Buch der Bücher zurück, das, wie sie glaubten, von Gott selbst verfasst war. Ebenso unbedenklich fanden es die chiliastischen christlichen Ideologen, Juden in Scharen ins Heilige Land zu transferieren und diese dort anzusiedeln, stellte doch die Sammlung der Juden dort eine zwingend notwendige Grundvoraussetzung für das Kommen des Heils dar. Ganz anders die Auffassung der jüdischen Rabbiner nicht nur im Mittelalter, sondern bis in die Neuzeit hinein. Für diese sollte die Sammlung aller Juden, der lebenden wie der toten gleichermaßen, erst mit dem Kommen der Erlösung eintreten. Die Distanz zwischen Evangelikalismus und Zionismus war von daher in vielerlei Hinsicht kleiner als die tiefe metaphysische und mentale Kluft zwischen dem historischen Judentum und dem jüdischen Nationalismus.[229]

Im Jahre 1648, also ein Jahr bevor die beiden Baptisten Joanna Cartwright und ihr Sohn Ebenezer sich mit der Idee an die Regierung Cromwells wandten, die Juden nach ihrem Heiligen Lande zu verschiffen, entschied Schabbtai Zvi, ein Talmudgelehrter aus Izmir, er sei der Messias Israels. Womöglich wäre er ein namenloser Exzentriker geblieben, einer von vielen, die davon träumten, der Erlöser zu sein, wären die Juden Osteuropas nicht zur selben Zeit durch ein apokalyptisch anmutendes Trauma erschüttert worden. Denn die Pogrome, die während des ukrainischen Aufstands, der vom christlich-orthodoxen Kosaken Bogdan Chmelnitzki angeführt wurde und sich gegen die polnisch-katholische Aristokratie richtete, verübt wurden, kosteten über 100 000 Juden das Leben und verbreiteten Endzeitstimmung in vielen Gemeinden, so dass sie für die Botschaft einer nahen Erlösung empfänglich waren. Zudem hatte eine bekannte kabbalistische Berechnung das Kommen des Erlösers für das jüdische Jahr 5408 (1648) vorhergesagt.

Der Sabbatianismus breitete sich in den jüdischen Gemeinden wie ein Flächenbrand aus und gewann viele Anhänger. Erst nach dem Übertritt Schabbtai Zvis zum Islam im Jahre 1666 kam diese schwärmerische und mitreißende Bewegung mehr oder weniger zum Stillstand. Die Nachwehen dieser messianischen Welle sollten die jüdische Glaubenswelt indes noch viele Jahre in Unruhe versetzen. Sabbatianische Gruppen existierten und agierten bis ins 18. Jahrhundert hinein. Als direkte Antwort entwickelte das Establishment der jüdischen Gemeinden Vorsichtsmaßnahmen und sensible Frühwarnmechanismen, um sich künftig gegen den Ausbruch unkontrollierbarer Sehnsucht nach einer nahen Erlösung zu wappnen.

Der Sabbatianismus war keine protozionistische und ganz gewiss auch keine nationale Bewegung, auch wenn Vertreter der zionistischen Historiographie immer wieder versuchten, ihn als solche darzustellen. Denn mehr, als Juden aus ihren Herkunftsorten zu entwurzeln und sie ins Land der Herrlichkeit zu führen, war es dem selbsterklärten Messias Schabbtai Zvi darum zu tun, eine globale spirituelle Herrschaft zu errichten.[230] Doch nicht wenige Rabbiner hegten den Verdacht, der Sabbatianismus könnte Juden verführen, sich Jerusalem zuzuwenden und der Sünde schuldig zu machen, das Erscheinen des Messias herbeiführen zu wollen und damit auch die fragile Stabilität der jüdischen Existenz überall auf der Welt zu erschüttern.

Die sozioökonomische Modernisierung, die ab Ende des 18. Jahrhunderts ihre Schatten vorauswarf, brachte jahrhundertealte Formen des Zusammenlebens ins Wanken und trug zugleich zu einer dogmatischen Verhärtung in den rabbinischen Machtzentren bei. Mehr als je zuvor waren die Rabbiner auf der Hut, sich nicht von einer gefährlichen Eschatologie anstecken zu lassen, die eine nahende Erlösung versprach. Auch die Hauptströmungen des im 18. Jahrhundert entstehenden Chassidismus hüteten sich davor – trotz aller Spontaneität, der Fixierung auf die lurianische Kabbala und der Überhöhung einer individuellen Erlösung –, den Kündern einer kollektiven Erlösung oder jenen, die das Kommen des Messias zu beschleunigen versprachen, zu verfallen.[231]

1. Die Reaktion des Judentums auf die Erfindung des Vaterlands

Rabbi Jesaja Horowitz, der in der jüdischen Tradition nach den Anfangsbuchstaben des Titels seines Hauptwerkes *Shnej luchot ha-brit* [Die zwei Bundestafeln] als Schela ha-Kadosch bezeichnet wird, lebte in Prag vor Ausbruch des Sabbatianismus und galt als einer der größten Rabbiner des 17. Jahrhunderts. Im Jahre 1621, nach dem Tod seiner Frau und angesichts des für das jüdische Jahr 5408 prognostizierten Weltendes, beschloss der große Rabbiner, sich in Jerusalem niederzulassen. Tatsächlich nahm er für einige Zeit in der Heiligen Stadt seinen Wohnsitz, zog danach nach Safed und lebte zuletzt in Tiberias, wo er im Jahre 1628 unter großen Ehrungen zu Grabe getragen wurde. Vielen zionistischen Historikern galt er mithin als eine Art erste Schwalbe, die den späteren zionistischen Sommer ankündigte.

Doch gerade weil dieser Rabbiner – im Unterschied zu Tausenden anderen, die sich weigerten – ins Heilige Land übersiedelte, kann er uns besser als jeder andere als Beleg für den abgrundtiefen Unterschied und den epistemologischen Bruch zwischen dem traditionellen Judentum und dem künftigen Zionismus dienen. Horowitz' besondere Beziehung und glühende Liebe zum Land stehen außer Zweifel. Er nahm nicht nur die Strapazen auf sich, in relativ hohem Alter in ein neues und unbekanntes Land überzusiedeln, sondern rief auch andere auf, sich ihm anzuschließen, selbstverständlich ohne dabei an eine kollektive Einwanderung aller Juden zu denken.

Die zwei Bundestafeln, sein wichtigstes Werk, wurde allem Anschein nach in der Stadt Safed im Obergaliläa vollendet.[232] In dieser Schrift findet sich die eindeutig ablehnende Haltung des Schela ha-Kadosch gegen eine Ansiedlung an diesem heiligen Ort mit dem Ziel, dort ein normales jüdisches Leben zu führen. Denn das Land sei auf keinen Fall dazu bestimmt, als Hort und Zufluchtsort für Verfolgte und Bedrückte zu dienen. Die Mitzwot – die Ge- und Verbote – einzuhalten sei dort schwieriger als an jedem anderen Ort auf der Welt, und derjenige, der sich dort niederlassen wolle, müsse seelisch dazu bereit sein. Denn ein Jude, der ins »kanaanäische Land« ziehe, tue dies nicht, um dort in Frieden heimisch zu werden oder sich an den Früchten des Landes zu laben. Gestützt auf die Verse der hebräischen Bibel konstatiert der Schela ha-Kadosch unmissverständlich, dass ein jeder, der ins Heilige Land komme, dazu verurteilt sei, sein ganzes Leben dort wie ein Gast zu leben.

Denn das Land gehöre nicht den Kindern Israels, und ihre Existenz dort sei gefährdet und schutzlos. Was der Rabbiner über die Ansiedlung im Heiligen Land schreibt, umreißt präzise die Diasporaexistenz der Juden. Die Übersiedlung ins Heilige Land markiert für ihn nicht den Beginn der Erlösung, sondern das genaue Gegenteil, da die Last der Gebote dort schwerer wiege und das von ständiger Angst begleitete Tragen dieser Bürde ein Beweis für die Stärke des Glaubens sei. »Der Mensch, der im Lande Israel seinen Wohnsitz nimmt, entsinne sich stets des Namens Kanaan, der von Versklavung und Unterdrückung kündet [...] Ihr werdet Gäste in eurem Land sein, wie David sagte, ›Ich bin Gast auf Erden‹ (Ps 119,19).«[233]

Gut einhundert Jahre später bringt der ebenfalls aus Prag stammende Rabbiner Jonathan Eybeschütz, auch er einer der großen Exegeten und Prediger seiner Zeit, ganz ähnliche Vorbehalte gegen die Versuchung zum Ausdruck, ins Heilige Land überzusiedeln. Obgleich er von seinen Gegnern des Sabbatianismus bezichtigt wurde, gehörte er zu jenen, die am striktesten an den Grundsätzen der Halacha in Bezug auf die Erlösung festhielten, und damit auch zu denjenigen, die sich am meisten vor jedem menschlichen Versuch fürchteten, das Kommen des Messias herbeizuführen. Unmissverständlich kommt er zu der Feststellung, es sei nicht Wunsch der Juden, aus ihrem »Exil« zurückzukehren, zumal diese Rückkehr ohnehin nicht von ihnen abhänge. »Denn wie soll ich zurückkehren können, wenn die Sünde in mir mitreist?«, fragt er in seiner berühmten Predigt in Metz, eine Predigt, die auch in seinem Werk *Ahavat Jonathan* [Jonathans Liebe] enthalten ist.[234] Das Land sei nur bestimmt, Juden aufzunehmen, die von jeglicher Triebhaftigkeit frei seien und nicht Gefahr liefen, sich zu versündigen und gegen irgendeine Mitzwa zu verstoßen. Da derartige Juden aber nicht zu finden seien, sei nicht nur kein Nutzen darin, seinen Wohnsitz an diesem heiligen Ort zu nehmen, sondern sogar eine große Gefahr für das Kommen der Erlösung.

Am interessantesten jedoch ist, dass Eybeschütz' größter Widersacher, der Talmudgelehrte und bedeutende Rabbiner Jacob

Emden, der Eybeschütz im sogenannten Amulettenstreit als heimlichen Anhänger des Sabbatianismus hinstellte, mit diesem in seiner Haltung zum Lande Israel vollkommen übereinstimmte. In seiner konsequenten Kritik gegen jeden – offenen oder verschleierten – Ausdruck von Messianismus distanzierte er sich scharf von jedweder Absicht, das Kommen des Erlösers zu beschleunigen. Wenn es jemanden gab, der die drei Eide des Talmud zu einer Leitlinie seiner gesamten Lehre machte, dann war dies zweifellos der Rabbiner Jacob Emden. Vehement attackierte er den törichten und zum Scheitern verurteilten Versuch jener messianischen Gruppe um den Rabbiner Jehuda he-Chassid, die um das Jahr 1700 in Jerusalem gewohnt hatte und der zionistischen Historiographie als Beginn der »nationalen Einwanderung« ins Land Israel gilt.[235]

Die theologisch begründete Angst vor einer Entweihung der heiligen Erde, bedingt durch die ungeheure Vielzahl von Mitzwot, die es dort einzuhalten galt, war bis in die ersten Jahre des 20. Jahrhunderts tief im halachischen Denken verwurzelt. Manche brachten diese Furcht offen zum Ausdruck, andere blendeten die Frage aus und wollten diese nicht einmal ansatzweise erörtern. Und wieder andere fuhren unbeirrt fort, die imaginären Vorzüge und Qualitäten des Landes zu loben und zu preisen, ohne jemals auf den Gedanken zu verfallen, es sei an der Zeit, sich dort niederzulassen. Entsprechend gebaren die traditionellen religiösen Institutionen des Judentums auch keine Bewegung oder Strömung mit dem Anspruch, nach Jerusalem zu ziehen, um dort »zu erbauen und erbaut zu werden«.

Doch bevor ich zu den Reaktionen der verschiedenen Strömungen des rabbinischen Judentums auf das Aufkommen der neuen nationalen Herausforderung komme, möchte ich gerne noch einen Moment bei einer der ersten Stimmen der jüdischen Aufklärung verweilen, die sich im 18. Jahrhundert zu Wort meldeten. Moses Mendelssohn, der sowohl mit Eybeschütz wie auch mit Emden bekannt war, hatte bekanntermaßen eine traditionelle Ausbildung in einer Jeschiwa erfahren und war mit der rabbinischen Literatur bestens vertraut. Doch im Unterschied zu den beiden großen traditionalistischen Gelehrten brach Mendelssohn aus den Strukturen des halachischen Diskurses aus und entwickelte ein eigenständiges Denken, weshalb er gemeinhin als der erste jüdische Philosoph der Moderne gilt.

Doch Mendelssohn kann mit gleichem Recht als einer der ersten Deutschen betrachtet werden. Zu einem Zeitpunkt, als die meisten Untertanen der deutschen Könige und Fürsten des Hochdeutschen noch nicht mächtig waren, hatte Mendelssohn – ähnlich anderen großen Intellektuellen seiner Zeit – längst begonnen, mit großer Virtuosität in dieser Sprache zu schreiben. Was indes nicht besagt, dass er gleichzeitig aufhörte, Jude zu sein. Mendelssohn war ein gläubiger Mensch, hielt die Mitzwot ein, brachte seine tiefe Beziehung zum Land Israel zum Ausdruck und wandte sich sogar gegen eine Verschmelzung der Juden mit der christlichen Kultur, selbst in einem symbiotischen, gleichberechtigten religiösen Rahmen. Gleichzeitig engagierte er sich für eine Verbesserung der sozioökonomischen Lage der Juden und für deren kulturellen Auszug aus dem Ghetto, das ihnen zwar aufgezwungen worden war, in dem sie sich aber auch vor den Stürmen der Modernisierung geschützt fühlten. Daher schuf Mendelssohn eine Neuübersetzung des Alten Testaments ins Hochdeutsche (gesetzt allerdings in hebräischen Buchstaben) und fügte seiner Übersetzung philosophische Erläuterungen bei. Sein Kampf für eine rechtliche Gleichstellung von Juden verwickelte ihn schließlich auch in einen der letzten intellektuellen Dispute seines Lebens.

Im Jahre 1781, fünf Jahre vor Mendelssohns Tod, echauffierte sich der christliche Theologe und Orientalist Johann David Michaelis gegen die Gewährung gleicher Rechte für Juden. Es sollte eine der ersten Kontroversen zu diesem Thema werden, der Auftakt einer langen Reihe erbitterter Polemiken, die auf der Bühne der deutschen Hochkultur in der ersten Hälfte des 19. Jahrhunderts stattfanden. In Michaelis' Einstellung hallt bereits ein protonationalistischer, judäophober Unterton wider. Unter anderem hielt er den Juden vor, dass diese im Orient ja bereits eine andere Heimat hätten. Denn es waren Judenfeinde in deutschen

Landen, die als Erste – lange vor der Geburtstunde des Zionismus – für die Juden ein fernes nationales Territorium erfanden. Mendelssohn sprang sogleich in die Bresche, um eine mutige Replik zu formulieren. Da sein Ansatz ein prinzipieller ist und im Verlauf des 19. Jahrhunderts einigen Widerhall unter gläubigen Juden finden sollte, lassen wir Mendelssohn an dieser Stelle ausführlich zu Wort kommen:

> Die gehoffte Rückkehr nach Palästina, die Herrn M. so besorgt macht, hat auf unser bürgerliches Verhalten nicht den geringsten Einfluß. Dieses hat die Erfahrung von jeher gelehrt, an allen Orten, wo Juden bisher Duldung genossen, und ist eines Theils der Natur des Menschen gemäß, der, wenn er nicht Enthusiast ist, den Boden liebt, auf welchem ihm wohl ist, und wenn seine religiöse Regungen dawider sind, diese für die Kirche und die Gebetsformeln versparet und weiter nicht daran denkt; andern Theils aber der Vorsorge unsrer Weisen zuzuschreiben, die uns den Verbot im Talmud sehr oft eingeschärft, an keine gewaltsame Rückkehr zu denken; ja ohne die in der Schrift verheißene große Wunder und außerordentliche Zeichen, nicht den geringsten Schritt zu thun, der eine gewaltsame Rückkehr und Widerherstellung der Nation zur Absicht hätte. Diesen Verbot haben sie auf eine etwas mistische, doch sehr einnehmende Weise, durch den Vers im Hohenliede ausgedrückt: »Ich beschwöre euch, Töchter Jerusalems …«[236]

Kurz vor der Geburtsstunde der Nationalterritorien in Europa hielt es der jüdische Philosoph offenbar für notwendig klarzustellen, warum das Heilige Land nicht seine Heimat sei. Dabei stützte er sich auf zwei Argumente: Das erste scheint direkt dem hellenistischen Judentum zu entstammen – Juden sind normale Menschen und lieben von daher das Land, in dem sie leben. Das zweite Argument hingegen ist ausdrücklich dem Talmud entlehnt – die theologische Begründung der drei Eide wird auch von der jüdischen Aufklärung übernommen, die sich selbst als Teil des gerade geborenen Deutschtums sieht. In dieser Hinsicht erscheint Mendelssohn als eine Art Bindeglied zwischen Philo von Alexandria, dem ersten jüdisch-hellenistischen Philosophen, und Franz Rosenzweig, dem vielleicht letzten großen deutsch-jüdischen Philosophen, der ebenfalls jeden Versuch vehement ablehnte, einen Nexus zwischen Judentum und Boden herzustellen.[237] Gleichzeitig lässt sich in Mendelssohn der Künder der großen jüdischen Reformbewegung sehen, die sich ebenfalls gegen protozionistische und zionistische Ideen wenden sollte.

Mendelssohn jedenfalls war überzeugt, die Idee eines jüdischen Staates im Heiligen Land sei schlecht und schädlich, womit er sich prinzipiell nicht von der traditionellen rabbinischen Lehrmeinung unterschied. Auch der Vormarsch des Nationalismus im Europa des 19. Jahrhunderts sollte diese Grundeinstellung nicht wesentlich verändern. Außer einigen wenigen Ausnahmen wie Rabbiner Zvi Hirsch Kalischer oder Jehuda Alkalai, die beide versuchten, religiösen Messianismus und national-territorialen Realismus miteinander zu verbinden, weshalb sie von der zionistischen Historiographie zu Säulenheiligen erhoben wurden, findet sich im jüdischen Establishment keinerlei Aufgeschlossenheit gegenüber den ersten protozionistischen Regungen. Im Gegenteil, zu finden ist eine schon beinahe als »erblich« zu bezeichnende Feindseligkeit gegenüber dem bloßen Wunsch, das Heilige Land zu einer nationalen Heimat zu machen.

Doch zunächst galt der Widerstand des historisch-traditionellen Judentums nicht dem Zionismus, oder anders ausgedrückt, dem Projekt einer kollektiven Assimilation in der Moderne. Die ersten Kämpfe des Judentums im 19. Jahrhundert richteten sich vielmehr gegen die semikollektiven Integrationskonzepte (des Reformjudentums) und die persönliche, individuelle Assimilation, die im Wesentlichen säkularer Natur war. Beide Phänomene waren im Grunde genommen ein Versuch, sich an die im Entstehen begriffenen Nationalkulturen anzukoppeln. Die fortschreitende rechtliche Gleichstellung von Juden zunächst in den Ländern Westeuropas und später auch Mitteleuropas beschleunigte den Zerfall der traditionellen Strukturen jüdischer Existenz. Das Vordringen skeptischer aufklärerischer Ideen auch nach Osteuropa und deren wachsende Popularität unter den jungen, gebildeten Generationen erschütterten die Nomenklatur der Gemeinden schwer, die ihrerseits um mögliche Reaktionen rang.

Das Reformjudentum begann überall dort zu florieren, wo der politische Liberalismus Fuß fassen konnte, ja mitunter ging es diesem sogar voraus. In Holland, Großbritannien, Frankreich und vor allem Deutschland entstanden im 19. Jahrhundert Reformgemeinden, die versuchten, jüdische Praktiken und Texte dem Geist der Aufklärung anzupassen, der durch die Französische Revolution verbreitet worden war. Alles, was in der Tradition der Vernunft zu widersprechen schien, wurde reformiert und erhielt neue Inhalte und Ausdrucksformen. Synagogenordnungen und Gebetsbücher wurden verändert, und in den Gebetshäusern wurden originelle, erfrischende Rituale praktiziert.

Doch neben dem Bemühen, die Gemeindeaktivitäten zu modernisieren, war die jüdische Reformbewegung vor allem durch den Versuch gekennzeichnet, sich der Nationenbildung und den nationalen Kulturen anzupassen, die sich in jenem Zeitraum zu formieren und zu differenzieren begannen. Die Reformjuden wollten an diesem Prozess teilhaben und sahen sich selbst in erster Linie als immanenten Bestandteil der neuen kollektiven Identitäten. Die Gebete auf Hebräisch wurden in die Nationalsprachen übersetzt, die sich wachsender Verbreitung und Dominanz erfreuten. Parallel dazu verabschiedeten sich die Anhänger des Reformjudentums auch von allen eschatologischen Stellungnahmen zur Erlösung, die von einer Rückkehr nach Zion am Ende aller Tage sprachen. Jeder Jude, so ihre Überzeugung, habe nur eine Heimat, nämlich das Land, in dem er wohne. Juden seien primär Deutsche, Holländer, Briten, Franzosen oder Amerikaner mosaischen Glaubens.

Dem Auftauchen der ersten protozionistischen Ideen in der zweiten Hälfte des 19. Jahrhunderts begegneten die reformerischen Gemeinden mit heftigen Vorbehalten. Sie befürchteten, dass jede Bewegung, die eine kulturelle Andersartigkeit abseits der Religion herausstellte, die Judenfeindschaft verstärken und damit die Verwirklichung der bürgerlichen Gleichstellung gefährden könnte.

Es versteht sich von selbst, dass eine solche Politik den Vormarsch des neuen Antisemitismus in Mittel- und Osteuropa nicht verhinderte. Zunächst jedoch war der Nationalismus auch auf die Juden angewiesen, so wie auf andere Minderheiten auch, um die Grenzen der Nation zu definieren, die noch nicht genau abgesteckt waren. Doch letzten Endes waren sowohl der Protozionismus wie der Zionismus direkte Reaktionen auf diesen ethnozentrischen Nationalismus, der begann, Juden zunächst auf Grundlage religiös-historischer Mythen und sehr bald schon mit Hilfe der Biologie auszugrenzen. Dennoch ängstigte das Auftreten des politischen Zionismus die reformorientierten jüdischen Gemeinden noch mehr, wie Hunderte gegen die neue Bewegung gerichtete Streitschriften beweisen. Denn der Zionismus geriet in ihren Augen immer mehr zur Kehrseite des judenfeindlichen Nationalismus – beide Strömungen weigerten sich, Juden als aufrechte Patrioten ihrer Heimatländer zu sehen, und beide verdächtigen sie die Juden einer doppelten Loyalität.

In Deutschland wurde das Reformjudentum schon bald zur größten jüdischen Konfession. Von David Friedländer, einem Schüler und Vertrauten Mendelssohns, über den gelehrten Rabbiner Abraham Geiger bis hin zu Männern wie Siegmund Maybaum und Heinemann Vogelstein erwuchsen aus seinen Reihen viele bedeutende religiöse Intellektuelle. Die »Wissenschaft des Judentums«, die mehr als jede andere kulturelle Gruppierung in der ersten Hälfte des 19. Jahrhunderts zur Erforschung und Vermittlung jüdischer Geschichte beitrug, wuchs und gedieh in seinem Schatten. Die jüdische und antizionistische Philosophie Hermann Cohens etwa, des großen neokantianischen Philosophen, ist ohne den Einfluss der jüdischen Reformbewegung nicht zu verstehen.[238] Das deutsche Reformjudentum brachte auch Ableger in den Vereinigten Staaten hervor, vor allem nach der Revolution von 1848, und auch dort breitete es sich schnell aus und gewann an Einfluss.[239]

Doch trotz aller Rivalität waren sich Reformjudentum und Orthodoxie in einem Punkt immer einig – in ihrer konsequenten Weigerung, Palästina als jüdischen Besitz zu betrachten, als Ziel einer jüdischen Massenemigration oder als nationale Heimat. Denn wie bereits festgestellt: In West- und Mitteleuropa durchliefen Juden sehr wohl eine Nationalisierung, genau wie alle anderen Bürger auch, doch nicht im Sinne einer eigenen politischen jüdischen Identität, sondern mit dem Ziel einer Integration in die Nation, die sich in dem Land, in dem sie lebten, bildete. Die Wochenzeitschrift *Der Israelit*, das wichtigste Organ des deutschen orthodoxen Judentums, formulierte dies gegen Ende des 19. Jahrhunderts so: »Im Punkte der Liebe zu Kaiser und Reich, zu Staat und Vaterland sind alle Parteien im Judenthum eines Sinnes: Orthodoxe wie Reformer, die Frömmsten wie die Aufgeklärtesten!«[240]

Als besonders augenfälliges Beispiel lässt sich auch der Rabbiner Samson Raphael Hirsch anführen, ein führender Vertreter des orthodoxen Judentums im Deutschland des 19. Jahrhunderts und Begründer der Neoorthodoxie, die sich nach dem Erstarken der Reformbewegung von dieser abspaltete und sogenannte Austrittsgemeinden gründete. Dieser religiöse Gelehrte las und schrieb bereits fließend Hochdeutsch und gilt bis heute als genialer Exeget, der mehr Anhänger und brillante Schüler als jeder andere Rabbiner seiner Zeit hatte. Angesichts der ersten Äußerungen eines Protozionismus, die von dem Rabbiner Kalischer oder dem ehemaligen Kommunisten Moritz (Moses) Hess vorgetragen wurden, trat er unverzüglich auf den Plan, um dieser Abweichung Einhalt zu gebieten, die, so glaubte er, das historische Judentum entstellte und ihm schweren Schaden zuzufügen drohte. Denn Hirsch war voller Sorge, dass diejenigen, die im Heiligen Land eine Heimat sahen und politische Souveränität über dieses forderten, den Irrtum Bar-Kochbas wiederholen und eine neue jüdische Tragödie heraufbeschwören würden. Und so rief er jedem Juden, der dies vergessen haben mochte, in Erinnerung:

> In Wüsteney erhielt es Thauroh [die Tora] und ward dadurch in Wüsteney, ohne Land und ohne Boden, Volk – ein Körper,

> dessen Seele Thauroh [...] Thauroh, Erfüllung göttlichen Willens, ihm Grund und Boden und Ziel [...] Ihm wird daher Boden und Segen und Staatseinrichtung, aber nicht als Ziel, sondern als Mittel zur Erfüllung der Thauroh.[241]

Die Idee, der Heilige Text habe das Land vollkommen abgelöst, fand auch unter anderen traditionellen Gelehrten Anklang, so dass Herzl, als er 1897 versuchte, den Allgemeinen Rabbiner-Verband in Deutschland zur Eröffnung des Zionistenkongresses einzuladen, nur die Tür vor der Nase zugeschlagen bekam. Die Lage war derart akut, dass die jüdische Gemeinde in München, wo der erste Zionistenkongress eigentlich zusammenkommen sollte, sich entschieden dagegen verwahrte, dass das Treffen auf deutschem Boden stattfand, und Herzl sich gezwungen sah, die Veranstaltung nach Basel zu verlegen. Von insgesamt neunzig Vertretern der deutschen Rabbinerschaft verweigerten lediglich zwei der scharfen Protestnote gegen die Durchführung des Zionistenkongresses ihre Unterschrift.

Dr. Hermann Naftali Adler, Oberrabbiner des Vereinigten Königreiches, der anfangs die jüdische Ansiedlung in Palästina unterstützt und sogar Sympathie für die Kolonisationsbewegung der »Chowewej Zion« zum Ausdruck gebracht hatte, distanzierte sich umgehend vom zionistisch-staatlichen Siedlungsprojekt und lehnte jeden öffentlichen Kontakt mit Herzl ab. Ähnlich verhielt sich Zadoc Kahn, Frankreichs Oberrabbiner. Obgleich er sich mit dem philanthropischen Projekt Edmond de Rothschilds einverstanden erklärte und der Zionismus zunächst seine Neugierde geweckt hatte, war die Loyalität der französischen Juden gegenüber ihrer Heimat in seinen Augen bei weitem wichtiger als das neue jüdisch-nationale »Abenteurertum«. Den spannendsten Fall im Verhältnis der europäischen Rabbiner zum Zionismus jedoch stellt der höchst aufschlussreiche Flirt dar, den Herzl mit Moritz Güdemann hatte, dem Oberrabbiner der Hauptstadt der Donaumonarchie, der auch ein namhafter Historiker der Geschichte des Judentums war.

Bereits 1895, also noch bevor er sein Werk *Der Judenstaat*

verfasste, wandte sich Herzl in der Hoffnung an den berühmten und einflussreichen Rabbiner, dass dieser einen Kontakt zum Wiener Zweig der Rothschilds herstellte. Die Neugierde des traditionsorientierten und gebildeten Rabbiners erwachte sogleich. Er war sicher, dass sich Herzl seinerseits mitsamt seiner auflagenstarken Zeitung *Neue Freie Presse* für den Kampf gegen den Antisemitismus gewinnen ließe. Allerdings weckte der erste Besuch des Rabbiners in Herzls Haus beim Gast einige Befürchtungen. Denn der Rabbiner hatte überrascht feststellen müssen, dass der Journalist zu Weihnachten einen Tannenbaum in seinem Haus aufgestellt hatte.[242] Bekanntermaßen war Herzl nicht sonderlich jüdisch und hatte noch nicht einmal seinen Sohn beschneiden lassen (allem Anschein nach, weil er die Beschneidung als Makel an der Männlichkeit betrachtete). Doch glücklicherweise überwand der Rabbiner seine anfängliche Abneigung gegen den sonderbaren »Goj« und korrespondierte weiter mit dem jungen, originellen und anregenden Journalisten.

In seiner blühenden, zum Theatralischen neigenden Phantasie hatte Herzl Güdemann bereits zum Oberrabbiner der Hauptstadt des künftigen Judenstaates auserkoren.[243] Daher ist das »Missverständnis«, zu dem es zwischen den beiden Männern kam, durchaus aussagekräftig. Güdemann war zwar ein an der Tradition statt an der Reform orientierter Rabbiner, doch verabscheute er jeglichen Nationalismus und repräsentierte als überzeugter Kosmopolit die anationale Seite der politischen Kultur Österreich-Ungarns. Im Jahre 1897, ein Jahr vor der Einberufung des ersten Zionistenkongresses, veröffentlichte Güdemann eine Broschüre mit dem Titel *Nationaljudenthum*.[244] Dieses kleine Werk ist eine der lehrreichsten theologisch-politischen Kritiken, die jemals gegen die zionistische Vision verfasst wurden.

Als gläubiger Rabbiner zog Güdemann das biblische Narrativ selbstverständlich nicht in Zweifel, doch seine Auslegung der Tora und der prophetischen Schriften atmet den starken Wunsch nach Universalismus und menschlicher Brüderlichkeit. Seine tiefe Furcht vor dem modernen Antisemitismus ließ Güdemann zu einem systematischen und konsequenten antinationalen Denker werden. Nach seiner Auffassung hatten die Juden, obgleich sie im Altertum noch ein solches gewesen waren, nach der Zerstörung des Tempels aufgehört, ein Volk zu sein, und waren jetzt nur noch eine, wenn auch wichtige, Religionsgemeinschaft, die dazu bestimmt war, die monotheistische Botschaft in der Welt zu verbreiten und die menschliche Gemeinschaft zu einem großen Volk werden zu lassen. Juden hätten sich schon immer in unterschiedlichen Kulturen akklimatisiert – der griechischen, der persischen und arabischen etwa – und dabei gleichzeitig ihren Glauben und ihre Tora bewahrt. In einem zentralen Thema stimmte der »orthodoxe« Rabbiner Güdemann mit seinen reformerischen Kollegen, unter ihnen das Oberhaupt der liberalen Gemeinde in Wien, der Oberrabbiner Adolf Jellinek, prinzipiell überein: Die Juden in Deutschland waren Deutsche, die in Großbritannien Briten und die in Frankreich Franzosen, und das war gut so: »Die Hauptabschnitte der Diaspora werden durch die Namen Philo, Maimonides, Mendelssohn bezeichnet. Diese Männer waren aber nicht bloß hervorragende Bannerträger des Judenthums, sondern sie glänzen auch in der Culturgeschichte ihrer Zeitalter.«[245]

Der nationale Egoismus indes, der sich auf der Welt ausbreite, widerspreche essentiell dem Geist der jüdischen Religion, weshalb die treuen Anhänger der hebräischen Bibel und der Halacha sich vorsehen müssten, diesem verführerischen und gefährlichen Chauvinismus nicht ins Netz zu gehen. Dies sei genau der Weg, auf dem die Juden den »Gojim« nicht folgen dürften. Sie könnten sich der modernen, nichtreligiösen Kultur assimilieren, nicht aber der modernen Politik. Jeder gebildete Jude wisse, dass politische Grundbegriffe, die aus der hellenistisch-römischen Kultur stammten, im Hebräischen überhaupt nicht existent seien. So macht der charismatische Rabbiner keinen Hehl aus seiner Furcht, »ein Judentum aber mit Kanonen und Bajonetten würde die Rolle David's mit der Goliath's vertauschen und eine Travestie seiner selbst sein.«[246] Angesichts der antisemitischen Bedrohung lehnt der besorgte Güdemann eine Emigration von Juden in andere Länder keineswegs rundheraus ab, doch liegt genau hier der Kern des grundsätzlichen Missverständnisses zwischen dem gelehrten Rabbiner und Herzl:

> Wenn man denjenigen Juden, welchen in ihrer bisherigen Heimat der Kampf ums Dasein allzu sehr erschwert wird, Gelegenheit bietet, sich anderwärts anzusiedeln, so ist dies im hohen Grade löblich und verdienstlich. Man kann nur wünschen und hoffen, dass die jüdischen Colonien, wo immer solche bereits bestehen oder künftig angelegt werden, sei es nun im Heiligen Lande, oder anderwärts, ihr gedeihliches Fortkommen finden, aber es ist durchaus verkehrt, und streitet wider den Geist des Judenthums und seiner Geschichte, wenn diese an sich der höchsten Anerkennung würdige Colonisationsthätigkeit mit nationalen Bestrebungen verquickt und als die Einlösung prophetischer Verheißung hingestellt wird.[247]

Für Güdemann war das Judentum niemals zeit- oder ortsgebunden und besaß niemals ein Vaterland. Zu viele vergäßen bewusst die jüdische Geschichte und entstellten sie wissentlich. Die Sehnsucht nach der heiligen Erde, ihre Verehrung, der Wunsch, in dieser beigesetzt zu werden, würden als nationale Mentalität ausgelegt, was abwegig sei. Der Grund hierfür sei einfach:

> Aber sofort wird, um dem Missverständnis vorzubeugen, als ob es sich für Israel je darum handeln könnte, seinen Lebenszweck von Landbesitz abhängig zu machen, und es an die Scholle zu binden, hinzugefügt: »Denn des Ewigen Theil ist sein Volk, Jakob das Los seines Besitzes.« (Dtn 32,9). Unter diesem Gesichtspunkte, von welchem angesehen nicht sowohl Besitzer, als vielmehr selbst Besitz, und zwar Gottes ist, konnte in ihm der mit der Scholle verwachsene Nativismus gar nicht aufkommen. Autochthonie oder Aboriginität hat Israel, wie andere Völker des Alterthums, nie für sich in Anspruch genommen.[248]

Kein Wunder, dass Herzl nach dem Erscheinen dieser scharf formulierten Broschüre auf die Rabbiner West- und Mitteleuropas keinerlei Hoffnungen mehr setzte, gleich, ob diese reform- oder traditionsorientiert waren. Auch unter den Juden der Vereinigten Staaten hatte er, das wusste er schon bald, nichts zu gewinnen. Das öffentliche und unmissverständliche Diktum von Rabbiner Isaac Mayer Wise, Begründer der Central Conference of American Rabbis, der den Zionismus als falschen Messianismus und Amerika – nicht Palästina – als den wahren Zufluchtsort der Juden definierte, erstickte jede Möglichkeit im Keim, die Unterstützung der neuen und zusehends an Einfluss und Gewicht gewinnenden jüdischen Gemeinde in der Neuen Welt zu erfahren.[249]

Von nun an setzte Herzl alle seine Hoffnungen allein auf die Rabbiner Osteuropas, die spirituellen Führer der großen jiddischsprachigen Bevölkerung dort. Und tatsächlich kam die Handvoll traditionalistischer Vertreter des Judentums, die sich zur ersten historischen Zusammenkunft der jungen Nationalbewegung im Jahre 1897 nach Basel bemühten, die künftigen Mitglieder der Misrachi-Bewegung, mehrheitlich aus dem Zarenreich. Und wenn in Großbritannien, in Frankreich, Deutschland oder den Vereinigten Staaten Rabbiner bereits in den Nationalsprachen ihrer Länder sprachen und schrieben, so hatten die Rabbiner des Ostens noch immer ihre eigene Sprache, das Jiddische, in der manche auch schrieben, und auch die heilige Sprache, das Hebräische, war als Schriftsprache gebräuchlich. Der Übergang zum Russischen oder Polnischen hatte gerade erst begonnen und stieß auf scharfe Ablehnung von Seiten der rabbinischen Autoritäten.

Bekanntlich war die Situation des Judentums in Osteuropa, aus demographischer und kultureller Sicht, vollkommen anders als in Westeuropa. Millionen von Juden lebten dort in Vierteln und Ortschaften noch immer geschieden von ihren christlichen Nachbarn, und im Unterschied zu den Juden im Westen verfügte diese Bevölkerung über eine eigene reiche und lebendige Volkskultur. Deshalb vollzogen sich Säkularisierung und Politisierung im Rahmen dieser Volkskultur statt im Rahmen der jeweiligen entstehenden Nationalkultur. Parteien, Zeitungen, Theater und

Literatur waren jiddischsprachig. Und da die Juden nicht Bürger des Russischen Reiches waren, sondern wie alle Bewohner dessen Untertanen, entwickelte sich unter ihnen so gut wie kein ortsbezogener, nichtjüdischer Nationalismus. Berücksichtigen wir zudem noch das Aufkommen einer aggressiven Judenfeindschaft in jenen Regionen, lässt sich nachvollziehen, warum der Zionismus ausgerechnet dort Fuß fassen und erste Erfolge verzeichnen konnte.

Den ersten bescheidenen, in den 1880er Jahren beginnenden Versuchen, in Palästina zu siedeln, ohne nationalen Dünkel und unter Wahrung der religiösen Gebote, begegnete ein Teil des traditionalistischen rabbinischen Establishments in Osteuropa mit gewisser Sympathie. Die größte Sorge der Rabbinerschaft galt der säkularen sozialistischen Radikalisierung, die unter der jiddischsprechenden Jugend um sich griff. Die Auswanderung der Chowewej Zion – der Freunde Zions, die zum Teil streng der Tradition anhingen – ins Heilige Land erschien zunächst nicht als Bedrohung für die Strukturen des Judentums, aber ebenso wenig als Grund zu übermäßiger Begeisterung. Auch die ersten Nachrichten von einer politischen zionistischen Organisation weckten nicht sogleich Besorgnis. Die Hoffnung war, dass eine wie auch immer geartete Bedienung der Sehnsucht nach dem Heiligen Zion helfen würde, die Essenz des jüdischen Glaubens vor den Klauen der säkularisierenden Moderne zu bewahren.

Doch sehr bald mussten die Rabbiner erkennen, dass alle Gesten guten Willens, welche die Zionisten ihnen gegenüber machten, berechnend und zweckbestimmt waren.[250] Die Religion hatte für kurze Zeit gehofft, den Nationalismus für ihre Zwecke nutzen zu können. Doch nun fand sie heraus, dass die Vorgehensweise des Zionismus identisch, sein Ziel jedoch ein genau entgegengesetztes war. Herzl und seine Mitstreiter in der neuen Bewegung umwarben das traditionsbezogene Judentum, weil sie um dessen Einfluss auf die jüdischen Massen wussten. Doch sie wollten dessen Rabbiner zu Nationalisten machen und hatten nicht im Entferntesten die Absicht, diese antimodernistische und damit zwangsläufig auch antinationale Religion zu bewahren.

In der kurzen Zeitspanne zwischen dem ersten Zionistenkongress 1897 und dem Jahr 1900, in dem der Kongress zum vierten Mal zusammentrat, machten die wichtigsten Rabbiner Osteuropas gegen eine Vision mobil, die das Heilige Land zu einem Vaterland erheben und dort alle Juden versammeln wollte, um so etwas wie einen jüdischen Staat zu errichten. Nach Jahren erbitterter Kämpfe zwischen chassidischen Rabbinern und ihren Gegnern war es dem Zionismus gelungen, sie alle im Kampf gegen einen gemeinsamen Gegner zu vereinigen: Rabbi Israel Meir Kagan aus Radun, genannt »Chafetz Chajim« [der das Leben will], Rabbi Jehuda Arje Leib Alter, der Admor[251] aus Gur, bekannt als »Sfat emet« [Zunge der Wahrheit], Chaim ha-Levi Soloveitschik aus Brest, auch bekannt als Reb Chaim Brisker, Rabbi Jitzchak Jaakov Rabinowitz, genannt »Itzele aus Ponevezh«, Elieser Gordon, Oberhaupt der Jeschiwa im litauischen Telz, Rabbi Eliyahu Chaim Meisl aus Lodz, Rabbi David Friedman aus Karlin-Pinsk, Rabbi Chaim Oser Grodzinski aus Wilna, Rabbi Joseph Rosen, bekannt als der »Rogatchover Gaon«, Schalom Dovber Schneerson, der fünfte Rebbe der Lubavitscher Chabad-Bewegung, und noch viele andere zogen ins Feld, um die Tora gegen jene zu verteidigen, die sie (und aus ihrer Warte zu Recht) als deren Totengräber betrachteten.[252]

Diese Männer waren ohne jeden Zweifel die Elite des Ostjudentums, zentrale Führungspersönlichkeiten, die großen Gemeinden im ganzen Russischen Reich vorstanden. Sie waren zugleich die brillantesten Tora-Exegeten ihrer Zeit und damit auch der stärkste einzelne Faktor, der die Überzeugungen und Gefühle von Hunderttausenden Gläubigen formte. Diese jüdische Elite nahm dem Zionismus viel mehr von seinem Schwung als der Bund, die Sozialisten und die Liberalen zusammen und verhinderte so, dass er zu einer maßgeblichen Größe unter den Juden Osteuropas wurde. Denn die großen Rabbiner verschlossen den zionistischen Aktivisten den Zugang zu den Synagogen und Lehrhäusern, verbaten deren Schriften und untersagten jegliche politische Zusammenarbeit mit ihnen.

An den Veröffentlichungen dieser Rabbiner verblüfft ihre hellsichtige Analyse des Nationalismus. Ihr Begriffsapparat mutet zweifellos ein wenig naiv an, greift zuweilen zu kurz und gerät ins Stottern, doch nur wenige nichtreligiöse Intellektuelle sind im selben Zeitraum zu ähnlich scharfen Erkenntnissen gelangt, was selbstverständlich nicht einfach auf die Genialität dieser Männer zurückzuführen ist. Sie gehörten schlicht zu den wenigen in der intellektuellen Welt des ausgehenden 19. Jahrhunderts, die imstande waren, den Nationalismus von außen zu betrachten. Das moderne Zeitalter war ihnen fremd, und wie Fremde in einem unbekannten Land erkannten sie intuitiv die entscheidenden Charakteristika der neuen kollektiven Identität.

Im Jahre 1900 taten sich mehrere führende Rabbiner zusammen und veröffentlichten gemeinsam den Sammelband *Sefer or li-yesharim, neged ha-shita ha-zionit* [Buch des Lichts für die Aufrechten, wider das zionistische System].[253] Und schon in der Einleitung zu dieser Schrift stellen die Herausgeber klar: »Wir sind das Volk des Buches, und haben weder im Buch der Bücher noch in der Mischna oder dem Talmud, weder in den Auslegungen noch den Legenden unserer geheiligten Vorväter seligen Andenkens den Begriff ›Nationalismus‹ gefunden und gesehen, wie er im Hebräischen aus dem Nomen für ›Volk‹ abzuleiten wäre, und auch weder als Bezeichnung noch als Andeutung in der Sprache unserer weisen Lehrer seligen Andenkens.«[254]

Allen an dem Projekt beteiligten orthodoxen Rabbinern war klar, dass sie vor einem neuen historischen Phänomen standen, wie es die jüdische Welt noch nicht gesehen hatte. Gewiss stellten sie klar, die Juden seien ein Volk, denn Gott habe entschieden, dieses zu gründen, doch dieses Volk sei einzig und allein durch die Tora definiert, nicht aber durch irgendein anderes Kriterium außerhalb des Glaubens. Aus taktischen Gründen behaupteten die um Anhänger buhlenden Zionisten, dass die Tora zweitrangig sei und die Nation ebenso Gläubige wie Nichtgläubige umfassen könne. Dies sei, so die Rabbiner, eine echte Neuerung, da die Behauptung, das Judentum habe eine nationale, politische und nichtreligiöse Definition, bisher in der gesamten jüdischen Tradition unbekannt gewesen sei. Die Zionisten hätten auch deshalb das Heilige Land als Territorium eines zu gründenden Staates ausgewählt, weil sie wüssten, wie teuer es den Juden sei. Ja, sogar der Name »Zion« sei bewusst geraubt worden, um naive Gläubige anzulocken und zu Anhängern des Nationalismus zu machen. Für die Zionisten in allen ihren Schattierungen sei das Judentum eine mumifizierte Nation, die es wiederzubeleben gelte, doch dies bedeute faktisch eine moderne Hellenisierung und einen neuartigen Pseudomessianismus.

Für Rabbi Meisl aus Lodz »predigen die Zionisten nicht für Zion«. Sie hätten dieses Wortgewand nur übergeworfen, um gutgläubige Juden zu betrügen.[255] Rabbi Chaim Soloveitschik aus Brest und der Rogatchover Gaon sehen in den Zionisten eine »Sekte« und finden nicht genug Worte, diese zu verdammen. Und der Admor aus Lubavitsch zürnt: »[…] all ihr Streben und Wollen ist allein, das Joch der Tora und der Mitzwot abzulegen und nur noch am Nationalismus festzuhalten, der ihr Judentum werden wird.«[256] Besonders der selektive Gebrauch der Bibel durch die Zionisten bringt den populären chassidischen Führer in Rage. Alles, was ihnen nicht genehm ist, übergingen sie und schüfen sich so praktisch einen neuen Glauben, eine nationalisierte Tora, die nichts mehr mit dem gemein habe, was Mose auf dem Berg Sinai empfangen hatte.

Aus dieser Gemeinschaftspublikation wie auch aus anderen Schriften und Artikeln ist die zentrale Erkenntnis des traditionellen Judentums herauszulesen: Der Zionismus ist die Übertragung der privaten, säkularen Assimilierung auf die Ebene einer kollektiven nationalen Assimilation. Im Zionismus habe das Land die Tora abgelöst, nehme die Anbetung des künftigen Staates den Platz der unbedingten Treue zu Gott ein. Unter diesem Aspekt sei der jüdische Nationalismus für das Judentum sehr viel gefährlicher als die Assimilierung des Einzelnen, ja gefährlicher noch als die »schändliche« religiöse Reformbewegung. Denn hier bestehe noch die Hoffnung, dass die Juden, enttäuscht von dem, was sie vorfanden, zu ihrem ursprünglichen Glauben zurückkehrten. Im Fall des Zionismus aber gäbe es keinen Weg zurück.

Die Furcht des traditionellen Judentums vor der Wirkmächtigkeit des Nationalismus erwies sich am Ende als berechtigt. Der Zionismus, mit tatkräftiger Hilfe der historischen Katastrophe, obsiegte, und weite Teile des Judentums, darunter jene, die die Vernichtung überlebten, akzeptierten nach dem Zweiten Weltkrieg das Prinzip des ideologischen Siegers, also einen Staat, der sich jüdisch nannte und im zu einem nationalen Vaterland gewandelten Heiligen Land angesiedelt war. Bis auf eine winzige Minderheit in Jerusalem und auf die großen chassidischen Höfe in New York wurde die Mehrheit aller jüdischen Gläubigen zu Anhängern des neuen Nationalismus, ja in Teilen sogar zu Unterstützern eines besonders aggressiven Nationalismus. Wie auch für die säkulare extreme Rechte scheint ausgerechnet für diese Kreise zu gelten, dass der Mensch – sprich: die Nation – zum allmächtigen Herrn dieser Erde wird, sobald der Herr der Welten beginnt, Anzeichen von Schwäche oder gar seines baldigen Ablebens zu zeigen.

Va-Yo'el Moshe [Und Joel Moses], das wichtigste Buch des Rabbiners Joel Teitelbaum, des Admors der Satmarer Chassiden, kann als Schlussakkord und eindrucksvolle Zusammenfassung des intellektuellen Widerstands eines auf dem Rückzug befindlichen Judentums gegen den Protozionismus und den Zionismus definiert werden.[257] Dieses Werk, dessen erster Teil Ende der fünfziger Jahre des vorangegangenen Jahrhunderts verfasst wurde, enthält nicht viel Neues, sondern ruft in erster Linie Vergessenes in Erinnerung und haucht ihm neues Leben ein. So widmet es sich mit Hingabe den drei talmudischen Eiden – eine kollektive Einwanderung ins Heilige Land sei vor dem Kommen der Erlösung untersagt. Das Land der Bibel sei niemals ein nationales Territorium gewesen, weshalb ein absolutes Verbot gelte, sich auf ihm niederzulassen, ohne die dort geltenden Mitzwot genauestens einzuhalten. Das Hebräische gehöre in die Sphäre des Heiligen und sei einzig und allein für das Gebet und die halachischen Erörterungen bestimmt, weswegen es nicht zur profanen Alltagssprache, die für Geschäfte, für Flüche oder Schmähungen dient, gemacht werden dürfe und, so könnte man die Logik des Rabbiners fortschreiben, auch nicht für militärische Befehle.

Bis zur Geburt des Zionismus gegen Ende des 19. Jahrhunderts war nur sehr wenigen Juden in den Sinn gekommen, das Heilige Land sei einstmals ein Nationalterritorium der Juden gewesen oder würde dies in naher Zukunft werden. Doch der Zionismus ignorierte die Tradition, die Mitzwot und die öffentliche Meinung und beschloss, im Namen all jener zu sprechen, die ihn vehement ablehnten oder sogar öffentlich ihre Abscheu gegen ihn zum Ausdruck brachten. Doch war dies mitnichten der erste Fall eines derartigen »Verdrängungsaktes« in der Geschichte: So wie die Jakobiner mit unerschütterlicher Selbstsicherheit im Namen des französischen Volkes sprachen, das noch nicht einmal richtig existierte, oder die Bolschewiken sich selbst als historischen Ersatz für das russische Proletariat darstellten, das ebenfalls gerade erst Gestalt annahm, so schrieben die Zionisten ihre imaginierte Heimat dem Judentum ein und sahen sich selbst als dessen Vollender, die als seine authentischen Repräsentanten von ihm bevollmächtigt worden seien.[258]

Doch der zionistischen Revolution sollte es am Ende des Tages gelingen, die wichtigsten Elemente des jüdisch-religiösen Diskurses zu nationalisieren. Von nun an war das Heilige Land ein mehr oder weniger klar festgelegter Raum, der sich im Besitz einer ewigen Nation befinden sollte. Kurzum, im 20. Jahrhundert begann das Heilige Land zum »Land Israel« zu mutieren.

2. Ein historisches Anrecht und das Eigentum an einem Territorium

Mit seiner Diagnose zur Lage der Juden in Ost- und Mitteleuropa lag Herzl im Kern sehr viel richtiger als alle seine Opponenten, worin auf lange Sicht auch die Wirkmächtigkeit seiner Idee angelegt war. Traditionalisten, Reformer, Autonomisten, Sozialisten und Liberale – sie alle verstanden den Charakter des dort vorherrschenden aggressiven Nationalismus nicht und verkannten daher die große Gefahr für die jüdische Existenz. Heute wissen wir, dass all die mittel- und heimatlosen Emigranten, die in Massen das alte, unheilschwangere Europa verließen und sich dem amerikanischen Kontinent zuwandten, die bessere Wahl trafen als all jene, die es vorzogen zu bleiben. Noch ist es zu früh zu urteilen, ob sie in ihrer hartnäckigen Weigerung, nach Palästina auszuwandern, auch richtiger lagen als die Zionisten. Doch wie dem auch sei, die Flucht nach Westen rettete Millionen. Leider lässt sich dies nicht einmal ansatzweise über das zionistische Projekt sagen.[259]

Aber selbst wenn der Begründer des Zionismus die richtige Diagnose stellte, so war die verordnete Therapie doch problematisch: Sie glich frappierend dem ideologischen Gebräu, aus dem die moderne Judenfeindschaft hervorging. Denn die Mythen, welche die zionistische Idee umrankten, sowohl in Bezug auf die Konturen der imaginierten jüdischen »Nation« als auch hinsichtlich des Territoriums, das man sich selbst zugeteilt hatte, zielten darauf ab, diese »ethnisch« von allen anderen Völkern zu separieren und des Weiteren ein Territorium in Besitz zu nehmen, auf und von dem andere lebten.

Herzl selbst war vielleicht weniger ethnozentrisch und, um ehrlich zu sein, auch weniger »zionistisch« als die anderen Führer der noch jungen Bewegung. Im Unterschied zu den meisten von ihnen glaubte er nicht ernsthaft, die Juden seien ein eigenes Rassenvolk, und anders als der Mehrheit seiner Mitstreiter galt ihm auch Palästina als Zielland nicht als sakrosankt. Der entscheidende Aspekt seiner Vision war die drängende Notwendigkeit, eine kollektiv-nationale Zufluchtsstätte für die verfolgten und verzweifelten Juden zu finden. In seiner Schrift *Der Judenstaat* schreibt Herzl: »Ist Palästina oder Argentinien vorzuziehen? Die Society wird nehmen, was man ihr gibt und wofür sich die öffentliche Meinung des Judenvolkes erklärt.«[260] Und tatsächlich sollte er auf dem 6. Zionistenkongress, im großen Tauziehen um die Uganda-Frage, seine Mitstreiter nötigen, das britische Angebot für ein Kolonisationsprojekt in Ostafrika anzunehmen.

Als nüchterner Politiker wusste Herzl jedoch, dass der einzige Weg, die jüdische Öffentlichkeit in Osteuropa zu erreichen, über eine untrennbare Verklammerung von Tradition und Vision führte. Denn ein glaubhafter und tragfähiger Mythos konnte nur auf »alte« Bilder gegründet werden. Diese ließen sich vollkommen neu zeichnen, was sogar ein Gebot der Stunde war, doch ihre in der Überlieferung wurzelnde Wirkmächtigkeit war unersetzlich. Ein ähnlicher Vorgang war überall in der modernen Welt bei der Konstruktion nationaler Erinnerung zu beobachten.

Doch mit welchem Recht sollte es erlaubt sein, einen jüdischen Nationalstaat auf einem Territorium zu gründen, dessen Bevölkerung in ihrer übergroßen Mehrheit nichtjüdisch war? Bezeichnenderweise wurde in sämtlichen Diskussionen, welche die Zionisten mit den Traditionalisten führten, von keiner der beiden Seiten kaum jemals die Frage nach der arabischen Präsenz in Palästina aufgeworfen. Selbstverständlich gab es einige wenige, die das Problem sehr wohl verstanden, doch standen diese zwangsläufig sowohl dem Nationalismus wie auch der Tora fern. So fragte sich zum Beispiel Ilja Alfonsowitsch Rubanowitsch, ein jüdisches Mitglied von Narodnaya Volya und später Führer der russischen Sozialrevolutionäre, bereits 1886 (!):

> Nehmen wir einmal an, »unsere« Kapitalfürsten errichten dem türkischen Sultan noch ein paar prächtige Paläste und erwerben dafür von ihm »die historische Heimat«. Aber was soll dann mit den Arabern geschehen? Werden etwa die Juden einwilligen, Fremde unter den Arabern zu sein, oder sollten sie die Araber zu Fremden unter ihnen machen wollen? [...] Die Araber haben genau dasselbe historische Recht, und wehe euch, wenn ihr, unter der Patronage internationaler Strauchdiebe die Intrigen und Arglisten der korrumpierten Diplomatie ausnutzend, die sorglosen Araber zwingt, ihr Recht zu verteidigen.[261]

Um eine derartige Logik zu vertreten, musste man zum damaligen Zeitpunkt offenbar ein Revolutionär mit universaler Moral sein – und somit weder zionistisch noch religiös. Denn wir befinden uns auf dem Höhepunkt des Kolonialzeitalters. Die nichtweißen Bewohner des Planeten gelten noch nicht als den Europäern gleichgestellt und haben ganz gewiss kein Anrecht auf dieselben bürgerlichen oder nationalen Rechte. Zugegeben, die meisten Zionisten wussten sehr wohl, dass im Land viele »Eingeborene« lebten, ja erwähnten diese ab und zu sogar in ihren Schriften. Was aber nicht hieß, dass es wegen deren Anwesenheit nicht einer Besiedlung offenstünde. Denn das Bewusstsein der meisten Zionisten entsprach dem allgemeinen geistigen Klima an der Wende vom 19. zum 20. Jahrhundert: Aus Sicht des weißen Mannes war die außereuropäische Welt im Grunde genommen ein – von Menschen – leerer Raum, so wie schon zweihundert Jahre zuvor Amerika verwaist und unbewohnt gewesen war, ehe der weiße Mann dort auftauchte.

Natürlich gab es auch Zionisten, die diesem Muster nicht entsprachen. So zählte etwa Achad Ha'am [Einer aus dem Volk] (Ascher Hirsch Ginsberg), der Führer des Kulturzionismus, zu diesen wenigen. Bereits 1891, nach seinem ersten Besuch in Palästina, schrieb er höchst erregt und voller Zweifel:

> Im Auslande sind es wir gewohnt zu glauben, das Land Israel sei jetzt fast vollkommen verlassen, eine unbestellte Wüstenei, und ein jeder, der dort Land erwerben wolle, könne kommen und nach Herzenslust kaufen. Aber in Wahrheit ist es nicht so ... Im Ausland sind wir es gewohnt zu glauben, die Araber seien allesamt wilde Wüstenbewohner, ein Volk wie ein Esel, und sie würden weder sehen noch verstehen, was um sie herum vor sich geht. Aber das ist ein großer Fehler, denn der Araber verfügt, wie alle Menschen, über einen scharfen Verstand und ist voller List [...] Wenn das Leben der Angehörigen unseres Volkes sich zukünftig im Land Israel derartig entwickelt, dass die Bevölkerung des Landes mehr oder weniger verdrängt wird, dann wird der Araber nicht ohne weiteres seinen Platz räumen. [...] Umso mehr also wäre es an uns, vorsichtig in unserem Umgang mit dem Fremden zu sein, unter dem neuerlich zu wohnen wir gekommen sind, und ihm mit Liebe und Ehrerbietung zu begeg-

> nen, um nicht zu sagen mit Recht und Anstand. Und was tun unsere Brüder im Land Israel? Das genaue Gegenteil! Sklaven waren sie im Land ihres Exils, und mit einem Male finden sie sich in grenzenloser Freiheit wieder [...] und wie stets, wenn »ein Sklave zum König wird«, begegnen sie den Arabern mit Hass und Grausamkeit, überschreiten widerrechtlich ihre Grenze.[262]

Das Grundmuster der Beziehungen des zionistischen Siedlungsprojektes zur autochthonen Bevölkerung war also bereits Ende des 19. Jahrhunderts ausgebildet, und der moralische Denker, der für die Existenz eines »geistigen« anstelle eines politischen Zentrums im Lande Israel eintrat, reagierte erschüttert. Achad Ha'am indes war innerhalb des zionistischen Lagers keine Randfigur. Er war ein populärer Autor, und viele Angehörige der jüdischen Gemeinschaft in Palästina, die seine klaren, eindringlichen Zeitungsartikel lasen, verehrten ihn. Dennoch löste dieser mahnende Protest keine ernsthafte Diskussion innerhalb des heranwachsenden nationalen Lagers aus. Diese Unterlassung ist jedoch absolut logisch und nachvollziehbar, auch wenn Achad Ha'am dies nicht wirklich begriff: Jeder Diskurs dieser Art hätte zu jenem Zeitpunkt, um die Jahrhundertwende, den Vorwärtsdrang der noch jungen Bewegung gebremst und einem Gutteil ihrer Forderungen die moralische Grundlage entzogen.

Wie aus Achad Ha'ams Warnung zu entnehmen ist, ignorierten die ersten Siedler in aller Regel die »Eingeborenen«. Denn sie waren nicht entsprechend sozialisiert, um diese als Gleiche zu betrachten. Eine Ausnahme stellt vielleicht Jitzchak Epstein dar, ein Philologe, der 1895 nach Palästina emigriert war und dort als Hebräischlehrer arbeitete. Im Jahre 1907 veröffentlichte er einen Artikel in der Monatszeitschrift *Ha-Schiloach*, nicht zufällig eben jenes von Achad Ha'am gegründete zionistische Organ, das in Berlin erschien. Der Artikel trug die Überschrift »Die verschwundene Frage« und begann mit folgender Erklärung:

> Unter den schweren Fragen, die mit der Idee der Wiedergeburt unseres Volkes in seinem Land [zusammenhängen], gibt es eine Frage, die alle anderen aufwiegt: die Frage unseres Verhältnisses zu den Arabern. Diese Frage, an deren richtiger Lösung der Bestand unserer nationalen Hoffnung hängt, ist nicht nur in Vergessenheit geraten, sondern den Zionisten gänzlich abhandengekommen und findet in der Literatur unserer Bewegung fast keine Erwähnung, die ihrer Bedeutung angemessen wäre.[263]

Epstein erfüllte zudem mit Sorge, dass Ländereien von reichen Effendis erworben und die darauf ansässigen Fellachen systematisch vertrieben wurden, da dies ein unmoralisches Vorgehen sei, das künftig Feindseligkeiten und Konflikte schüren würde.

Doch Epsteins Artikel, genau wie Achad Ha'ams Appell, blieb die Stimme eines einsamen Rufers in der Wüste. Die Auffassung von dem Besitz- und Vorrecht an dem Land war im zionistischen Bewusstsein zu dominant, als dass man sich von ihr freimachen und Rücksicht auf die ungebetenen Gäste im »verheißenen« Land hätte nehmen können. Doch wie war es möglich, dass eine Bewegung, die ungeachtet des Gebetsmantels der Tradition, in den sie sich hüllte, von Grund auf areligiös war, ihre Lehre vom Anrecht auf das Land auf religiöse Texte gründete, die in grauer Vorzeit verfasst worden waren?

Höchst instruktiv ist die Feststellung, dass ausgerechnet die kleine religiöse Minderheit der ersten Zionistenkongresse, die sich ab 1902 Misrachi nennen sollte, in ihrem Verhältnis zum Land der Bibel Vorsicht walten ließ. Zwar machte sie sich die neue nationale Idee einer »Rückkehr nach Zion« als menschliches Handeln, das der Erlösung den Weg bereitete, zu eigen. Doch im Gegensatz zu den Zionisten, denen der Glaube an eine höhere Macht abging, wussten die Angehörigen dieser Bewegung, dass Gott den »Kindern Israels« zwar einst das Land versprochen, ihnen damit aber keine Besitzurkunde für dieses Territorium ausgestellt hatte. Denn dieser Ort war, gerade wegen seiner Heiligkeit, in der Vergangenheit nur gegen bestimmte Auflagen verliehen worden und würde deshalb nie zu einem rein menschlichen Eigentum werden, selbst wenn die Besitzer dem auserwählten Volk angehörten.

Die ersten religiösen Zionisten sahen in einem jüdischen Staat die Lösung für eine reale Notlage, nicht aber die Verwirklichung eines göttlichen Privilegs. Im Gegensatz zu den »Palästinozentristen«, den enthusiastischen Säkularisten, die unter keinen Umständen bereit waren, auf das Heilige Land zu verzichten, war es in der vehement geführten Kontroverse um die Uganda-Frage ausgerechnet die »Misrachi«-Bewegung, die Herzls Vorschlag unterstützte und für die Option eines »temporären Zufluchtlandes« votierte. Erst später begannen die Sprecher der Bewegung zögerlich und unter inneren Widersprüchen, das »religiöse Anrecht auf das Heilige Land« zu propagieren. Viele vergessen gerne, dass, abgesehen von einigen markanten Ausnahmen wie etwa dem Rabbiner Avraham Jitzchak Ha-Cohen Kook, vom ersten Zionistenkongress im Jahr 1897 bis zum »Wunder« des Sechstagekrieges im Jahre 1967 der religiöse Flügel des Zionismus mehrheitlich zu jenen gehörte, die eine weniger chauvinistische Haltung gegenüber dem Land an den Tag legten.[264]

In der modernen Welt lässt sich so gut wie keine politische Handlung ohne eine moralisch-universelle Argumentation rechtfertigen. Natürlich kann sich jedes kollektive Projekt mit Macht durchsetzen, doch ohne ethische Legitimation würde es immer vorläufig und in Frage gestellt bleiben. Der Zionismus hatte dies bereits bei seinen ersten zögerlichen Schritten begriffen und sich bei der Verwirklichung seiner nationalen Ziele auf das Rechtsprinzip berufen. Von Moshe Leib Lilienblum im Jahre 1882 bis zur Unabhängigkeitserklärung des Staates Israel spannte sich der jüdische Nationalismus selbst in ein Geschirr aus ethischen und juristischen Rechtfertigungen, deren gemeinsamer Nenner als »historisches Anrecht« oder »Recht der Ersten« definiert werden kann, nach dem Motto: »Wir waren dort und sind zurückgekehrt.«

War die Französische Revolution der Idee der »natürlichen Rechte« an einem Nationalterritorium gefolgt, so führte der

Deutsch-Französische Krieg die Auffassung von den »historischen Rechten« ein. Von 1793 bis 1871 wurde in ganz Europa die Vorstellung vom Vaterland zusehends mächtiger und nahm sukzessive auch eine neue Rechtsauffassung in sich auf. Denn als Elsass-Lothringen von Deutschland annektiert wurde, lautete das zentrale Argument der deutschen Historiker, in ferner Vergangenheit hätten diese Gebiete zum Deutschen Reich gehört. Die Franzosen hingegen propagierten die Idee eines »Rechts auf Selbstbestimmung« der Bevölkerung in den beiden Regionen, um selbst zu entscheiden, zu wem sie gehören wollte.

Seit der Polemik um das Schicksal dieser beiden Regionen tendierte die nationale und zuweilen sogar die liberale Rechte dazu, sich auf »historische Rechte« zu berufen, während die liberale und sozialistische Linke sich in aller Regel die Idee der Selbstbestimmung zu eigen machte, ein Recht, das die Menschen genössen, die auf dem in Frage stehenden Territorium lebten. Seit dem italienischen Faschismus, der die kroatische Küste für sich einforderte, da diese in ferner Vergangenheit zum venezianischen Imperium (und noch viel früher zum Römischen Reich) gehört hatte, bis hin zu den Serben, die aufgrund der Schlacht auf dem Amselfeld 1389 und einer christlichen, serbische Dialekte sprechenden Bevölkerungsmehrheit im Kosovo bis ins späte 19. Jahrhundert diesen für sich beanspruchten, lieferte die Berufung auf das Prinzip eines historischen Rechts immer wieder Zündstoff für die hässlichsten Territorialkonflikte der modernen Geschichte.[265]

Noch vor dem Auftreten Herzls riet Moshe Leib Lilienblum, einer der Führer der Chowewej Zion, den Juden, »Europa, das sich gegen sie auflehnt, zu verlassen und sich im nahegelegenen Land unserer Väter niederzulassen, an dem wir ein historisches Recht haben, das durch den Verlust unserer Regierung weder verjährte noch verwirkt wurde. So wie das Recht der Völker des Balkans nicht durch den Verlust ihrer Regierung verwirkt wurde.«[266] Lilienblum war in einem traditionell-religiösen Elternhaus aufgewachsen, um später zu einem weltlichen Intellektuellen zu werden. Das religiöse Bild vom Heiligen Land hatte sich bei ihm zu einem eindeutig politischen gewandelt. Als einer der ersten Juden, die die hebräische Bibel als säkularen und nicht länger als theologischen Text lasen, fügte Lilienblum ohne Skrupel hinzu: »Wir brauchen weder die Mauern von Jerusalem noch den Tempel oder Jerusalem selbst [...].«[267] Das Recht bezieht sich demnach auf das nationale Territorium und ergibt sich nicht aus irgendeiner religiösen Beziehung zur Heiligen Stadt.

Da auch den zionistischen Pionieren zu Ohren gekommen war, dass es in Palästina Araber gab, beschloss Menachem Ussischkin, einer der führenden Zionisten, Lilienblums Worten folgende Einsicht hinzuzufügen: »Indem diese Araber in Frieden und Brüderlichkeit mit den Juden zusammenleben, gestehen sie das historische Recht der Kinder Israels auf das Land ein.«[268] Eine derartige rhetorische Heuchelei rief sogleich heftige Reaktionen hervor. Micha Joseph Bardischewsky, einer der ersten hebräischsprachigen Autoren, der – im Gegensatz zu Ussischkin – ein höchst integrer Mann war, antwortete auf diese Apologetik mit simpler Logik:

> Unsere Vorväter waren in der Mehrzeit nicht im Lande geboren, sondern eroberten dieses, und das Recht, das sie uns damit erworben haben, haben sich auch all jene erworben, die es nach uns erobert haben. [...] Die Araber erkennen nicht unsere Rechte an, sondern leugnen sie – das Land Israel ist keine jungfräuliche Erde, die vor uns liegt, sondern von Gojim bewohntes Land, die seine Erde bestellen und Rechte an dieser haben.[269]

Bardischewsky glaubte, wie viele andere seiner Generation, wirklich und wahrhaftig, die Bibel sei ein verlässliches historisches Werk. Doch er las sie, ohne ihr die Legitimationen zu entnehmen, welche die zionistische Logik der Besatzung rechtfertigten, solange die Besatzer nur »Kinder Israels« waren oder sind.

Denn von Stund an diente die »weltliche« Bibel als zentrale Schrift und »moralisch-jüdisches« Fundament ewiger Rechte. Hinzuzufügen war noch, als angeblich unerschütterliche Tatsache, eine erzwungenen Exilierung im Jahre 70 u. Z. (oder kurz danach), sowie natürlich der feste Glaube, dass der »rassische« oder »ethnische« Ursprung der Mehrheit aller Juden auf die alten Hebräer zurückgehe. Allein diese drei Prämissen machten es möglich, den Glauben an »das historische Vorrecht« auszubilden und auf Dauer zu bewahren. Jedes Infragestellen eines dieser drei Axiome drohte deren kombinierte und konzertierte Funktion als der politischen Mobilisierung dienender Mythos zu beeinträchtigen und zu stören.

Aus diesem Grund wurde, wie bereits in den vorangegangenen Kapiteln dieser Studie beschrieben, in der zionistischen Gemeinschaft Palästinas die hebräische Bibel zum ersten Geschichtsbuch jedes Schülers und jeder Schülerin und ist es bis zum heutigen Tag geblieben. Die Geschichte der Verbannung des jüdischen Volkes nach der Zerstörung des Tempels wurde zu einem historischen Axiom, das nicht mehr erforscht zu werden brauchte, sondern nur noch in politischen Verlautbarungen und bei staatlichen Feierlichkeiten zu bemühen war. Die Existenz von zum Judentum konvertierten Königreichen, vom Königreich Adiabene in Mesopotamien bis hin zum Reich der Chasaren in Südrussland, unter deren Herrschaft die wichtigsten jüdischen Gemeinschaften entstanden waren, wurde zu einem Tabuthema. Dies waren die ideologischen Voraussetzungen dafür, dass sich das »historische Recht« vervielfätigte und als stabile ethische Plattform des zionistischen Bewusstseins diente.

Herzl selbst war zu sehr »Kolonialist«, um sich um die Frage der Rechtmäßigkeit zu sorgen oder um sich mit komplizierten historischen Fragen zu belasten. Denn der zionistische Lenker und Denker lebte im Zeitalter des Imperialismus, und der Erwerb eines außereuropäischen Vaterlandes, das als Außenposten der zivilisierten Welt dienen würde, bedurfte in seinen Augen keinerlei Rechtfertigung. Dennoch neigte auch dieser kluge Politiker aus pragmatischen Gründen letztlich dazu, an die nationalen Narrative zu glauben, die um ihn herum aufkamen und florierten.

Mit den ersten verbalen Protesten verschiedener Repräsentanten der arabischen Welt gegen die Auswirkungen der Balfour-Deklaration sah sich die jüdische Nationalbewegung gezwungen, die moralische Superwaffe des »historischen Rechts« noch intensiver in Anspruch zu nehmen. Die religiöse, weit in die Historie zurückreichende Beziehung zum Heiligen Land wurde geschickt in ein Besitzrecht auf ein Nationalterritorium übersetzt. Im Jahre 1919, auf der Friedenskonferenz von Paris, wurden zur Diskussion über die Zukunft der Gebiete des Osmanischen Reiches auch Vertreter der Zionistischen Weltorganisation geladen. Unter Führung des späteren ersten Staatspräsidenten Chaim Weizmann machten diese der zuständigen Kommission folgenden Vorschlag:

> Die ehrenwerten Unterzeichner des Friedensvertrages anerkennen das Anrecht des jüdischen Volkes auf Palästina sowie das Recht der Juden, nach Palästina zurückzukehren und dort ihre nationale Heimstätte zu errichten. [...] Das Land ist die historische Heimat der Juden; dort erreichten sie den Höhepunkt ihrer Entwicklung [...]. Gewaltsam wurden sie aus Palästina verbannt, hörten jedoch im Laufe der Generationen nie auf, ihre Sehnsucht nach diesem Land und ihre Hoffnung zu pflegen, dorthin zurückzukehren.[270]

Die 1922 vom Völkerbund angenommene Mandatsurkunde bestätigte zwar nicht das »Recht« der Juden auf Palästina, erkannte aber ihre »historische Verbundenheit« mit diesem Ort an.[271] Von jenem Zeitpunkt an wurde das historische Recht, verschränkt mit dem neuen »Völkerrecht«, zu einem der rhetorischen Eckpfeiler der zionistischen Propaganda. Der wachsende Druck auf die Juden in Europa bei schwindender Bereitschaft der Staaten, diesen Zuflucht zu gewähren, überzeugte immer mehr Juden und Nichtjuden gleichermaßen von der Berechtigung dieses Rechtsanspruchs, bis dieser zu einer Art ehernem »natürlichem Recht« mutiert war, das nicht mehr in Frage gestellt werden konnte. Die Tatsache, dass über 1300 Jahre hinweg die Bevölkerung, die im Lande gelebte hatte, in ihrer überwiegenden Mehrheit muslimisch gewesen war, ließ sich mit dem Argument abtun, dass diese Bevölkerung keinerlei Merkmale einer Nation aufweise und für sich niemals ein Selbstbestimmungsrecht eingefordert habe. Demgegenüber habe, so der zionistische Diskurs, die jüdische Nation immer schon existiert und in jeder Generation danach gestrebt, in ihr Land zurückzukehren und ihr Anrecht auf dasselbe zu verwirklichen. Unglücklicherweise sei ihr dieses Ziel aus politischen Gründen immer verwehrt geblieben.

Es gab selbstverständlich auch Zionisten, vor allem bei der Linken, die sich mit Argumenten unwohl fühlten, die auf einem historischen Recht basierten, einem Recht, welches de facto das Recht der Lebenden zugunsten der Vorrechte längst Verstorbener außer Kraft setzte. Unter den Mitgliedern des Brit Schalom (Friedensbund), einer kleinen pazifistischen Gruppe, die Mitte der 20er Jahre des vergangenen Jahrhunderts kurzzeitig am Rand der zionistischen Bewegung existierte, und auch von Seiten mancher sozialistischer Zionisten (vor allem aus der Bewegung des Ha-Schomer ha-Tza'ir – des jungen Wächters) waren ab und an Stimmen zu vernehmen, die Bedenken äußerten, ja sich gar distanzierten. Sie wussten sehr wohl, dass nach der liberalen und sozialistischen Tradition des 19. Jahrhunderts das Land immer demjenigen gehörte, der es bestellte. Daher wurden manche Versuche unternommen, zwischen den konfligierenden Anrechten zu vermitteln und diese miteinander zu verschmelzen. Zuweilen wurde sogar das Recht der »Eingeborenen«, weiter auf ihrem Land zu leben, mit dem historischen Recht der neuen Kolonisten auf eine Stufe gestellt. Doch wie auch immer, als der Widerstand der lokalen Bevölkerung gegen das jüdische Siedlungsprojekt zunahm und wachsender Druck auf die britische Mandatsmacht ausgeübt wurde, die Einwanderung zu stoppen, wurden unzählige Zeitungsartikel, Bücher und juristische Gutachten verfasst und veröffentlicht, die auf jede erdenkliche Weise versuchten, den historischen Mythos von einem Rassenvolk zu festigen, das gewaltsam aus seiner Heimat vertrieben worden war und bei der ersten sich bietenden Gelegenheit begonnen hatte, in diese zurückzukehren.

Der große arabische Aufstand, der von den Zionisten als die »Ereignisse der Jahre 5695 bis 5699« bezeichnet wurde, um ihn in die Abfolge historischer Pogrome einzureihen, begann im April 1936. Die Führer der zionistischen Gemeinde erklärten diesen folgerichtig nicht etwa als authentische, protonationale Erhebung gegen Fremdherrschaft und Invasion, sondern als Frucht einer antisemtischen Hetze von Seiten feindseliger arabischer Führer. Doch angesichts der Massenproteste und der wachsenden Besorgnis Großbritanniens erstellte die verunsicherte Jewish Agency zügig einen langen Bericht über *Die Historische Verbindung des jüdischen Volkes mit Palästina*.[272] Der Schriftsatz wurde der Palestine Royal Commission übergeben, die auch als Peel-Kommission bekannt ist, nach dem ihr vorstehenden Sir William Peel. Dieser Text, der mit großer Gründlichkeit und Hingabe verfasst wurde, ist ein außergewöhnliches Dokument, das die zionistische Rechtsauffassung in den dreißiger Jahren des vergangenen Jahrhunderts zusammenfasst.

Um zu verstehen, warum das Land dem jüdischen Volk gehört, musste man natürlich zunächst einmal auf die Bibel zurückgreifen. Denn das Land sei bekanntlich Abraham durch eine höhere und von aller Welt akzeptierte Macht versprochen worden. Josef, Jakobs Sohn, sei der erste »Spross des Stammes« gewesen, der aus dem Land vertrieben wurde,[273] während Mose der erste Zionist gewesen sei, der dorthin habe zurückkehren wollen. Die erste Exilierung habe das Volk nach Babylonien verschlagen, doch die seelische Stärke der Nation hätte es schon bald in sein Land zurückgeführt. Diese Seelenstärke sei es auch gewesen, die es zum Makkabäeraufstand motiviert habe, der abermals ein großes jüdisches Königreich begründete. In römischer Zeit hätten im Lande gut und gerne vier Millionen Menschen gelebt, ehe die beiden großen nationalen Erhebungen mit der Entwurzelung eines Teils der Juden aus ihrem Vaterland und ihrer Verstreuung unter die Völker geendet hätten. Doch beileibe nicht alle Juden seien vertrieben worden, viele hätten sich an ihre Scholle geklammert, so dass Palästina durch all die Jahrhunderte hindurch das territoriale Zentrum des jüdischen Volkes geblieben sei. Schließlich sei es die arabische Eroberung gewesen, die zu einer weiteren Massenvertreibung geführt habe, gefolgt von einer Fremdherrschaft, welche die im Lande lebenden Juden rigide unterdrückt habe. Diese jedoch hätten sich mit aller Macht an ihre Heimat geklammert, seien als »um Zion Trauernde« nach Jerusalem zurückgekehrt und dort geblieben. So sei auch die »Klagemauer« für die Juden immer schon und bis auf den heutigen Tag der heiligste Ort auf der Welt gewesen, weshalb sämtliche messianischen Bewegungen ihrem Wesen nach zionistisch gewesen seien, auch wenn sie diese Bezeichnung nicht geführt haben mochten.

Jede Menge Raum wird in diesem historischen Abriss wohlmeinenden Briten eingeräumt. Disraeli wird dort zu einem aktiven Zionisten, ebenso wie Lord Palmerston und all die anderen Wohltäter des Volkes Israel in Großbritannien. Über Lord Shaftesbury etwa ist in dem Text mehr zu lesen als über Abraham und Mose zusammen, ohne dabei natürlich dessen geheimen und »edlen« Wunsch zu erwähnen, alle Juden am Ende zu Christenmenschen zu machen.[274] Lediglich Herzl und der Geburt seiner Bewegung wurden mehr Seiten gewidmet als dem christlichen Zionismus. Die gesamte jüdische Geschichte habe über all die Jahrhunderte diesem einen Höhepunkt zugestrebt: dem Erscheinen der zionistischen Idee und Bewegung mitsamt ihres großartigen Werkes. In dem gesamten historischen Abriss findet sich indessen nicht ein Wort über das Anrecht oder die Erdverbundenheit der anderen großen Bevölkerungsgruppe, die auf diesem kleinen Territorium ansässig ist.

Dieses wichtige ideengeschichtliche Zeugnis ist nicht unterzeichnet, so dass wir nicht wissen, wer seine Verfasser waren. Dennoch liegt die Vermutung nahe, dass es sich dabei um die Historiker der jungen Hebräischen Universität in Jerusalem gehandelt haben dürfte, an ihrer Spitze Ben-Zion Dinur, der Doyen der Geschichtswissenschaften innerhalb der noch jungen zionistischen Gemeinschaft. Die zentrale Stellung des Landes in der jüdischen Geschichte, das Abheben darauf, dass es nach den beiden großen Aufständen der Antike keine wirkliche Vertreibung gegeben habe, wohingegen ausgerechnet nach der Eroberung des Landes durch die Araber mehr Vertriebene zu zählen gewesen seien, im Grunde genommen aber immer und zu allen Zeiten

Juden in großer Zahl im Lande gelebt hätten – all dies trägt die Handschrift dieses einflussreichen, umtriebigen und auch politisch tätigen Historikers.

Denn die Wegbereiter des historischen Anrechts der Juden auf das Land waren nicht Juristen, sondern in der Hauptsache Historiker, Bibelwissenschaftler und Geographen.[275] Ab den dreißiger Jahren arbeitete die Mehrheit aller zionistischen Historiker fleißig daran, das »Land Israel« als Mittelpunkt der jüdischen Existenz darzustellen. In jenem Zeitraum begann man, eine neuartige und höchst wirkungsvolle kollektive Erinnerung zu erschaffen, die streng darauf bedacht war, der neu zugeschnittenen jüdischen Vergangenheit einen stärker territorialen Charakter aufzuprägen. Da die jüdische Geschichtsschreibung, angefangen von Marcus Jost, dem ersten jüdischen Historiker der Moderne, bis hin zu Simon Dubnow, dem wichtigsten Historiker des Judentums bis zu jenem Zeitpunkt, nicht palästinozentrisch und zionistisch gewesen war, mussten die Geschichtswissenschaftler aus Jerusalem gewaltige Anstrengungen aufbieten, um deren gefährlichen anationalen Einfluss zu tilgen. Und parallel dazu machten es sich die klugen Köpfe aus Jerusalem zur Aufgabe, weiter an einem Narrativ zu bauen, das von einem uralten, dem Land Israel entwachsenen jüdischen Volk sprach und damit die jahrhundertealte jüdische Tradition außer Kraft setzte und tilgte, da diese sich weigerte, in der Rückkehr nach Zion die irdisch-weltliche Bestimmung eines jeden Juden auf der Welt zu sehen.

Um die Auffassung vom jüdischen Vorrecht auf das Land zu implementieren, wollten die zionistischen Meinungsführer wie Israel Belkind, David Ben-Gurion oder Jitzchak Ben-Zvi zunächst nachweisen, dass auch die im Lande lebenden Araber Nachfahren der biblischen Juden wären. Unglücklicherweise ließ der Aufstand von 1929 die Idee einer »ethno-rassischen Vereinigung der beiden Volksteile« schon bald obsolet werden. Infolgedessen übernahmen Ben-Zion Dinur und seine Kollegen die Aufgabe, die hebräische Leserschaft davon zu überzeugen, dass es seit der Zerstörung des Tempels und bis in die Neuzeit hinein eine durchgehende, authentisch-jüdische Präsenz im Land Israel gegeben habe. Ihnen zufolge hatte es immer starke jüdische Gemeinden im Land gegeben, welche durch die verschiedenen »Einwanderungswellen« gestärkt und aufgefüllt worden seien. Natürlich fiel es nicht leicht, derart fragwürdige Thesen zu untermauern, doch mit viel Überzeugungskraft, dem festen Willen, an die Rechtmäßigkeit des eigenen Weges zu glauben, und der ideellen und finanziellen Unterstützung durch das zionistische Establishment machten sich die Konstrukteure dieser neuen Vergangenheit an die Arbeit und sollten im pädagogischen Bereich vollen Erfolg haben.

Das Werk, das mehr als jedes andere das blinde Bestreben zum Ausdruck bringt, die kontinuierliche jüdische Präsenz in der »Heimat« als Grundlage des Anrechts auf das Land zu präsentieren, ist der monumentale Sammelband *Sefer ha-Yishuv* [Buch des Jischuws], dessen erster Band 1939 erschien.[276] Herausgegeben wurde das Werk von Shmuel Klein, dem ersten bedeutenden Geographen der damals noch jungen Hebräischen Universität in Jerusalem, und es enthält jedes noch so kleine Informations- und Erinnerungsfragment zu jüdischer Präsenz in Palästina, angefangen vom Jahr 70 u. Z. bis 1882. In dem von Ben-Zion Dinur verfassten Vorwort räumt dieser ein: »Ausgerechnet das Land, dessen Zeitläufte sich mit dem Schicksal des verstreuten Volkes zu einer historischen Einheit fügen, erfuhr bislang noch nicht die ihm gebührende Aufmerksamkeit von Seiten der jüdischen Historiographie.«[277] Von nun an würde eine neue Geschichte geschrieben werden, sowohl des Landes wie auch des Volkes, von der sich sagen ließe, dass sich ihr Wesen bis zum heutigen Tag kaum verändert habe.

Dinur war nicht nur ein begnadeter Autor, sondern auch ein umtriebiger Erinnerungsfunktionär. Er gab Dutzende von Büchern heraus, veröffentlichte Quellensammlungen, verlegte Zeitschriften und wurde am Ende sogar Knessetabgeordneter und Erziehungsminister des jungen Staates (1951). Als sein ideelles Testament kann ein Interview mit ihm gelten, das unter der Überschrift »Unser Recht auf das Land« erschien. Die Unterzeile dieser Überschrift ist sogar noch bedeutsamer für das Verständnis seiner gesamten theoretischen Lehre und seines empirischen Vorgehens: »Die Araber im Lande Israel haben alle Rechte, aber auf das Land Israel keinerlei Recht.«[278] Das historische Narrativ Dinurs war immer klar und eindeutig und wurde von ihm bei jeder sich bietenden Gelegenheit vorgetragen: Die Araber hätten sich das Land Israel im Jahre 634 u. Z. unterworfen und seien seither fremde Besatzer geblieben. Demgegenüber hätten die Juden immer an ihrer Heimat festgehalten, und auch wenn sie dort zuweilen an den Rand gedrängt worden seien, hätten sie es niemals verlassen. Mit einer historischen und juristischen Logik, die wir heute erstaunlich finden mögen, kam dieser Vertreter der zionistischen Linken und Begründer der israelischen Geschichtswissenschaften zu folgendem Urteil:

> Okkupation erzeugt kein historisches Besitzrecht. Das Besitzrecht des Besatzers an dem Land, das er okkupiert hat, erlangt nur dann Gültigkeit, wenn der Eigentümer des Landes sich zum Zeitpunkt der Einnahme nicht dort befunden und über einen langen Zeitraum die Landnahme nicht in Frage gestellt hat. Aber wenn der Besitzer des Landes hier auf seinem Land gesessen hat […], und sei er auch über Jahrhunderte in seine Ecke gedrängt gewesen, so mindert dies seine Rechte nicht – sondern vergrößert sie sogar noch.[279]

Bekanntermaßen zählen diejenigen, die einen Mythos erschaffen, in aller Regel zu dessen ersten Adepten. Die Historiker, die an Dinurs Seite wirkten und wie er selbstverständlich und ohne Ausnahme europäische Immigranten waren und nicht in irgendeiner »Ecke« des Landes geboren, dachten da nicht anders. Jitzchak Baer, Gerschom Scholem, Israel Heilprin, Jehoshua Prawer, Nachum Slouschz und andere wollten, ein jeder nach seinen Neigungen und auf dem ihm eigenen Forschungsfeld, beweisen, dass die jüdische Geschichte niemals eine religiös-theologische gewesen war, sondern eine national-teleologische. Es ging, mit anderen Worten, nicht um die jahrhundertealte Geschichte von Glaubensgemeinschaften, die einem eigenen, spezifischen Kultus angehangen hatten, sondern um die Geschichte einer Nation, die immer nach ihrem höchsten Ziel gestrebt hatte – der Rückkehr ins Land Israel. Jitzchak Baer, der profilierteste Historiker seiner Zeit neben Dinur, brachte zu Beginn seines beruflichen Werdegangs das Wesen des zionistischen Narrativs zum Ausdruck, als er Rabbi Judah Löw aus Prag mit patriotischer Begeisterung auslegte: »Jeder Nation hat Gott ein Land als Besitz zugedacht, und der Besitz des Volkes Israel ist das Land Israel, dies ist sein natürlicher Ort, und alles, was von seinem natürlichen Ort entfernt wird, verliert seinen natürlichen Halt, bis es wieder an seinen Platz gelangt.«[280]

Das soll selbstverständlich nicht bedeuten, dass sämtliche Arbeiten dieser Historiker vollkommen wertlos sind und waren. Wohl aber beeinträchtigen die Begriffsapparate, die den »erez-israelischen« Forschungsarbeiten zugrunde liegen, zumeist deren empirische Erträge und lassen große Zweifel an ihren Schlussfolgerungen aufkommen.

Nach der etwa ein Jahrzehnt währenden ideologischen Kampagne, in der das Anrecht auf das Land im öffentlichen Bewusstsein verankert wurde, nimmt es nicht wunder, dass die Verfasser der Unabhängigkeitserklärung von 1948 es als selbstverständlich ansahen, die Errichtung des Staates Israel im Land Israel kraft eines doppelten Rechts zu begründen: »des natürlichen und des historischen«.[281] Doch auch nach der Gründung des Staates und seiner Konsolidierung fuhren Historiker, Archäologen, Philosophen, Bibelforscher und Geographen fort, das historische Recht und seine Ableger zu untermauern, um es zu einem gegen Widerlegungsversuche resistenten Axiom zu machen.

Intellektuelle und Politiker der radikalen Rechten, angefangen bei Se'ev Jabotinsky bis hin zu seinen Erben am Beginn des 21. Jahrhunderts, betrachteten das Anrecht als Selbstverständlichkeit und belasteten sich nicht allzu sehr damit, dieses zu erklären und zu erörtern. Doch sollte noch einmal betont werden, dass selbst sie sich nicht mit einer Philosophie der Macht begnügten, um die Besetzung des Landes zu rechtfertigen. Denn die revisionistische Strömung war schon immer der Auffassung gewesen, dass die Geschichte keine tiefgreifenden Veränderungen kenne. Das Recht wurde als ewiges Phänomen begriffen, das in Vergangenheit, Gegenwart und Zukunft immer gleich schwer wog. Demzufolge war das territoriale Vorrecht durch alle Zeitläufte hindurch gewahrt geblieben und würde wohl nur durch die Zerstörung des Planeten außer Kraft gesetzt werden. So konnte Menachem Begin, Israels Staatschef Ende der siebziger Jahre, dieses Vermächtnis ohne große Umschweife wie folgt zusammenfassen: »Wir sind nicht dank der Kraft, sondern Kraft des Rechts ins Land Israel zurückgekehrt. Und, gelobt sei Gott, haben wir die Kraft, das Recht zu erhalten.«[282]

Im Unterschied zu diesem eindeutigen Standpunkt blieb für die anspruchsvolleren unter den Intellektuellen der zionistischen Linken das »historische Anrecht« über viele Jahre eine problematische und nicht vollständig gelöste Angelegenheit. So galt es in jeder Generation aufs Neue, dieses Anrecht mit einer gewundenen, moralisierenden Rhetorik auch vor sich selbst zu legitimieren, was nicht immer leichtfiel. Für Shmuel Ettinger zum Beispiel, einen der führenden Historiker der Hebräischen Universität in Jerusalem, gab es vielleicht kein echtes Anrecht, wohl aber eine Beziehung: Dass die Juden ihr Land über zweitausend Jahre nicht vergessen, das Exil als unnatürlichen Zustand betrachtet und immer zu ihrem Ursprungsort hatten zurückkehren wollen, verlieh der nationalen Restauration Gültigkeit und Legitimität. Obgleich Ettinger bestens mit der Geschichte des jüdischen Glaubens vertraut war, zögerte er nicht, zu folgender wissenschaftlichen Feststellung zu gelangen: »In ihrem religiösen Schaffen und nationalen Denken blieb das Land Israel das wichtigste Zentrum, das Herz der jüdischen Nation.«[283]

Jehoshua Arieli, ein nicht weniger angesehener Historiker, stellte demgegenüber die These auf, dass so, wie Rechte Beziehungen schüfen, es in der Natur von Beziehungen läge, dass sie zu Rechten würden. »Hieraus ergibt sich, dass die historische Beziehung [zum Land Israel] zu einem Anrecht geworden ist, kraft der internationalen öffentlichen Anerkennung [durch Balfour und das Mandat] der zionistischen Forderung nach einer Lösung der

Judenfrage.«[284] Die Tatsache, dass diese »öffentliche internationale Anerkennung« im Grunde genommen eine Anerkennung durch den britischen und westlichen Kolonialismus war, ohne irgendeine Berücksichtigung der einheimischen Bevölkerung, fand keine Beachtung, wenn um jeden Preis eine moralische Rechtfertigung für den zionistischen Besiedlungsprozess gefunden werden sollte.

Sogar Shlomo Avineri, Professor für Staatswissenschaften an der Hebräischen Universität, zog es vor, immer die Beziehung und nicht das Vorrecht zu betonen: »Wir haben ohne Zweifel eine historische Beziehung zu allen Gebieten des historischen Landes Israel, und dieses Land Israel [...] umfasst nicht nur Judäa, Samaria und den Gazastreifen, sondern auch Gebiete, die sich heute außerhalb unserer Herrschaft befinden. (Sollte unsere Beziehung zum Berg Nebo oder zu Amman weniger tief sein als zu Sichem?) Doch nicht jeder Ort, zu dem wir eine Beziehung haben, muss sich unter unserer staatlichen Kontrolle befinden.«[285] Ein kluger Siedler aus »Judäa und Samaria« würde darauf bestimmt erwidern: »Muss er vielleicht nicht, sollte er aber.«

Saul Friedländer, ein weiterer bekannter Historiker, bemühte demgegenüber eine subjektivere Begründung, die er wie folgt zusammenfasst:

> Es ist das Recht der Juden, ihre Verbundenheit mit dem Land Israel zu verwirklichen, den dieses Volk gilt nur als Volk, wenn es mit jenem Land verbunden ist. [...] Während der 2000 Jahre im Exil betrachtete sich das jüdische Volk selbst als vertrieben und aus dem Lande der Vorväter exiliert, zu dem zurückzukehren es immer trachtete. Dies ist ein in der Geschichte einmaliger Fall. Ich bin überzeugt, dass eine derart innige und tiefe Verbindung dem Volk das Recht über dieses Land verleiht, da es das einzige [Volk] war, das ihm unschätzbaren Wert beimaß und keinerlei Ersatz dafür sah, auch wenn es vorübergehend – und diese vorübergehende Phase dauerte Hunderte von Jahren – sich außerhalb dieses Landes befunden haben mag.[286]

Einmal abgesehen von der Problematik des »Vorübergehenden« und des »Dauerhaften« in einer historiographischen oder mystifizierenden Aussage wie dieser, scheint dem bedeutenden Holocaustforscher Friedländer entgangen zu sein, dass er mit seinen Worten, wenn auch vielleicht unbeabsichtigt, der Ideologie der Siedler Vorschub leistete. Denn als diese Worte niedergeschrieben wurden, begannen diese gerade, ihre innige »Verbundenheit« mit dem Herzstück ihres historischen Landes zu verwirklichen – warum sollte dieses Recht für Tel Aviv, Jaffa und Haifa gelten, die außerhalb Judäas liegenden Küstenstädte, nicht aber für die Altstadt von Jerusalem, für Hebron und Betlehem?

Auch Chaim Gans, ein hochrangiger Rechtswissenschaftler der Universität Tel Aviv, war sich bezüglich des historischen Rechts lange unsicher, das er letztendlich auf das »Recht auf die konstituierenden Gebiete« beschränkte – und damit selbstverständlich dem zionistischen Narrativ viel näher stand als der Verteilungsgerechtigkeit.[287] Nach dieser Logik war es das Glück des Zionismus, dass sein »konstituierendes Territorium« nicht irgendein Landstrich im Herzen Englands oder mitten in Frankreich war, sondern sich in einem nur von machtlosen Arabern bevölkerten Kolonialgebiet befand.

Im Gegensatz zu dem Konsens, der vor allem nach 1967 in der israelischen Gesellschaft Fuß fasste, waren die Juden nach Meinung all dieser linken Intellektuellen mit dem gesamten Land verbunden und hatten sogar nationale Rechte *in* diesem, nicht aber Rechte *auf* dasselbe. Diese Unterscheidung entsprang offenkundig einem moralischen Unbehagen angesichts der Herrschaft über eine andere, rechtlose Bevölkerung, doch vermochte es diese Differenzierung nie, sich in eine konkrete und effektive Politik zu übertragen. Denn zum einen verstanden die meisten Intellektuellen der späten zionistischen Linken nicht, dass religiöse Verbindungen tatsächlich nicht zwangsläufig in Vorrechte übertragen werden mussten, dass sich dies aber mit Verbindungen, die im patriotischen Gewand daherkamen, ganz anders verhielt. Denn Letztere sind im Paradigma des Eigentums an einem Heimatgebiet immer enthalten, ein Paradigma, das sich tief in den Falten jeder nationalen Pädagogik verbirgt. Mit anderen Worten: Im Falle der israelischen politischen Kultur war das, was als »Land Israel« galt, letzten Endes auch Eigentum des jüdischen Volkes. Die Nichtberücksichtigung eines Teils dieses imaginierten Landes wäre mithin identisch mit dem Verzicht eines Privateigentümers auf einen Teil seines Besitzes. Eine Situation, die selbstverständlich möglich ist, jedoch nach allgemeiner Ansicht als problematisch und eher selten gilt.

Ungeachtet des legitimatorischen Diskurses, der es von Anfang an begleitete, hielt sich das zionistische Siedlungswerk niemals lange mit moralischen Feinheiten auf, die geeignet waren, die Landnahme zu begrenzen oder gar zu verhindern. Die einzigen Grenzen, die dem nationalen Projekt – genau wie jedem anderen kolonisatorischen Prozess auch – gesetzt waren, waren die Grenzen der eigenen Macht. Grenzlinien, die sich aus einem freiwilligen Verzicht oder aus einem pazifistischen Kompromiss mit der autochthonen Bevölkerung ergeben hätten, gab es nicht.

Bliebe mithin nur die Frage: Was hätte ein »Eigentumsverzicht« für die zionistische Gedankenwelt bedeutet? Diese Frage führt unmittelbar zu einer weiteren Überlegung: Welches Land war das eigentlich, von dem die zionistische Imagination mit Bestimmtheit sagte, es habe schon immer dem jüdischen Volk gehört? Welchem Boden wurde in der nationalen Vision Heiligkeit zugesprochen? Und hatte dieses Land jemals klare Grenzen?

3. Zionistische Geopolitik und »Erlösung« des Bodens

Der siedelnde Zionismus, der dem Talmud den religiösen Begriff »Land Israel« entlieh, war nicht eben darauf aus, damit auch die halachischen Grenzen jenes Gebiets zu übernehmen. Denn die

Trennlinien, die, wie erwähnt, heiligen Boden definierten, waren nur kurz und zogen sich von Akko im Norden bis nach Aschkelon im Süden und markierten ein Gebiet, das nicht geschlossen war und sich kaum für eine nationale Heimstätte eignete. Gaza, Beit Shean, Tzemach, Cäsarea und weitere Orte waren nicht Teil des Landes Israel für diejenigen, die in der Tradition als »aus Babylon Eingewanderte« bezeichnet wurden. Demgegenüber waren die Grenzen des Landes der göttlichen Verheißung ungleich verführerischer und bargen ein gewaltiges Potential, ein weitläufiges jüdisches Land zu erschaffen, ein Territorium, das seines Namens auch würdig war und in seinen Ausmaßen den gewaltigen Besitzungen des europäischen Kolonialismus zu Beginn des 20. Jahrhunderts entsprach.

So heißt es im Buch Genesis: »An diesem Tag schloss der Herr mit Abram folgenden Bund: Deinen Nachkommen gebe ich dieses Land vom Grenzbach Ägyptens bis zum großen Strom Eufrat« (Gen 15,18). Die Verfasser der ersten Bücher der hebräischen Bibel, die allem Anschein nach aus Babylon zugewandert waren, erweiterten ihr von Gott verheißenes theologisches Land um einen Teil ihres eigenen Herkunftslandes, wobei interessant ist, dass dessen Grenzen keine natürlichen (wie etwa Flüsse) sind. Und da andere Teile der hebräischen Bibel von anderen Autoren mit unterschiedlichen territorialen Vorstellungen stammen, gibt es auch stark divergierende Grenzziehungen. So verspricht Gott im Buch Numeri Mose etwas weniger eindrucksvolle Grenzen: vom Fluss von Ägypten (dem Wadi El-Arisch) durch die Negev-Wüste bis zum Toten Meer und von dort weiter nach Amman; dann in einer Bogenlinie über den Dschebel ad-Duruz in der Hauran-Region weiter bis nördlich von Tyros im heutigen Libanon. (Die Identifizierung der biblischen Namen ist zuweilen eine knifflige Angelegenheit, siehe zum Beispiel Num 34,3–12.) Im Buch Josua wiederum findet sich erneut eine spendable Version: »Jeden Ort, den euer Fuß betreten wird, gebe ich euch, wie ich es Mose versprochen habe. Euer Gebiet soll von der Steppe und vom Libanon an bis zum großen Strom, zum Eufrat, reichen – das ist das ganze Land der Hetiter – und bis hin zum großen Meer, wo die Sonne untergeht« (Jos 1,3 f.). Auch das angebliche Königreich Davids und Salomos deckt sich beinahe vollständig mit dem Land der Verheißung und reicht sogar bis nach Mesopotamien (Ps 60,2).[288]

Als Heinrich Graetz sein erstes protonationales Werk verfasste, in dem er ein jüdisches Volk im modernen Sinne des Worts erfand, verlegte er die Geburt dieses Volkes in ein exotisches und wundersames Mittelmeerland: »Ein solcher Erdstrich war das Land Kanaan (jetzt Palästina genannt), die südliche Nachbarlandschaft von Phönikien, an der Küste des Mittelmeeres.«[289] Die Grenzen indes waren noch verschwommen und unpräzise bei diesem großen Historiker, und so sollten es auch die Zionisten noch einige Zeit lang halten, die sich feierlich zu ihren jährlichen Kongressen versammelten. Auch die Chowewej Zion, die ersten Kolonisten, wussten nicht mit Bestimmtheit, bis wohin sich ihr Heiliges Land genau erstreckte. Gleichzeitig indes stellte sich Elieser Ben-Jehuda, der Erfinder des Neuhebräischen, in seinem 1883 in Jerusalem veröffentlichen Buch *Sefer Erez Israel* [Buch des Landes Israel] sein neues Land »nach den Grenzen der Tora des Mose« vor – vom Wadi El-Arisch bis nach Sidon im heutigen Libanon und von dort weiter bis zum Berg Hermon, und im Osten vom 52. bis zum 55. Längengrad, alles in allem eine Fläche von rund 33 600 Quadratkilometern.[290] Im Jahre 1897 zeichnete Israel Belkind seine erste Karte des Landes Israel: Im Norden reichte es bis nach Akko, im Osten erstreckte es sich bis zur syrischen Wüste und im Süden bis zum Grenzfluss Ägyptens. Auf jeden Fall aber »teilt der Jordanfluss das Land Israel in zwei ungleiche Teile«, bestimmte jener erste tatkräftige Zionist, und diesem Diktum sollten alle anderen Kolonisten seiner Zeit folgen.[291] So finden sich etwa im Lehrplan für das Fach Geographie des Zionistischen Lehrerverbands von 1907, einem Modell für künftigen Heimatkundeunterricht, eben jene großzügigen Grenzziehungen. Das Land war groß, und der rauschende Jordanfluss strömte machtvoll in seiner Mitte.[292] Im Jahre 1918 erfolgte ein weiterer Schritt, wurden die Grenzen des Landes Israel in etwas stärker »wissenschaftlicher« Form skizziert. David Ben-Gurion und Jitzchak Ben-Zvi hatten entschieden, in »rationaler und ausgewogener« Weise die Grenzen ihres Landes grafisch festzuhalten. Diese deckten sich selbstverständlich nicht mit den viel zu engen Grenzlinien Palästinas.

Denn für den Gründervater des künftigen israelischen Staates und seinen Mitstreiter waren die Grenzen der alttestamentlichen Verheißung zu weitläufig und leider nicht zu realisieren. Die Grenzen der talmudischen Mitzwot hingegen waren zu eng gesteckt und entsprachen weder den natürlichen Gegebenheiten des Landes noch den Bedürfnissen einer großen Nation. Nach Ansicht der beiden Verfasser galt es, die Grenzlinien des Landes Israel in objektiver Weise auf einer physischen, kulturellen, ökonomischen und ethnographischen Grundlage festzulegen, wobei folgende gewünschte Demarkationspunkte herauskamen:

> Im Westen – das Mittelmeer [...] im Norden – der Litani-Fluss, zwischen Tyros und Sidon [...] im Süden – die Tangente, die sich schräg von Rafah bis zum Golf von Akaba erstreckt [...] im Osten – die syrische Wüste. Die östliche Grenze des Landes Israel ist nicht genau festzulegen [...] Je mehr der verheerende Einfluss der Wüste zurückgedrängt werden kann [...], desto weiter wird sich die östliche Grenze des Landes gen Osten verlagern, wird die Fläche des Landes Israel sich folglich erweitern.[293]

Mit anderen Worten: Das Land Israel umfasste ganz selbstverständlich auch das östliche Ufer des Jordans, erstreckte sich bis in den künftigen Irak und bis vor die Tore von Damaskus, so wie es auch die Region El-Arisch mit einschloss (obgleich sie sich, wie die Verfasser einräumten, außerhalb des »türkischen Palästinas« befand). Wichtig war indessen, dass die beide Ufer des Jordans eine natürliche, untrennbare Einheit darstellten. Diese Grenzen seien ebenso wenig ideal wie maximal, behaupteten Ben-Gurion und Ben-Zvi, sondern realistisch und durchaus geschaffen, das sich versammelnde jüdische Volk aufzunehmen.

Ben-Gurion und Ben-Zvi waren sozialistische Revolutionäre

und scherten sich zum damaligen Zeitpunkt noch nicht allzu viel um Diplomatie. Die Führer der zionistischen Bewegung dagegen traten deutlich kleinmütiger auf und neigten dazu, ihren Standpunkt hinsichtlich der Grenzen des Judenstaates, den sie zu gründen gedachten, mit äußerster Vorsicht und Behutsamkeit zum Ausdruck zu bringen. Dennoch war es so, dass die von den beiden »Linken« skizzierten Grenzen sich als eine Art nationaler Konsens herauskristallisierten. So schrieb im selben Jahr, in dem Ben-Gurion und Ben-Zvi ihr Buch verfassten, Chaim Weizmann in einem Brief an seine Frau, er unterstütze die Errichtung eines jüdischen Staates beiderseits des Jordans. Dieser Staat, der sich auf einer Fläche von rund 60 000 Quadratkilometern erstrecken und die Zuflüsse des Jordans umfassen und kontrollieren würde, sei der einzige, auf den sich eine lebensfähige Wirtschaft des jüdischen Jischuws gründen ließe.[294]

In dem schon erwähnten zionistischen Memorandum, das im Jahre 1919 dem Völkerbund vorgelegt wurde, waren die territorialen Forderungen bereits weitgehend identisch mit den ein Jahr zuvor von Ben-Gurion und Ben-Zvi vorgeschlagenen Grenzen. Auch hier umfasste das jüdische Land Transjordanien, jedoch nur bis zur Trasse der Hedschasbahn, also bis zu einer Linie Damaskus-Amman.[295] Und als Chaim Weizmann 1920 auf einer internen Sitzung des zionistischen Exekutivkomitees angegriffen wurde, weil er sich mit derartig »engen« Grenzen begnüge, antwortete der angehende Präsident der Zionistischen Weltorganisation: »Die von uns vorgeschlagenen Grenzen bieten uns genug Raum, wir sollten zunächst einmal die Fläche füllen, die sich innerhalb unserer Grenzen erstreckt. Wir werden gewiss eine Generation jüdischer Besiedlung benötigen, bis wir den Schienenstrang der Hedschasbahn erreicht haben werden. Und nachdem wir ihn erreicht haben, werden wir ihn auch überqueren können.«[296]

Als Shmuel Klein, der Vater der israelischen Geographie, im Jahre 1937 sein wichtiges Buch *Geschichte der Erforschung des Landes Israel in der hebräischsprachigen und allgemeinen Literatur* verfasste, konnte er sich als Kartograph darüber begeistern, dass es in der hebräischen Bibel »eine wissenschaftliche Genauigkeit auch bei der Festlegung der Grenzen des Landes« gäbe, weshalb ihm – und seinen Lesern – klar war, dass das Land Kanaan nur »das westliche Land Israel« sei.[297] Entsprechend verfuhren auch beinahe alle künftigen Geographen des Staates Israel. Noch im Jahre 2000 konnte ein namhafter, auf Grenzen spezialisierter Wissenschaftler der Universität Tel Aviv den Ausdruck »wissenschaftlich« verwenden, ohne auch nur das geringste Unbehagen zu verspüren, denn schließlich war ja von geographisch-professioneller Terminologie die Rede, nicht aber von delikaten politischen Sprachregelungen.[298]

Es mag israelischen Lesern heutzutage sonderbar erscheinen, doch seit dem Ende des 19. Jahrhunderts und mindestens bis zum Sechstagekrieg des Jahres 1967 umfasste der Begriff »Erez Israel« in der zionistischen Tradition immer auch Transjordanien und die Golanhöhen. Die Logik dahinter war schlicht und elementar, und Ben-Gurion formulierte sie in aller Deutlichkeit: »Zuweilen ist unter Zionisten die Meinung zu vernehmen, das Land jenseits des Jordans gehöre nicht zum Lande Israel – eine solche Haltung stützt sich auf vollkommene Unkenntnis der Geschichte des Landes und seiner Natur. Denn bekanntlich ging die Landnahme der Hebräer auf der Ostseite des Jordans ihren Eroberungen auf der Westseite des Flusses voraus.«[299]

Östlich des Flusses hatten sich, dem biblischen Mythos zufolge, zweieinhalb der zwölf Stämme Israels angesiedelt, und dort hatten auch die Könige David und Salomo mit harter Hand geherrscht. Daher stand das Gebiet aus Sicht der »jüdischen Geschichte« in seiner Bedeutung nicht dem Land auf der Westseite des Flusses nach, und erst recht nicht dem Küstenstreifen Palästina-Kanaans, der bekanntermaßen ja die »Kinder Israels« nicht besonders interessiert hatte. Abgesehen davon gab es ökonomische Erwägungen, nach denen es besser wäre, die Wasserressourcen zu beiden Seiten des Jordans zu beherrschen.

Demnach stellte der Fluss in dem imaginierten Nationalterritorium zunächst keine trennende Grenzlinie dar, sondern eine Wasserstraße, die im Gegenteil die beiden Teile des Landes verband und einte. Folglich wurde in der Sprachregelung, die sich in der wissenschaflichen und politischen zionistischen Literatur durchsetzte, konsequent von dem »westlichen Land Israel« und dem »östlichen Land Israel« gesprochen. Oder anders gesagt: Das Land Israel bestand aus beiden Teilen und war eine geographische Einheit. Jeder Rückzug aus einem der beiden Teile wurde als schmerzlicher nationaler Verzicht begriffen.

Und in der Tat, auch wenn die Siedlungsanstrengungen hauptsächlich im westlichen Erez Israel unternommen wurden, das fruchtbarer und vergleichsweise grüner war, gab es auch im östlichen Teil Ansiedlungsprojekte, vor allem im Norden. Von Laurence Oliphant, dem exzentrischen christlichen Zionisten, von dem schon im vorherigen Kapitel die Rede war, über Charles Warren, einen anderen aktiven christlichen Zionisten, bis hin zu Baron Rothschild gab es nicht wenige, die einer Ansiedlung jenseits des Jordans eine gewisse Priorität einräumten. So lag etwa ein Fünftel aller Flächen, die der Baron erwarb, östlich des Flusses. Land war dort günstiger, leichter verfügbar und dünner besiedelt, so dass eine fremde Besiedlung weniger Aufsehen erregte.

Bereits im Jahre 1888 war eine temporäre Ansiedlung östlich des Sees Genezareth durch eine Gruppe, die sich »Bnej Jehuda« (Söhne Judas) nannte, errichtet worden, und 1891 erfolgte abermals ein Versuch, sich auf Land östlich des Dschebel ad-Duruz niederzulassen. Verschiedene Vereine begannen, Land vor allem auf dem südlichen Golan und in einer Region nordöstlich des Jordans zu erwerben, und erst als die Golanhöhen im Jahre 1920 aus dem britischen Herrschaftsbereich herausfielen, wurden die Versuche, sich dort anzusiedeln, weniger. Die Abtrennung Transjordaniens vom britischen Mandatsgebiet Palästina im Jahre 1922 sorgte im zionistischen Lager für große Enttäuschung. Die Tatsache, dass die nationale Heimstätte nun nicht länger die Regionen östlich des Flusses umfasste, weckte Empörung, tat dem territorialen Appetit auf ein repräsentatives Land aber keinen Abbruch. Die allgemeine Vermutung lautete, dass diese Trennung nur vorübergehend sei und früher oder später wieder aufgehoben würde. Im Jahre 1927 wurde am Jordan das große Wasserkraftwerk Naharayim errichtet, zusammen mit einer in unmittelbarer Nachbarschaft gelegenen jüdischen Siedlung. Denn in den zwanziger Jahren waren die Hoffnungen auf eine jüdische Besiedlung des »ganzen Landes Israel« noch in vollem Schwange.[300]

Doch der Traum von einer großen, biblischen Heimat musste mit den gewalttätigen Unruhen des Jahres 1929 einen schweren Schlag einstecken und wurde 1936 mit Ausbruch des großen arabischen Aufstands noch nachhaltiger erschüttert. Die daraufhin von der britischen Regierung eingesetzte Peel-Kommission kam, trotz aller zionistischer Einflussnahme, bekanntlich zu dem Schluss, dass Palästina geteilt werden müsse.[301] Nach dem Verzicht auf das »östliche Land Israel« im Jahre 1922 galt der Verlust erheblicher Teile des »westlichen Landes Israel« innerhalb der zionistischen Bewegung als unerträglich. Führende Persönlichkeiten und Intellektuelle der jüdischen Gemeinschaft in Palästina machten sogleich Front gegen den Vorschlag. Menachem Ussischkin, Se'ev Jabotinsky, Berl Katznelson, Jitzchak Tabenkin, die zionistische Linke und die Nationalreligiösen – sie alle taten sich gegen das drohende Unheil zusammen. Demgegenüber rieten pragmatischere Führer wie David Ben-Gurion und Chaim Weizmann, den Plan zu akzeptieren. Ja, es gelang ihnen sogar, insbesondere vor dem Hintergrund der zunehmend schwierigen Situation der Juden in Europa, den 20. Zionistenkongress zu überzeugen, den britischen Vorschlag, wenn auch zähneknirschend, anzunehmen.[302]

Die Logik dahinter ähnelte dem Herzl'schen Kalkül in der Auseinandersetzung um den Uganda-Plan – lieber zunächst einmal einen kleinen jüdischen Staat akzeptieren als all das zu gefährden, was im Zuge des Kolonisierungsprozesses bereits geschaffen worden war. Zumal die zionistische Bewegung recht eigentlich gesehen gar keine andere Wahl hatte. In jener Phase des nationalen Projekts konnte nur eine enge diplomatische und militärische Kooperation mit dem britischen Oberherrn den Aufstand der autochthonen Bevölkerung stoppen, der drei Jahre währte und sich sowohl gegen die fremde Kolonialmacht als auch gegen die immer weiter um sich greifende jüdische Besiedlung im Land richtete.

Doch man ginge mit der Schlussfolgerung fehl, die Unterstützer des Teilungsplans hätten damit auch den Traum aufgegeben, sich des ganzen Landes Israel zu bemächtigen. Als Chaim Weizmann etwa nach den Gebieten gefragt wurde, die nicht dem jüdischen Einflussbereich zugeschlagen worden waren, antwortete er mit dem ihm eigenen Humor, diese würden schon nicht weglaufen. Und David Ben-Gurion, der zum damaligen Zeitpunkt bereits Vorsitzender der Exekutive der Jewish Agency war, der im Völkerbundmandat für Palästina vorgesehenen Vertretung der Juden, verkündete unmittelbar nach dem 20. Zionistenkongress vor der britischen Presse: »Es hat keinerlei Diskussion für oder gegen die Idee gegeben, dass das Land Israel unteilbar sei. Denn es gibt nicht einen Zionisten, der bereit wäre, auch nur auf den kleinsten Teil des Landes Israel zu verzichten. Die Diskussion hat sich um die Frage gedreht, welcher der beiden Wege schneller zum gemeinsamen Ziel führen wird.«[303]

Genau wie ein Jahrzehnt später in der Kontroverse um den UN-Teilungsplan von 1947 wog die Aussicht, Souveränität für eine jüdische Bevölkerungsmehrheit zu erlangen, schwerer als die langfristige Realisierung des Mythos vom gesamten Territorium. Ab Ende der dreißiger Jahre ließen die zionistischen Führer des »gemäßigten Lagers« erhöhte Vorsicht walten und lernten, dass man besser »nicht über Landkarten« redete. Natürlich blieb der Mythos vom Boden weiter ein Leitmotiv der zionistischen Politik, sollte jedoch bis 1967 nicht an deren Stelle treten. Denn ein nicht weniger mobilisierendes und schicksalhaftes Ethos bremste diesen Mythos aus: Die Errichtung einer »ethnischen« Nation, die nicht der Gefahr einer Assimilierung oder Integration in eine große, einheimische Volksmasse ausgesetzt wäre und in ihrem eigenen souveränen Staat lebte. Die relativ geringfügige »Einwanderung« nach Palästina, zunächst im Rahmen der Massenemigration gen Westen, dann infolge der Vernichtung der europäischen Juden, ließ die territoriale Begeisterung vorübergehend abkühlen und lehrte die Köpfe des Zionismus, eine gemäßigte Politik zu verfolgen.

Die Bereitschaft, »engere« Grenzen zu akzeptieren, war mithin ihrem Wesen nach ebenso eine pragmatische, flexible Taktik wie Ausdruck einer prinzipiell »ethnozentrischen« Politik. Auf lange Sicht sollte sie sich als höchst effektiv erweisen. Denn eigentlich war diese »hohe« Diplomatie nicht mehr als die gewitzte politische Umsetzung des Prinzips »noch ein Hektar und noch eine Ziege«, welches die Landnahme von Anfang an leitete. Das Schaffen von harten Fakten vor Ort war das Leitmotiv der zionistischen Politik von ihrer Geburt an – und ist es bis auf den heutigen Tag geblieben.

Die Kolonisierung selbst, die in bescheidenem Umfang bereits zum Ende des 19. Jahrhunderts eingesetzt hatte,[304] erfolgte zwar im Lichte des spektakulären mobilisierenden Mottos der »Erlösung des Bodens«, war de facto aber eine sehr vorsichtige und gut geplante Unternehmung. Ähnlich anderer mythologisierender Begriffe wie dem vom »Land Israel« oder der Vorstellung, ein Jude könne dorthin nur »aufsteigen«, niemals jedoch schlicht einwandern, wurden auch der Erwerb von Land und seine Bestellung mit dem religiösen Begriff »Ge'ula« (Erlösung) belegt. In der jüdischen Tradition verweist dieses Wort zum einen auf Heil und Wiedergeburt, des Weiteren auf Sauberkeit und Reinheit sowie auf das Auslösen von Gegenständen oder Gefangenen aus der Hand des Feindes. Diese Dreifachbedeutung befriedigte die mentalen Bedürfnisse der neuen Kolonisten. Denn so waren die Kolonisten nicht einfach Landwirte – Kleinbürger, selbst wenn sie vollkommen verarmt waren, würden niemals zu Bauern werden wollen –, sondern gekommen, um das Land zu erlösen, das brach und öd gelegen hatte, nachdem ihre Vorväter vor 1900 Jahren gewaltsam von ihm vertrieben worden waren.

Die wenigen siedlungswilligen Immigranten, die ab den achtziger Jahren des 19. Jahrhunderts ins Land kamen, waren eine Mischung aus traditionalistischen, strenggläubigen Juden und jungen Idealisten, die die im damaligen Russland weitverbreitete Atmosphäre der Verherrlichung des einfachen Volkes aufgesogen hatten. In beiden Gruppierungen wurden der Begriff der »Erlösung« und das Bild, das er hervorrief, schnell Allgemeingut. Bereits Ende der achtziger Jahre entstand ein kleiner Verein, der sich »Erlöser Zions« nannte. Und im Programm der Chowewej Zion aus dem Jahre 1887 stand unter anderem: »Kern der Erlösung des Landes ist es, Land zu erwerben und es von Fremden zu erlösen.«[305]

Auch unter den nachfolgenden Einwanderern, vor allem unter den jungen, idealistisch gesinnten, gewann der Begriff immer mehr an Boden. Die Erlösung der leibeigenen Bauern, welche die volksverherrlichende russische Romantik charakterisiert hatte, wurde im Zionismus durch die Erlösung der Erde ersetzt. Die Scholle wurde für die »Pioniere« zum Objekt mystischer, ja sogar sexueller Begierde.[306] Das Land wurde als – im metaphorischen Sinn – leer begriffen, bis die ersehnten Pioniere es erlösen würden. Das Leitmotiv des leeren, wüsten Landes war dabei für den Prozess der Erlösung unverzichtbar. Das öde Land war eine grenzenlose, jungfräuliche Weite, die sehnsüchtig darauf wartete, dass der jüdische Jischuw in sie eindringe und sie befruchte. Denn das verlassene Land war bis zu dem historischen Augenblick, da die Pioniere sich seiner annahmen, eine traurige Mischung aus Wüste und Sumpf gewesen.[307] Auch wenn sich auf dem jüdischen Land »fremde« Fellachen befanden, so waren diese doch nicht imstande, die Wüste zum Blühen zu bringen, da sie zum einen beschränkt und tumb waren, zum anderen vor allem aber das Land nicht so sehr liebten, wie es nur die Zionisten vermochten.

Sämtlichen Führern des Zionismus und der überwiegenden Mehrheit seiner Vordenker und Theoretiker war es genehmer, sich selbst nicht als Besatzer fremder Erde zu sehen, sondern als die Erlöser des »Landes Israel«, das ihnen immer schon gehört hatte. Aaron David Gordon, einer der wichtigsten Vordenker der zionistischen Arbeiterbewegung, definiert in einem Brief von1912 das sich herausbildende Ethos:

> Was werden wir tun im Lande Israel? Das Land erlösen (ob im weiteren oder im engeren Sinne macht für uns keinen Unterschied), und dem Volk neues Leben einhauchen. Aber dies sind nicht zwei voneinander getrennte Aufgaben, sondern zwei Seiten ein und derselben Sache. Das Land ist nicht zu erlösen ohne

> eine Belebung des Volkes, und eine Animierung des Volkes gibt es nicht ohne Erlösung des Landes, denn ein Erwerb von Böden bedeutet noch nicht deren Erlösung im nationalen Sinne, solange sie nicht von Juden bestellt werden.[308]

Diese neue Betonung der Erlösung als Wert, der auch in der Arbeit wurzelte, war typisch für eine neue Generation sozialistischer Emigranten, die ab 1905 ins Land kamen. Sie implizierte auch Kritik an der sowohl in den Kolonien Baron Rothschilds wie auch bei anderen frühen jüdischen Kolonisten üblichen Praxis, vor allem saisonal nichtjüdische Arbeitskräfte zu beschäftigen. Zionistische Kritik dieser Art wurde von nun an Konsens innerhalb des Siedlungsprojekts, und vielleicht liegt gerade hierin eines seiner Erfolgsgeheimnisse: Eine Erlösung mit arabischer Arbeit gibt es nicht, kann es nicht geben.

Die Kolonisierungsprozesse der Neuzeit entwickelten verschiedene Formen der Kontrolle von Territorien. Verschiedene Historiker haben danach schon vor längerer Zeit die europäische Kolonisation in unterschiedliche Kategorien unterteilt: die Herrschaftskolonie unter einer Besatzungsarmee (Indien und weite Teile Afrikas zum Beispiel), Siedlungskolonien, in denen sich Kolonisten und Einheimische mischen (Lateinamerika), Pflanzerkolonien (der Süden der USA, Südafrika, Algerien und Kenia) und die Kolonie in Form einer »ethnisch« reinen Besiedlung (der puritanische Norden der Vereinigten Staaten, Australien und Neuseeland). Es versteht sich von selbst, dass diese Einteilung Idealtypen bezeichnet. In der Realität dagegen treten die Modelle oftmals nicht in Reinkultur auf, sondern bilden verschiedene Zwischenformen aus.[309]

Die jüdische Kolonisierung der achtziger Jahre des 19. Jahrhunderts beginnt als eine Mischung aus dem Modell der Pflanzerkolonien und dem Modell einer ethnisch reinen Ansiedlung. Die ersten Kolonien separierten sich anfangs nachdrücklich von der örtlichen Bevölkerung, waren aber bald schon gezwungen, sich mehr und mehr auf diese zu stützen. Die Kolonisierung in Palästina ähnelte in mancherlei Hinsicht den verschiedenen Phasen der europäischen Ansiedlung in Algerien, die zum damaligen Zeitpunkt bereits in vollem Gange war, weshalb sich Baron Edmond de Rothschild gut in deren Planung einbringen konnte. Doch wenn die Finanzspritzen des französischen Barons anfangs noch die bloße Existenz der jüdischen Kolonisierungsbestrebungen im Lande retteten, so machte dieser schon bald jede weitere Finanzierung von Effizienz und Ertrag der Projekte abhängig und nötigte sie, rentabel zu werden. So wurde in bestimmten Bereichen die Agrarproduktion von billiger Arbeitskraft abhängig, welche die »Eingeborenen« zu Konditionen lieferten, mit denen die jüdischen Pioniere nicht konkurrieren konnten. Nicht wenige Kolonisten waren in der Folge gezwungen, Palästina zu verlassen und in westliche Länder zu emigrieren.

Die Lösung für diese Misere fand sich letztendlich in einer neuen Einwanderungswelle junger Radikaler oder, um die Wahrheit zu sagen, verirrter Elemente, die von den Fliehkräften der russischen Revolution von 1905 an die Peripherie geschleudert worden waren. Sie brachten die Überzeugung mit, dass eine Erlösung des Landes untrennbar mit einer »Eroberung der Arbeit« verbunden sein müsse. So entstand nach und nach das Modell der reinen Kolonie, die zum einen auf einem ethnozentrisch-nationalen Mythos basierte und zum anderen Ausdruck einer fundamentalen ökonomischen Notwendigkeit war.

Es war Gershon Shafir, ein in den Vereinigten Staaten lehrender israelischer Soziologe, dem es gelang, die Charakteristika dieser neuartigen Besiedlung herauszuarbeiten und zu analysieren.[310] Neben dem kollektivistisch-kooperativen Ethos, das die Emigranten aus dem revolutionären Vulkan Russlands mitbrachten, spielte auch das preußische Modell, das in der zweiten Hälfte des 19. Jahrhunderts in Mittel- und Ostdeutschland Anwendung gefunden hatte, eine zentrale Rolle. Durch die Massenemigration deutscher Bauern in die Vereinigten Staaten und ihre schleichende Ersetzung durch polnische Landwirte alarmiert, begann die Reichsleitung, finanzielle Anreize für die Ansiedlung »deutscherer« Landarbeiter in den »ethnisch« bedrohten Landstrichen zu schaffen.

Franz Oppenheimer, ein bekannter deutsch-jüdischer Soziologe, lernte aus diesem historischen Experiment. Nach seinem Besuch in Palästina im Jahre 1910 zeigte sich Oppenheimer begeistert über die »neue jüdische Herrenrasse«, die im Lande heranwuchs und sich entschlossen gegen die Araber zu behaupten wusste.[311] Und da der Zionistischen Weltorganisation nicht die Mittel zur Verfügung standen, über die das deutsche Kaiserreich gebot, schlug Oppenheimer seinen zionistischen Freunden vor, sich das ethno-kommunale, kollektivistische Modell zu eigen zu machen, das er als Allheilmittel für die Widersprüche des ungezügelten Kapitalismus auf der ganzen Welt betrachtete.

Da die zionistische Bewegung zum damaligen Zeitpunkt auf der Stelle trat, erhielt das avantgardistische, kooperativ-nationale Projekt des namhaften Soziologen viel Aufmerksamkeit und Zuspruch. Die Idee, genossenschaftlich organisierte Gruppen von Kolonisten anzusiedeln, wurde sehr bald von den zionistischen Gremien adaptiert. Trotz erster Rückschläge begann sich, wenn auch langsam, das kolonisatorische Fundament dessen herauszubilden, was später als die Kibbuz-Bewegung bekannt werden sollte. Der Kibbuz, die Krönung der Erlösung des Bodens, ist mithin nicht nur die Frucht eines egalitären Idealismus, der aus Russland importiert wurde und als mentaler Treibstoff für Selbstaufopferung und nicht selten übermenschliche Anstrengungen diente, sondern auch das Ergebnis eines doppelten ökonomischen Bedürfnisses: zum einen der Erzeugung eines geschlossenen Produktionssektors, der sich gegen einen konkurrierenden Arbeitsmarkt (der kostengünstigen arabischen Arbeiter) abschottete, zum andern die kollektive Kolonisierung an Orten, wo eine Ansiedlung einzelner Familien besonders problematisch erschien (aufgrund einer relativ dichten und oftmals feindseligen einheimischen Bevölkerung).

Oppenheimers Entwurf funktionierte: Von Anfang an war der Grund und Boden des Kibbuz nicht privat, sondern gehörte der »Nation«. Er wurde durch den Israelischen Nationalfonds erworben, der der Zionistischen Weltorganisation angehörte, und konnte nicht an nichtjüdische Körperschaften veräußert, sondern allein an die »Kindern Israels« verpachtet werden. Das Exekutivorgan, das ab 1908 den Löwenanteil der Ländereien ankaufte, war das »Amt für die Kolonisation in Palästina«, vulgo Palästina-Amt, die offizielle Vertretung der Zionistischen Weltorganisation in Jaffa. Es wurde von Arthur Ruppin geleitet, einem begabten und umtriebigen Volkswirt und Soziologen, der mehr als jeder andere zionistische Führer für den sprunghaft zunehmenden Landbesitz der »Nation« verantwortlich zeichnete.[312]

Die Kibbuzbewegung, die immer eine exklusive Minderheit bleiben sollte, wurde nach dem Ersten Weltkrieg und insbesondere ab 1920, als der Gewerkschaftsbund der hebräischen Arbeiter im Land Israel (Histadrut) gegründet wurde, zur Speerspitze der jungen Siedlergesellschaft. Die Tatsache, dass der Kibbuz der dynamischste »Erlöser« verwaisten Landes war, sicherte ihm eine Hegemonialstellung, die auch noch viele Jahre nach der Gründung des Staates Israel gewahrt bleiben sollte. Seine Sicherheitsfunktion als Wehrdorf in Grenzregionen trug ebenfalls entscheidend dazu bei, die exklusive und außergewöhnliche Bedeutung des Kibbuz zu untermauern. Bis zum Krieg von 1967 kamen die politischen, kulturellen und militärischen Eliten aus seinen Reihen und wussten seine Errungenschaften geschickt zu verteidigen. Erst als seine historische Bestimmung erfüllt war (die Siedlungsanstrengungen im Gefolge des Sechstagekriegs basierten bereits auf einer Ideologie anderer Art und erfreuten sich staatlicher Finanzhilfe), landete der Kibbuz mehr oder minder im Mülleimer der Geschichte.

Bedenkenswert jedoch ist, dass nicht nur das erworbene Land nie wieder in nichtjüdische Hände zurückgehen durfte, sondern dass der Kibbuz, ungeachtet seiner nach Gleichberechtigung strebenden Lebensform, nicht gewillt war, Einheimische in seinen Reihen aufzunehmen. Ein Araber konnte unter keinen Umständen Mitglied einer solchen Agrarkommune werden, und wenn später Fälle auftraten, in denen Töchter des Kibbuz den Wunsch hegten, mit Palästino-Israelis zusammenzuleben, wurden sie in aller Regel genötigt, das avantgardistische Kollektiv zu verlassen.[313] Der kooperative zionistische Sozialismus war mithin eines der effektivsten Mittel, um die Siedlergemeinschaft »rein« zu halten, nicht nur in seinen exklusiven Praktiken, sondern auch als moralisches Vorbild, das auf die Gesamtgesellschaft ausstrahlte.

Der Kampf um die Verdrängung arabischer Arbeitskraft vom zionistischen Arbeitsmarkt beschränkte sich indes nicht nur auf die Schaffung kollektivistischer Produktionseinheiten in Form der Kibbuzim. Auch alle anderen agrarischen wie städtischen Siedlungsformen waren ausschließlich Juden vorbehalten. Parallel zu dieser gezielt segregativen Politik setzte in allen Wirtschaftszweigen der zionistischen Gemeinschaft eine massive, politisch-ideologische Kampagne unter der Parole der »hebräischen Arbeit« ein. Auf Arbeitgeber aller Branchen wurde nachhaltig Druck ausgeübt, auf keinen Fall arabische Lohnarbeiter zu beschäftigen. In eben jenen Jahren, in denen in Deutschland die Propaganda ihr »Juden raus!« verkündete, also die Entlassung von Juden und die Schließung ihrer Geschäfte, erlebte das Mandatspalästina einen großangelegten Aufruf, jedweden ökonomischen Kontakt mit der einheimischen Bevölkerung zu boykottieren. In beiden Fällen waren die Kampagnen erfolgreicher als erwartet: Viele jüdische Emigranten aus Deutschland trafen in den dreißiger Jahren in Palästina ein, während im Heiligen Land der Bibel zwei beinahe vollständig voneinander getrennte Ökonomien entstanden, eine jüdische und eine arabische.[314]

Diejenige Organisation, die an vorderster Front den Kampf um die »hebräische Arbeit« führte, war die Histadrut, die ausschließlich für Juden bestimmt war (und palästinensischen Israelis erst 1966 ihre Pforten öffnen sollte!). Die Histadrut war keine reine Gewerkschaft, sondern ein Netzwerk, das eine Vielzahl kooperativer Unternehmen und Fabriken gründete, öffentliche Arbeiten ausführte sowie eine Krankenkasse, medizinische Dienstleistungen und eine eigene Bank anbot. Der gesamte Komplex wurde Chevrat Ovdim (Arbeitergesellschaft) genannt und diente der zionistischen Linken bis Ende der 1970er Jahre als Machtbasis. Im Laufe der Jahre entwickelte sich die Chevrat Ovdim beinahe zu eine Art Staat im Staate.

Dabei ist daran zu erinnern, dass diese Linke, sowohl als politische Bewegung wie auch als Gewerkschaftsverband, anders als ihr europäisches Pendant nicht aus dem Konflikt zwischen Kapital und Arbeit geboren wurde, sondern aus den Bedürfnissen der Landnahme und des Aufbaus einer »ethnisch« reinen, nationalen Kolonie. Aus diesem Grund erwuchs der zionistischen Gemeinschaft, und später dem Staat Israel, auch niemals eine sozialdemokratische, sich auf eine breite Arbeiterschaft stützende Bewegung. Die Ethik der zionistischen Linken war folglich immer auf die eigene Bezugsgruppe gerichtet, weshalb sie sich auch bedenkenlos die biblischen Botschaften aneignen konnte. Denn die Wahrheit ist, dass diese Linke nie wirklich von tief wurzelnden universalen Traditionen belastet war. Was mit dazu führte, dass sie sich, mit dem Verlust der politischen Hegemonie gegen Ende des 20. Jahrhunderts, derart schnell von sämtlichen Werten gesellschaftlicher Gleichstellung und Gerechtigkeit verabschieden konnte.

Die Besonderheit der zionistischen Besiedlung im Vergleich zu anderen kolonisatorischen Prozessen lag in der Tatsache, dass sie von einer Nationalbewegung initiiert wurde, die anfangs weder politisch noch wirtschaftlich von einem imperialistischen Mutterland abhängig war.[315] Bis 1918 erfolgte die Landnahme ohne die Unterstützung der örtlichen Behörden, ja mitunter gegen ihren Widerstand. Erst das britische Mandat schuf eine Art politisches und militärisches Schutzdach, das die Expansion des jüdischen Jischuws, bei allen Einschränkungen, beschirmte und ermöglichte. Auch die Motivation hinter der zionistischen Besiedlung unterschied sie von allen anderen Kolonisierungsprojekten, da ihr das wirtschaftliche Gewinnstreben als wesentlicher Antrieb fehlte. Die palästinensischen Ländereien waren teuer, und ihr Preis stieg, je mehr die zionistische Bewegung davon aufkaufte. Der Landerwerb als solcher war problematisch und unterschied sich sehr stark von anderen Kolonisierungsprojekten. Einige Flächen waren nicht privat, sondern wurden gemeinschaftlich durch das Dorfkollektiv (Musha'a) bestellt. Die Ländereien, die sich erwerben ließen, gehörten zu großen Gütern, die sich im

Besitz von reichen, zumeist in Beirut oder Damaskus lebenden Effendis befanden. Erwarb man von ihnen das Land, war man demnach zunächst gezwungen, diejenigen zu vertreiben, die darauf lebten und es bearbeiteten – eine Vorgehensweise, die tatsächlich zur Regel wurde. (Bereits Jitzchak Epstein hatte diese Verdrängungspraxis aufgedeckt und vor ihr gewarnt.)

Die schleichende »Landreform«, die sich in Palästina in den Jahren 1882 bis 1947 vollzog, war zwar, wie in anderen Weltregionen auch, eine Umverteilung des Eigentums weniger auf viele; zugleich aber bedeutete sie den Übergang des Landbesitzes von einer autochthonen Bevölkerung auf ein Siedlerkollektiv. So wurden bis 1947 insgesamt 291 florierende jüdische Agrarsiedlungen errichtet. Gleichzeitig darf man nicht vergessen, dass die zionistischen Organe bis 1937 gerade einmal fünf Prozent aller in Privatbesitz befindlichen landwirtschaftlichen Flächen auf dem Gebiet Mandatspalästinas erworben hatten, bevorzugt in der Küstenregion und in den Tälern. Zum Zeitpunkt des Teilungsbeschlusses im Jahr 1947 befanden sich nur sieben Prozent der landwirtschaftlich genutzten und elf Prozent der Gesamtfläche des Landes in jüdischem Besitz.

Am Vorabend der UN-Entscheidung vertraute David Ben-Gurion seinem privaten Tagebuch an: »Die arabische Welt, die Araber des Landes Israel mit Hilfe eines arabischen Staates oder mit Hilfe mehrerer Staaten oder vielleicht sogar aller [...] könnten den Jischuw angreifen. [...] Es gilt [...], den Jischuw und die Ansiedlungen zu schützen, das Land zu besetzen, ganz oder größtenteils, und die Okkupation bis zu einer verbrieften politischen Regelung aufrechtzuerhalten.«[316]

Zwar passte die Einschätzung des Pragmatikers Ben-Gurion – ungewollt – besser auf die Lage nach 1967 als auf die Zeit nach dem Krieg von 1948, doch sollten auch der Krieg am Ende der vierziger Jahre und vor allem die anschließende Bodenpolitik dazu führen, dass sich die territorialen Besitzverhältnisse vollkommen veränderten.

4. Von der inneren Kolonisation zur Besiedlung nach außen

Die zionistische Gemeinschaft begrüßte mit unbändiger Freude den UN-Beschluss des Jahres 1947 über eine Teilung Palästinas und die Errichtung eines jüdischen Staates. Zweieinhalb Jahre nach dem Genozid an den europäischen Juden befanden sich noch immer Zehntausende von entwurzelten Flüchtlingen, denen eine Einreise verweigert worden war, in provisorischen Lagern, vor allem in Deutschland. (Der Verfasser dieses Buches wurde in einem dieser Lager geboren und verbrachte dort seine ersten Lebensjahre.) Der westlichen Staatengemeinschaft kam es mehr als gelegen, diese Menschen loszuwerden, indem man sie in den Nahen Osten abschob. Dies war die Sternstunde des auf der Stelle tretenden Zionismus. Trotz aller Verfolgungen in Europa waren zwischen 1924, dem Jahr des Immigration Act und der verschärften Quotenregelung für Einwanderer in die USA, und dem Jahr 1947 nur etwa eine halbe Million Emigranten in Palästina eingetroffen, so dass die jüdische Gemeinschaft inzwischen rund 630 000 Personen zählte. Die Stärke der einheimischen Bevölkerung erreichte in diesem Jahr dagegen bereits 1,25 Millionen.

Die Weigerung der Araber, die Teilung ihres Landes und einen jüdischen Staat anzuerkennen, war logisch und nachvollziehbar, wenn auch im Nachhinein wenig zweckdienlich. Es dürfte wohl nur sehr wenige Bevölkerungen auf der Welt geben, die sich mit der Ansiedlung landhungriger Fremder abfinden würden, die sich langsam, aber stetig die Anbauflächen einverleiben, die nicht bereit sind, mit den Alteingesessenen zusammenzuleben, und sogar danach streben, ihren eigenen Nationalstaat zu errichten. Zumal die von der UN vorgesehene Teilung den 1,25 Millionen »Eingeborenen« nur etwa 45 Prozent der Fläche des Landes zugestand, während der Siedlerbevölkerung 55 Prozent davon zugesichert wurden. Auch wenn ein Teil der jüdischen Fläche aus Wüste bestand, so gibt es wohl angesichts der demographischen

Verhältnisse keinen Zweifel, dass die Teilung durchaus als ungerecht angesehen werden konnte, insbesondere von jenen, die durch sie benachteiligt wurden.

Eine besondere Absurdität bestand aus Sicht der alteingesessenen Bewohner Palästinas auch darin, dass nach dem ursprünglichen Teilungsplan der UN etwa 400 000 von ihnen, also etwa ein Drittel, mitsamt ihren Ländereien in dem jüdischen Staat verbleiben sollten. Was später eine Ironie des Schicksals gebar: Hätte es den Krieg von 1948 nicht gegeben, den die arabischen Führer in der Tat provoziert und begonnen hatten, wäre der Staat Israel mit einer großen nichtjüdischen Minderheit gegründet worden, die im Laufe der Jahre angewachsen wäre und letztendlich den segregativen Charakter des Staates ad absurdum geführt oder sogar seine Existenz ins Wanken gebracht hätte. Nur schwerlich lässt sich vorstellen, dass die Behörden des neuen jüdischen Staates, wäre der militärische Konflikt ausgeblieben, eine Massenvertreibung im großen Stil veranlasst hätten, und ebenso unwahrscheinlich erscheint die Annahme, dass ohne die schweren Kämpfe Tausende von Arabern geflohen wären.

Über viele Jahre hat die zionistische Rhetorik versucht, der Welt – und vor allem der eigenen Anhängerschaft – einzureden, alle Araber seien infolge der infamen Propaganda ihrer eigenen Führer geflohen. Doch seit den Studien Simcha Flapans, Benny Morris', Ilan Pappes und anderer[317] wissen wir, dass dem nicht so war – die Führer der lokalen Bevölkerung haben dieser zu keinem Zeitpunkt geraten, ihre Häuser und Dörfer zu verlassen, und tatsächlich hatte die Nakba ganz andere Ursachen. Viele flohen aus Angst, andere wurden in Scharen auf Lastwagen geladen und so weit wie möglich fortgeschafft. Mehr als vierhundert Dörfer wurden vollständig zerstört, und fast 700 000 Menschen, also mehr als die jüdische Gemeinde zum damaligen Zeitpunkt zählte, wurden zu heimatlosen Flüchtlingen.

Die Kontroverse der letzten Jahre darüber, ob die Mehrheit der Flüchtlinge »aus freien Stücken« entschied, ihre Häuser und Dörfer zu verlassen, oder aber faktisch vertrieben wurde, ist sicher wichtig, meiner Meinung nach aber nicht entscheidend.

Auch die Debatte darüber, ob es eine systematische »ethnische« Säuberung gab oder aber nur spontane, unzusammenhängende Einzelaktionen, ist sicher historisch und propagandistisch von Bedeutung, jedoch weniger relevant in Bezug auf einen grundsätzlichen ethischen Standpunkt: Den Familien der Flüchtlinge, die vor den Kugeln flohen, die ihnen um die Ohren pfiffen, oder vor den Granaten, die in ihren Straßen einschlugen, hätte auf jeden Fall das Menschenrecht gewährt werden müssen, mit Ende der Kämpfe in ihre Häuser zurückzukehren. Doch bekanntermaßen, und darüber herrscht keinerlei geschichtswissenschaftliche Kontroverse, hat Israel sich ab 1949 strikt geweigert, die Flüchtlinge wieder aufzunehmen, obwohl die überwiegende Mehrheit von ihnen nicht an den Kampfhandlungen beteiligt gewesen war.[318] Parallel zu dieser kategorischen Weigerung beeilte sich die israelische Regierung, 1950 das sogenannte »Rückkehrgesetz« zu verabschieden, das es jedem, der beweisen kann, dass er Jude ist, ermöglicht – auch wenn er in seinem Heimatland aufgrund seiner Religion oder Herkunft keinerlei Verfolgung oder Repressalien ausgesetzt ist –, nach Israel einzuwandern und dort mit sofortiger Wirkung die volle Staatsbürgerschaft zu erhalten (um anschließend sogar in sein Herkunftsland zurückkehren zu können, ohne dadurch seine Privilegien in der »historischen Heimat« zu verlieren).

Dem jungen jüdischen Staat war es im Zuge des Krieges zudem vergönnt, die Grenzen, die ihm durch den UN-Beschluss zugedacht waren, beträchtlich zu korrigieren. Die neueroberten Gebiete wurden mit Unterzeichnung des Waffenstillstandsabkommens nicht zurückgegeben, sondern umgehend annektiert. Bezeichnend ist, dass, obgleich die zionistischen Stellen die Idee einer Teilung des Landes und der Errichtung eines jüdischen Staates akzeptiert hatten, die Grenzen dieses Staates in der Unabhängigkeitserklärung Israels keine Erwähnung finden. Mit Ende des Krieges hatte Israel bereits 78 Prozent der Fläche des vormaligen Mandatspalästinas unter seiner Kontrolle, sprich: des »westlichen Landes Israel«.[319] Doch mehr als eine Erweiterung seiner Grenzen war das »Verschwinden« der Araber das eigentliche Wunder, das der neue Staat erhofft, wenn auch nicht wirklich eingeplant hatte.

Trotz der Flucht und Vertreibung von etwa 700 000 Palästinensern gelang es 100 000 weiteren wie durch ein Wunder, während des gesamten Krieges zu bleiben, wo sie waren, während weitere 40 000 im Zuge der Umsetzung der Waffenstillstandsvereinbarungen in ihre Häuser zurückkehren konnten oder es unmittelbar danach schafften, die Absperrungen zu umgehen. Diese »glücklichen« Araber wurden, von einem Tag auf den nächsten, zu einer Minderheit im eigenen Land und erhielten zwar die israelische Staatsbürgerschaft – die UN-Teilungsresolution verlangte dies ausdrücklich –, wurden aber mehrheitlich einer extrem restriktiven Militärverwaltung unterstellt, die bis Ende 1966 Bestand haben sollte. So wurden sie von der stetig wachsenden Bevölkerung der jüdischen Einwanderer separiert und blieben in ihren Siedlungszentren isoliert, die sie nur mit Genehmigung der Armee verlassen durften. Ihre Bewegungsfreiheit war also stark eingeschränkt, und ihre Chancen, einen Arbeitsplatz in einiger Entfernung von ihren Zuhause zu finden, waren gleich null. Diese Situation, im Zusammenspiel mit einer Gesetzgebung, die eine Zivilehe zwischen Juden und Nichtjuden gezielt ausschloss, erlaubte es dem zionistischen Staat, seine Politik einer »ethnisch« reinen Kolonisation erfolgreich fortzuführen.[320]

Noch während der Krieg von 1948 im Gange war, begannen etliche Kibbuzim, sich der Felder ihrer ehemaligen Nachbarn, die geflohen oder vertrieben worden waren, spontan zu bemächtigen, wurden wogende Ähren von den neuen Herren geerntet. Noch vor Kriegsende wurden erste Ansiedlungen gegründet, die sich außerhalb der im Teilungsbeschluss vorgesehenen Grenzen befanden, und bis zum August 1949 sollte es bereits 133 von ihnen geben. Und wenig später begann die große Verstaatlichung der Besitzungen von sogenannten»Abwesenden« und »abwesenden Anwesenden« (Flüchtlingen, die zwar auf israelischem Hoheitsgebiet verblieben waren, denen aber die Rückkehr in ihre Häuser verwehrt wurde). Mit Hilfe eines »Gesetzes zum Eigentum Abwesender« aus dem Jahre 1950 wurden etwa 200 000 Hektar enteignet, was rund 40 Prozent aller arabischen Flächen in Privatbesitz entsprach. Parallel dazu ging auch sämtliches »Staatsland« des britischen Mandatsgebiets (zehn Prozent) auf Israel über. Letzten Endes sollten zwei Drittel aller Ländereien der jetzt in Israel lebenden Araber enteignet werden. Und obgleich diese arabische Minderheit gegen Ende des 20. Jahrhunderts rund 20 Prozent der Gesamtbevölkerung Israels ausmachen sollte, waren ihr nicht mehr als 3,5 Prozent des Staatsgebiets in den Grenzen von 1967 verblieben.[321]

Die »Erlösung des Bodens«, das »Trockenlegen der Sümpfe« und das »Zum Erblühen Bringen der Wüste« erfuhren ab Ende der vierziger Jahre einen neuen Schub, da sie von da an durch staatliche Stellen gelenkt wurden. Ein Teil der Flächen ging zu einem symbolischen Preis an die Jewish Agency und den Israelischen Nationalfonds, beides exterritoriale Organisationen, denen es aufgrund ihrer Satzung untersagt ist, Land an jemanden zu überlassen, der nicht als Jude gilt. Somit ging ein Großteil der enteigneten Böden nicht etwa in den Besitz der Bürger des neuen Staates über, sondern wurde offiziell zum Eigentum aller Juden auf der Welt. De facto sind bis heute etwa 80 Prozent des Bodens in Israel für Nichtjuden nicht zu erwerben.[322]

Die »Judaisierung des Landes« mutierte von nun an zu jenem legitimen Motto, das nach und nach an die Stelle der »Erlösung des Bodens« trat und sowohl von der Linken wie von der Rechten als konsenstauglich angesehen wurde. Später sollte der Begriff der »Judaisierung Galiläas« Fahrt aufnehmen, die gegen die hartnäckige arabische Bevölkerungsmehrheit im Norden des Landes gerichtet war. Da sich die Bevölkerung Israels nach 1949 infolge der großen Einwanderungswellen innerhalb von nur drei Jahren verdoppelte, war es möglich, alle »frei gewordenen« Flächen mit Zehntausenden von Neubürgern zu besiedeln. Kibbuzim, Moschawim und in geringerem Maße an der Peripherie liegende Entwicklungsstädte wurden mit Flächen im Überfluss ausgestattet. Bis 1964 wurden 432 solcher Ansiedlungen gegründet, darunter 108 Kibbuzim.[323] Letztere wurden zum Großteil in den sogenannten »Grenzregionen« entlang der Demarkationslinien platziert, um das Eindringen arabischer Flüchtlinge zu verhindern (die in jenem Zeitraum gemeinhin als »Infiltranten« bezeichnet wurden), welche in ihre Dörfer zurückkehren oder sich einen Teil ihres verlorenen Besitzes wiederholen wollten. Nicht wenige von ihnen überquerten die Grenze auch, um Rache zu üben an denjenigen, die sie um ihr Hab und Gut gebracht hatten. (Allein im Jahre 1952 wurden 394 von ihnen getötet, während gleichzeitig etliche der neuen Siedler ihr Leben lassen mussten.) Den palästinensischen Flüchtlingen fiel es verständlicherweise schwer, eine Grenze zu verinnerlichen, die sie von ihren Häusern und Feldern trennen sollte. Doch auch für viele Israelis verstand sich die Grenzziehung keineswegs von selbst.

Auf den ersten Blick hat es den Anschein, als hätte Israel in den neunzehn Jahren zwischen 1948 und 1967 die Waffenstillstandslinien, die 1949 festgelegt worden waren, als seine endgültigen Grenzen akzeptiert. Der gewaltige Hunger der zionistischen Bewegung nach einem jüdischen souveränen Staat war gestillt. Der Staat Israel wurde, wenn auch nicht von seinen arabischen Nachbarn, so doch von den meisten Staaten in der Welt anerkannt, und die massive jüdische Einwanderung der fünfziger Jahre vollzog sich ohne Störungen. Dem noch jungen Staat gelang es, gleichzeitig sowohl die Überlebenden des Holocaust aufzunehmen, denen eine Einreise in die Vereinigten Staaten verwehrt geblieben war, als auch einen Großteil der arabischen Juden, die der israelisch-arabische Konflikt und das Aufkommen eines arabischen Nationalismus, der sich weder weltlich noch tolerant zu geben wusste, sehr bald aus ihren Heimatländern verdrängten.

Die gewaltigen Energien, die in die ökonomische und kulturelle Organisation der neuen Gesellschaft gesteckt wurden, und die aufwendige Besiedlung von 78 Prozent der Fläche des alten Palästinas bremsten das Keimen eines Irredentismus, der weiterhin verlangte, sämtliche Fläche des Landes der Väter in Besitz zu nehmen. Einmal abgesehen von den Mitglieder der Beitar, der Jugendorganisation der extremen Rechten, die weiter mit Inbrunst Se'ev Jabotinskys Hymne von den »beiden Ufer des Jordans, das unsrige und jenes andere ebenso« anstimmten, lässt sich in der nationalen Pädagogik jener Zeit kein offener Aufruf dazu feststellen, die Grenzen des Staates Israel zu durchbrechen und auszudehnen. Fast hatte es den Anschein, als hätte der Staat in seinen ersten neunzehn Jahren begonnen, eine neue israelische Kultur auszubilden, deren Patriotismus sich sehr viel mehr auf die Sprache, die Kultur und die bereits von Juden besiedelten Landstriche konzentrierte.

Zugleich sollte nicht vergessen werden, dass der Bibelunterricht an allen staatlichen Schulen (abgesehen nur von denen des ultraorthodoxen und des arabischen Bevölkerungsteils) unverändert eine zentrale Rolle für die Ausprägung der national-territorialen Imagination der israelischen Kinder spielte. Jeder Schüler wusste, dass Jerusalem, die Stadt Davids, von den Arabern besetzt war, so wie jeder, der das israelische Schulsystem durchlaufen hatte, sich bewusst war, dass die Grabhöhle Machpela in Hebron, die Ruhestätte der »Patriarchen«, als muslimische Moschee diente. In den Geographielehrbüchern herrschte die Tendenz vor, die Waffenstillstandslinien zu unterschlagen und stattdessen die »weiten physischen« Grenzen der historischen Heimat hervorzuheben.[324] Das mythische »Erez Israel« nistete weiter still auf dem Dachboden des zionistischen Bewusstseins, auch wenn es nicht in tagtägliche politische Propaganda übersetzt wurde.

Die Waffenstillstandslinien selbst wurden von der israelischen Öffentlichkeit niemals wirklich als endgültige Grenzen aufgefasst. Neben der zionistischen Rechten, die weiter ihre Tagträume von einem großen Erez Israel pflegte, und der Partei Achdut ha-Avoda (Einheit der Arbeit) auf der zionistischen Linken, die immer »landhungrig« blieb,[325] existierte auch ein Generationenkonflikt, auf den die israelische Soziologin Adriana Kemp bereits vor längerem hinwies.[326] Denn in der Generation der bereits im Lande Geborenen, die in einer Atmosphäre ständiger Siedlungsanstrengungen im Mandatspalästina der zwanziger und dreißiger Jahre aufgewachsen waren, herrschte eine mentale Dynamik vor, die sich weigerte, territoriale Hindernisse oder Begrenzungen anzuerkennen. Diese jungen Männer, deren profilierteste Vertreter Moshe Dayan und Jigal Allon waren, machten sich einen Nationalismus zu eigen, der als ethno-territorial zu bezeichnen ist. Im Krieg von 1948 gehörten sie zu den besten Kämpfern und taten sich als Befehlshaber nicht zuletzt dadurch hervor, dass sie entschlossen und skrupellos an die Räumung arabischer Dörfer gingen.

Diese militante Generation war nicht zufrieden mit den Waffenstillstandsverträgen. Allgemein herrschte das Gefühl vor, dass die junge israelische Armee, wenn man sie nur gelassen hätte, weiter bis auf den Sinai vorgestoßen wäre und sogar mit Leichtigkeit das Westjordanland erobert hätte.[327] Und tatsächlich pflegten in den fünfziger Jahren ehemalige Soldaten, die sich gegen die »engen und künstlichen« Demarkationslinien auflehnten, in abenteuerlichen Aktionen die Grenze zu überqueren. Bekannt geworden sind die nächtlichen Märsche nach Petra, der Felsenstadt der Nabatäer, die für viele junge Israelis zu einem Sinnbild wurde, auch weil diese Spritztouren mitunter sogar Todesopfer forderten, die über Nacht zu Idolen wurden.[328] Als Antwort auf die palästinensischen »Infiltranten« wurde die sogenannte Einheit 101 unter dem Kommando von Ariel Scharon geschaffen, die mit schöner Regelmäßigkeit die Grenze überquerte, um gegen Dörfer und Flüchtlingslager vorzugehen, die unter dem Verdacht standen, den Freischärlern als Ausgangsbasis zu dienen. Viele Israelis fassten die Demarkationslinien sehr viel stärker als flexible Grenzregionen denn als feste, verbindliche Grenzen auf.[329]

Doch erst der Sinai-Krieg des Jahres 1956 förderte überraschende territoriale Vorstellungen zutage, die in den vorangegangenen ruhigen Jahren kaum mehr an die politische Oberfläche getreten waren. Die Verstaatlichung des Suezkanals durch den ägyptischen Präsidenten Gamal Abd el-Nasser vereinte Großbritannien, Frankreich und Israel zu einer Kriegskoalition, die in Ägypten einzumarschieren und Nassers Regime zu stürzen plante. Es war dies einer der alten kolonialistischen Reflexe, dem sich anzuschließen Israel in geradezu natürlicher Weise für richtig befand, da, so die Begründung, das eigene Engagement dazu bestimmt sei, das Eindringen von »Infiltranten« zu verhindern.

Im Pariser Vorort Sèvres fand 1956 ein geheimes Vorbereitungstreffen statt, an dem der israelische Regierungschef David Ben-Gurion, der französische Premierminister Guy Mollet und der britische Außenminister Selwyn Lloyd teilnahmen. Bei den Gesprächen präsentierte Ben-Gurion seinen gewagten Plan für eine Reorganisation des Nahen Ostens. Bei einem militärischen Sieg sei es, so seine Auffassung, angebracht, das Königreich Jordanien aufzuteilen. Der – zum damaligen Zeitpunkt noch probritisch eingestellte – Irak würde das Ostufer erhalten, allerdings gegen die Zusicherung, dort die palästinensischen Flüchtlinge anzusiedeln, während Israel das Westjordanland als halbautonomes Territorium zugeschlagen bekäme. Außerdem würde die Nordgrenze Israels bis zum Litani-Fluss verschoben, während die Meerenge von Tiran und der gesamte Golf von Eilat annektiert würden.[330]

Der Staatsgründer hatte sich damit von seiner alten, 1918 formulierten territorialen Auffassung verabschiedet, da er nun ehrlich bereit war, auf das östliche Ufer des Jordans zu verzichten. Neu war hingegen die avisierte Annexion der südlichen Sinaihalbinsel, denn als junger Mann hatte der sozialistische Nationalist Ben-Gurion die Fläche südlich des Wadis El-Arisch nicht als Teil des Landes Israel betrachtet. Doch nun, auf seinem Flug nach Paris, hatte er – und dies wohl nicht rein zufällig – mehrere Geschichtsbücher gelesen, die sich auf den byzantinischen Geographen Prokop stützen. Und in dessen Schriften wurde ein jüdisches Königreich auf der Insel Tiran erwähnt, das den Namen Jotvat trug.

Der schnelle militärische Sieg auf der Sinaihalbinsel schien dem bereits siebzigjährigen israelischen Staatschef neue Lebenskraft einzuflößen, der nun öffentlich demonstrierte, dass sein territorialer Hunger auch im Alter mitnichten gesättigt war. In einer Grußbotschaft an die Brigade, die die Ortschaft Scharm el-Scheich eingenommen hatte, schrieb Ben-Gurion: »Eilat wird abermals zum wichtigsten hebräische Hafen im Süden werden, und Jotvat, genannt Tiran, wird wieder Teil des dritten Königreichs Israel sein.«[331] Genauso, wie er schon 1948 die Annexion von Gebieten, die jenseits der Teilungsgrenzen lagen, als »natürlichen« nationalen Vorgang betrachtet hatte, begriff der euphorische Regierungschef auch jetzt die Eroberung des Sinai als einen Akt der Befreiung von Landstrichen, die authentische Teile der Heimat darstellten. Denn sobald eine internationale Konstellation gegeben war, in der Traum und Machtpotential sich vereinigen konnten, kehrte der »erez-israelische« Aspekt mit Macht ins Zentrum des politischen Handelns zurück.

So wurde am 14. Dezember 1956, etwas mehr als zwei Monate nach Einstellung der Kämpfe, eine erste israelische Siedlung in Scharm el-Scheich gegründet, die den biblisch-hebräischen Namen Ofir erhielt.[332] Die israelischen Streitkräfte hatten bereits begonnen, sich aus Teilen der Sinaihalbinsel zurückzuziehen, doch Generalstabschef Moshe Dayan, der das Projekt veranlasst hatte, war noch immer sicher, dass es möglich sei, entlang der Küste des Roten Meeres wie an einer Perlenschnur Siedlungen einzurichten. David Ben-Gurion persönlich stattete dem neuen Fischerdorf einen Besuch ab und hielt dort eine Rede über die Vision einer jüdischen Besiedlung.

Und tatsächlich wurde fast zeitgleich eine zweite Siedlung in Rafah am südlichen Ende des Gazastreifens errichtet. Soldaten des Nachal, der »kämpfenden Pionierjugend«, bezogen ein verlassenes Armeelager und begannen, 100 Hektar unter den Pflug zu nehmen. Dahinter stand die Absicht, so schnell wie möglich eine Kette von Siedlungen zu errichten, die den Gazastreifen von der Sinaihalbinsel abtrennen und zu israelischem Territorium machen sollte. Geplant war auch, dass eine Vorhut aus Siedlern des »Ha-Schomer ha-Tza'ir« ein Fischerdorf auf dem feinen weißen Sandstrand von Gaza errichten sollte. Moshe Dayan war derjenige, der das Besiedlungsprojekt in die Tat umsetzte, wobei er die volle politische Unterstützung seines ewigen Rivalen Jigal Allon genoss. Dieser junge, vielsprechende Führer der zionistischen Linken verkündete im selben Jahr 1956 selbstgewiss:

> Wenn wir da sein werden, um Gaza fest entschlossen zu verteidigen […], bin ich sicher, dass die Stadt Samsons eine israe-

> lische Stadt bleiben wird, Teil und Eigentum des Staates Israel. Eine solche Politik entspricht unserem historischen Anrecht auf den [Gaza-]Streifen, unserem existentiellen Interesse und dem Grundsatz, der uns leitet – dem Prinzip der Vollständigkeit des Landes.[333]

Doch diese erste große Siedlungsanstrengung jenseits der Waffenstillstandslinien von 1949 sollte schon bald einen schweren Rückschlag erleiden. Die UN-Resolution über einen Truppenabzug von der gesamten Sinaihalbinsel und der gemeinsame amerikanisch-russische Druck bereiteten den Hoffnungen Ben-Gurions und seiner jungen Mitstreiter auf die Errichtung eines dritten Königreichs Israel ein jähes Ende. Ja, mehr noch: Der schnelle, erzwungene Rückzug kühlte den Annektierungseifer merklich ab, und es schien, als hätte Israel seine Lektion gelernt und begonnen, den kolonisatorischen Trieb zu bändigen, der bis dahin die Gründung und den Aufbau des jüdischen Staates gekennzeichnet hatte. Während des »goldenen Jahrzehnts« zwischen 1957 und 1967 blieb es an den Grenzen zwar nicht vollkommen ruhig, doch am Ende der Dekade hob Israel die Militärverwaltung über seine arabischen Bürger auf, und auch sonst schien sich angesichts der Präsenz des jüdischen Staates im Nahen Osten allmählich eine Atmosphäre relativer Normalität zu bilden. Möglich auch, dass Israels Eintritt in den »Atomclub« in dieser Zeit ebenfalls für mehr Sicherheit und Gelassenheit unter den politischen und militärischen Eliten des Landes sorgte.

»Der Juni-Krieg von 1967 war der einzige unter allen israelisch-arabischen Kriegen, den keine der beteiligten Seiten gewollt hatte. Der Krieg war die Frucht einer eskalierenden Krise, die weder Israel noch seine Feinde zu entschärfen vermochten.«[334] Diese exakte und knappe historische Charakterisierung stammt von dem auf den israelisch-arabischen Konflikt spezialisierten Historiker Avi Shlaim, der an der Universität von Oxford lehrt. Hinzufügen ließe sich noch: Ungeachtet der heute vorherrschenden Auffassung, dass Nasser den Krieg nicht wollte und die israelische Generalität indirekt zu dessen Ausbruch beitrug, ist doch kaum zu widerlegen, dass der ägyptische Herrscher der Hauptverantwortliche für die Auslösung dieses Waffengangs war. Die Tatsache, dass am Ende der Suezkrise von 1956 Ägypten zu Unrecht »bestraft« worden war, indem das Land gezwungen wurde, den Sinai zu entmilitarisieren und der Stationierung von UN-Truppen zuzustimmen, genügt nicht als historische Rechtfertigung für das kriegstreiberische, aber letztendlich hohle Säbelrasseln der ägyptischen Medien. Der ägyptische Präsident war in eine Falle gegangen, die er selbst ausgelegt hatte. Und die israelische Armee wusste seinen Fehler auszunutzen.[335]

Dem gerade einmal neunzehn Jahre alten israelischen Staat gelang in diesem Waffengang zwar eine eindrucksvolle militärische Entscheidung, doch tappte er dabei in eine noch größere Falle. Zwar hatte Israel diesen Krieg in der Tat nicht initiiert und auch nicht von Anfang an den Plan verfolgt, die 1948 »verlorengegangenen Gebiete des Landes Israel« zu erobern (auch wenn in den entsprechenden Schubladen immer Pläne für eine solche Option gelegen hatten). Doch man würde auch nicht fehlgehen hinzuzufügen, dass diese Gebiete am Ende nicht zufällig zur Gänze besetzt wurden.

Die Siegesfreude machte viele Israelis trunken und gab ihnen gleichzeitig das sichere Gefühl, dass von nun an alles möglich wäre. Das beklemmende Gefühl, innerhalb der Waffenstillstandslinien oder »Auschwitzgrenzen« – ein Ausdruck, der dem damaligen israelischen Außenminister Abba Eban zugeschrieben wird – in einem permanenten Belagerungszustand zu leben, löste ein Traum von endlosen Weiten ab, von der Rückkehr in uralte Landschaften, von einer biblischen Hochstimmung angesichts eines jüdischen Imperiums, das an das Königreich Davids und Salomos erinnerte. Ein beträchtlicher Teil der israelischen Gesellschaft lebte in dem Gefühl, jetzt endlich die Heimaterde gewonnen zu haben, zu der die zionistische Vision die nationale Phantasie von ihrer Entstehung an hingeführt hatte. Und tatsächlich wies die israelische Regierung noch im Herbst 1967 das staatliche Kartographiezentrum an, die Waffenstillstandslinien auf den Karten des Landes künftig nicht mehr einzuzeichnen. Ab jetzt sollten israelische Schüler die früheren »temporären« Grenzen nicht länger kennen.

Unmittelbar nach der Einnahme von Ostjerusalem und noch vor Ende des Krieges verkündete Moshe Dayan: »Wir sind zu unseren heiligsten Stätten zurückgekehrt, sind zurückgekehrt, um nie wieder von ihnen getrennt zu werden. Unseren arabischen Nachbarn reichen wir zu dieser Stunde, ja mit noch mehr Nachdruck in eben dieser Stunde, die Hand zum Frieden.«[336] Kein Wunder also, dass die Knesset inmitten dieses hypnotisierenden Rausches am 28. Juni zum einen die Annexion Ostjerusalems und seiner Umgebung beschloss und zum anderen verkündete, in direkte Verhandlungen mit allen Feinden Israels treten zu wollen, um gegen die Rückgabe von Gebieten auf der Sinaihalbinsel und den Golanhöhen einen Frieden anzustreben. Heute fällt es einigermaßen schwer, sich vorzustellen, dass sämtliche vernünftigen und realistischen israelischen Persönlichkeiten seinerzeit tatsächlich meinten, dass arabische Führer, gedemütigt von dem militärischen Desaster, umgehend ehrliche Friedensgespräche mit Israel aufnehmen würden, und dies unter dem Eindruck der Annexion des arabischen und muslimischen »Al-Quds« – »der Heiligen« – durch den Staat der Juden. Doch ganz offensichtlich war dies die israelisch-zionistische Logik in jenem Sommer 1967, eine Logik, von der allem Anschein nach auch zum Zeitpunkt der Niederschrift dieser Zeilen noch einiges übriggeblieben ist.[337]

Bereits im September 1967 wurde ein *Manifest für ein vollständiges Land Israel* veröffentlicht. Die Unterzeichner gehörten mehrheitlich der Arbeiterbewegung an, doch waren auch jene darunter, die der zionistischen Rechten zugehörten. Führende Intellektuelle ihrer Zeit verkündeten feierlich: »Das Land Israel befindet sich nun in den Händen des jüdischen Volkes. [...] Treu bleiben wir der Vollständigkeit unseres Landes verpflichtet [...] und keine Regierung ist befugt, auf diese Vollständigkeit zu verzichten.«[338] Dichter wie Nathan Alterman, Chaim Guri, Jaakov Orland und Uri Zvi Greenberg taten sich im Namen der Vollständigkeit der Heimat zusammen. Die namhaftesten Autoren des Landes wie Shai Agnon, Chaim Hasas, Jehuda Burla und

Moshe Shamir verbündeten sich mit hochrangigen Vertretern der Sicherheitsorgane und des Militärs wie Issar Harel, dem vormaligen Kopf des Mossad, oder General Avraham Jaffe, um die Politik zu zwingen, niemals in einen Abzug einzuwilligen. Hochdekorierte und angesehene Professoren wie Dov Sadan und Aharon Harel Fisch taten sich mit ehemaligen Kämpfern des Warschauer Ghettos wie Jitzchak (Antek) Zuckerman und Zivia Lubetkin zusammen, um Siedlungsanstrengungen im ganzen Land Israel zu ermutigen. Viele andere dachten ähnlich, zogen es aber vor, keine unnötigen Erklärungen zu Sachverhalten abzugeben, die sich eigentlich von selbst verstanden. Schließlich war es die langgehegte Tradition des nicht öffentlich »über Landkarten Sprechens«, die einem Großteil der politischen, wirtschaftlichen und kulturellen Elite in Fleisch und Blut übergegangen war.

Der Sieg brachte Israel bekanntlich dazu, sich der Sinaihalbinsel, des Gazastreifens, der Golanhöhen und des Westjordanlands einschließlich Ostjerusalems zu bemächtigen. Von der Sinaihalbinsel vermochte sich Israel nach einer Dekade zu »befreien«, vor allem infolge des verlustreichen Kriegs von 1973 und dank der segensreichen Einmischung des amerikanischen Präsidenten Jimmy Carter. Für eine Befreiung von den Golanhöhen, dem Westjordanland und dem arabischen Jerusalem hat sich für den jüdischen Staat bis heute noch kein von außen kommender Erlöser gefunden. Zumal die prozionistischen jüdischen Institutionen im Ausland, die bis zum Blitzkrieg von 1967 relativ kühl in ihrem Verhältnis zu dem kleinen und schwachen Israel gewesen waren, nach dem triumphalen Sieg zu eingeschworenen Fans des großen und starken Israels wurden.[339] Und so, mit der finanziellen und politischen Unterstützung der »Juden im Exil«, die sich um ihre spektakulär angewachsenen Besitzungen in Übersee kümmerten, ohne den Wunsch zu hegen, jemals dort zu leben, begann der Staat Israel im Morast dauerhafter Okkupation und Unterdrückung zu versinken. Die wild wuchernden Siedlungen und ein Militärregime, das eine Art »verschämter« Apartheid durchsetzt, deren historische Logik nur schwer zu dechiffrieren ist, wurden zu einem festen Bestandteil der israelischen Realität.

Doch 1967 hatte Israel nicht mehr so viel Glück wie noch 1948. Der Transfer ganzer Bevölkerungsteile war vielleicht kurz nach dem Zweiten Weltkrieg noch möglich gewesen, aber nicht mehr in der postkolonialen Welt der ausgehenden sechziger Jahre. Abgesehen vom Großteil der Einwohnerschaft auf den Golanhöhen, der floh oder während der Kämpfe beziehungsweise unmittelbar danach vertrieben wurde, und der Zerstörung dreier palästinensischer Dörfer in der Enklave von Latrun unweit von Jerusalem sowie eines Flüchtlingslagers bei Jericho, blieben die allermeisten Bewohner des Westjordanlands und des Gazastreifens, wo sie waren. Zwar forderten vereinzelte Stimmen, die palästinensische Bevölkerung über die Grenze zu schaffen,[340] doch Israel wusste sehr wohl, dass es dazu nicht in der Lage war. Es verwundert also nicht, dass die erste Siedlung, die bereits einen Monat nach Ende der Kämpfe errichtet wurde, sich auf den »entvölkerten« Golanhöhen befand, wo seither weitere zweiunddreißig Ansiedlungen gegründet worden sind. Das Fehlen einer starken örtlichen Bevölkerung ermutigte Israel auch, die Golanhöhen im Jahre 1981 offiziell zu annektieren, selbstverständlich ohne irgendeine Rücksichtnahme auf das mögliche Zustandekommen eines Friedens mit Syrien. Die hinter diesem Vorgang stehende Vermutung lautete schlicht: Wie die Welt gezwungen war, die Eroberungen von 1948 zu akzeptieren, so würde sie sich allmählich auch mit der Inbesitznahme jener Gebiete abfinden, die 1967 besetzt worden waren.

Auch auf der Sinaihalbinsel wurde relativ früh eine erste Siedlung durch Pioniere des Nachal errichtet. Im Dezember 1967 erstand nordöstlich von El-Arisch die Siedlung Ne'ot Sinai. Dieser Pioniertat folgten im Laufe der Jahre zwanzig weitere dauerhafte Ansiedlungen. Sie alle mussten im Jahre 1982 im Zuge des Friedensschlusses mit Ägypten und vor der Beendigung des militärischen Rückzugs geräumt werden. Im Gazastreifen hingegen wurde die erste Siedlung erst 1970 gegründet, und bis zu ihrer Aufgabe im Jahre 2005 sollten dort siebzehn weitere florierende Siedlungen hinzukommen.

Im Herzen der »historischen Heimat« wurden die Dinge indessen von Anfang an mit einer anderen Strategie und einem ganz anderen emotionalen Engagement angegangen. In der ersten Dekade nach dem Krieg konnte sich die alte zionistische Linke noch an der Macht behaupten. Wie wir bereits sahen, wurde diese nicht weniger von territorialen Impulsen getrieben als der rechte Flügel des Zionismus. Doch im Gegensatz zu diesem war der Linken der Pragmatismus, der sie in den entscheidenden Momenten von 1937, 1947 und 1957 gebremst hatte, auch 1967 noch nicht abhandengekommen und verleitete sie dazu, zu zögern und ein wenig mit sich zu ringen.

Denn erstens bestand die Befürchtung, die beiden Supermächte könnten sich abermals zu einem diplomatischen Manöver zusammentun, das Israel nötigen würde, sich von allen eroberten Gebieten zurückzuziehen. Doch 1967 war nicht 1957, und zu Israels großem Unglück wurde von Seiten der Staatengemeinschaft keinerlei ernsthafter Druck auf seine Regierung ausgeübt. Und zweitens lebte, was noch schwerer wog, zum Zeitpunkt der israelischen Eroberung eine Bevölkerung von 670 000 Palästinensern mit einem besonders hohen Wachstumspotential im Westjordanland. Die Implementierung einer jüdischen Besiedlung in dieser Umgebung würde, so die Befürchtung, das Prinzip der »reinen Kolonie« in Frage stellen, das die zionistische Bewegung seit ihren ersten Schritten in Palästina geleitet hatte. Die in den neueroberten Gebieten Lebenden zu Bürgern des eigenen Landes zu machen, kam angesichts der hohen Geburtenrate unter der 1948 annektierten arabischen Bevölkerung in Israel niemandem ernsthaft in den Sinn. Wahrscheinlich hätte die Wahrung des Westjordanlands als autonomer, von Israel beherrschter Region, jedoch ohne jüdische Besiedlung, wie Fachleute aus Geheim- und Nachrichtendienstkreisen rieten, den staatlichen Interessen Israels am ehesten entsprochen. Doch die über lange Zeiträume wirkende zionistische Dynamik war es, die den Ausschlag geben sollte.

Die erste Siedlung im Westjordanland wurde mit Hilfe eines Totenkults, des Mythos vom geraubten Land und der Tilgung einer nationalen Schande gegründet. Bereits im September 1967 erstand auf den Trümmern einer Siedlung, die im Krieg von 1948 geräumt und zerstört worden war, die Siedlung Kfar Etzion. (Ähnlich verfuhr man auch bei der Gründung von Kfar Darom im Gazastreifen.) Und eine ähnliche Logik verfolgte die Gruppe, die sich zum Pessachfest 1968 in einem Hotel in Hebron einquartierte und nach Ablauf der Feiertage ihre Absicht verkündete, die alte jüdische Präsenz, die durch die Unruhen von 1929 schwer getroffen worden war und 1936 hatte aufgegeben werden müssen, zu erneuern.[341] Doch wenn im ersten Fall die Siedlung unweit der Waffenstillstandslinie von 1949 errichtet und deshalb umgehend von der Regierung unterstützt wurde, so erfolgte die Ansiedlung im zweiten Fall im Herzen einer palästinensischen Bevölkerung, was einen wichtigen Wendepunkt in der Geschichte des israelisch-palästinensischen Konfliktes bedeutete.

Rückblickend werden drei bedeutsame Momente in der langen Geschichte der Okkupation und Besiedlung sichtbar, die allem Anschein nach für die Zukunft Israels und seiner Nachbarn entscheidend waren. Der erste ist die einseitige Annexion Ostjerusalems und seiner Umgebung, ohne den Willen der ursprünglichen Bevölkerung zu berücksichtigen oder ihr volle Bürgerrechte zu gewähren. Denn die Stadt ist niemals wirklich vereinigt worden, es sei denn, wir setzen uns über die allgemein anerkannte Bedeutung von »Vereinigung« hinweg und wenden den Begriff ausschließlich auf Steine, Staub, Häuser und Grabmäler an, nicht aber auf menschliche Kollektive. Diese Annexion, die damals sogar von geschworenen Friedensfreunden wie Uri Avneri unterstützt wurde, steht sowohl für den Triumph des Mythos über die historische Logik wie auch für den Sieg der heiligen Erde über das demokratische Prinzip.

Die beiden anderen Momente hängen nicht zufällig mit der Stadt der »Patriarchengräber« zusammen, mit Hebron. Als zum Pessachfest des Jahres 1968 sich die neuen israelischen Pioniere dort einrichteten, hätte sie der damalige gemäßigte Regierungschef Levi Eshkol am liebsten umgehend von dort wegschaffen lassen. Doch der quicklebendige Mythos, der sich ihm entgegenstellte, und der wachsende öffentliche Druck, den Jigal Allon und Moshe Dayan zynisch in politisches Kapital umzumünzen verstanden, brachten ihn dazu, einen faulen Kompromiss einzugehen und am Stadtrand des arabischen Hebrons der Errichtung der jüdischen Siedlung Kirjat Arba zuzustimmen. Von diesem Moment an war der Damm gebrochen, und Israel begann langsam, aber stetig, »über seine Ränder zu schwappen«.

Der dritte Moment schließlich, der die gesamte Entwicklung entscheidend beeinflussen sollte, ereignete sich unmittelbar nach dem Massaker, das der israelisch-amerikanische Arzt Baruch Goldstein 1994 an neunundzwanzig muslimischen Betenden verübte. Jitzchak Rabin, zum damaligen Zeitpunkt Israels Premierminister, war vor dem Hintergrund der allgemeinen Erschütterung mit einem Mal die Möglichkeit gegeben, die Siedler aus der Innenstadt von Hebron zu entfernen und eventuell sogar die Siedlung Kirjat Arba aufzulösen. Eine solche Entscheidung hätte die sich abzeichnende Tendenz bestätigt, die Okkupation des Westjordanlands oder zumindest eines Teils davon zu beenden, was ohne jeden Zweifel die friedensbereiten Kräfte unter den Palästinensern erheblich gestärkt hätte. Doch der Mythos vom Land der Ahnen und die Furcht vor öffentlichem Protest ließen selbst den Kriegshelden Rabin zaudern, der begonnen hatte, gemäßigter zu denken und zu handeln. (Andererseits unterstützte der Friedensnobelpreisträger während seiner gesamten Amtszeit sogenannte »sicherheitsrelevate Siedlungen«, weshalb die Bautätigkeit auch unter seiner Ägide mit beinahe unveränderter Geschwindigkeit weiterging.) Am Ende sollte Rabin ermordet werden, obwohl er es nicht gewagt hatte, auch nur eine einzige Siedlung räumen zu lassen.[342]

Die Arbeitspartei in all ihren Metamorphosen, die zum ersten Mal im Jahre 1977 in Israel die Macht einbüßte, diese 1992 zurückerlangte und 1999 ein weiteres Mal die Regierungsgewalt ausübte, verhielt sich gegenüber dem Siedlungswerk im Westjordanland wie ein Kuh, die gemolken werden wollte. Nicht nur, dass sie die Melker nicht trat, die häufig zu unfeinen, illegalen Mitteln griffen, nein, am Ende des Tages schenkte sie ihnen den

Ertrag ihrer Euter, wobei sie ihr Unbehagen nicht verbarg, aber auch Verständnis und Liebe zeigte. Nach den Plänen der gemäßigten Linksregierungen waren die »positiven« Siedlungen (Allon-Plan[343]) angeblich sicherheitspolitisch relevant und sollten vornehmlich in Gebieten mit geringer palästinensischer Präsenz errichtet werden. Oder es handelte sich um neue Stadtviertel, die das arabische Jerusalem für immer umgeben und einschließen sollten.

Doch die dynamische Minderheit, die voller Eifer an das neue Kolonisationswerk ging, riss die zaudernde Regierung mit. Zu Beginn dieses Kapitels haben wir gesehen, dass die kleine nationalreligiöse Strömung, die sich im Jahre 1897 der zionistischen Bewegung anschloss, von dem starken Glauben an die Macht Gottes einerseits und an die grundsätzliche Schwäche der ihm anhängenden Juden andererseits geprägt war. Doch jede weitere Inbesitznahme des Landes steigerte dessen Heiligkeit und machte es für die nationalistischen Gläubigen immer wertvoller. Das Land verdrängte Gott zunehmend aus seiner zentralen Stellung, und der Umschwung von einem passiven Warten auf den Messias hin zu irdischer Betriebsamkeit, die sein Kommen vorbereiten sollte, war schon lange vor 1967 angelegt, wenn diese Tendenzen auch zunächst noch in den Hinterzimmern des religiösen Nationalismus verborgen blieben. Mit dem militärischen Sieg aber begannen sie, auch auf die Regierungsparteien überzugreifen.[344]

Bereits 1967 in Kfar Etzion und knapp ein Jahr später noch nachdrücklicher in Hebron trat eine neuartige Avantgarde auf den Plan, die begann, den Takt der Siedlungsaktivitäten zu diktieren. Absolventen religiöser Oberschulen und Schüler nationalreligiöser Jeschiwot, die die Randbereiche der israelischen Kultur besetzt hatten, waren mit einem Mal die Helden des Tages. Waren Siedler seit Beginn des 20. Jahrhunderts in der Regel sozialistische und säkulare Zionisten gewesen, so hüllten sich die dynamischsten unter den neuen »Erlösern des Landes« fortan in Gebetsmäntel und trugen gehäkelte, mit nationalen Motiven verzierte Kippas. Diese neuen Vertreter zionistischer Ideale empfanden in ebensolchem Maße Widerwillen gegenüber all jenen

»pazifistischen Humanisten«, die Zweifel an der göttlichen Verheißung anmeldeten, wie ihren strenggläubigen Groß- und Urgroßvätern der moderne Nationalismus zuwider gewesen war, der einen Kult um das Land trieb. So wurde 1974 die avantgardistische Bewegung Gusch Emunim geboren, mit deren Zutun sich die Besiedlung dramatisch ausweitete und ernstzunehmende demographische Dimensionen erreichte.

Obgleich sie zu jedem Zeitpunkt eine Minderheit innerhalb der israelischen Gesellschaft darstellten, gelang es keiner politischen Strömung, der nationalen Rhetorik der Siedler standzuhalten, die auf der Auffassung eines unerschütterlichen Anrechts des Volkes Israel auf sein Land basierte. Betrachtet man die ideologische Vergangenheit des jüdischen Nationalismus, war das Buckeln des gesamten zionistischen Lagers vor den Forderungen dieser Minderheit beinahe zwangsläufig, obwohl es in jeder Gewinn-Verlust-Rechnung politischer, diplomatischer und ökonomischer Art höchst negativ zu Buche schlug.[345] Doch wie gesagt, der siegreichen patriotischen Rhetorik, der es um die Verteidigung des territorialen Besitzstandes der Nation zu tun war, hatten auch die Überzeugtesten unter den Gemäßigten auf Dauer nichts entgegenzusetzen.

Mit der Regierungsübernahme durch die zionistische Rechte im Jahre 1977 beschleunigte sich der Rhythmus der Siedlungsanstrengungen deutlich. Menachem Begin, der zugunsten eines Friedensvertrags mit Ägypten auf die Sinaihalbinsel »verzichtete«, tat gleichzeitig alles, um die Besiedlung im Westjordanland voranzutreiben. Indem so unauffällig wie beständig Fakten vor Ort geschaffen wurden, entstanden seit der Gründung von Kfar Etzion im Jahre 1967 mehr als einhundertfünfzig Siedlungen, Städte, Dörfer und zusätzlich zahllose Außenposten.[346] Zum Zeitpunkt der Niederschrift dieser Zeilen beläuft sich die Zahl der in den Siedlungen wohnenden Israelis bereits auf mehr als eine halbe Million. Nicht alle sind ideologische Siedler, die das Land Israel von fremden Besatzern »befreien« möchten. Es gibt auch »geschäftstüchtige« Siedler, die sich für ein spottbilliges Haus mit Garten und Blick auf unverbaute Hügel entschieden haben. Zudem ist das Niveau der pädagogischen, medizinischen und sozialen Versorgung in den wehrhaften Siedlungen dank der großzügig bereitgestellten staatlichen Mittel deutlich höher als im eigentlichen Staatsgebiet. Während sich im alten israelischen Kernland der Sozialstaat in einem Zustand rasanten Verfalls befindet, wächst und gedeiht er in den neuen Gebieten. Und es gibt sogar solche, die dort Häuser mit dem Kalkül gekauft haben, eines Tages entsprechend entschädigt zu werden, sollte es, »Gott behüte«, zu einem erzwungenen Abzug kommen.

Gebaut wurden die Siedlungen größtenteils durch die einheimische Bevölkerung, deren Leben sich unter militärischer Okkupation abspielt. Tagsüber schufteten die palästinensischen Bauarbeiter in den Siedlungen, errichteten zuweilen sogar deren trutzige Sicherheitszäune, und kehrten gegen Abend in ihre eigenen Dörfer zurück. Bis zum Ausbruch der ersten Intifada Ende 1987 galt die palästinensische Arbeitskraft auch im Dienstleistungssektor der Städte sowie in Kibbuzim und Moschavim, die sich innerhalb der Grünen Linie befinden, als unverzichtbar. Ohne dies zu beabsichtigen und aus reinem wirtschaftlichem Interesse war Israel drauf und dran, zu einer typischen Pflanzerkolonie zu werden: Langmütige und unterwürfige Eingeborene ohne eigene Bürgerrechte und Souveränität arbeiten für Herren, die sowohl über Staatsbürgerschaft wie Souveränität verfügen, aber väterlich-fürsorgliche Gefühle zeigen. Dies war wohl der feuchte paternalistische Traum eines Moshe Dayan, der mit großer Umsicht eine »aufgeklärte« Besatzung schuf, welche immerhin zwanzig Jahre Bestand haben sollte – und 1987 krachend in sich zusammenfiel. Möglicherweise war es ausgerechnet diese »weiche« Besatzungspolitik, welche die palästinensischen Volksaufstände um ein Jahrzehnt hinausschob und so die Welt einzulullen vermochte. Und es war wohl auch sie, die den schleichenden Fortgang der Besiedlung ermöglichte und damit indirekt zum Ausbruch eines großen konzertierten Aufstands beitrug.

Die Intifada und der mit ihr einhergehende brutale Terror erschütterten dieses entspannte Herrschaftsverhältnis bis in seine

Grundfesten. Und ganz nebenbei sorgten sie dafür, dass das Prinzip des »ethno-demokratischen« Staates ein weiteres Mal gerettet wurde: Israel warf die palästinensischen »Invasoren« zurück in ihre Dörfer und Städte im Westjordanland und im Gazastreifen, beendete die wirtschaftliche Symbiose und machte sich daran, billige Arbeitskräfte aus Ostasien anzuwerben. Auch die Einwanderungswelle, die just zu diesem Zeitpunkt aus der zerfallenden Sowjetunion ins Land gelenkt wurde, brachte weitere fleißige Hände.[347] Auch wenn Israel in diesem Fall nicht zu penibel darauf schaute, ob diese Hände auch tatsächlich »jüdische« waren. Die Tatsache, dass dieses menschliche Verdünnungsmittel »weiß« war, genügte vollkommen (zum Missfallen der ultraorthodoxen Nationalisten).

Der Lebensstandard der Palästinenser war in den zwanzig Jahren von 1967 bis 1987 markant angestiegen und die Zahl der Geburten entsprechend in die Höhe geschnellt. Bereits im Jahre 2005 betrug ihre Zahl im Westjordanland 2,5 Millionen Menschen (und summierte sich mit der Einwohnerschaft des Gazastreifens auf über 4 Millionen). Und ein Ende war nicht abzusehen. Wer Ende der sechziger Jahre unter der Besatzung geboren war, wurde Ende der achtziger, Anfang der neunziger Jahre zur Speerspitze des Volksaufstands oder ging in den bewaffneten Widerstand. Diese jungen Menschen kannten kein anderes Regime, lernten jedoch sehr schnell, dass es am Ende des 20. Jahrhunderts nicht viele Menschen auf der Welt gab, die sich wie sie in einer anormalen Lage befanden: offiziell Nicht-Staatsbürger zu sein, ohne eigene Souveränität und heimatlos in einer Welt zu leben, in der ein solcher Status beinahe als unmöglich, nach herrschender Überzeugung aber auf jeden Fall als unerträglich galt.

Die meisten Israelis reagierten überrascht und verstanden nicht. »Die leben doch besser als alle anderen Araber in der Region«, lautete eine der Phrasen, die von den israelischen Patronen immer wieder zu hören waren. Die Intellektuellen der zionistischen Linken, die sich nicht wohl damit fühlten, dauerhaft Seite an Seite mit einem verkappten Apartheidregime zu leben, bedienten sich bei ihrer Kommunikation untereinander auch weiterhin einer wohltemperierten Wortwahl, die bedächtig protestierend von den »requirierten Gebieten« sprach. Mehr als alles andere befürchteten sie, dass der »jüdische« Charakter des Staates Schaden nehmen könnte. Ihre bequeme Grundannahme lautete, dass der Dauerzustand nur vorübergehend sei. An ihr hielten sie auch noch fest, nachdem dieser Zustand schon doppelt so lang währte, als das schlanke, »schmalhüftige« Israel existiert hatte. So konnte eine moralische Apathie gegenüber dieser kolonialen Herrschaftssituation immer tiefere Wurzeln schlagen, eine Gleichgültigkeit, die in vielerlei Hinsicht an die Einstellung der meisten westlichen Intellektuellen gegenüber dem Kolonialismus in der Zeit vor dem Ersten Weltkrieg erinnert.[348]

Die beiden Intifadas, die im Jahre 1987 und 2000 ausbrachen, führten zu winzigen Veränderungen des territorialen Status. Die erste Intifada gebar die Osloer Verträge, die zwar die palästinensische Autonomiebehörde hervorbrachten – die, dank europäischer und amerikanischer Unterstützung, die Kosten der Besatzung zu verringern hilft –, aber nicht das Geringste dazu beitrugen, die Besiedlung zu stoppen. Seit Unterzeichnung der Verträge im Jahre 1993 hat sich die Zahl der Siedler beinahe verdreifacht. Die zweite Intifada wiederum führte zur Räumung der Siedlungen im Gazastreifen. Allerdings ist es wohl kein Geheimnis, dass diese Initiative des damaligen Ministerpräsidenten Ariel Scharon – bei gleichzeitiger Einrichtung eines feindlichen »Reservats«, dem jeglicher direkte Kontakt zur Außenwelt verboten ist[349] – hauptsächlich dazu bestimmt war, sich vor einem umfassenden Kompromiss mit der palästinensischen Führung zu drücken. Die Wahrheit ist, dass die beiden einseitigen israelischen Rückzüge von besetzten Territorien – aus dem Libanon im Jahre 2000 und aus dem Gazastreifen im Jahre 2005 – bewusst ohne vorherige Verhandlungen durchgeführt wurden, um im Gegenzug andere Gebiete in israelischer Hand zu behalten (die Golanhöhen und das Westjordanland). Auch der Sicherheitszaun, mit dem Israel sich umgeben hat, um die tödlichen Selbstmordanschläge zu minimieren, verläuft nicht etwa auf der Grenze von 1967, sondern umschließt einen Gutteil der Siedlungen. Gleichzeitig wachsen und gedeihen die Siedlungen außerhalb des Zaunes, entstehen ununterbrochen neue Außenposten.

Von Menachem Begin, Israels Regierungschef Ende der siebziger Jahre, über Jitzchak Rabin und Ehud Barak in den neunziger Jahren bis hin zu den Regierenden am Beginn des 21. Jahrhunderts ließen sich Israels Führer, wenn auch nur unter Druck, dazu herab, den Palästinensern eine begrenzte Autonomie zu gewähren, die von israelischen Einflussbereichen zu Wasser, zu Lande und in der Luft in Schach gehalten wird. Im äußersten Fall war man bereit, der Schaffung von zwei oder drei Bantustans zuzustimmen, die unterwürfig die Vorgaben des »jüdischen Staates« akzeptierten.[350] Es versteht sich von selbst, dass dieses Vorgehen stets sicherheitspolitisch begründet wurde – eine defensive Kriegsrhetorik ist und bleibt das konstituierende Moment der Identität und des Bewusstseins der meisten jüdischen Israelis. Doch die tiefere historische Wahrheit, die sich dahinter verbirgt, ist eine andere, profanere: Bislang haben sich die politischen Eliten in Israel – die Linke wie die Rechte gleichermaßen – schlicht nicht damit abfinden können, das Recht der Palästinenser auf volle nationale Souveränität innerhalb eines geographischen Raumes, der von ihnen selbst als »Erez Israel« – »Land Israel« – begriffen wird, zu akzeptieren. In ihren Augen ist dieses Territorium, was sein Name besagt: das Erbe der Vorväter, das seit eh und je dem »jüdischen Volk auf der ganzen Welt« gehörte.

Beinahe scheint es, als müsste – im fünften Jahrzehnt seiner Existenz – das Instrument der territorialen Okkupation unweigerlich die Entstehung eines binationalen Staatswesens bewirken. Das stetige Vordringen jüdischer Siedler in die dichtbewohnten Siedlungsgebiete der Palästinenser scheint jeden Versuch einer künftigen staatlichen Trennung zum Scheitern zu verurteilen. Demgegenüber haben die drakonische Herrschaft und die internationale Kritik an ihr, vor allem jedoch der gewaltsame und verzweifelte Widerstand gegen sie dazu geführt, dass sich in Israel das Bewusstsein eines »Volkes, das für sich wohnt« (Num 23,9) in zunehmend extremer Form ausbildete. Diese fiktive israelische »Ethnie«, die imaginäre Ursprünge hat und sich ihrer kulturell-nationalen Identität nicht sicher ist (insbesondere gegenüber der nahöstlichen Sphäre), hört nicht auf, ihren Nachbarn mit einer Mischung aus Verachtung und Furcht zu begegnen. Sie weigert sich bis heute, gleichberechtigt und harmonisch mit den »anderen« auszukommen, die mit oder neben ihr leben.

Dieser fundamentale Widerspruch könnte Israel in einer Extremsituation dazu verführen, die unter seiner Kontrolle lebenden Nachbarn – sowohl jene, die segregiert als israelische Staatsbürger zweiter Klasse leben, wie auch jene, die als Untertanen ohne staatsbürgerliche Rechte einem eigenartigen Apartheidregime unterworfen sind – mit großer Aggressivität zu verdrängen und zu vertreiben. Jedem von uns steht es frei, sich auszumalen, auf welch schiefe Bahn eine derart ausweglose und gefährliche ethno-territoriale Politik geraten kann, sollte es zu einer zivilen Massenerhebung aller Nichtjuden im »vollständigen Land Israel« kommen.

Die Alternative eines großen, vielversprechenden Kompromisses jedenfalls – ein Rückzug Israels hinter die Grenzen von 1967, die Errichtung eines palästinensischen Nachbarstaats (mit Jerusalem als gemeinsamer Hauptstadt), die Schaffung einer Konföderation zweier souveräner, demokratischer Republiken, die sämtlichen Bürgern gehören, die in ihnen leben –, eine solche Alternative erscheint zum Zeitpunkt der Niederschrift dieser Zeilen wie ein ins Dunkel der Zeit entschwindender Traum.[351]

Nach den beiden schweren Intifadas waren weite Kreise der israelischen Gesellschaft der Mythologisierung des Landes müde. Doch die ideologische Erschöpfung und Erschlaffung wirken sich genauso wenig in entscheidender Form auf die Wahlen aus wie der Hedonismus und Individualismus, die dieser ideologischen Müdigkeit zugrunde liegen. Noch zeichnet sich keine Wende der öffentlichen Meinung hin zu der Bereitschaft ab, Siedlungen im großen Stil zu räumen und zu einem tragfähigen Kompromiss in Bezug auf Jerusalem zu kommen. Zwar reagiert Israel auf den Tod seiner Soldaten mit jedem bewaffneten Zusammenprall empfindlicher, doch ist bis heute keine ernstzunehmende, kohärente, die Massen mobilisierende Friedensbewegung herangewachsen, und nach wie vor ist die hegemoniale Stellung des zionistischen Ethos unangefochten. Statt dass sich das politische Gleichgewicht nach links verlagerte, sind im Gegenteil die ethnozentrischen und rassistischen Strömungen erstarkt. Jüngste Umfragen zeigen, dass 70 Prozent der jüdischen Israelis wirklich und wahrhaftig glauben, einem auserwählten Volk anzugehören.[352]

Auch die zunehmende diplomatische Isolierung Israels, in der Region und weltweit, beunruhigt die politisch-militärische Elite des Landes nicht über die Maßen, da deren Machterhalt ohnehin maßgeblich davon abhängt, in der Bevölkerung das Gefühl eines permanenten Belagerungszustands zu erhalten. Solange die Vereinigten Staaten – unter dem Druck der pro-zionistischen (jüdischen und evangelikalen) Lobby und der Vertreter der Rüstungsindustrie[353] – den Status quo weiterhin stützen und Israel das Gefühl geben, seine Politik sei legitim und seine Macht unbegrenzt, wird ein Fortschritt hin zu einem wirklichen Kompromiss höchst problematisch bleiben.

Unter diesen historischen Umständen wird es utopisch, das rationale Interesse mit einer Vision, die auf universaler Ethik basiert, zusammenzubringen. Und wir alle wissen, dass Utopien zu Beginn des 21. Jahrhunderts so gut wie keine Wirkmächtigkeit mehr besitzen.

V. Anstelle eines Resümees: Die traurige Geschichte vom Skorpion und dem Frosch

> Nur eine direkte Kooperation mit den Arabern kann eine bedeutsame und sichere Existenz erzeugen ... Es betrübt mich weniger, dass die Juden nicht klug genug sind, dies zu erfassen, als dass sie nicht über genug Gerechtigkeitssinn verfügen, um dies zu wollen.
>
> Albert Einstein in einem Brief vom 19. Juni 1930

> Der Skorpion wollte eines Tages den Fluss überqueren, weshalb er den Frosch bat, ihn auf seinem Rücken ans andere Ufer zu tragen. Der kleine Hüpfer wunderte sich: »Aber du stichst doch alles, was sich bewegt.« »Ja«, antwortete der Skorpion, »aber ich werde dir meinen Stachel ersparen, da auch ich sonst ertrinke.« Der Frosch hatte ein Einsehen. Auf der Mitte des Flusses stach der Skorpion seinen Fährmann. »Warum hast du das getan? Jetzt werden wir beide sterben«, jammerte der Frosch. »Das ist nun mal meine Natur«, seufzte der Skorpion, bevor er in den Fluten versank.
>
> Undatierte Fabel eines unbekannten Erzählers

Die Geschichte vom Skorpion und dem Frosch ist hinlänglich bekannt, und so auch die Moral dieser Fabel: Nicht jeder lässt sich stets vom gesunden Menschenverstand leiten, und oft ist es das Wesen eines Menschen, das sein Handeln diktiert. Zwar haben historische Bewegungen oder Prozesse, anders als Menschen, kein Wesen, doch wohnen ihnen Mythen inne oder begleiten sie zumindest, die nicht immer der Logik hinter den wechselnden historischen Umständen gerecht werden. Wozu die bekannte, kaum zu übersetzende englische Redensart passt: »Common sense is not common.« Das zionistische Projekt zeigt in seiner gegenwärtigen Phase offenkundig Merkmale, die diese hellsichtige Feststellung zu bestätigen scheinen.

Der Konstruktion des Mythos von einem wandernden jüdischen Volk, das vor zweitausend Jahren aus seiner Heimat entwurzelt worden war und bei erstbester Gelegenheit danach strebte, in diese zurückzukehren, wohnte zweifelsohne eine praktische Logik inne, auch wenn dieser Mythos ganz und gar auf historischen Märchen basiert: Die hebräische Bibel ist ebenso wenig ein patriotischer Text, wie die *Ilias* oder die *Odyssee* theologisch-monotheistische Werke sind. Die im Lande Kanaan lebende bäuerliche Bevölkerung hatte keine politische Heimat, weil eine solche zu dieser Zeit im Mittelmeerraum noch nirgends existierte. Und diese lokale Bevölkerung, die irgendwann begann, den Glauben an einen einzigen Gott anzunehmen, wurde niemals aus ihrem Land entwurzelt, sondern veränderte lediglich die Nuancen ihres Glaubens. Und so wurde auch kein auserwähltes Volk über den Erdball verteilt, sondern eine junge, dynamische Religion, die sich ausbreitete und viele Anhänger gewann. Die in Scharen zum Judentum übergetretenen Menschen und ihre Nachfahren sehnten sich inbrünstig nach dem heiligen Ort, von dem die Erlösung ihren Ausgang nehmen sollte, doch niemals wäre es ihnen ernsthaft in den Sinn gekommen, dorthin auszuwandern, was sie also auch nicht taten. Der Zionismus war nicht im mindesten eine Fortsetzung des Judentums, sondern vielmehr dessen Negation, weshalb er von diesem auch mit aller Macht abgelehnt wurde. Dennoch umgab eine gewisse historische Logik diesen Mythos und trug dazu bei, dass er teilweise verwirklicht wurde.

Der Durchbruch des Nationalismus mit seinem judenfeindlichen Gehalt, der in der zweiten Hälfte des 19. Jahrhunderts Ost- und Mitteleuropa erfasste, infizierte auch einen kleinen Teil der Verfolgten mit seinen ethnozentrischen Grundsätzen. Diese kleine und elitäre Avantgarde nahm die Gefahr wahr, die über den Juden schwebte, und begann, sich den Nimbus einer modernen Nation zurechtzuschneidern. Gleichzeitig nahm sie sich des geheiligten Zentrums an und machte daraus einen vorzeitlichen Ort, aus dem angeblich der »ethnische« Stamm hervorgegangen war. Die im Sinne des Nationalismus vollzogene Territorialisierung der religiösen Beziehungen zum Land gehörte zweifelsohne zu den wichtigsten Errungenschaften des Zionismus, auch wenn er für sie nicht die alleinige Urheberschaft beanspruchen kann. Inwieweit das Christentum, insbesondere das puritanische, zur Entstehung des neuen patriotischen Paradigmas beigetragen hat, lässt sich nur schwer schätzen, doch es besteht kein Zweifel, dass es hinter den Kulissen zugegen war, als es zu jenem historischen Aufeinandertreffen kam, das die Auffassung der »Kinder Israels« als einer Nation und das Kolonisierungsprojekt zusammenbrachte.

Unter den am Ende des 19. Jahrhunderts und zu Beginn des 20. Jahrhunderts herrschenden politischen Bedingungen war das Aufkommen der Idee einer Besiedlung »wüster« Weiten in gewissem Sinne noch immer logisch. Die Hochphase des imperialistischen Zeitalters machte ein solches Projekt möglich, da das Zielland von einer anonymen autochthonen Bevölkerung ohne eigene nationale Identität bewohnt wurde. Wären die zionistische Vision und Bewegung bereits zu einem früheren Zeitpunkt auf den Plan getreten, etwa in jenen Jahren, als Lord Shaftesbury seine Ideen vorbrachte, wäre der kolonisatorische Prozess vielleicht weniger kompliziert verlaufen, wäre die Verdrängung der Einheimischen, wie sie bis dahin in anderen Kolonialgebieten erfolgt war, mit »größerer Leichtigkeit« und weniger Mühe gelungen. Doch die jüdischen Gläubigen, vor allem in Ost- und Mitteleuropa, wollten Mitte des 19. Jahrhunderts überhaupt nicht in ihr heiliges Land auswandern, um dieses nicht zu entweihen. Und jene, die im Westen lebten, waren bereits zu verweltlicht, um noch in eine nationale, pseudoreligiöse Falle zu tappen, die sie in ein Land hätte locken können, das aus ihrer Sicht weder kulturell noch wirtschaftlich irgendwie attraktiv war. Zudem hatten die Mitte und der Osten Europas bis dahin lediglich die ersten Regungen des monströsen Antisemitismus erlebt. Die große jiddischsprachige Bevölkerung sollte zu spät erwachen, um aus all den zunehmend feindseligen Orten zu flüchten, die im Begriff waren, sie auszuspeien.

Hätte der Westen seine Tore nicht geschlossen, wären die Installierung der fiktiven Ethnie und die Umleitung eines Teils der jüdischen Bevölkerung nach Palästina womöglich niemals Wirklichkeit geworden. Doch das Blockieren anderer Optionen nötigte letztendlich eine Minderheit der Verfolgten, in ein Land zu kommen, das ihnen zunächst keineswegs ein sicherer Hafen zu sein schien. Denn hier mussten sie eine einheimische Bevölkerung »verschieben«, die gerade erst und mit großer Verspätung begonnen hatte, sich in nationale Gewänder zu hüllen. Der koloniale Konflikt war also unvermeidlich, und all jene, die meinten, einen solchen umgehen zu können, gaben sich Illusionen hin. Doch erst der Zweite Weltkrieg und die Vernichtung der Juden erzeugten die Umstände und das Klima, welche es dem Westen ermöglichen sollten, der einheimischen Bevölkerung die Errichtung eines Einwandererstaats in ihrem Land zu oktroyieren. Es lässt sich sagen, dass der Staat Israel als Zufluchtsstätte verfolgter Juden mit dem letzten Atemzug oder, richtiger gesagt, in einem Schlussakkord des untergehenden Kolonialzeitalters gegründet wurde.

Auch ist es zweifelhaft, ob das Projekt einer eigenen staatlichen Souveränität ohne den mobilisierenden, ethno-kolonialen Mythos geglückt wäre. Doch ab einem bestimmten Zeitpunkt war die Logik dahin, die zur Gründung der israelischen Nation beigetragen hatte, und der territorial-mythische Golem erhob sich unverfroren sowohl gegen seine Erschaffer als auch gegen das Werk, das er mit aufgebaut hatte. Denn der giftige Stachel war dieser Geschichte von Anfang an eingepflanzt: Es wurde das Bewusstsein von einer Heimat implementiert, deren imaginierte Grenzen weit über die täglich erlebten hinausgingen, so dass sich die Menschen angewöhnten, nach Größerem, nach nahezu unbegrenzten Weiten zu streben. Zumal die fehlende Bereitschaft der Araber Palästinas, den Anspruch fremder Invasoren auf ihr Land anzuerkennen, und ihr gewaltsamer Widerstand gegen diesen Prozess immer neue Rechtfertigungen und Gründe für eine weitere Ausdehnung lieferten. Und als die gesamte nahöstliche Welt sich mit dem Beschluss der Arabischen Liga von 2002 endlich gewillt zeigte, Israel offiziell anzuerkennen, und den jüdischen Staat dazu einlud, sich in die Region zu integrieren, reagierte dieser mit Gleichgültigkeit. Er wusste nur zu gut, dass der Preis für eine solche Eingliederung gewesen wäre, sich vom »Land Israel« mit seinen archaischen biblischen Stätten zu verabschieden und sich mit dem »kleinen« Staat Israel zu begnügen.

In jeder neuen Runde dieses nationalen Konflikts, des längsten in der Geschichte der Neuzeit, versuchte der Zionismus, sich weitere Gebiete einzuverleiben. Und sobald diese Gebiete aus nationaler Sicht zu etwas Geheiligtem werden, sind bekanntlich gewaltige Anstrengungen vonnöten, um sich wieder von ihnen zu lösen. Dann kam der Sechstagekrieg von 1967, und Israel ging endgültig in eine allzu verlockende Falle, aus der es sich aus eigener Kraft nicht mehr wird befreien können. Der Rückzug aus Teilen eines Nationalterritoriums ist, auch wenn das moderne Vaterland und seine Grenzen immer ein kulturelles Konstrukt sind, beinahe unmöglich, und das erst recht, wenn er freiwillig erfolgen soll. Selbst wenn es uns gelänge, uns selbst und die Welt davon zu überzeugen, dass das wahre Wesen des Zionismus die Schaffung einer Zufluchtsstätte für die verfolgten Juden war, nicht aber die Eroberung eines imaginierten »Landes der Väter«, ist der ethno-territoriale Mythos, der das gesamte zionistische Projekt befeuerte und mental stützte, weder bereit noch in der Lage, sich zurückzuziehen.

Wie andere nationale Mythen in der Geschichte wird er ohne Frage eines Tages sterben. Doch ein jeder, der kein totaler Fatalist sein will, muss sich die alles entscheidende Frage stellen: Wird der Tod dieses Mythos die gesamte israelische Gesellschaft und ihre Nachbarn mit sich reißen, oder wird er trotz allem noch Leben hinterlassen?

Oder anders gesagt: Ist nur der zionistische Mythos der Skorpion? Oder sollte das gesamte national-kulturelle Werk, das er erschuf, seine isolationistischen, paranoiden Eigenschaften in sich tragen und somit dazu verurteilt sein, zielsicher auf seinen Untergang zuzumarschieren?

Das bittere Schicksal des Frosches betrifft demnach nicht nur die Zukunft, es ist schon längst qualvolle Vergangenheit und Gegenwart. Diese Vergangenheit und diese Gegenwart sind es, die den Ton dieses Buches diktiert haben. Sie sind es auch, die mich verleitet haben, die folgende Nachbetrachtung anzufügen.

Nachbetrachtung: Über ein Dorf als Gleichnis und die Erinnerung als Lehre

> Was machen wir mit den Dörfern, die verlassen wurden ... kampflos durch Freunde ...? Sind wir bereit, diese Dörfer zu bewahren, damit ihre Bewohner zurückkehren können, oder wollen wir jede Erinnerung daran auslöschen, dass es irgendwo ein Dorf gegeben hat?
>
> Golda Meyerson (Meir) im Zentralkomitee der MAPAI, 11. Mai 1948

> Auch wir bestiegen die Lastwagen. Unsre
> Zerstreuung
> am Abend war
> der Smaragdglanz in der Nacht unsrer Ölbäume
> und das
> Hundegebell hinauf zu einem Mond, der über
> den Kirchturm zog,
> doch waren wir ohne Furcht. Denn unsere Kindheit
> war nicht mit uns gekommen. Wir begnügten uns
> mit einem Lied: Bald werden wir
> zurückkehren in unser Haus ... wenn die Lastwagen
> ihre zu schwere Last absetzen.
>
> Mahmud Darwisch,
> »Dörfler ohne Arg ...«, 1995[354]

Nach der langen und strapaziösen Reise durch das unermessliche »Land der Väter« kehre ich zum Ende an einen kleinen Ort zurück, der geeignet ist, die Formung der Erinnerung und des gezielten Vergessens in Israel zu charakterisieren. Denn ich muss bei diesem spezifischen Ort verweilen, der mich wie eine offene Wunde immer begleitet.

Ich bin Dozent an der Universität Tel Aviv und wohne unweit des Campus. Mein Arbeitsplatz wie auch meine Wohnung befinden sich auf den Überresten und Feldern eines arabischen Dorfes, dessen Leben am 30. März 1948 endete. An jenem frühlingshaften Tag marschierten die letzten verängstigten Bewohner mit ihren wenigen Habseligkeiten auf dem Schotterpfad in Richtung Norden und verschwanden allmählich aus den Augen der Feinde, die ihre Ortschaft umstellt hatten. Frauen trugen Säuglinge auf dem Arm, zogen kleine Kinder, die bereits laufen konnten, hinter sich her. Alte wurden von Jungen gestützt, Kranke und Lahme hatte man auf Esel gesetzt. Bei ihrem überstürzten Aufbruch ließen sie alle Möbel zurück, ihren Hausrat, das Geschirr, Koffer, unverschnürte Bündel und auch den verwirrten Dorftrottel, der schlicht vergessen wurde und nicht wusste, warum man ihn zurückgelassen hatte.[355]

Innerhalb weniger Stunden bemächtigten sich die jubelnden Belagerer, die schon lange einen begehrlichen Blick auf diesen Ort geworfen hatten, des Dorfes. Und so wurden die Bewohner von Al-Scheich Muwannis von den Seiten der Geschichte des »Landes Israel« getilgt und in die Abgründe des Vergessens gestoßen.

Die Häuser und Obstpflanzungen des Dorfes existieren schon längst nicht mehr. Übrig geblieben sind zwei oder drei einsturzgefährdete Gebäude, ein paar zerstörte und überwucherte Gräber und einige besonders zählebige Dattelpalmen, die zufällig keinem Parkplatz im Wege waren. Und in unmittelbarer Nähe zu diesen letzten Überresten entstand und wuchs meine Universität, der größte Wissenstempel in Israel, der sich, wie gesagt, über die Ländereien des ausgelöschten Ortes erstreckt. Das Buch, in dessen letzten Seiten Sie jetzt blättern, ist zum Teil in einem der Arbeitszimmer dieser Universität entstanden. Die ethische Inspiration für einige der narrativen Strategien, die ich gewählt habe, hat ihren Ursprung in dieser sonderbaren Nachbarschaft von Ausgelöschtem und Erbautem, jener unerträglichen Spannung zwischen einer sich entziehenden Vergangenheit und einer voranstürmenden Gegenwart.

Als Historiker, also als diplomierter Sachwalter der Erinnerung, der davon lebt, über das Gestern zu erzählen, konnte ich dieses Buch nicht beenden, ohne mich mit der Vergangenheit des konkreten Ortes auseinanderzusetzen, an dem mein tägliches Leben stattfindet. Zwar ist alles Menschenmögliche unternommen worden, um zu tilgen, was überlebt hatte. Doch die Erde ist noch immer dieselbe Erde, der Himmel derselbe Himmel und der Horizont über dem Meer im Westen derselbe Horizont, den einst, in einer noch nicht fernen Zeit, andere Augen erblickten.

1. Das Vergessen der Erde

Wann genau Al-Scheich Muwannis gegründet wurde, ist nicht bekannt. Bäuerliche Ansiedlungen verfügen stets über weniger Geschichte als Herrschaftszentren, Finanztempel oder Handelsmetropolen. Und doch ist auf der Landkarte von Pierre Jacotin, dem gewandten Leiter des Teams von Ingenieuren und technischen Zeichnern, das Napoleon Bonapartes Streitmacht auf dessen Eroberungszug durch die Region im Jahre 1799 begleitete, an Ort und Stelle eindeutig eine Ansiedlung verzeichnet. Obgleich die Dörfer auf dieser frühen französischen Karte nicht namentlich benannt sind, hat der Zeichner in unserem Fall aus irgendeinem Grunde das arabische Wort »Dahr« vermerkt. Sehr gut möglich, dass damit der »Rücken des Tells« gemeint war.[356] Denn das Dorf lag auf einem breiten Hügelrücken am nördlichen Ufer des Flusses Al-Udsha, der heute Jarkon heißt. Der Zahl ihrer Bewohner und ihrer Fläche nach war dies die größte nördlich der Stadt Jaffa gelegene Ortschaft. Und sie war allem Anschein nach auch einer der am längsten besiedelten Orte in der Region, einmal abgesehen natürlich von Jaffa selbst, der Kapitale des palästinensischen Küstenstreifens.

Am Fuße der Ländereien von Al-Scheich Muwannis, unweit des Flusses (dessen Bett im Altertum etwas weiter nördlich als heute verlief), wurden Ende der vierziger Jahre des letzten Jahrhunderts die Überreste einer prachtvollen Stätte entdeckt, die den Namen Tell Qassile erhielt. Bereits im Oktober 1948, also kaum sechs Monate, nachdem die Bewohner des arabischen Dorfes gezwungen worden waren, ihre Ortschaft zu verlassen, begann man, auf dem nur achthundert Meter südlich der aufgegebenen Häuser gelegenen Kalksteinhügel archäologische Grabungen durchzuführen. Dort waren zufällig zwei Artefakte mit hebräischen Inschriften gefunden worden, allem Anschein nach aus dem 7. Jahrhundert v. u. Z., weshalb die Archäologen anfangs meinten, sie hätten es mit einer alten jüdischen Ansiedlung »aus der Zeit König Salomos« zu tun.[357]

Wie bei etlichen späteren archäologischen Grabungen im »Land Israel« waren die Funde zwar spektakulär und wertvoll, aber nicht jüdischen Ursprungs. Es zeigte sich, dass im 12. Jahrhundert v. u. Z. die Philister – jene, »die aus dem tiefen Grün kamen«, wie sie in pharaonischen Dokumenten genannt werden – an den Gestaden des Flusses eine Anlegestelle bauten. Rund um diesen Steg wuchs mit der Zeit eine Ansiedlung, die sich auf einer Fläche von rund 16000 Quadratmetern erstreckte. Im Zentrum dieses Tells stand ein aus Lehmziegeln erbautes Heiligtum, um das sich öffentliche und private Gebäude gruppierten. Im 11. Jahrhundert v. u. Z. wurde der Kultbau erweitert, und seine Außenmauern wurden in Stein neu aufgeführt. Im Umfeld der Gebäude fanden sich viele sehr verschiedenartige Tonscherben, die teils von Essgeschirr oder Vorratsgefäßen, teils auch von kultischen Gerätschaften stammten. Die Straßen der Ansiedlungen waren gerade und parallel zueinander ausgerichtet, was eher ein Beleg für eine städtische Planung als für eine spontane, dörfliche Entwicklung sein dürfte. Ende des 10. Jahrhunderts v. u. Z. eroberten die Pharaonen den Ort und brannten ihn nieder. Dennoch kam das Leben dort nicht gänzlich zum Erliegen und setzte sich in bescheidenerem Rahmen fort.

Funde aus dem 5. und dem 4. Jahrhundert v. u. Z., also bis zu den Eroberungszügen Alexanders des Großen, belegen eine relativ konstante Besiedlung des Ortes. Aus hellenistischer und römischer Zeit hingegen sind uns Zeugnisse eines weitverzweigten Handels erhalten geblieben, die von einem geschäftigen Markt im Zentrum der Ansiedlung künden. Aus byzantinischer Zeit wiederum konnten die Überreste eines Bauwerkes freigelegt werden, das wie eine samaritanische Synagoge wirkt, während die kurze Phase der persisch-sassanidischen Eroberung Anfang des 7. nachchristlichen Jahrhunderts eine seltene Silbermünze hinterlassen hat. In der Frühphase der arabischen Herrschaft (mit Ende der Umayyadenzeit und Beginn der Fatimidenherrschaft) wurde im Ort eine große, von Säulen getragene Karawanserei gebaut, die Reisenden als Herberge diente.

Da die Böden in dieser Gegend fruchtbar sind, lässt sich vermuten, dass während der gesamten langen islamischen Herrschaft der Ort und seine Umgebung von Bauern bewohnt waren, wobei das Zentrum der Ansiedlung, offenbar weil der Fluss in besonders regenreichen Wintern über die Ufer trat, ein wenig nach Nordosten verlagert wurde. So siedelte sich das Dorf allmählich auf einem nahe gelegenen Hügel an, der etwas höher war als Tell Qassile. Im Lauf der Jahre nahmen seine Bewohner den Islam an und benannten ihr Dorf nach einem lokalen Heiligen, der dort beigesetzt worden war.

Der Name Al-Scheich Muwannis taucht bereits in dem wichtigen Reisebericht Jacob Berggerns auf, eines gelehrten Priesters von der schwedischen Botschaft in Istanbul, der in der ersten Hälfte des 19. Jahrhunderts Palästina besuchte. Im Dezember 1821 fuhr er von Jerusalem nach Akko (das zum damaligen Zeitpunkt noch Aqqa hieß), wobei er durch Ramle kam und bald auch Al-Scheich Muwannis passierte. In seinem Reisetagebuch berichtet Berggern, das Dorf liege auf der Kuppe eines Hügels, an dessen Fuß sich trotz der gemäßigten Winter schlammige, wassergetränkte Böden erstreckten.[358]

Die Einwohnerzahl des Dorfes zu jenem Zeitpunkt kennen wir nicht, doch darf angenommen werden, dass sie in etwa bei 315 gelegen haben dürfte, jenem Wert, den die erste Zählung ermittelte, die im Jahre 1879 der Palestine Exploration Fund (P. E. F.) durchführte.[359] Die demographische Revolution sollte in der Regel erst ab dem letzten Drittel des 19. Jahrhunderts und dann verstärkt im Verlaufe des 20. Jahrhunderts den Nahen Osten erfassen. Dem ersten britischen Zensus aus dem Jahre 1922 zufolge lebten zum damaligen Zeitpunkt in Al-Scheich Muwannis 664 Einwohner. 1931 war ihre Zahl bereits auf 1154 geklettert, 1945 auf 1930, während im Jahr 1948, also am Vorabend der Vertreibung, dort insgesamt 2160 Männer, Frauen und Kinder lebten.[360] Ein solch rapider Bevölkerungszuwachs ist charakteristisch für eine beginnende Modernisierung der Landwirtschaft mit effektiverer Aussaat, Düngung und Bewässerung und ebenso für eine Verbesserung der sanitären Verhältnisse.

Das Bevölkerungswachstum in Palästina, insbesondere während des britischen Mandats, entspricht mehr oder weniger dem, was sich rund einhundert Jahre zuvor in Europa abgespielt hatte. Höhere Ernteerträge führten zu einem Rückgang der Kinder- und Säuglingssterblichkeit, während mit der Modernisierung einhergehende Faktoren wie Bildung, eine verbesserte Stellung der Frau und vor allem die Erwartung gesellschaftlicher Mobilität für die Folgegeneration sich noch nicht hemmend auf die Geburtenrate auswirkten. Abgesehen von einem anzunehmenden Frauenimport lässt sich vermuten, dass die reiche Ortschaft in den letzten drei Jahrzehnten ihres Bestehens auch einen Zuzug von Fellachen aus den weniger fruchtbaren Bergregionen anlockte. Sollte dies tatsächlich der Fall gewesen sein, so hatten sich die Zugezogenen jedoch bald in die Dorfbevölkerung integriert.

Al-Scheich Muwannis wuchs und dehnte sich aus, und ein Teil der aus Lehmziegeln gebauten Häuser wurde nach und nach durch Stein- oder gar Betonbauten ersetzt. Moshe Smelansky, ein Schriftsteller und bekannter Agronom des zionistischen Siedlungswerkes, der einiges über das Leben der Araber in Palästina zu Papier brachte, erzählt voller Bewunderung von Al-Scheich Muwannis in den zwanziger Jahren: »Alle Bauern, von einigen ewig Gestrigen abgesehen, verwenden europäische Pflüge. Es existieren vier Mähmaschinen und ebenso schweres Gerät zum

Dreschen. Man organisiert dort die Orangenplantangen nach modernen Methoden und bringt in Nachahmung jüdischer Agrartechniken Industriedünger zum Einsatz.«[361] Al-Scheich Muwannis war eines der ersten Dörfer, das eine eigene Kooperative zur Vermarktung seiner Zitrusfrüchte auf die Beine stellte. Said Baydas, Spross einer der angesehenen Familien des Dorfes, war Vorsitzender des Komitees der Zitruspflanzenzüchter in Palästina (und zudem einer der Opponenten des Muftis).[362] 1932 wurde in Al-Scheich Muwannis eine regionale Grundschule für Jungen gegründet und elf Jahre später eine solche auch für Mädchen.

Die wirtschaftliche Blüte und der Wohlstand des Dorfes trugen möglicherweise maßgeblich zur gemäßigten, toleranten Haltung seiner Bewohner gegenüber dem expandierenden jüdischen Jischuw bei. Von Süden her wuchs Tel Aviv mit atemberaubender Geschwindigkeit, doch die Beziehungen, die sich zu den neuen Nachbarn entwickelten, waren in aller Regel freundlich. Die Kinder des Dorfes fuhren zuweilen auf ihren Fahrrädern in das Dorf Summayl, das südlich des Flusses gelegen war und dessen Häuser an die der Juden grenzten. Diese ihrerseits pflegten regelmäßig Obst und Gemüse bei den erfolgreichen Bauern von Al-Scheich Muwannis zu kaufen. Zwar war man dort nicht eben erfreut, als die Stadtverwaltung von Tel Aviv irgendwann den Versuch unternahm, die Ländereien des Dorfes zu besteuern, doch die Beschwerden der Bewohner von Al-Scheich Muwannis entsprachen mehr dem verbreiteten Unwillen von Steuerpflichtigen als einem nationalistischen Protest. Die wohlhabenden, über großen Grundbesitz verfügenden Einwohner willigten sogar ein, den Juden mehr als 300 Hektar in einem nördlich des Dorfes gelegenen Gebiet zu verkaufen. Auch so verblieben ihnen noch immer mehr als 1150 Hektar fruchtbare Böden mit zahlreichen Obst- und Zitrusplantagen, Bananenpflanzungen, Getreidefeldern und Weideland.

Bis zum Ende des Ersten Weltkriegs wurde ein Großteil der landwirtschaftlichen Erzeugnisse des Dorfes über eine Brücke, die Dschissr ad-Dar genannt wurde, nach Jaffa geschafft. Die

Brücke wurde von den Osmanen auf ihrem Rückzug gesprengt und von den Briten durch eine Art Pontonbrücke ersetzt. Im Jahre 1925 wurde diese Behelfskonstruktion durch die erste Betonbrücke in ganz Palästina abgelöst, errichtet durch jüdische Pioniere der Arbeitsbrigade. Diese neue Brücke sollte Tel Aviv mit Herzlia verbinden, der neuen, ein Jahr zuvor gegründeten Ansiedlung nördlich des Flusses. So kam Al-Scheich Muwannis in den Genuss eines gepflasterten und jederzeit befahrbaren Verkehrswegs für den Transport seiner Güter.

Über die Stimmung im Dorf zum Zeitpunkt des großen arabischen Aufstands in den dreißiger Jahren wissen wir so gut wie nichts. Doch aus den fehlenden Anzeichen eines allgemeinen Aufruhrs lässt sich mit aller Vorsicht schlussfolgern, dass der antikoloniale Protest, der das Land überspülte, dort noch keinen Widerhall gefunden hatte, dass ein nationales Bewusstsein sich in der Ortschaft noch nicht gebildet hatte.[363] Während des Zweiten Weltkriegs waren in der Umgebung des Dorfes zahlreiche britische Soldaten stationiert, und Ibrahim Baydas, der ebenfalls der wohlhabendsten Familie von Al-Scheich Muwannis entstammte, ging eine Teilhaberschaft mit aus dem Dienst ausgeschiedenen Soldaten ein und eröffnete an der Brücke ein Kaffeehaus. Dieses erfreute sich schon bald großer Beliebtheit und zählte Juden wie Araber gleichermaßen zu seinen Gästen. Konzerte und Bühnenshows fanden dort statt, und seine schattigen Lauben am Fluss trugen ihm den Namen »Hawaii-Garten« ein. Auch die nahe Brücke wurde von den Bewohnern der Umgebung schon bald nach dem Kaffee benannt.[364] Das sorgenfreie Leben auf einer tropischen Insel im Stillen Ozean erschien zum Greifen nahe.

Über was Araber und Juden bei Tee und Kaffee sprachen und worüber sie diskutiert haben mögen, wissen wir nicht und werden es wohl auch niemals erfahren. Doch die in dem Kaffeehaus herrschende Idylle wurde erstmalig nicht etwa aufgrund eines nationalen Disputs gestört, sondern infolge einer brutalen Straftat. Am Abend des 10. August 1947 drangen mehrere junge Männer aus dem östlich von Herzlia lagernden Beduinenstamm der Abu Kishk in das Café ein und erschossen bei ihrem bewaffneten

Raubüberfall den aus Al-Scheich Muwannis stammenden Geschäftsführer des Kaffeehauses und mehrere Gäste aus Tel Aviv. Diese Gewalttat war ein sonderbares Präludium für die politischen Verwerfungen, die das Dorf nur wenige Monate später erschüttern sollten.

Unmittelbar nach der Abstimmung über den Teilungsplan in der UN-Vollversammlung am 29. November 1947 wurde die Stimmung in der gesamten Region immer angespannter. Al-Scheich Muwannis sollte, ebenso wie alle anderen arabischen Dörfer im Küstenstreifen, nach dem Teilungsplan innerhalb der Grenzen des jüdischen Staates liegen. Entsprechend besorgt waren die Palästinenser im Raum Tel Aviv. Wie würde das Leben der Araber in einem Staat dieser neuen Kolonialisten aussehen, die noch immer in wachsender Zahl ins Land fluteten? Und konnte man einer Herrschaft von Fremden zutrauen, dass sie die Einheimischen fair behandeln würde? Wahrscheinlich wusste die Mehrheit der stillen Dorfbewohner nichts vom historischen Besitzanspruch des Zionismus auf das »Land der Väter«, doch ist anzunehmen, dass sie die Neigung ihrer neuen, ungebetenen Nachbarn zu territorialer Ausbreitung sehr wohl wahrnahmen.

Doch während an der Nahtstelle zwischen Jaffa (das als arabische Enklave in der jüdischen Region verblieben war) und Tel Aviv sogleich gewalttätige Auseinandersetzungen aufflammten, die Dutzende von Opfern auf beiden Seiten forderten, herrschte im Norden der ersten hebräischen Stadt angespannte Stille.

Der erste Schachzug der Hagana bestand darin, die Bewohner der drei Dörfer, die südlich des Flusses Al-Udsha (Jarkon) gelegen waren und an die nördlichen Ausläufer von Tel Aviv grenzten, massiv unter Druck zu setzen, damit diese ihre Häuser verließen. Bereits Ende Dezember 1947 wurden die Einwohner von Al-Massudiya gezwungen, ihr Dorf zu räumen und nach Dshammassin zu gehen. Im Laufe des Januars dann gaben auch die Bewohner dieses Dorfes ihre Häuser auf und ließen sich vorübergehend, zusammen mit den Flüchtlingen aus Dsharisha, die zuvor bei ihnen untergekommen waren, im großen Al-Scheich Muwannis nieder. Mit dem Eintreffen der obdachlos gewordenen Nachbarn wurde die Atmosphäre im Dorf zusehends gereizter und angespannter. Die Nachrichten von schweren Zusammenstößen in Jaffa und dem nahen Salama trugen das ihre zur allgemeinen Panik bei. Am 28. Januar 1948 entschieden Ibrahim Abu Kchil, der »Diplomat« des Dorfes, und weitere führende Vertreter umliegender Ortschaften, sich nach Petach Tikwa zu begeben, um dort mit den Leuten der Hagana über die Lage zu verhandeln. Als Treffpunkt wurde das Haus von Abraham Shapira, einer mythischen Gestalt der zionistischen Siedlungsbewegung, die großes Vertrauen unter den einheimischen Palästinensern genoss, gewählt.

Ungeachtet seiner unverhohlen feindseligen und ablehnenden Haltung gegenüber der großen arabischen Bevölkerungsmehrheit im Lande kommt selbst Josef Olitzky, ein Mitglied der Hagana und deren Haus- und Hofautor, nicht umhin, die friedliche Haltung der palästinensischen Vertreter zu bezeugen. Seinem Bericht zufolge äußerten die Sprecher der Dörfer »ihren Wunsch nach freundschaftlichen Beziehungen und stellten klar, dass sie jeden fremden Araber und jeden Unruhestifter ›unter ihnen‹ daran hindern würden, in Gebiete einzudringen, die ihnen gehören, und dass sie, falls sie mit solchen Elementen nicht fertig würden, die ›Hagana‹ kontaktieren und deren Hilfe erbitten würden.«[365] Gemäß dieser Vereinbarung blieb Abu Kchil in engem Kontakt mit der inoffiziellen, vorstaatlichen Armee des jüdischen Jischuws und vermochte es so, Reibereien und Missverständnisse zu entschärfen, die vor dem Hintergrund der wachsenden Spannungen entstanden. So wurde das Dorf im Laufe des Februars beschossen, worauf einige Schüsse auch von dort abgegeben wurden. Derartige Scharmützel, bei denen niemand zu Schaden kam, wurden untersucht und aufgeklärt, wobei beide Seiten bemüht waren, die erhitzten Gemüter zu beruhigen. Zwar hoben die jungen Männer des Dorfes Verteidigungsgräben aus, doch gleichzeitig wurde bewaffneten Kräften von außerhalb der Zutritt zum Dorf verweigert, wo die gemäßigten, um einen Ausgleich bemühten Bewohner nach wie vor das Geschehen bestimmten.

Diese Beruhigung indes vermochte die Führungsspitze der Hagana nicht zufriedenzustellen. Ein derart großes, wenn auch noch ruhiges und friedliches arabisches Dorf, das ganz in der Nähe des Hafens von Tel Aviv, dem an der Küste errichteten Kraftwerk und dem unweit gelegenen Flugfeld lag, rief Besorgnis hervor. Außerdem hatte man bei der Hagana just in jenen Tagen den sogenannten Plan D erarbeitet, der – ziemlich unverhohlen – das Ziel ausgab, eine möglichst große zusammenhängende Fläche unter zionistische Kontrolle zu bringen. Dabei ist daran zu erinnern, dass nach dem UN-Teilungsplan mehr als 400 000 Menschen, also rund 40 Prozent der Einwohnerschaft des vorgesehenen jüdischen Staates, Araber sein sollten. Zwar versuchten Männer wie Israel Rokach, der liberale Bürgermeister von Tel Aviv, oder Gad Machness, der gemäßigte Repräsentant der jüdischen Zitruspflanzer, mit aller Kraft eine Eskalation der Lage zu verhindern, doch trugen ihre pazifistischen Initiativen kaum Früchte und deckten sich nicht mit der Marschroute der Hagana.[366] Es liegen sogar – wenn auch nicht hinreichend verifizierte – Zeugnisse dafür vor, dass arabische Kollaborateure Geld von der Hagana dafür erhielten, gezielt Gerüchte über den von ihr beabsichtigten Angriff zu streuen, um die Bewohner des Dorfes zur Flucht zu bewegen.[367]

Kein Wunder also, dass Agitation und falsche Gerüchte um das Dorf Al-Scheich Muwannis blühten. So wurden Meldungen verbreitet, fremde Kämpfer, Mitglieder von »Banden«, seien in das Dorf eingeschleust worden und mit ihnen große Mengen an Waffen. Es wurde sogar die Mär in Umlauf gesetzt, bewaffnete deutsche Offiziere hätten ihren Weg dorthin gefunden.[368] Der höchst effektive Nachrichtendienst der Hagana und seine Aufklärungsflüge über dem Dorf lieferten zwar wiederholt Belege dafür, dass derartige »Informationen« jeglicher Grundlage entbehrten, doch es half nichts. Abraham Krinitzi, der Bürgermeister der angrenzenden Ortschaft Ramat Gan, der es auf das Territorium des arabischen Dorfes abgesehen hatte, war einer derjenigen, die an vorderster Front agitierten. Auch die revisionistische Untergrundorganisation Lechi,[369] die in nur relativ geringem Maße an den schweren Kämpfen im Süden Tel Avivs beteiligt war, engagierte sich in der Einschüchterungskampagne im Norden der Stadt, die einzig und allein das Ziel verfolgte, die Bewohner von Al-Scheich Muwannis zur Flucht zu bewegen. So schreibt Jaakov Banai, einer der Befehlshaber der Lechi, in seinen Lebenserinnerungen:

> Dieses Dorf lag zwischen Tel Aviv, Ramat Gan und Petach Tikwa. Seine besondere Lage nötigte es zwar, Ruhe und Vernunft walten zu lassen, doch bestand ein permanenter Kontakt zwischen dem Dorf und den arabischen Siedlungszentren. Shmuel Halevi [ein Beamter in der Stadtverwaltung von Tel Aviv] schlug vor, das Dorf einzunehmen. Wir leiteten vorbereitende Schritte ein. Ein demonstrativer Rundgang durch das Dorf wurde veranstaltet. Sechzig Mann nahmen daran teil. Wir zogen durch das Dorf und sorgten sogar dafür, dass alle wussten, die »Stern-Bande« [Lechi] ist da, und ihnen der Schreck in die Glieder fuhr. Der zweite Schritt war eine Einladung an den Muchtar [Dorfvorsteher], am nächsten Tag zur Musrara-Brücke in den Außenbezirken von Tel Aviv zu kommen. Bei diesem Treffen tauchten gleich zwei Muchtare auf, der aus Scheich Muwannis und einer aus dem Dorf Dshalil [von dem heute nur mehr die Autobahnausfahrt Glilot geblieben ist]. Sie kamen zu Pferde und feierlich gewandet. Shmuel Halevi teilte ihnen mit, dass sie innerhalb von vierundzwanzig Stunden alle Waffen im Dorf einzusammeln und an den von uns bestimmten Ort zu bringen hätten. Sie behaupteten, lediglich privat Waffen zu besitzen, Pistolen [für Hochzeitsfeiern]. Doch diese beiden Auftritte, der Rundgang und das Treffen, genügten schon, um sie in Angst zu versetzen. Sie begannen, den Ort zu verlassen. Wir unsererseits übten weiter Druck auf die Araber des Dorfes aus.[370]

Dieser weitere »Druck« sollte nichts anderes als eine für diese Zeit typische Terroraktion sein. Elischa Iwasow (Avraham Cohen), ein Mitglied der Lechi, wurde auf dem Weg nach Nablus am Steuer eines mit Sprengstoff beladenen Lasters festgenommen, der vor der dortigen arabischen Kommandantur zur Explosion hatte gebracht werden sollen. Am 12. März entführten seine Kameraden, als Vergeltungsmaßnahme gewissermaßen, fünf Bewohner aus Al-Scheich Muwannis, unter ihnen, wie der Zufall es wollte, auch einen Minderjährigen, die in Richtung des Dorfes Dshalil unterwegs gewesen waren, um dort nach Nahrungsmitteln und Treibstoff zu suchen. Die fünf Geiseln hatten selbstverständlich nicht das Geringste mit der Festnahme Iwasows in Nablus zu tun, doch die Lechi-Männer drohten, sie umzubringen, würde ihr Kamerad nicht freigelassen werden. Im Dorf machten bald Gerüchte die Runde, die Entführungsopfer seien bereits ermordet worden, und die allgemeine Panik erreichte ihren Höhepunkt. Nach Überzeugungs-, Einschüchterungs- und Vermittlungsarbeit durch die Hagana wurden die fünf am Ende freigelassen (zumal sich inzwischen auch herausgestellt hatte, dass Iwasow unmittelbar nach seiner Festnahme exekutiert worden war), doch der gezielte Terrorakt hatte bereits sein Ziel erreicht. »Mehr und mehr Einwohner verließen das Dorf«, berichtet Banai entsprechend zufrieden weiter. »Wir ließen für sie einen Ausweg offen, und die meisten von ihnen zogen mit ihrer Habe auf Kamelen in Richtung Tulkarem und Kalkiliya.«[371]

Doch nicht nur die trutzigen Helden der Lechi ließen den Bewohnern von Al-Scheich Muwannis diesen einen »Ausweg« in Richtung Norden. Denn in ihrer Begleitung fanden sich auch »gemäßigte« Vertreter der Hagana. Ungeachtet aller Skrupel und selbstverständlich trotz vorangegangener ungeschriebener Abmachungen hatte die Kommandantur der Hagana für den Bezirk Tel Aviv beschlossen, mit den revisionistischen Hardlinern gemeinsame Sache zu machen und die Zufahrtswege des Dorfes zu blockieren. Dabei ist nicht zu vergessen, dass das britische Mandat nach wie vor Gültigkeit besaß und sich Soldaten seiner Majestät noch immer in der Umgebung aufhielten. Doch deren Präsenz hielt das 33. Regiment der Alexander-Brigade der Hagana in den frühen Morgenstunden des 20. März nicht davon ab, das Dorf zu umstellen und sogar einige am Rand der Ortschaft gelegene Häuser einzunehmen. Von da an durfte niemand mehr ohne Erlaubnis der Belagerer das Dorf betreten oder verlassen, wurden die ins Dorf gelieferten Güter einer peniblen Kontrolle unterzogen. Zur Arbeit auf die Felder zu gehen war den Bewohnern nicht länger möglich, so dass sie sich nicht um die Ernte kümmern konnten. In der nächsten Phase wurde jedem, der das Dorf einmal verlassen hatte, die Rückkehr dorthin verwehrt. Die Blockade und das Fehlen von Treibstoff zum Betreiben der Generatoren führten schon bald zu Nahrungsmittel- und sogar Trinkwasserknappheit. Die letzten Tage des Dorfes erlebten schließlich den Aufbruch der wenigen Bewohner, die dort noch verblieben waren, an ihrer Spitze der einfältige Ibrahim Abu Kchil, der bis zum letzten Augenblick seinen jüdischen »Freunden« Glauben geschenkt hatte.

Als endlich alle Einwohner, bis auf jenen verwirrten Greis, dessen weiteres Schicksal wohl immer im Dunkeln bleiben wird, das Dorf verlassen hatten, machten sich die Lechi-Männer eiligst daran, die zentralen Gebäude der Ortschaft zu requirieren. Sie machten sie zu ihrem Hauptquartier, das sie nach dem Kampfnamen ihres gefallenen Kommandeurs Avraham Stern »Ramat Ja'ir« nannten.[372] Von dort aus würde auch wenige Tage später der Befehl an jene Kämpfer der Gruppe ergehen, die an der Eroberung des arabischen Dorfes Deir Jassin unweit von Jerusalem beteiligt sein sollten – ein kurzes Gefecht, das am 9. April bekanntlich mit dem Massaker an mehr als 120 Bewohnern dieses Bergdorfes und der öffentlichen Demütigung aller Überlebenden endete. Ramat Ja'ir hingegen sollte nur noch bis zum 29. Mai weiterbestehen, jenem Tag, an dem die Gefolgsleute Sterns in die neuen, regulären israelischen Streitkräfte eingegliedert wurden. Anschließend wurde der Ort zu einer der Militärbasen der offiziellen israelischen Armee. Doch schon wenig später wurde damit begonnen, die Ortschaft mit jüdischen Neueinwanderern zu besiedeln, aus Furcht, die aus dem Dorf geflüchteten Bewohner könnten versuchen, dorthin zurückzukehren.

Die vollkommen verängstigten Bewohner von Al-Scheich Muwannis indes, die man zur Flucht gezwungen hatte, waren längst weit weg. Ein Teil von ihnen war nach Tulkarem und Kalkiliya gelangt, zwei Städte im Westjordanland, die nach dem Krieg unter jordanische Herrschaft gelangten. Andere hatten sich über die arabischen Dörfer des sogenannten Dreiecks im nördlichen Galiläa verstreut, hatten in Ortschaften wie Tira und Dshaldshuliya Unterschlupf gefunden, die sich auf israelischem Staatsgebiet befanden. Und wieder andere hatte es in Flüchtlingslager im Gazastreifen verschlagen. In Israel wurden sie zunächst in Zelten untergebracht, ohne jegliche Verdienstmöglichkeiten, da ihre Freizügigkeit drastisch eingeschränkt war. In der Folgezeit verließen manche von ihnen den Gazastreifen und Israel und begannen eine Odyssee durch den Nahen Osten. Anderen gelang es, in die Vereinigten Staaten oder nach Kanada zu emigrieren. Die Besitzungen der Bewohner von Al-Scheich Muwannis wurden durch die israelischen Behörden enteignet. Jene, die in Israel verblieben waren, wurden als »anwesende Abwesende« definiert, womit sie das Eigentumsrecht an ihrem Land und ihren Häusern einbüßten. Selbstverständlich erhielt nicht einer der Bewohner des Dorfes jemals irgendeine Entschädigung.

Viele Jahre später sollten einige von ihnen heimlich und zu Fuß den Hügel erklimmen, um aus der Ferne einen Blick auf ihre Häuser oder das, was davon übrig geblieben war, zu werfen. Diejenigen Flüchtlinge, die zu israelischen Staatsbürgern geworden waren, konnten dies bereits vor 1967 tun. Jene, die im Westjordanland gestrandet waren, kamen, unter Tränen, erst nach dem »Sechstagekrieg«.

2. Erde des Vergessens

Die Einwohner von Al-Scheich Muwannis hatten, so zynisch dies klingen mag, noch Glück im Unglück, vergleicht man ihr Schicksal mit dem der Menschen in Dörfern wie Deir Jassin, Ein al-Zaitun, Balad al-Scheich und anderen mehr, von denen nicht wenige mit dem Leben dafür bezahlten, dass sie es gewagt hatten, den bewaffneten Kampf gegen die Errichtung eines jüdischen Staates auf ihrem Land zu unterstützen. Kein Zweifel jedoch, dass ihr Schicksal bitterer war als dasjenige der Bewohner von Ein Howd.

Die Einwohner dieser friedlichen, an den Hängen des Karmelgebierges südlich von Haifa gelegen Ortschaft hatten sich, ähnlich den Bewohnern von Al-Scheich Muwannis, entschieden, keine Konfrontation mit der zionistischen Militärmacht zu suchen, waren aber dennoch aus ihren Häusern vertrieben worden. Einem Teil von ihnen wurde jedoch, wundersamerweise, gestattet, sich auf einem Hügel unweit ihres Dorfes neu anzusiedeln, so dass sie dieses ihr ganzes Leben lang vor Augen behielten. Ihr »altes« Zuhause wurde zu einem israelisch-jüdischen Künstlerdorf namens Ein Hod, während das »neue« Ein Howd lange Zeit für die Behörden als nicht existent galt. Doch am Ende sollte sich den Bewohnern das »Glück« erneut gewogen zeigen: Zweiundfünfzig Jahre nach der »Gründung« ihres Dorfes erlangte dieses endlich offizielle Anerkennung und wurde im Jahre 2006 sogar an das israelische Stromnetz angeschlossen.[373] Die Bewohner von Al-Scheich Muwannis hingegen, denen nicht gestattet wurde, weiter zusammenzuleben, sollten sich über die ganze Welt verstreuen.

Die Geschichte von Al-Scheich Muwannis indes ist nicht außergewöhnlich. Wie bereits im vierten Kapitel dieses Buches erwähnt, wurden, neben arabischen Stadtvierteln, mehr als vierhundert weitere Dörfer im Krieg von 1948 und sogar noch nach Beendigung der Kampfhandlungen vom Boden des »Landes Israel« getilgt.[374] Etwa 700 000 Menschen wurden im Zuge der Nakba – der Katastrophe, wie die Tragödie des palästinensischen Volkes auf Arabisch genannt wird – heimatlos, verloren all ihr Hab und Gut, ihre Häuser wie auch ihre Ländereien, ohne jemals eine Entschädigung oder Gegenleistung dafür zu erhalten. Viele von ihnen leben, ebenso wie ihre Nachkommen, noch immer in Flüchtlingslagern überall im Nahen Osten. Warum also ausgerechnet von einem einzelnen Dorf erzählen?

Wie ich bereits zu Beginn dieser Nachbetrachtung zu erklären versucht habe, empfinde ich ein Gefühl der Beklemmung gegenüber diesem Ort, ein Gefühl, das meiner Meinung nach jeder

Historiker haben sollte, der wie ich an der Universität Tel Aviv tätig ist. Ich bemühe mich, vorsichtig Erinnerungen aus vergessenen Zeugnissen, die die Vergangenheit hinterlassen hat, zu meißeln, und mein Beruf ist, Geschichte zu lehren. Meine Studenten erwarten von mir ein hinreichendes Maß an wissenschaftlicher Redlichkeit, die frei von Voreingenommenheit und Einseitigkeit ist. Daher beharre ich darauf, ihnen zu Beginn jedes Kurses darzulegen, dass jedes kollektive Erinnern, wenn auch in unterschiedlichem Maße, kulturell konstruiert wird und fast immer den Erfordernissen und Geisteshaltungen der Gegenwart unterworfen ist. Insbesondere pflege ich zu betonen, dass im Falle der Nationalgeschichte die Vergangenheit weniger die Gegenwart erzeugt. Es ist vielmehr die nationale Gegenwart, die, in überaus freier Form, sich ihre Vergangenheit zurechtknetet, eine Vergangenheit, die immer riesige schwarze Löcher des Vergessens enthält.

Ich lebe in einer Nation und auf einem Territorium, die beide eine geradezu klassische konstruierte Erinnerung darstellen, die sich über 4000 Jahre erstreckt. Die bearbeitete und rekonstruierte jüdische Erinnerung wurde zum Lebensodem der zionistischen Bewegung und diente als entscheidende Legitimationsbasis ihres Kolonisierungswerkes. Hieraus entwickelte sich in Israel eine politische Mentalität, nach der die »kurze« palästinensische Zeit nicht gleichwertig mit der »langen« jüdischen Zeit sein könne: Was sei schon ein Exil von sechzig oder siebzig Jahren gegen eines von zweitausend Jahren? Was die Sehnsucht einfacher Fellachen und ihrer Nachkommen im Vergleich zu ewigem jüdischem Verlangen? Und welchen Wert sollen die Besitzansprüche heimatloser Flüchtlinge gegenüber einem göttlichen Versprechen haben, selbst wenn dieser Gott gar nicht existiert?

Die kleine Geschichte von Al-Scheich Muwannis stimmt in meinen Augen überein mit dem Ausruf des Kindes in Hans Christian Andersens Märchen *Des Kaisers neue Kleider:* »Aber er hat ja gar nichts an!« Um dieses kategorische und gehässige Diktum zu rechtfertigen, muss ich Ihre Aufmerksamkeit, werte Leser, auf die Politik der Erinnerung lenken, die ihren vollkommensten Ausdruck auf den ehemaligen Ländereien von Al-Scheich Muwannis gefunden hat. Auf diesen Besitzungen, die mit der Zeit zu gutsituierten israelischen Wohnvierteln geworden sind,[375] finden sich heute in sonderbarer und einmaliger Konzentration vier israelische Flaggschiffe des institutionalisierten Erinnerns vereint: das Erez-Israel-Museum, das Museum der Palmach, das Israelische Museum im Rabin Center und selbstverständlich das Museum des jüdischen Volkes – Haus der Diaspora. Diese vier Bastionen der Erinnerung haben den Auftrag, eine jüdische, zionistische und israelische Vergangenheit zu bewahren und zu dokumentieren.

Das Erez-Israel-Museum ist die älteste dieser Einrichtungen. Es wurde im Jahre 1958 am südlichen Ende des Dorfes um die Ausgrabungen am Tell Qassile herum errichtet, die, wie erwähnt, zehn Jahre zuvor begonnen hatten. Neben den archäologischen Funden, die, dem Katalog des Museums zufolge, »aus biblischer Zeit« stammen, bemüht man sich dort, die gesamte »Geschichte des Landes und seiner Kultur« zu präsentieren.[376] In der ständigen Ausstellung findet sich unter anderem ein Bereich mit dem Namen »Das Land des Barons«, der vor allem dem Werk von Edmond de Rothschild »bei der Grundsteinlegung der jüdischen Besiedlung im Land Israel« gewidmet ist. In höchst symbolträchtiger Weise ist die ethnographische und folkloristische Ausstellung, die »jüdische Lebensgewohnheiten in verschiedenen Gemeinden auf der Welt« veranschaulichen soll, in einem der Häuser des alten Al-Scheich Muwannis untergebracht, ohne selbstverständlich auch nur mit einer Silbe den Ursprung des Gebäudes zu erwähnen oder auf die »Lebensgewohnheiten« seiner vormaligen Bewohner einzugehen.

Mehr als zwanzig Jahre lang hieß diese Einrichtung »Ha'aretz-Museum« – »Museum des Landes«. Doch mit der Ernennung des Generals der Reserve Rechavam Se'evi zum Vorsitzenden des Direktoriums wurde der Name in »Erez-Israel-Museum« – »Museum des Landes Israel« – geändert. Unter seiner Ägide erlebte das Museum eine Auffrischung, manifestierte sich in den Ausstellungsinhalten Se'evis große Liebe zu seiner beständig expandierenden Heimat. Die Tatsache, dass der General im Ruhestand 1988 seine rechtsnationale Partei Moledet (Heimat) gründete, die unverhohlen für einen »Transfer« der israelischen Araber eintrat, also deren Verbringung außer Landes, hinderte ihn nicht daran, noch bis 1991, dem Jahr, in dem er einen Ministerposten in der Regierung Shamir erhielt, die Leitung des Museums fortzuführen. Zum Zeitpunkt der Niederschrift dieser Zeilen steht mit Dov Tamari ein ehemaliger Brigadegeneral und promovierter Historiker dem Museum vor.

Das Museum der Palmach befindet sich etwas weiter oberhalb auf dem ehemals schotterbedeckten Hügel und wirkt trutzig wie eine Festung. An seiner Frontseite prangt in großen Lettern die Losung »Lauterkeit des Weges«, die einem bekannten Gedicht von Nathan Alterman entlehnt ist, jenem Dichter, der sich, wie beschrieben, im Jahre 1948 über die Entdeckung des »jüdischen« Tells Qassile begeisterte und 1967 zu den Gründervätern der Groß-Israel-Bewegung zählte. Den Vorsitz der gemeinnützigen Stiftung, die das Museum leitet, bekleidet zum Zeitpunkt der Niederschrift dieser Zeilen der ehemalige General Jeshajahu Gabish, während sich das Museum selbst in Trägerschaft des israelischen Verteidigungsministeriums befindet. Gegründet wurde es im Jahre 2000, um das historisch-militärische Erbe der Palmach, der Eliteinheit der Hagana, zu verewigen. Bekanntermaßen hatte diese maßgeblichen Anteil an dem Sieg im Krieg von 1948, glücklicherweise jedoch nicht an der »Front« in Al-Scheich Muwannis. Ein Großteil der Führungsebene der israelischen Streitkräfte in den ersten beiden Jahrzehnten nach der Staatsgründung kam aus ihren Reihen. Auf internationaler Ebene war es Jitzchak Rabin, der als ehemaliges Mitglied der Palmach Bekanntheit und Ansehen erlangte.[377]

Das Rabin Center befindet sich gleich hinter dem Museum der Palmach. Es wurde 1997 eingerichtet, um das Andenken des ermordeten Ministerpräsidenten zu ehren. Sein Herzstück bildet das Israelische Museum, das seinen Initiatoren zufolge unter anderem den Zweck hat, »das zionistische Projekt als Erfolgsgeschichte zu zeigen«. Gründerin des Museums und für seine Inhalte verantwortlich ist Professor Anita Shapira, die das Institut für die Erforschung des Zionismus an der Universität Tel Aviv leitet.[378] Vorsitzender des Kuratoriums, von dem die Initiative zur Gründung des Zentrums ausging, und die wohl markanteste Persönlichkeit darin war Jaakov Peri, ehemals Chef des israelischen Inlandsgeheimdienstes, der einige Jahre danach zum Vorsitzenden des Direktoriums des Hauses der Diaspora auf dem Gelände der Universität Tel Aviv berufen wurde.

Das Haus der Diaspora – Museum des jüdischen Volkes liegt mitten auf dem Campus der Universität. Wie erwähnt ist Jaakov Peri seit 2009 Vorsitzender des Direktoriums, während Leonid Newslin den Vorsitz des internationalen Beirats innehat. Letzterer ist ehemaliger Großaktionär des russischen Ölkonzerns Yukos und setzte sich 2003 nach Israel ab, nachdem die russischen Behörden ihn der Bestellung von Auftragsmorden und der Steuerhinterziehung in Höhe mehrerer Milliarden Dollar verdächtigten, bis ihn dann sein Freund Ariel Scharon herbeirief, um dieses Flaggschiff jüdischer Erinnerung vor dem finanziellen Kollaps zu retten. Und tatsächlich meisterte Newslin mit Hilfe seiner Ersparnisse, die er aus Russland mitgebracht hatte, die Aufgabe glanzvoll.[379]

Das offizielle Ziel des Museums: »die viertausendjährige Geschichte des jüdischen Volkes zu präsentieren und darzustellen«, »das Zugehörigkeitsgefühl unter den jüdischen Besuchern zu stimulieren und ihre jüdische Identität zu stärken« und ebenso »die nichtjüdischen Besucher dazu zu bewegen, das jüdische Volk kennenzulernen und Israel als jüdischen Staat zu unterstützen«. In dem Museum findet sich seit einigen Jahren unter anderem ein »Zentrum für jüdische Genealogie«, in dem bereits drei Millionen Juden registriert sind. Das Zentrum ermöglicht dem Besucher nicht nur, mittels Angabe von Namen »die Stammbäume jüdischer Familien zu erforschen«, sondern zu diesem Zweck auch einen DNA-Test durchzuführen. Diese genetische Datenbank enthält bereits 300 000 Proben und steht noch ganz am Anfang, da »der genetischen Genealogie besondere Bedeutung für das jüdische Volk zukommt«.[380]

In dem internationalen Beirat des Museums und seinem Direktorium sitzen neben Wirtschaftsmagnaten und ehemaligen Militärs auch angesehene Historiker, welche die Hebräische Universität in Jerusalem und die Universität Tel Aviv vertreten. Zum Zeitpunkt der Abfassung dieser Seiten sind dies die Professoren Israel Bartal, Jeremy Cohen, Itamar Rabinovich und Ra'anan Rein. Wie schon an den oben erwähnten Institutionen deutlich wurde, ist eine derartige hochkarätige gesellschaftliche Mischung für praktisch alle Kultureinrichtungen in Israel charakteristisch.

Eine Schwemme »jüdischer Erinnerungen« brach über den Grund des alten Al-Scheich Muwannis hinein und überflutete ihn. Wie eine gigantische Welle stieg sie aus dem tiefer gelegenen Flussbett auf, toste den Hügel hinauf und überspülte dessen Kuppe, das Herz des ausradierten Dorfes. Dieser kolossale Erinnerungsfundus umfasst Abertausende von Exponaten, Gebrauchsgegenständen, Inschriften und Bildern. Viel Geld wurde investiert, um das Schicksal zu verewigen, das jüdische Leid und den jüdischen Triumph. Hunderte von Besuchern kommen jeden Tag, um es kennenzulernen – Schüler, Soldaten, normale Bürger und viele Touristen. Sie verlassen das Museum mit einem Gefühl tiefer Befriedigung, da sie nun überzeugt sind, dass ihr Bewusstsein von der nationalen Vergangenheit sich gefestigt hat.

Es ist überflüssig hinzuzufügen, dass nicht eine dieser prächtigen Bastionen der Erinnerung die Geschichte des Ortes, auf dem sie errichtet wurden, thematisiert. Da das alte arabische Dorf nicht der jüdischen, zionistischen oder israelischen Vergangenheit zugehört, gibt es auch keinen Grund, in diesem florierenden und großzügig angelegten Museumsbezirk auf es hinzuweisen.

Der Campus der Universität Tel Aviv wiederum wurde auf der Kuppe jenes Hügels errichtet, wobei mit der Zeit auch noch die letzten Überreste von Al-Scheich Muwannis getilgt wurden. Das offizielle Gründungsdatum der Universität nennt das Jahr 1964, aber bereits 1955 wurde der Grundstein für das erste akademische Gebäude gelegt, das sich schon bald demonstrativ über den relativ niedrigen Bauten des Dorfes erhob. Wie schon erwähnt, waren die Häuser bereits 1948 von staatenlosen jüdischen Flüchtlingen bezogen worden, denen es an allem mangelte. Es dauerte nur einige Jahre, bis ein Zermürbungskrieg zwischen der Universität und den sozial schwachen Anwohnern einsetzte. Erst im Jahre 2004, nach Zahlungen in Höhe von insgesamt 108 Millionen Schekel, verließen die meisten Anwohner ihre Wohnungen, so dass sich der Wissenstempel weiter in Richtung Süden ausdehnen konnte, wobei die noch verbliebenen Häuser systematisch abgerissen wurden.[381] Es versteht sich von selbst, dass auch bei dieser Gelegenheit niemandem in den Sinn kam, die ursprünglichen, nichtjüdischen Besitzer der Häuser oder des Grund und Bodens ebenfalls in irgendeiner Form zu entschädigen.

An der Universität sind mehr als sechzig Geschichtsdozenten an drei verschiedenen Fachbereichen beschäftigt. Ähnlich viele Historiker arbeiteten seit ihrer Gründung an der Universität und sind inzwischen im wohlverdienten Ruhestand. In Israels akademischer Welt gibt es keine andere Erinnerungsgemeinschaft, die ähnlich groß und produktiv wäre. Viele Dutzende von Werken zur internationalen Geschichte, zur Geschichte des Nahen Ostens, zu jüdischer und israelischer Geschichte sind von diesen Forschern verfasst worden. Ihr wissenschaftlicher Ruf eilt ihnen voraus, und nicht wenige sind Dauergäste an den renommiertesten Universitäten der Welt. Doch nicht einer von ihnen hat es für nötig befunden, ein Buch oder auch nur einen Aufsatz über die Geschichte des Fleckchens Erde zu verfassen, das sich unter dem Asphalt und dem Beton verbirgt, auf denen ihr Wohlstand und ihr Ansehen gegründet sind. Und nicht einer von ihnen hat je eine Magisterarbeit oder Promotion über die Tragödie der Dorfbewohner betreut, die von diesem Ort vertrieben wurden und keine Stimme haben. Wie immer in der Nationalgeschichte ist die dunkle Seite der Vergangenheit ins Unterbewusstsein gedrängt worden, wo sie darauf wartet, dass kommende Generationen sie hoffentlich wieder ans Tageslicht befördern. Denn die Barone der Erinnerung sollen zwar stets wissenschaftlich lauter arbeiten, doch verlangte nie jemand von ihnen, auch moralisch anständig zu sein.[382]

Im Jahre 2003 wandte sich eine wunderbare Gruppe israelischer Aktivisten mit dem Namen Sochrot, die es sich zum Ziel gesetzt hat, an die Nakba zu erinnern und diese im öffentlichen Bewusstsein präsent zu halten, mit einer Anfrage an Professor Itamar Rabinovich, den damaligen Präsidenten der Universität Tel Aviv. In ihrem Schreiben wurde die Universität gebeten, »in bescheidener Form an die getilgte Vergangenheit« des Dorfes Al-Scheich Muwannis zu erinnern.[383] Das Ersuchen war von zwanzig Dozenten der Universität unterzeichnet, denen sich einige Dutzend Studenten und Nachkommen ehemaliger Bewohner des Dorfes anschlossen. Professor Rabinovich, der Oberstleutnant im militärischen Nachrichtendienst war und später als israelischer Botschafter in Washington diente, ist seines Zeichens auch Nahosthistoriker und hat für eine seiner wissenschaftlichen Studien in den Vereinigten Staaten sogar den Jewish Book Award erhalten. Obwohl Rabinovich mithin ein Sachwalter der Erinnerung par excellence sein sollte und sogar, wie erwähnt, damals wie heute als Mitglied im Direktorium des Hauses der Diaspora sitzt, blieb die Eingabe der Dozenten und Studenten von Seiten des Präsidenten der Universität unbeantwortet. Soweit sich dies noch nachvollziehen lässt, entschied er sich offenbar, diese schlicht zu ignorieren. Auf Nachfrage hartnäckiger Journalisten antwortete die Pressestelle der Universität: »Aktuell wird an einem Projekt zur Geschichte der Universität gearbeitet, das auch eine Bezugnahme auf Al-Scheich Muwannis beinhalten wird. Mit ihrer Fertigstellung werden wir auf das Ersuchen eingehen.«[384] Bis zum heutigen Tag, wir schreiben das Jahr 2012, ist dieses Dokumentationsprojekt noch nicht erschienen, warten die Universität Tel Aviv und das Land, auf dem sie thront, noch immer auf eine schriftliche Chronik.

Um genau zu sein, findet sich doch ein Hinweis, eine Erinnerung an jene verdrängte und unerwünschte Vergangenheit. An der Südflanke des Campus lenkt ein wunderschön restauriertes arabisches Gebäude die Blicke auf sich, das sogenannte Grüne Haus. Offiziell gilt es als Club für die Dozenten der Universität. Doch aufgrund der stattlichen Preise der dortigen Gastronomie nehmen diese in aller Regel mit den regulären Mensen vorlieb. Von daher dient das Gebäude vornehmlich als Veranstaltungsort, den sich die Universität entsprechend bezahlen lässt, und als Restaurant für wichtige ausländische Gäste, die anlässlich von Kongressen oder Fundraising-Partys dorthin eingeladen werden. Auf der hebräischsprachigen Internetseite des Clubs heißt es derzeit:

> Dieses Haus ist ein einmaliger architektonischer Schatz, der von dem Dorf Al-Scheich Muwannis überdauert hat. Das Dorf Al-Scheich Muwannis lag am Rande einer Philistersiedlung, die bereits im 12. Jahrhundert v. u. Z. existierte (Tell Qassile). In der ersten Hälfte des 19. Jahrhunderts wuchs und expandierte das Dorf, und zu den einfachen Natursteinhäusern gesellten sich aufwendigere Gebäude aus behauenen Steinen. Gegen Ende des Ersten Weltkriegs erreichten die Briten die Außenbezirke des Dorfes, das sich unter türkischer Kontrolle befand, und nach einem nächtlichen Überraschungsangriff am 2. Dezember 1917 fiel das Dorf in britische Hände. Nach Inkrafttreten der britischen Mandatsherrschaft entwickelte sich die gesamte Region – Tel Aviv, Jaffa und auch das Dorf Al-Scheich Muwannis. Das Grüne Haus zog wegen seiner Farbe und der prächtigen, seine Front schmückenden Arkade schon von weitem die Blicke auf sich. In jenen Tagen dienten die beiden oberen Geschosse als Wohnräume, während das untere Geschoss Ladenlokalen und Handwerksstätten vorbehalten war.
>
> Ab dem Jahre 1924 änderte sich die Situation des Dorfes. Einige seiner Ländereien wurden verkauft, und Verhandlungen über den Erwerb weiterer Flächen begannen. Im März 1948 wurde das Dorf zu einer Operationsbasis des Lechi, bekannt als »Ramat Ja'ir«. Hier fand die große Zusammenkunft aller Kämpfer des Lechi statt, auf der der Tagesbefehl erging, geschlossen in die Reihen der regulären israelischen Streitkräfte einzutreten. Im Juni 1948, nach der Gründung des Staates, wurden in Al-Scheich Muwannis Angehörige der Luftwaffe und Auslandsfreiwillige stationiert. Ab 1949 wurden die Häu-

ser des Dorfes genutzt, um jüdische Neueinwanderer und Kriegsflüchtlinge unterzubringen, ebenso wie Kämpfer, die aus dem Unabhängigkeitskrieg zurückkehrten und keine andere Bleibe fanden. Im Jahre 1964 wurde der Campus der Universität in Ramat Aviv eingeweiht. Mit der weiteren Entwicklung der Universität wurde das Grüne Hause auserkoren, als Club der Alma mater zu dienen.[385]

Mir ist nicht bekannt, wer von den Historikern der Universität Tel Aviv sich erboten hat, diesen geschichtlichen Abriss zu verfassen. Doch er wird hier in annähernd voller Länge wiedergegeben, da er das israelische Bewusstsein von der Vergangenheit sehr treffend zum Ausdruck bringt: Das Land wurde mit gutem Geld erworben und nicht etwa gewaltsam genommen. Die arabische Bebauung, auf wundersame Weise entvölkert, wurde zu einem Zufluchtsort für jüdische Opfer. Das Dorf, dessen Filetstücke man bereits in den zwanziger Jahren zu veräußern begonnen hatte, wurde zufällig Ende der vierziger Jahre zu einem Stützpunkt des Lechi und schlussendlich zu einer renommierten Universität.

Kein Wort darüber, was mit den ursprünglichen Bewohnern im März 1948 geschah, kein Wort über die Belagerung, die wirtschaftliche Blockade, die Entführung oder die fortgesetzten Drohungen. Ungeachtet aller Rechtfertigungen war die Gleichgültigkeit gegenüber dem Leid der Einheimischen eines der markantesten Merkmale der zionistischen Besiedlung. Die Unterschlagung der Existenz des anderen war geradezu eine Voraussetzung für die Rechtmäßigkeit ihres historischen Weges.

Die große, bittere Ironie in der Geschichte des Grünen Hauses liegt darin, dass es das Haus von Ibrahim Abu Kchil war, dem Verhandlungspartner der Hagana, der als Letzter das Dorf verließ, weil er seinen »Freunden« vertraut hatte. In das schöne Haus dürfte eine erhebliche Summe investiert worden sein, es wurde ganz offenkundig in dem festen Glauben erbaut, seine Bewohner würden über viele Jahre und Jahrzehnte darin leben. Die kompromissbereite, um Ausgleich bemühte Diplomatie Abu Kchils entsprach ganz offenkundig dieser Haltung. Doch er erlag einem bitteren Irrtum. Er wusste nicht, dass sowohl er als auch seine Vorfahren und Kinder im »Land Israel« geboren waren und ihre Anwesenheit in diesem von begrenzter Dauer sein sollte.

»Wie leicht man sich verführen lässt, offenen Auges in die Irre zu gehen und sich mir nichts, dir nichts der großen allgemeinen Lügnerschar anzuschließen, die aus Ignoranz, bequemer Gleichgültigkeit und auch schlichtem, schamlosem Egoismus bereit ist, eine einzige große Wahrheit mit dem schlau-dreisten Schulterzucken eines alten Sünders zu verspielen.«[386] Diese Worte S. Yishars aus seiner Erzählung *Chirbet Chisa*, die sich unmittelbar auf die tragische Situation der Flüchtlinge von 1948 beziehen, haben mich jahrelang begleitet. Aber auch ich habe nichts vorzuweisen, worauf ich besonders stolz sein könnte. Zwar gehörte ich im Frühjahr 2003 mit zu den Unterzeichnern des erwähnten Briefes an den Präsidenten der Universität Tel Aviv, doch bislang habe auch ich es nicht für nötig befunden, mich gründlich mit der Geschichte des Dorfes, auf dessen früherem Land ich arbeite, zu befassen. Ich war zu beschäftigt mit Themen, die räumlich wie zeitlich weit weg lagen. Doch bei der Arbeit an diesem Buch verstand ich, dass ich dieses Mal diesen so nahen Ort, dessen Wunde noch lange nicht verheilt ist, nicht würde übergehen können.

Auf meinen Kultur- und Forschungsreisen habe ich vieles gelernt, vor allem aber eines: Am Ende des Tages sind die Erinnerung an die Opfer, die wir zu verantworten haben, und die Anerkennung ihres Leides einer Versöhnung zwischen den Menschen und einem moralischen Leben sehr viel zuträglicher als der ununterbrochene Verweis darauf, dass wir selbst Nachkommen anderer Opfer sind. Eine großzügige und mutige Erinnerung – selbst wenn ihr ein Hauch von Heuchelei anhaften mag – ist immer noch eine entscheidende Voraussetzung für jede zivilisierte Kultur. Und was müssen wir noch alles lernen, um zu begreifen, dass ein Opfer niemals einem Täter verzeihen wird, der nicht bereit ist, begangenes Unrecht einzugestehen, und sich stattdessen weigert, für dieses Entschädigungen zu leisten?

Ende 2003 wurde ich Zeuge, wie das große und besondere Haus von Mahmud Baydas, das so viele Jahre am Fuße des Hügels, genau gegenüber dem Erez-Israel-Museum, gestanden hatte, abgerissen wurde. Ich stand nicht weit von Madschdulin Subchi Baydas entfernt, seiner Enkelin, die aus Lod gekommen war. Als die Bulldozer die letzten Mauerreste abgeräumt hatten, um Platz für ein weiteres schickes Tel Aviver Wohnviertel zu schaffen, schwankte sie vor Trauer und brach schließlich in Tränen aus. Es fiel mir schwer, mir ihre Gefühle in jenem Augenblick vorzustellen, schließlich hatte ich eine ähnliche Situation noch nie am eigenen Leib erfahren. Möglich, dass mein Vater, der damals schon nicht mehr lebte, in der Lage gewesen wäre, sie besser zu verstehen. 1945 war er zurückgekehrt und hatte vor dem zerstörten Haus seiner Mutter in Lodz gestanden. Viele Jahre später, nach einem letzten Besuch in seiner Heimatstadt, erzählte er mir, dass man in der Nähe des ausradierten Wohnviertels seiner Kindheit Gedenktafeln aufgestellt habe, die an die einstmalige Existenz einer jüdischen Gemeinde dort erinnern. Doch auch diese Tafeln vermochten seine Sehnsucht nach einer Vergangenheit, die jäh abgeschnitten worden war, nicht zu mildern.

Seit siebenundzwanzig Jahren arbeite ich nun an der Universität Tel Aviv, und sie ist mir lieb und teuer. Ich lehre ausgesprochen gerne dort, und ihr verdanke ich es unter anderem, dieses Buch schreiben zu können. Es versteht sich von selbst, dass ich weder ernsthaft daran denke noch vorschlage, die Universität abzureißen und an ihrer Stelle ein Dorf und Zitrusfruchtplantagen wiedererstehen zu lassen. Ja, mehr noch: Ich glaube auch nicht, dass es den Nachkommen der palästinensischen Flüchtlinge jemals vergönnt sein wird, in Scharen in die Heimatorte ihrer Eltern oder Großeltern zurückzukehren. Doch ebenso, wie der Staat Israel die Pflicht hat, das Unglück anzuerkennen, das durch seine Errichtung an anderen verübt wurde, und dafür im Zuge des ersehnten Friedensprozesses einen Preis zu zahlen, so sollte auch die Universität an ihrem Eingang eine Erinnerungstafel für die heimatlos gewordenen Bewohner von Al-Scheich Muwannis aufstellen, jenes friedlichen Dorfes, das verschwunden ist, als hätte es nie existiert.

Zudem wäre es mehr als angebracht, wenn in der Erinnerungsmeile von Ramat Gan mit ihren vier großen Museen, die »die lange Geschichte des Landes Israel« und »die Vergangenheit und Gegenwart des ewigen jüdischen Volkes« auf immer bewahren, auch ein Komplex errichtet würde, der das Schicksal der Flüchtlinge des alten Verwaltungsdistrikts Jaffa dokumentierte.

Und welcher Ort wäre dafür passender als das Grüne Haus? Der moralische Ertrag der Universität würde die finanziellen Verluste, die sich aus dem Verzicht auf den schicken Veranstaltungsort ergäben, um ein Vielfaches aufwiegen. Und meine Universität könnte zu einem Flaggschiff werden und als eine der Ersten das Eis des Vergessens brechen, das bei der permanenten Reproduktion des Konfliktes als mentaler Zement dient.

Doch vielleicht liege ich vollkommen falsch. Vielleicht werden die zionistischen Wohltäter auf der ganzen Welt, mit deren großzügiger Unterstützung sowohl die Gebäude der Universität als auch die in ihrer Nachbarschaft residierenden Museen errichtet wurden, nicht erfreut sein über eine palästinensische Gedenkstätte im Herzen ihres »Landes Israel«. Müssen die Erinnerung an die Nakba und der Kampf gegen ihre Leugner nicht zwangsläufig das Gefühl dieser patriotisch gestimmten Gönner verletzen, ein Besitzrecht am »Land ihrer Väter« zu genießen? Und könnten sie daher nicht versucht sein, ihre Zuwendungen zu kürzen? Ihre Spenden einzustellen? Sich womöglich desillusioniert vom jüdischen Staat abwenden?

Jeder Kurswechsel in der Politik der Erinnerung ist zwangsläufig das Resultat eines Ringens auf jenen Machtfeldern, auf denen die Kultur einer Gesellschaft bestimmt und letztendlich auch ihre kollektive Identität geformt wird. Der Charakter der Erinnerung und der Identität hängt immer auch von der Beschaffenheit des nationalen Bewusstseins ab, das sie umgibt. Werden die jüdischen Israelis, um ihrer Zukunft im Nahen Osten willen, imstande sein, ihre Herrschaft neu zu definieren und im Zuge dessen auch ihr Verhältnis zu dem Land, zu seiner Geschichte und vor allem zu jenen zu verändern, die aus ihm entwurzelt wurden?

Auf eine derart schwierige Frage kann ein Historiker keine Antwort geben. Er kann sich nur mit der Hoffnung begnügen, sein Buch möge einen Beitrag, und sei dieser auch noch so gering, zum Beginn einer Veränderung leisten.

Anmerkungen

1 Die Westmauer oder Klagemauer ist nicht die im Midrasch Rabba zu Hohelied 2,4 erwähnte Wand des Tempels. Sie ist keine Gebäudewand, sondern Teil der Stadtbefestigung und ihr Name mithin irreführend. Die Tradition ihrer Nutzung als Ort des Gebetes datiert auf einen relativ späten Zeitpunkt, allem Anschein nach beginnt sie erst im 17. Jahrhundert, und ihre Bedeutung ist nicht im mindesten mit der geheiligten, weit in die Geschichte zurückreichenden Stellung des Tempelbergs zu vergleichen. Der Halacha, dem jüdischen Religionsgesetz, zufolge wird es gläubigen Juden erst dann erlaubt sein, das Plateau zu betreten, wenn sie in Besitz der Asche einer roten Kuh sind, die für den Tempelkult von zentraler Bedeutung war.

2 Was für die »Klagemauer« gilt, trifft auch auf dieses »Lied des Sechstagekriegs« zu – damals wusste ich wie viele andere nicht, dass wir eine Melodie vor uns hinsummten, die von einem baskischen Wiegenlied mit dem Titel *Pello Joxepe* entlehnt worden ist. Doch kein Grund zur Aufregung: Viele, die die *Hatikwa* anstimmen, die Hymne der zionistischen Bewegung, die später zur Nationalhymne des Staates Israel wurde, sind sich nicht bewusst, dass deren Melodie einem Zyklus von sechs sinfonischen Dichtungen des tschechischen Komponisten Bedřich Smetana mit dem Titel »Mein Vaterland« entstammt. Ähnliches gilt auch für die israelische Nationalflagge. Der Davidstern in ihrem Zentrum ist mitnichten ein althergebrachtes jüdisches Symbol. Seinen Ursprung hat er vielmehr auf dem indischen Subkontinent, und viele Kulturen, Religionen und Armeen haben im Laufe der Geschichte ausgiebig Gebrauch davon gemacht. Allgemein lässt sich feststellen, dass bei der Schöpfung nationaler Traditionen sehr viel häufiger Nachahmung und Plagiat am Werk sind als Authentizität und echte Inspiration. Siehe zu diesem Thema den Sammelband: E. Hobsbawm & T. Ranger (Hrsg.), *The Invention of Tradition*, Cambridge 1983.

3 Das kurz nach der Staatsgründung von David Ben-Gurion ins Leben gerufene Nachal-Programm der israelischen Streitkräfte verband über Jahrzehnte militärische Aktivitäten mit der Gründung von Siedlungen, zuerst diesseits, ab 1967 auch jenseits der Grünen Linie. (Anm. d. Ü.)

4 Wörtlich »Kaktusfeige«, Bezeichnung für die in Palästina bzw. Israel geborenen Juden in Abgrenzung zu den anderswo geborenen Neueinwanderern. (Anm. d. Ü.)

5 Gemeint ist natürlich George S. Scott, der den berühmten amerikanischen Panzergeneral Patton im gleichnamigen Film aus dem Jahre 1970 spielt.

6 1941 gegründete paramilitärische Formation der zionistischen Untergrundarmee Hagana, die sich auf die militärische Ausbildung von Jugendlichen konzentrierte und als Eliteeinheit galt. (Anm. d. Ü.)

7 Isaac Deutscher, *Der nichtjüdische Jude. Essays*, Berlin 1988, S. 142 f.

8 Die offizielle israelische Bezeichnung für das besetzte Westjordanland. (Anm. d. Ü.)

9 Siehe als typisches Beispiel etwa Anita Shapira, die in Bezug auf die dramatische Veränderung des Jahres 1967 zu der Feststellung gelangt: »Die Begegnung mit den Arabern des Landes Israel war schockierend.« Anita Shapira in ihrem Aufsatz »Mi-dor ha-palmach le-dor yaldei ha-nerot: sehut israelit be-hischtanut« [Von der Palmach-Generation zur Generation der Kerzenkinder: Israelische Identität im Umbruch], zu finden in dem Sammelband von Yossi Ma'ali (Hrsg.), *Milchamot, mahapechot ve-sehut dorit* [Kriege, Revolutionen und Generationenidentität], Tel Aviv 2001, S. 137.

10 Shlomo Sand, *Die Erfindung des jüdischen Volkes. Israels Gründungsmythos auf dem Prüfstand*, Berlin 2010. Zur Rezension von Simon Schama siehe *Financial Times*, 13. 11. 2009.

11 Die Errichtung des Staates Israel und der sich entzündende Konflikt mit dem arabischen Nationalismus führten auch dazu, dass etliche jüdisch-arabische Gemeinden ihre Herkunftsländer verlassen mussten und sich zum Teil gezwungen sahen, nach Israel auszuwandern, oder auch aus freien Stücken dorthin kamen.

12 Das Christentum hat sich in all seinen Verästelungen immer schwergetan, im Judentum eine legitime, konkurrierende Religion zu sehen, weshalb man es vorzog, die jüdische Glaubensgemeinschaft als allgemein verabscheute, von Gott bestrafte Herkunftsgruppe zu betrachten. Auch der Beginn der Entstehung eines modernen Volks unter der großen, Jiddisch sprechenden Bevölkerung in Osteuropa, eines Volks, das – noch in seinen Anfängen – im 20. Jahrhundert auf grausame Weise ausgelöscht wurde, ermöglichte indirekt die irreführende Terminologie eines weltumspannenden »jüdischen Volkes«.

13 Die Mär von der massenhaften Vertreibung durch die Römer steht selbstverständlich in Verbindung mit der biblischen Erzählung vom babylonischen Exil, doch ihr Ursprung ist, wie mehrfach beschrieben, ebenfalls christlicher Natur und beginnt allem Anschein nach mit der Jesus in den Mund gelegten neutestamentlichen Prophezeiung: »Und ihr werdet um meines Namens willen von allen gehasst werden.« »Denn eine große Not wird über das Land hereinbrechen: Der Zorn Gottes wird über dieses Volk kommen. Mit scharfem Schwert wird

man sie erschlagen, als Gefangene wird man sie in alle Länder verschleppen …« (Lukas 21,17 und 21,23 f.).

14 Gemeint sind das Königreich der Adiabene in Mesopotamien, das Königreich Himjar im Süden der arabischen Halbinsel, das Königreich der geheimnisvollen Königin Kahina in Nordafrika, das Königreich der Semien in Ostafrika, das Königreich der Kodungallur im Süden des indischen Subkontinents und das Reich der Chasaren in Südrussland. Nicht von ungefähr existiert nicht eine einzige vergleichende Studie, die den Versuch unternähme, sich mit dem faszinierenden Phänomen der Konversion zum Judentum in all diesen Königreichen zu befassen, sowie mit dem Schicksal der vielen Untertanen, die in diesen Reichen lebten.

15 Siehe zum Beispiel seinen Aufsatz »Le-virur motza ha-fallachim« [Klärendes zur Herkunft der Fellachen], David Ben-Gurion, *Anachnu u-shchenejnu* [Wir und unsere Nachbarn], Tel Aviv 1931, S. 13–25.

16 Siehe hierzu Sand, *Die Erfindung des jüdischen Volkes*, S. 397–408.

17 Siehe das Kapitel »The Other Arthur Balfour« in: Brian Klug, *Being Jewish and Doing Justice*, London 2011, S. 199–210.

18 Zu den verheißenen Ländern der Puritaner und der Buren siehe Anthony D. Smith, *Chosen Peoples: Sacred Sources of national Identity*, Oxford 2003, S. 137–144.

19 Auch diejenigen zionistischen Strömungen, die aus pragmatischen Erwägungen zuweilen einer föderativen Idee das Wort redeten, wollten eine jüdische Bevölkerungsmajorität. Sie hatten nie die Absicht, sich in die einheimische Bevölkerung einzufügen und sich mit dieser zu vermischen.

20 Beachtung verdient die Tatsache, dass so gut wie alle religiösen Gemeinschaften, die ich hier aufgezählt habe, sich in den Herrschaftsbereichen der zum Judentum übergetretenen Königreiche entwickelten, die ich in Anmerkung 14 namentlich genannt habe. Diese historische Auffassung von der Vielfalt der jüdischen Herkunft galt in der Vergangenheit vielen Forschern als selbstverständlich. Siehe zum Beispiel die Äußerung von Marc Bloch, einem der größten Historiker des 20. Jahrhunderts, in seinem Werk: *Die seltsame Niederlage: Frankreich 1940*, Frankfurt am Main 1995, S. 236; ebenso die Feststellungen von Raymond Aron in seinen Lebenserinnerungen *Erkenntnis und Verantwortung*, München 1985, S. 490 f.

21 Simon Schama, *Der Traum von der Wildnis. Natur als Imagination*, München 1996, S. 14. Siehe auch die Kritik von W. J. T Mitchell an Schama in seinem Buch *Landscape and Power*, Chicago 2002.

22 Sicherlich hat es auch einige stärker »territoriale« Auffassungen gegeben, nicht zufällig bevorzugt unter den eher ethnozentrischen Strömungen. Doch der spärliche Fluss von Pilgern und die winzige Minderheit von Einwanderern, ob nun aus Europa oder dem Nahen

Osten, bestätigen nur die Abneigung der breiten Massen wie auch der Eliten gegen eine Auswanderung nach Zion.

23 Nicht nur die zahlreichen »Assimilierten«, angefangen vom Reformjudentum bis hin zu den internationalen Sozialisten, taten sich schwer, das Wesen der neuen pseudoreligiösen Beziehung des Zionismus zum Heiligen Land nachzuvollziehen. Auch der *Bund*, die große, seminationale, vor allem die Jiddisch sprechende Bevölkerung Osteuropas vertretende Bewegung, betrachtete das nahöstliche Immigrationsprojekt mit Erstaunen und Geringschätzung.

24 Als ein Zeugnis dieses zynischen Zionismus siehe das erschütternde Interview mit Jaakov Kidmi, dem Leiter des sogenannten Verbindungsbüros »Nativ«, in dem dieser freimütig einräumt: »In meinen Augen werden die sowjetischen Juden die nicht-israelische Option – USA, Kanada, Australien, ja sogar Deutschland – immer der israelischen Option vorziehen«, *Jedioth Achronoth*, 15.04.2011.

25 Drei Monographien widmen sich den Themen meiner aktuellen Forschungsarbeit, auch wenn sich ihre Einsichten und Schlussfolgerungen mehrheitlich von den meinen unterscheiden: die faszinierende, auf Französisch vorgelegte Studie von Jean-Christophe Attias und Esther Benbassa, *Israel imaginaire*, Paris 1998, und die beiden auf Hebräisch verfassten Werke von Eli'azar Shavid, *Moledet ve-erez ye'uda* [Heimat und verheißenes Land], Tel Aviv 1979, und von Yo'ad Eli'az, *Erez/Text. Ha-shorashim ha-notzri'im shel ha-tzionut* [Land/Text. Die christlichen Wurzeln des Zionismus], Tel Aviv 2008.

26 Der Begriff wird im modernen Hebräisch auch adjektivisch benutzt: ein erez-israelisches Dasein (kein bloß israelisches), erez-israelische Lyrik, eine erez-israelische Landschaft usw. An israelischen Universitäten existierten eigene, von den Fachbereichen für Geographie und Geschichte getrennte Fakultäten für die »Geschichte von Erez Israel«. Siehe zum Beispiel die Rechtfertigung zur Ideologie einer gesonderten Pädagogik bei Yehoshua Ben-Arye, »Erez Israel ke-nosse limud geographi-histori« [Das Land Israel als geographisch-historischer Lerninhalt], in: *Erez be-re'i avara* [Ein Land im Spiegel seiner Vergangenheit], Jerusalem 2001, S. 5–26.

27 Simon Schama, *Two Rothschilds and the Land of Israel*, London 1978. Die hebräische Ausgabe trägt den Titel, *Bejt Rothschild ve-erez israel* [Das Haus Rothschild und das Land Israel], Jerusalem 1980.

28 Bernard Lewis, »Falestina – historia ve-geographia shel shem« [Palästina – Geschichte und Geographie eines Namens], in: *Alej historia, Kovetz Mechkarim* [Historische Blätter, Sammlung von Studien], Jerusalem 1988, S. 50 f. Der Aufsatz war zuvor auf Englisch erschienen in der Fachzeitschrift *The International History Review*, II, 1, 1980, S. 1 f.

29 Shlomo Sand, *Ha-intellektual, ha-emet ve-ha-koach. Mi-parashat Dreyfuss ve-ad milchemet ha-mifratz* [Der Intellektuelle, die Wahrheit und

die Macht. Von der Dreyfuss-Affäre bis zum Golfkrieg], Tel Aviv 2000, S. 190–197.

30 Zur Nichtexistenz eines vereinten Königreiches siehe das Buch von Israel Finkelstein und Neil Asher Silberman, *Reshit Israel. Archiologia, mikra ve-sikaron histori* [Der Beginn Israels. Archäologie, Bibel und historisches Gedächtnis], Tel Aviv 2003, S. 131–172. Das Land Kanaan ist aus mesopotamischen und vor allem ägyptischen Quellen bekannt. Anzumerken bleibt, dass ein einziges Mal im Buch Genesis Kanaan als »Land der Hebräer« (40,15) erwähnt wird. Das nationale Unbehagen angesichts dieser biblischen Bezeichnung führte auch zu allerlei Anstrengungen, die schriftliche Hinterlassenschaft »ein wenig« abzuändern. Siehe zum Beispiel Jochanan Aharoni, *Erez Israel bi-tkufat ha-mikra. Geographia historit* [Das Land Israel in biblischer Zeit. Historische Geographie], Jerusalem 1962, S. 30 f.

31 Im Buch Tobit, einer Schrift, die allem Anschein nach zu Beginn des 2. Jahrhunderts v. u. Z. verfasst wurde, taucht in seiner ältesten griechischen Übersetzung der Terminus »Land Israel« als Bezeichnung für das Gebiet des Königreiches Israel auf. Siehe http://ba.21.free.fr/septuaginta/tobie_1.html. In der modernen hebräischen Übersetzung erscheint der Begriff hingegen überhaupt nicht. Siehe *Sefer Tovija*, Kap. 14,6, Warschau 1886. Und auch: http://daat.ac.il/DAAT/hasfarim/tuvya-2.htm.

32 Jehuda Elitzur, »Erez Israel be-machshavat ha-mikra« [Das Land Israel im Denken der Bibel], in: Jehuda Shaviv (Hrsg.), *Erez Nachala* [Ererbtes Land], Jerusalem 1977, S. 22.

33 *Sefer Makkabim Aleph* [1. Makkabäerbuch], Vorwort, Übersetzung und Kommentar durch Uri'el Rappoport, Jerusalem 2004. Doron Mendels, *The Land of Israel as a Political Concept in Hasmonean Literature*, Tübingen 1987. Siehe zum Beispiel: *Toldot milchemet ha-yehudim ba-roma'im* [Geschichte des Kriegs der Juden gegen die Römer], Warschau 1923, Bd. II, 4, 1, u. 15, 6. Und vergleichend eine neuere Übersetzung: Bd. VII, 3, 3, Ramat Gan 1968, S. 376.

34 Siehe zum Beispiel Markus 1,5; Johannes 3,22 und 4,1; Apostelgeschichte 26,20 und 28,21; Römer 15,31.

35 Selbst im Text der späteren Nationalhymne *Hatikwa*, der Ende der achtziger Jahre des 19. Jahrhunderts verfasst wurde, wird noch immer dem »Land Zion« der Vorzug gegenüber dem »Land Israel« gegeben. Alle zuvor erwähnten jüdischen Ländernamen, abgesehen von »Land Israel«, sind längst Geschichte und aus dem nationalen Diskurs in Israel verschwunden.

36 David Ben-Gurion hat dies 1949 sehr treffend formuliert: »Wir müssen die arabischen Namen aus politischen Gründen entfernen. So wie wir das politische Besitzrecht der Araber an diesem Land nicht anerkennen, so erkennen wir auch ihr geistiges Besitzrecht und ihre Na-

men nicht an.« Zitiert in einem Aufsatz von Meron Bennvenisti, »Ha-mapa ha-ivrit« [Die hebräische Landkarte], in: *Theoria u-vikoret*, 11, 1997, S. 8 f. Siehe auch die sehr erhellende Studie Bennvenistis, *Sacred Landscape. The Buried History of the Holy Land since 1948*, Berkeley 2000.

37 »Dulce et decorum est pro patria mori«, Horaz, *Oden und Depoden. Lateinisch – Deutsch*, Darmstadt 2010, Ode 3.2, S. 145. Die zionistische Version »Es ist gut, für unser Land zu sterben« wird Joseph Trumpeldor zugeschrieben, dem einarmigen Helden, der 1920 bei einem Gefecht mit einheimischen Arabern ums Leben kam. Da Trumpeldor in seiner Jugend Latein gelernt hatte, ist tatsächlich nicht auszuschließen, dass er, den Tod vor Augen, Horaz zitierte.

38 Zur Verwandtschaft zwischen der russischen »Rodina« und der deutschen »Heimat« siehe Peter Bickle, *Heimat. A Critical Theory of the German Idea of Homeland*, New York 2002, S. 2 f.

39 Robert Ardrey, *Adam und sein Revier. Der Mensch im Zwang des Territoriums*, München 1972.

40 Siehe dazu etwa den Aufsatz von Geoffrey Gorer, »Ardrey on Human Nature: Animals, Nations, Imperatives«, in: Ashley Montagu (Hrsg.), *Man and Aggression*, London 1973, S. 165 ff.

41 Ardrey, *Adam und sein Revier. Der Mensch im Zwang des Territoriums*, München 1972, S. 15.

42 Ebd., S. 18.

43 Zitiert bei David Thomas Murphy, *The Heroic Earth. Geopolitical Thought in Weimar Germany 1918–1933*, Ohio 1997, S. 9. [Zitat Rückübersetzung aus dem Hebräischen]

44 Zu Haushofer siehe ebd. S. 106–110.

45 Die Geopolitik brauchte geraume Zeit, um sich von ihren Erfahrungen unter der Naziherrschaft zu erholen. Doch bereits in den siebziger Jahren war sie wieder zu einer legitimen Forschungsdisziplin geworden. Siehe hierzu David Newman, »Geopolitics Renaissant: Territory, Sovereignty and the World Political Map«, in: D. Newman (Hrsg.), *Boundaries, Territory and Postmodernity*, London 1999, S. 1–5.

46 Hiermit meine ich vor allem die berühmte Arbeit von Konrad Lorenz, *Das sogenannte Böse. Zur Naturgeschichte der Aggression*, Wien 1963.

47 Siehe hierzu das Kapitel »Eine Philosophie der Immobilie und die richtige biologische Entscheidung« in: Ashley Montagu, *Nature of Human Aggression*, London 1978, S. 231–256. Und auch den Aufsatz von John Hurrell Crook, »The Nature and Function of Territorial Aggression«, in: Montagu (Hrsg.), *Man and Aggression*, S. 183–217.

48 In der griechischen Mythologie zum Beispiel war Gaia diese Göttin der Erde. Im Hinduismus hieß sie Bhumi, und in der kanaanitischen Götterwelt nahm Aschera diese Rolle ein.

49 Siehe zum Beispiel in der *Ilias* die Verse 5,212 und 9,41.46.

50 Aischylos, *Die Perser, Die Tragödien und Fragmente.* Stuttgart 1977, Verse 402 u. 511, S. 31 u. 35; auch Herodot verwendet den Begriff »Heimat« mit großer Sparsamkeit, in der Regel, um einen Herkunftsort zu bezeichnen. Siehe zum Beispiel *Historien*, 3. Buch 140 oder 4. Buch 76.

51 Siehe zum Beispiel Sophokles, *Antigone*, Verse 183 u. 200; Euripides, *Medea*, Verse 38 u. 643–651.

52 Thukydides, *Der Peloponnesische Krieg*, Buch VI 69.

53 Es bleibt anzumerken, dass in der Schule der Stoiker der Begriff »patrís« mitunter auf den gesamten Kosmos Anwendung findet. Auch sei darauf verwiesen, dass – selbst wenn Griechenland in Gänze niemals als »patrís« Anerkennung fand – unter den gebildeten Hellenen dennoch das Bewusstsein einer wie auch immer gearteten gemeinsamen kulturellen Identität existierte, die sich aus »gemeinsamem Blut« oder aber aus einer sprachlichen und kultischen Verwandtschaft speiste. Siehe zum Beispiel bei Herodot, *Historien*, VIII, 144, und selbstverständlich die berühmten Sätze des Isokrates im 50. Abschnitt des *Panegyrikos*: http://www.perseus.tufts.edu/hopper/text?doc=Perseus%3Atext%3A1999.01.0144%3Aspeech%3D4%Asection%3D50.

54 Platon, *Sämtliche Werke. Bd. 1, Des Sokrates Verteidigung, Kriton, 51 (a, b, c)*, Heidelberg 1966, S. 49 f.

55 Zur Komplexität des Verhältnisses zwischen autochthoner Herkunft und Politik im antiken Athen siehe die Aufsätze in dem fesselnden Werk von Nicole Loraux, *Né de la terre. Mythe et politique à Athènes*, Paris 1996. Zu der überraschenden Auffassung von Territorium und dem besonderen Verhältnis zur Erde der Ahnen bei den Spartanern empfiehlt sich die Lektüre der Arbeit von Irad Malkin, *Myth and Territory in the Spartan Mediterranean*, Cambridge 1994.

56 C. Sallustius Crispus, *De coniuratione Catilinae/Die Verschwörung des Catilina.* Lateinisch/Deutsch. Übersetzt und Herausgegeben von Karl Büchner. Stuttgart 1986.

57 Marcus Tullius Cicero, *Die Catilinarischen Reden. In L. Catilinam. Studienausgabe Lateinisch – Deutsch*, Berlin 2011, S. 23,25.

58 Marcus Tullius Cicero, *De Legibus. Über die Gesetze*, Bd. II, Darmstadt 1994, S. 75.

59 Giambattista Vico, *Prinzipien einer neuen Wissenschaft über die gemeinsame Natur der Völker.* Hamburg 2009, S. 35.

60 Ebd., S. 385 f.

61 Siehe zum Beispiel Augustinus' Erörterung in seinem Werk *De civitate Dei* [Vom Gottesstaat] V, 16, 17; und ebenso bei Wasserman, *Am uma moledet* [Volk Nation Heimat], S. 119 f.

62 Ernst H. Kantorowicz, *The King's Two Bodies*, Princeton 1981, S. 233 f.

Siehe auch seinen brillanten Aufsatz »Pro Patria Mori in medieval political thought«, in: *American Historical Review*, 56, 1951, S. 472–492.

63 Fernand Braudel, *Sozialgeschichte des 15.–18. Jahrhunderts*. München Bd. 1: *Der Alltag*. 1985. Bd. 2: *Der Handel*. 1986. Bd. 3: *Aufbruch zur Weltwirtschaft*. 1986. Bd. 1, S. 560 f.

64 Maurizio Viroli, *For Love of Country. An Essay on Patriotism and Nationalism*, Oxford 1995, S. 24–40.

65 Niccolò Machiavelli, »Aufruf, Italien von den Barbaren zu befreien«, in: *Der Fürst*, Stuttgart 1981, S. 138–142. Doch ungeachtet dieses Kapitels und weiterer Anmerkungen in anderen Briefen wäre es überzogen, Machiavelli zu einem idealistischen Patrioten des noch nicht existenten Italiens zu machen, wie es etwa William J. Landon tut: Ders., *Politics, Patriotism and Language*, New York 2005.

66 Montesquieu, *Vom Geiste der Gesetze*, 1. Band, Tübingen 1992, S. 38 (Buch III, Kapitel 5). Interessant ist auch, dass in der Enzyklopädie von Diderot und D'Alembert, die einige Jahre nach dem Erscheinen von Montesquieus Werk herausgegeben wurde, betont wird, eine Heimat könne unter dem Joch der Tyrannei nicht existieren, und dass Monarchie und Heimat – patrie – nicht miteinander vermischt werden dürften. Siehe den Eintrag »patrie« in Dennis Diderot und Jean Baptiste le Rond d'Alembert (dir.), *L'Encyclopédie ou Dictionnaire raisonné des sciences, des arts et des métiers*, 1751–1772.

67 Voltaire, *Dictionnaire Philosophique*, Paris 1954, S. 335.

68 Jean-Jacques Rousseau, *Abhandlung über den Ursprung und die Grundlagen der Ungleichheit unter den Menschen*, Stuttgart 2005, S. 7–12.

69 Jean-Jacques Rousseau, *Der Gesellschaftsvertrag*, Schutterwald/Baden 2002, S. 39 f.

70 Wie immer lässt sich bei Rousseau selbstverständlich an anderer Stelle auch eine konträre Auffassung finden. So rät er zum Beispiel der polnischen Konföderation, die alles andere als klein war, sich eines aggressiven Patriotismus zu bedienen, mit dem auch die Massen indoktriniert werden sollten. Siehe *Considérations sur le gouvernement de Pologne* (1771), Paris 1990, S. 172 ff.

71 Aus dem Text des patriotischen Liedes *The Star-Spangled Banner*, verfasst 1814, das 1931 zur offiziellen Nationalhymne der Vereinigten Staaten wurde.

72 Über das patriotische Erwachen während der Französischen Revolution siehe den Aufsatz von Philippe Conamine, »Mourir pour la Patrie. Xe-XXe«, in: Pierre Nora (dir.), *Les Lieux de mémoire. II, La Nation*, Paris 1986, S. 35 ff.

73 Thongchai Winichakul, *Siam Mapped: A History of the Geo-Body of a Nation*, Honolulu 1997.

74 Paul Gilbert, *The Philosophy of Nationalism*, Boulder 1998, S. 97.

75 Eine der ersten Erörterungen zum Nexus zwischen Territorium und Herrschaft findet sich in der fesselnden, jedoch ahistorischen Studie von Jean Gottmann, *The Significance of Territory*, Charlottesville 1973.

76 »Question à Michel Foucault sur la géographie«, in: Michel Foucault, *Dits et écrits 1954–1988*, Bd. 3, Paris 1994, S. 32.

77 Peter Sahlins, *Boundaries. The Making of France and Spain in the Pyrenees*, Berkeley 1989.

78 Ebd., S. 6 f., 191 f.

79 Benedict Anderson, *Die Erfindung der Nation. Zur Karriere eines folgenreichen Konzepts*, Frankfurt/New York 2005, S. 27 f.

80 Zum Unterschied zwischen Grenzgebieten (frontiers) und Grenzen (boundaries) siehe J. R. V. Prescott, *Political Frontiers and Boundaries*, London 1987, S. 12–51.

81 Siehe zu diesem Thema, auch wenn sich der dort verfolgte theoretische Ansatz vollkommen von dem hier vorgestellten unterscheidet, den Aufsatz von Anthony D. Smith, »Nation and Ethnoscape«, in: *Myths and Memories of Nation*, Oxford 1999, S. 149–159.

82 Amnon Raz-Krakotzkin hat dies sehr schön formuliert im Titel seines kurzen Aufsatzes: »Gott gibt es nicht, aber er hat uns dies Land versprochen.« In: *Mi-ta'am*, 3, 2005, S. 71–76.

83 Drei höchst lesenswerte Fachaufsätze, die den Charakter des »Landes Israel« als Heimat der Juden in Frage stellen, liegen auf Hebräisch vor, auch wenn ihr theoretischer Rahmen und ihre Schlussfolgerungen sich zum Teil erheblich von den hier vorgestellten unterscheiden: Sali Gorvitsch u. Gideon Oren, »Al ha-makom (anthropologia israelit)« [Über den Ort (eine israelische Anthropologie)], in: *Alpayim*, 4, 1991, S. 9–44; Daniel Boyarin u. Jonathan Boyarin, »Ejn moledet le-israel: al ha-makom shel ha-yehudim« [Keine Heimat für Israel: über den Ort der Juden], in: *Theoria ve-bikoret*, 5, 1994, S. 79–103; Chagai Dagan, »Ha-mussag ›moledet‹ ve-ha-ethos ha-yehudi« [Der Begriff ›Heimat‹ und das jüdische Ethos], in: *Alpayim*, 18, 1999, S. 9–23.

84 Jerusalem taucht erst relativ spät in der Bibel auf. Im Buch Josua wird Jerusalem zum ersten Mal als feindliche Stadt erwähnt (Jos 1), und erst im Buch der Richter (1,8) heißt es, die Angehörigen des Stammes Juda hätten die Stadt erobert und angezündet.

85 Die Wahrheit ist, dass sich Gott Mose schon kurz zuvor zeigt, in der Wüste Midian nämlich (auf der heutigen arabischen Halbinsel), und zwar in der Geschichte mit dem brennenden Dornbusch. Doch erstaunlicherweise verkündet Gott Mose bei dieser Gelegenheit: »Tritt nicht herzu, zieh deine Schuhe von deinen Füßen; denn der Ort, darauf du stehst, ist heiliges Land.« (Ex 3,5). Ein weiterer kleinerer Auftritt vollzieht sich zudem im Lande Kanaan selbst, allerdings nicht auf der realen Erde des Landes, sondern nur in Jakobs Traum (Gen 28,12–15).

86 Sergio Della Pergola, Professor an der Hebräischen Universität in Jerusalem und der führende Demograph Israels, hat vor einigen Jahren erklärt: »Die Bibel spricht von siebzig Männern, die mit Jakob nach Ägypten gingen, und von 600 000, die vierhundertdreißig Jahre später von dort auszogen. Diese Größenordnung erscheint aus demographischer Sicht zweifelsohne möglich.« *Ha'aretz*, 29. 4. 2005. Es wäre interessant zu wissen, wie groß dann die Gesamtbevölkerung des alten Ägypten nach einer Multiplikation um 8500 gewesen sein soll – vier, fünf Milliarden Menschen? Oder vielleicht noch mehr?

87 Bei der gleichen Gelegenheit offenbart Gott auch seine ausgeklügelte Strategie: »Ich lasse vor dir Panik ausbrechen; sie wird die Hiwiter, Kanaaniter und Hetiter vor dir hertreiben. Ich vertreibe sie aber nicht gleich im ersten Jahr; sonst verödet das Land und die wilden Tiere könnten zu deinem Schaden überhand nehmen. Nur allmählich will ich sie vor dir zurückdrängen, bis du so zahlreich geworden bist, dass du das Land in Besitz nehmen kannst.« (Ex 23,28–30) Die Tatsache, dass dieses Versprechen nur zwei Kapitel nach der Übergabe der Zehn Gebote zu finden ist, belegt, dass das in der hebräischen Bibel dominierende Ethos eine gruppeninterne Moral ohne eigentlich universale Dimension ist.

88 Im 18. Jahrhundert, mit Beginn des Rückzugs des christlichen Glaubens, wurde breite Kritik an den unerträglichen Botschaften des Buches Josua laut. Von britischen Deisten wie Thomas Chubb bis hin zu französischen Vertretern der Aufklärung wie Jean Meslier wurde heftige Kritik an dem biblischen Vernichtungsgebot geübt. Siehe zum Beispiel Voltaires Urteil unter dem Eintrag »Juden« in seinem philosophischen Wörterbuch *Dictionnaire philosophique*. Zur Polemik über die Vernichtung der Kanaaniter sei die Lektüre des dritten Kapitels der Promotionsschrift von Ofri Ilani wärmstens empfohlen: *Be-chippuss achar ha-am ha-ivri: Cheker ha-tanach ba-ne'orut ha-germanit* [Auf der Suche nach dem hebräischen Volk: Die Bibelforschung in der deutschen Aufklärung], Tel Aviv 2012.

89 Siehe zum Beispiel David Ben-Gurion, *Iyunim ba-tanach* [Studien zur Hebräischen Bibel], Tel Aviv 1969; Moshe Dayyan, *Lichyot im ha-tanach* [Mit der Bibel leben], Jerusalem 1978. Zu diesem Thema lässt sich auch einiges erfahren in Gabriel Piterberg, *The Returns of Zionism. Myths, Politics and Scholarship in Israel*, London 2008, S. 267–282.

90 Zur Präsenz des Buches Josua in Israel siehe den fesselnden Aufsatz von Galia Salmanson-Levi, »Hora'at ssefer Yehoshua ve-ha-kibush« [Das Buch Josua als Unterrichtsstoff und die Besatzung], in: Chagit Gur (Hrsg.), *Militarism ba-chinuch* [Militarismus in der Erziehung], Tel Aviv 2005, S. 131–145. Bereits 1963 führte Georges Tamarin, Dozent an der Fakultät für Psychologie der Universität Tel Aviv, eine Pionierstudie zur Rezeption des Buches unter israelischen Schülern

durch. Die Ergebnisse waren schockierend, und die Studie sorgte für Empörung im Erziehungsministerium. Seinerzeit wurde sogar behauptet, die Studie sei Grund für Tamarins Entlassung aus dem akademischen Dienst gewesen. Zu seiner Studie siehe Georges R. Tamarin, *The Israeli Dilemma. Essays on a Warfare State*, Rotterdam 1973, S. 183–190. Siehe außerdem hierzu John Hartung, »Love Thy Neighbor. The Evolution of In-Group Morality«, in: *Skeptic*, III, 4, 1995. Und ebenso Richard Dawkins, *Der Gotteswahn*, Berlin 2007, S. 354 ff.

91 Israel Finkelstein, Neil A. Silberman, *Keine Posaunen vor Jericho. Die archäologische Wahrheit über die Bibel.* München 2002, S. 112–139.

92 Ebd. S. 81–110. Siehe auch die sehr nuancierte Arbeit von Nadav Ne'eman, *He-avar ha-mechonen et ha-howe. Itzuwa shel ha-historiographia ha-mikra'it be-ssof yemej ha-bait ha-rishon u-le-achar ha-churban* [Die Vergangenheit, die die Gegenwart konstituiert. Die Ausgestaltung der biblischen Historiographie gegen Ende des Ersten Tempels und nach der Zerstörung], Jerusalem 2002, S. 43–65; und ebenso Ya'ira Amit, *Historia ve-ideologia ba-mikra* [Geschichte und Ideologie in der Bibel], Tel Aviv 1997, S. 55–61.

93 Baruch Spinoza, *Theologisch-Politischer Traktat*, Hamburg 1995, S. 162–178. Siehe zum Beispiel die bereits zu einem »Klassiker« gewordene bahnbrechende Studie des britischen Bibelwissenschaftlers Philip R. Davies, *In Search of »Ancient Israel«*, London 1992, und seinen ins Hebräische übersetzten Aufsatz »Ha-intellektual, ha-archiolog ve-ha-mikra« [Der Intellektuelle, der Archäologe und die Hebräische Bibel], in: *Smanim*, 94, 2006, S. 30–39.

94 Auch die Idee der Auferstehung der Toten und der Begriff »Dat« (Religion) stammen aus der persischen Kultur. Natürlich bleibt die eine spannende Frage ungelöst: Warum waren es ausgerechnet Exilanten aus dem Königreich Juda, die den Funken des Monotheismus entzündeten?

95 Über die Existenz solcher Chroniken, die aus den Königreichen Israel und Juda überdauerten und als Ausgangsmaterial für die Niederschrift der späteren Theologie dienten, erfahren wir aus der hebräischen Bibel selbst. Im ersten Buch der Könige heißt es: »Die übrige Geschichte Rehabeams und alle seine Taten sind aufgezeichnet in der Chronik der Könige von Juda« (1 Kön 14,29). »Die übrige Geschichte Ahabs und alle seine Taten, der Bericht über das Elfenbeinhaus, das er gebaut, und die Städte, die er ausgebaut hat, sind aufgezeichnet in der Chronik der Könige von Israel« (1 Kön 22,39).

96 Siehe Platon, *Nomoi*, V,744–746.

97 Als der »Vater der Geschichte« im 5. vorchristlichen Jahrhundert diese Region bereist, erfährt er nichts von der kleinen Gemeinde in Jerusalem und erwähnt sie entsprechend mit keinem Wort. Er behauptet hingegen, die Bewohner des Landes seien Syrer, die »Palais-

tinenser« genannt würden. Siehe Herodot, *Historien. Bücher I-IX*. Herausgegeben und übersetzt von Josef Feix. Zweisprachige Ausgabe Griechisch – Deutsch in zwei Bänden, Düsseldorf 2001, III,5 und VII,89.

98 Siehe Moshe Weinfeld, »Ha-megama ha-universalit ve-ha-megama ha-badlanit bi-tkufat shivat zion« [Die universale Tendenz und die isolationistische Tendenz in der Epoche der Rückkehr nach Zion], in: *Tarbitz*, XXXIII, 1964, S. 228–242. Auch sollten wir nicht vergessen, dass in der hebräischen Bibel immer wieder Sätze auftauchen, die aus dem Rahmen fallen und der allgemeinen Tendenz zuwiderlaufen, wie etwa dieser: »Wenn bei dir ein Fremder in eurem Land lebt, sollt ihr ihn nicht unterdrücken. Der Fremde, der sich bei euch aufhält, soll euch wie ein Einheimischer gelten und du sollst ihn lieben wie dich selbst; denn ihr seid selbst Fremde in Ägypten gewesen. Ich bin der Herr, euer Gott« (Lev 19,33 f.) und ebenfalls in Dtn 10,19.

99 Es war der Bibelwissenschaftler William D. Davies, der seinerzeit darauf verwiesen hat, dass der jahwistische Glaube die in der kanaanitischen Tradition der Baal-Verehrung angelegte Auffassung vom Grundeigentum Gottes übernommen hat. Siehe William David Davies, *The Gospel and the Land. Early Christianity and Jewish Territorial Doctrine*, Berkeley 1974, S. 12 f.

100 Flavius Josephus, *Contra Apionem*, I,14,90.

101 In gewissem Maße hat Boas Evron recht, wenn er behauptet, die Makkabäerbücher und die Schriften des Flavius Josephus seien im Grunde genommen nicht »jüdisch«. Siehe seine Studie *Athuna be-erez utz* [Athen im Land Uz], Benjamina 2010, S. 133.

102 So heißt es etwa in der ersten Zeile eines bekannten Chanukkaliedes: »Wer kann die großen Taten Israels alle erzählen« (Melodie traditionell, Text: Menashe Rabina, 1936), was nichts anderes als eine Profanierung des biblischen Psalms »Wer kann die großen Taten des Herrn alle erzählen und sein Lob genug verkündigen?« (Ps 106,2) darstellt. Auch das populäre Chanukkalied »Wir tragen Fackeln« bringt diese Nationalisierung der Tradition zum Ausdruck: »Kein Wunder uns geschah – keinen Ölkrug wir fanden. Im Fels wir gruben, bis da floss das Blut und es Licht ward.« (Text: Aharon Seev, Melodie: Mordechai Sa'ira). Die Transformation von der göttlichen Macht zum menschlichen Blut erfolgt, ohne dass sich die Singenden in ihrer feierlichen Stimmung dessen eigentlich bewusst sind, eine Erfahrung, die auch der Verfasser dieser Zeilen in seiner Jugend machte.

103 Als Beispiel sei nur Jaakov Shavit genannt, seines Zeichens Professor für die Geschichte des jüdischen Volkes an der Universität Tel Aviv, der mit bezeichnender Hartnäckigkeit verkündet: »Das Makkabäerbuch zum Beispiel spricht von ›Erez Israel‹, nicht aber von Jerusalem oder Judäa«, obwohl dieser Ausdruck sich nirgendwo im Text findet.

Jaakov Shavit, *Ha-yahadut be-re'i ha-yavanut ve-hofa'at ha-yehudi ha-hellenisti ha-moderni* [Das Judentum im Spiegel des Griechentums und der Auftritt des modernen hellenistischen Juden], Tel Aviv 1992, S. 537.

104 Siehe hierzu William D. Davies, *The Territorial Dimension of Judaism*, Berkeley 1982, S. 67.

105 Verfasst wurde es ursprünglich im allgemein gebräuchlichen Koiné-Griechisch in Ägypten oder in Nordafrika, und zwar erheblich später, nach dem Jahre 100 v. u. Z. Genau genommen handelt es sich bei der Schrift um eine geringfügig ergänzte Zusammenfassung eines (nicht erhaltenen) fünfbändigen Geschichtswerks des sonst nicht weiter bekannten Autors Jason von Kyrene.

106 Bemerkenswert ist auch, wie der Begriff der »patris« in diesem Text den Gesetzen des Tempels untergeordnet wird. Für meine Arbeit habe ich die von Daniel Schwarz im Jahre 2004 herausgegebene hebräische Übersetzung des 2. Makkabäerbuches benutzt. Auch in dieser Ausgabe findet sich der Begriff »Erez Israel« im Vorwort und in den Anmerkungen insgesamt achtunddreißig Mal, obwohl man ihn in dem antiken Text selbst vergeblich sucht. Zu griechisch-terminologischen Einflüssen auf den Verfasser des 2. Makkabäerbuches siehe Yitzhak Neuman, »Ha-yachass she-bejn am le-artzo ba-sifrut ha-yehudit hellenistit« [Das Verhältnis zwischen einem Volk und seinem Land in der jüdisch-hellenistischen Literatur], in: *Zion*, XIII-XIV, 1948, S. 5.

107 Siehe hierzu die exzellente Promotionsschrift von Uri'el Rappaport, *Ta'amula datit shel yehudim u-tnu'at ha-hitgajerut bi-yemej bait sheni* [Religiöse Propaganda durch Juden und die Konversion zum Judentum in der Zeit des 2. Tempels], Jerusalem 1965. Trotz ihrer Bedeutung ist diese Promotionsschrift niemals als Buch veröffentlich worden.

108 Siehe Philo, *De vita Mosis*, II 41–42, in: Leopold Cohn, Paul Wendland, Siegfried Reiter (Hg.): *Philonis opera quae supersunt*. 7 Bde. Berlin 1896–1930, 1962/63 (Repr.).

109 Siehe zum Beispiel *Legatio ad Gaium*, 202, 205, 330. Bereits im 2. Makkabäerbuch treffen wir auf diesen Ausdruck (2 Makk 1,7), der auch im Buch der Weisheit (Weish 12,3) auftaucht. Der Begriff »Heilige Erde« oder »Heiliges Land« findet sich auch in den Sybillinischen Weissagungen und weiteren Texten.

110 *In Flaccum*, 46. Auch in der Schrift *De specialibus legibus* erzählt Philo von einem Pilger auf dem Weg nach Jerusalem als einem Menschen, der leidet, weil er gezwungen ist, »seine Heimat, seine Freunde und seine Familienangehörigen zu verlassen und in die Fremde zu ziehen«. Siehe auch den Aufsatz von Jehoshua Amir, »Ha-aliyah la-regel nussach Philon« [Die Wallfahrt nach Lesart Philons], in: A. Openheimer/A. Rappoport/M. Stern (Hrsg.), *Prakim be-toldot Yerushalayim*

bi-yemej bait sheni [Kapitel über die Geschichte Jerusalems zur Zeit des zweiten Tempels], Jerusalem 1980, S. 155–160.

111 Philo, *De somniis* [Über Träume], II, 28.

112 Philo, *De confusione linguarum* [Über die Verwirrung der Sprachen], XVII, 77–78.

113 Siehe zum Beispiel Ariyeh Kasher, der einen gelehrten und interessanten Aufsatz über Philo schrieb, zugleich aber auch den Versuch unternahm, diesen mit aller Kraft als patriotischen Philosophen erscheinen zu lassen: »Yerushalayim ke-›Metropolis‹ be-toda'ato ha-le'umit shel Philon« [Jerusalem als ›Metropolis‹ im nationalen Bewusstsein Philons], in: *Katedra le-toldot erez israel ve-ha-yishuw*, 11, 1979, S. 45–56. Ein etwas weniger nationalistischer, dafür aber stärker »kommunaler« Standpunkt präsentiert das Buch von Miray Hadas-Level, *Philon ha-alexandroni. Bejn yahadut ve-hellenism* [Philon der Alexandriner. Zwischen Judentum und Hellenismus], Tel Aviv 2006, S. 39–43.

114 Der Vollständigkeit halber sollte daran erinnert werden, dass im 10. Jahrhundert eine verkürzte und entstellte jüdische Fassung der Schriften des Flavius Josephus unter dem Titel *Sefer Yossippon* (Jerusalem 1978) entstanden ist. Aus dieser Fassung ist der kollektive Selbstmord verschwunden, sind die Namen der Helden, die im Kampf fallen, abgeändert. Siehe in diesem Zusammenhang den Aufsatz von Pierre Vidal-Naquet »Josef ben Mattatyahu u-metzada« [Flavius Josephus und Masada], in: *Rotzchej ha-sikaron* [Die Mörder der Erinnerung], Tel Aviv 1991, S. 55 f. Masada ist zweifelsohne als extremes Beispiel für die Konstruktion eines nationalen Gedächtnisses ohne jedweden Rückhalt in der kollektiven Erinnerung.

115 Flavius Josephus, *Der Jüdische Krieg und Kleinere Schriften*. Übersetzt und mit Einleitung und Anmerkungen versehen von Dr. Heinrich Clementz. Mit Paragraphenzählung nach Flavii Josephi Opera recognovit Benedictus Niese (Editio minor), Wiesbaden 2005, VII, 8, 6–7.

116 Ebd., IV, 5, 3.

117 Ebd., VII, 8, 1.

118 *Contra Apionem*, Einleitung, Text, textkritischer Apparat, Übersetzung und Kommentar von Dagmar Labow. Stuttgart 2005, S. 212.

119 *Jüdische Altertümer*. Übersetzt und mit Einleitung und Anmerkungen versehen von Heinrich Clementz. Mit Paragraphenzählung nach Flavii Josephi Opera recognovit Benedictus Niese (Editio minor), Wiesbaden 2004, III, 3. Die jüdischen Idumäer hatten ebenfalls ein eigenes Land (IV, 9, 6).

120 Ebd., I, 282, und IV, 115–116.

121 Neben anderen Bezeichnungen selbstverständlich. Siehe hierzu das Werk von Jechiel Michal Gutman, *Erez israel ba-midrash u-va-talmud* [Erez Israel im Midrasch und im Talmud], Berlin 1929, S. 9 f.

122 Jeshajahu Gafni, »Ma'amada shel erez israel ba-toda'a ha-yehudit be-ikvot mered Bar Kochba« [Die Stellung von Erez Israel im jüdischen Bewusstsein nach dem Bar-Kochba-Aufstand], in: A. Oppenheimer, A. Rappaport (Hrsg.), *Mered Bar-Kochba. Mechkarim chadashim* [Der Bar-Kochba-Aufstand. Neue Forschungen], Jerusalem 1984, S. 227 f.

123 Zu den Grenzen des »Landes« in der Halacha siehe: J. Sussman, »Baraita d'tchumej erez israel« [Die Baraita über das Gebiet von Erez Israel], in: *Tarbitz*, XLV, 3, 1976, S. 213–257.

124 Moshe Weinfeld, »Yerushat ha-aretz. Sechut ve-chova: Tefissat ha-havtacha bi-mkorot mi-yemej bait rishon ve-yemej bait sheni« [Das Erbe des Landes. Privileg und Verpflichtung: Die Auffassung der Verheißung in Quellen aus der Zeit des ersten und des zweiten Tempels], in: *Zion*, XLIX, 2, 1964, S. 136. Auch W. D. Davies ist nicht weit von diesem Standpunkt entfernt, siehe das Resümee seines Buches *The Gospel and the Land*, S. 336 ff.

125 Siehe zum Beispiel die Geschichte über die Beisetzung von Rav Huna im Babylonischen Talmud, Moed Qatan 25a. Und ebenso den Aufsatz von Jeshajahu Gafni, »Ha'alat metim li-kvura ba-aretz – kavim le-reshito shel ha-minhag ve-hitpatchuto« [Überstellung von Toten zur Bestattung im Lande – Grundzüge der Entstehung des Brauches und seiner Entwicklung], in: *Katedra*, 4, 1977, S. 113–120. Auch ist nicht zu vergessen, dass zur selben Zeit der Glaube an das »Rollen durch die Tunnel« Formen annahm, dem zufolge im Augenblick der Auferstehung der Toten die Gebeine aller Frommen ins Land Israel rollen würden.

126 Weinfeld, »Yerushat ha-aretz«, S. 137. Und der große jüdische Historiker Simon Dubnow schreibt: »Wie konnte das Land, das ein Zentrum der christlichen Religion war, das in den Evangelien geheiligt wurde und sich mit Kirchen und Klöstern, mit Pilgern und Mönchen füllte, zugleich Zentrum des Wirkens von Sanhedrin und Amoräern sein und das geistige Königreich Israel bleiben?« Simon Dubnow, *Weltgeschichte des jüdischen Volkes*, Autorisierte Übers. aus dem Russischen, 10 Bände, Berlin 1925–1929.

127 Zur Stellung dieser drei Eide in der jüdischen Tradition siehe das fesselnde Buch von Avi'ezer Ravitzky, *Ha-ketz ha-megule u-medinat ha-yehudim. Meshichiyut, zionut ve-radikalism dati be-israel* [Das offenbarende Ende und der Staat der Juden. Messianismus, Zionismus und religiöser Radikalismus in Israel], Tel Aviv 1993, S. 277–305. In diesem Zusammenhang sei außerdem der Aufsatz von Mordechai Breuer empfohlen, »Ha-diyun be-shalosh ha-shvu'ot ba-dorot ha-acharonim« [Die Diskussion über die drei Eide in den letzten Generationen], in: *Ge'ula u-medina*, Jerusalem 1979, S. 49–57.

128 Alle Religionen, vor allem die archaischen, haben ihren »Ort« oder

ihre »Orte«. Aus der umfangreichen Forschung zu diesem Thema siehe zum Beispiel Mircea Eliade, *Das Heilige und das Profane. Vom Wesen des Religiösen*, Frankfurt am Main 1984. Und auf Hebräisch ist von Interesse das Kapitel »Ha-merchav ha-kadosh ve-kidush ha-olam« [Der heilige Raum und die Heiligung der Welt], in: A. Limor/ A. Reinar (Hrsg.), *Aliya la-regel. Yehudim, notzrim, muslimim* [Pilgerschaft. Juden, Christen, Muslime], Tel Aviv 2005, S. 193–211.

129 Siehe die erfrischenden Korrekturen am Ansatz von Eliade in dem spannenden Aufsatz von Jonathan Z. Smith, »The Wobbling Pivot«, in: *Map is Not Territory: Studies in the History of Religions*, Leiden 1978, S. 88–103.

130 Anspielung auf das Lied »Shomrei ha-Chomot« von Dan Almagor, das von einem Soldaten handelt, der nach der Eroberung von Ostjerusalem 1967 auf den Wällen der Stadt Wache schiebt. (Anm. d. Ü.)

131 Avraham Ya'ari, *Igrot erez israel she-katvu ha-yehudim ha-yoshvim ba-aretz le-achejhem sh-ba-gola mi-yemej galut bavel ve-ad shivat zion she-be-yemejnu* [Sendschreiben aus Erez Israel, geschrieben von den Juden, die im Lande wohnhaft waren, an ihre Brüder im Exil von den Tagen des Babylonischen Exils bis zur Rückkehr nach Zion in unseren Tagen], Tel Aviv 1943, S. 56 ff., http://www.hebrewbooks.org/20677.

132 Ebd., S. 60. Zitiert auch im Buch von Joram Arader, *Avelej zion ha-kara'im u-megilot kumeran. Le-toldot chalufa la-yahadut ha-rabbanit* [Die um Zion trauernden Karäer und die Qumran-Rollen. Zur Geschichte einer Alternative zum rabbinischen Judentum], Tel Aviv 2004, S. 107. Und siehe auch Jacob Mann, »A Tract by an Early Karaite Settler in Jerusalem«, in: *The Jewish Quaterly Review*, Vol. XII, 3, 1922, S. 257.

133 Siehe hierzu den Aufsatz von Avraham Polak, seines Zeichens Mitbegründer der Fakultät für die Geschichte des Nahen Ostens an der Universität Tel Aviv: »Motz'am shel aravej ha-aretz« [Die Herkunft der Araber des Landes], in: *Molad*, 213, 1967, S. 303 f.

134 Siehe zum Beispiel Shalom Rosenberg, »Ha-sika le-erez israel ba-hagut ha-yehudit« [Die Beziehung zu Erez Israel in der jüdischen Philosophie], in: *Katedra*, 4, 1977, S. 153 f.

135 Moses ben Maimon, *Sefer Ha-mizwoth*, Berlin 1914. http://www.daat.ac.il/daat/mahshevt/hamitsvot/ase1-2.htm.

136 Siehe Avraham Melamed, »Erez israel ve-ha-theoria ha-aklimit ba-machshava ha-yehudit« [Das Land Israel und die Klimatheorie im jüdischen Denken], in: M. Chalamish/A. Ravitzky (Hrsg.), *Erez israel ba-hagut ha-yehudit bi-yemej ha-bejnayim* [Das Land Israel in der jüdischen Philosophie des Mittelalters], Jerusalem 1991, S. 58 f.

137 Mose Ben Maimon, *Führer der Unschlüssigen*, Hamburg 1973, Bd. II, Kap. 36, S. 238 ff. http://press.tau.ac.il/perplexed/chapters/chap_2_36.htm.

138 Maimonides, *Der Brief in den Jemen : Texte zum Messias/Moses Maimonides*, Berlin 2002, S. 84 f. http://www.daat.ac.il/daat/mahshevt/mekorot/teyman1-2.htm.

139 Siehe hierzu Gerschom Scholem, der betont: »An keiner Stelle erkennt Maimonides einen Kausalzusammenhang zwischen dem Kommen des Messias und dem Verhalten des Menschen. Nicht das Wohlverhalten Israels ist es, das die Erlösung bringen wird.« *Devarim Bego: Pirkej moreshet u-techija* [Es ist etwas daran: Kapitel zur Überlieferung und Auferstehung], Tel Aviv 1975, S. 185.

140 »Sefer ha-kabbala le-rav Avraham ben David« [Das Buch der Kabbala des Rabbiners Abraham ben David], in: *Seder he-chachamim ve-korot ha-yamim* [Die Ordnung der Weisen und die Geschichte der Tage], Jerusalem 1967, S. 78 f.

141 Siehe zum Beispiel Eli'azar Shavid, *Moledet ve-erez ye'uda* [Heimat und verheißenes Land], S. 67.

142 Jehuda Halevi, *Der Kusari*, Zürich 1990. http://www.daat.ac.il/daat/mahshevt/kuzari/kuzari2.htm.

143 *Sefer ha-mitzwot la-rambam im hassagot ha-ramban* [Maimonides Buch der Ge- und Verbote mit kritischen Anmerkungen Nachmanides], Jerusalem 1981, S. 245 f.

144 Michael Nahorai, »Erez Israel be-toratam shel ha-rambam ve-ha-ramban« [Das Land Israel in der Lehre des Rambam und des Ramban], in: M. Chalamish/A. Ravitzky (Hrsg.), *Erez israel ba-hagut* [Das Land Israel in der Philosophie], S. 137.

145 Moshe Idel, »Al erez israel ba-machshava ha-yehudit ha-mystit shel yemej ha-bejnayim« [Über Erez Israel im jüdisch-mystischen Denken des Mittelalters], in: ebd., S. 204.

146 Ebd., S. 214.

147 Zum Aufbau der Bevölkerung in Palästina in jener Epoche siehe den Aufsatz von Jehoshua Ben-Arje, »Ochlussiyat Erez Israel ve-yishuvejha erev mifal ha-hityashvut ha-zioni« [Die Bevölkerung Palästinas und des jüdischen Jischuws am Vorabend des zionistischen Kolonisierungsprojektes], in: J. Ben-Arje, J. Ben-Artzi, Ch. Goren, *Mechkarim ba-geographia ha-historit yishuvit shel erez israel* [Studien zur historisch-kollonisatorischen Geographie des Landes Israel], Jerusalem 1988, S. 5 f. Zu Beginn der 70er Jahre des 19. Jahrhunderts, sprich: unmittelbar vor Beginn der zionistischen Kolonisierung, zählte die Gesamtbevölkerung Palästinas etwa 380 000 Einwohner, unter ihnen 18 000 Juden!

148 Ungeachtet aller Anstrengungen des israelischen Bildungssystems wissen viele Israelis sehr wohl, dass Juden niemals das Bestreben hatten, ins Land der Bibel zu kommen und dort zu leben. Siehe zum Beispiel A. B. Jehoschua in seiner Sammlung von Artikeln mit dem Titel *Achisat Moledet* [Das Festhalten an der Heimat], Tel Aviv 2008.

Der namhafte Autor erklärt die Präferenz der Juden, im Exil leben zu wollen, als »neurotische Lösung« (S. 53). [Deutsche Ausgabe: *Exil der Juden. Eine neurotische Lösung?*, Sankt Ingbert 1986, S. 37 ff.].

149 Tacitus, zitiert bei Sulpicius Severus. Siehe Menahem Stern (Hrsg.), *Greek and Latin Authors on Jews and Judaism, Vol. II*, Jerusalem 1980, S. 64. Tacitus' Aussage widerspricht natürlich dem prorömischen Bericht des Flavius Josephus.

150 Als einziger Beweis in der gesamten hebräischen Bibel für die Möglichkeit, ein solcher Brauch könnte »vor dem Zweiten Haus« existiert haben, dienen zwei isolierte, einigermaßen nebulöse (und beinahe identische) Sätze aus dem Buch Exodus (Ex 23,17 und 34,23): »Dreimal im Jahr sollen alle deine Männer vor dem Herrn erscheinen.«

151 Siehe Jacky Feldman, »Chavayat ha-shituf ve-ishush ha-ssamchut: Ha-aliya la-regel li-rushalaym u-le-mikdash bi-yemej ha-bait ha-sheni« [Das Erlebnis des Kollektiven und die Bestärkung der Autorität: Die Wallfahrt nach Jerusalem und zum Heiligtum in den Tagen des Zweiten Tempels], in: A. Limor, A. Reinar (Hrsg.), *Aliya-la-regel* [Pilgerschaft], S. 88–109.

152 Shmuel Safri unternimmt in seinem Aufsatz »Ha-aliya la-regel li-rushalaym le-achar churban bait sheni« [Die Wallfahrt nach Jerusalem nach der Zerstörung des Zweiten Tempels] (in: A. Oppenheimer, A. Rappaport, M. Stern (Hrsg.), *Prakim be-toldot yerushalaym be-vait sheni* [Kapitel zur Geschichte Jerusalems während des Zweiten Tempels], Jerusalem 1980, S. 376–393) den Versuch zu beweisen, dass es auch in der Folgezeit vereinzelte Wallfahrten gegeben hat.

153 Die Karäer hielten daran fest, einzig und allein nach Jerusalem zu pilgern, und wandten sich in aller Schärfe gegen den Kult der Heiligenverehrung und der Wallfahrten zu Heiligengräbern, die unter dem rabbinischen Judentum immer populärer wurden. Siehe hierzu Jehoshua Prawer, »Ti'urej massa ivri'im be-erez israel ba-tekufa ha-tzalbanit« [Hebräische Reisebeschreibungen aus Erez Israel in der Zeit der Kreuzfahrer], in: *Toldot ha-yehudim be-mamlechet ha-tzalbanim* [Geschichte der Juden im Königreich der Kreuzfahrer], Jerusalem 2000, S. 177.

154 Siehe Shlomo Dov Goitein, »Kedushata shel Erez Israel ba-chassidut ha-muslimit« [Die Heiligkeit von Erez Israel in der muslimischen Mystik], in: *Yediot ha-chevra le-chakirat Erez Israel ve-atikotejha* [Mitteilungen der Gesellschaft zur Erforschung von Erez Israel und seiner Altertümer], XII, 1945/46, S. 120–126. In diesem alten Aufsatz verdeutlicht Goitein auch, dass die Verwendung des Namens »Sham« neben dem des »Heiligen Landes« bereits im Koran auftaucht. Die muslimischen Eroberer erbten von den Byzantinern zudem den Begriff »Palästina« und wandten ihn auf die gesamte Zentralregion um Jerusalem an (ebd., S. 120). Angefangen bei dem Historiker al-Kalbi

über Ibn Asakir bis hin zu dem Geographen al-Idrisi findet sich die Verwendung des Terminus »Palästina«. Siehe auch den Aufsatz von Josef Drori, »Masskil muslimi meta'er et Erez Israel ha-frankit« [Ein muslimischer Gelehrter beschreibt Erez Israel unter den Kreuzfahrern], in: Bas Keder (Hrsg.), *Ha-tzalbanim be-mamlachatam. Mechkarim be-toldot Erez Israel 1099–1291* [Die Kreuzfahrer in ihrem Königreich. Studien zur Geschichte von Erez Israel 1099–1291], Jerusalem 1987, S. 127.

155 Elchanan Reiner, »Ha-sheker ha-galui ve-ha-emet ha-nisteret: notzrim, yehudim u-mekomot kedushim be-erez israel ba-mea ha-12« [Die offensichtliche Lüge und die verborgene Wahrheit: Christen, Juden und die heiligen Stätten in Erez Israel im 12. Jahrhundert], in: *Zion*, LXIII, 2, 1998, S. 159. Siehe auch Reiners Aufsatz »›Mi-pi Bnej Ma'araba‹: al darkej rishuma shel massoret ha-mekomot ha-kedushim be-erez israel bi-yemej ha-bejnayim« [Aus dem Munde der Bnei Ma'araba: Zu Überlieferungswegen der Traditionen zu den heiligen Stätten im Land Israel im Mittelalter], in: Rahel Zarfati (Hrsg.), *Mincha Shlucha* [Ein gesandtes Geschenk], Jerusalem 2002, S. 9.

156 Zur christlichen Auffassung vom »Eigentum« an der terra sancta sei das Buch empfohlen von Robert Louis Wilken, *The Land Called Holy. Palestine in Christian History and Thought*, New Haven 1992.

157 Avraham Ya'ari, *Igrot erez israel*, S. 58.

158 Zu weiteren Gründen, die Juden an der Pilgerfahrt gehindert haben könnten, siehe Elchanan Reiner, *Aliya ve-aliya la-regel le-erez israel 1099–1517* [Einwanderung und Wallfahrt nach Erez Israel 1099–1517], Promotionsschrift, Hebräische Universität Jerusalem, 1988, S. 108. Und siehe auch Israel Ta-Shma, »Tshuvat chassid ashkenaz al inyan aliya le-erez israel« [Die Antwort eines aschkenasischen Chassiden betreffs der Auswanderung nach Erez Israel], und »Al odot yachassam shel kadmonej ashkenaz le-erech ha-aliya le-erez israel« [Über das Verhältnis der frühen Aschkenasen zum Wert der Einwanderung nach Erez Israel], in: *Shalem. Mechkarim be-toldot erez israel ve-yishuva* [Shalem. Studien zur Geschichte von Erez Israel und seiner jüdischen Population], Bd., I (1974), S. 81 f., und Band VI (1992), S. 315–318.

159 Benjamin von Tudela, *Buch der Reisen*, Frankfurt am Main 1988; ders., *Syrien und Palästina: nach dem Reisebericht des Benjamin von Tudela*, Wiesbaden 1990. Lazar Grünhut (Hrsg.), *Die Rundreise des Rabbi Petachja aus Regensburg*, Frankfurt 1904/1905. http://www.daat.ac.il/daat/vl/petachya/petachya01.pdf.

160 Ebd.

161 Zu den erwähnten Reisen und Wallfahrten siehe Avraham Ya'ari, *Massa'ot erez israel shel olim yehudim mi-yemej ha-bejnayim ve-ad reshit yemej shivat zion* [Die Reisen nach Erez Israel durch jüdische Wallfah-

rer vom Mittelalter bis zum Beginn der Rückkehr nach Zion], Ramat Gan 1976. http://www.hebrewbooks.org/36832.

162 Ya'akov Rosenthal, »Aliyato shel Hans Tucher, patrizi me-ha-ir Nürnberg, le-erez ha-kodesh bi-shnat 1479« [Die Reise des Hans Tucher, eines Patriziers aus Nürnberg, ins Heilige Land im Jahre 1479], in: *Katedra*, 137, 2010, S. 64.

163 Siehe hierzu Avraham Ya'ari, *Igrot erez israel*, S. 18 ff.

164 Avraham Ya'ari (Hrsg.), *Massa Meshulam mi-volterra be-erez israel bi-shnat 1481* [Die Reise Meschulams aus Volterra nach Erez Israel im Jahre 1481], Jerusalem 1984, S. 75. Ungeachtet des Titel dieses Werkes taucht der Begriff »Erez Israel« im Text des Reiseberichtes nicht auf.

165 Yitzhak Ben-Zvi (Hrsg.), *Massa'ot erez israel le-rabbi moshe basula* [Die Reisen des Rabbi Moshe Basula nach Erez Israel], Jerusalem 1939, S. 79–82. Nach den Worten des Herausgebers, des späteren israelischen Staatspräsidenten Ben-Zvi, habe im Herzen des Reisenden »eine gewaltige Liebe zum Heimatland« pulsiert. Ebd., S. 15.

166 Avraham Ya'ari, *Massa'ot erez israel shel olim yehudim*, S. 284.

167 Moshe Chaim Kapsoto, *Yoman massa le-erez ha-kodesh, 1734* [Tagebuch einer Reise in das Heilige Land, 1734], Jerusalem 1984, S. 44.

168 Siehe hierzu die beeindruckende Übersicht des deutschen Kreuzzugshistorikers Reinhold Röhricht, *Bibliotheca Geographica Palaestinae. Chronologisches Verzeichnis der von 333 bis 1878 verfassten Literatur über das Heilige Land*, Jerusalem 1963 (1890).

169 Victor Turner, »Aliyot la-regel ke-tahalichim chevratijim« [Wallfahrten als gesellschaftliche Prozesse], in: O. Limor, E. Reinar (Hrsg.), *Aliya la-regel* [Pilgerschaft], S. 19–64.

170 Siehe Elchanan Reiner, *Aliya ve-aliya la-regel le-erez israel*, S. 99 ff.

171 Der Ausdruck »Heiliges Land« fand erst nach den Kreuzzügen im Christentum Verbreitung. Siehe hierzu den Aufsatz von C. H. J. Geus, »The Fascination for the Holy Land during the Centuries«, in: J. van Ruiten, J. C. de Vos (Hrsg.), *The Land of Israel in Bible, History and Theology*, Leiden 2009, S. 405.

172 Edward David Hunt, *Holy Land Pilgrimmage in the Later Roman Empire. AD 312–460*, Oxford 1982. Siehe auch seinen ins Hebräische übersetzen Aufsatz: »Massa'ot, tayyarut ve-adikut datit ba-imperia ha-romit: Misgeret le-reshita shel ha-aliya la-regel ha-notzrit« [Reisen, Tourismus und Frömmigkeit im römischen Imperium: Ein Rahmen für den Beginn des christlichen Pilgerns], in: O. Limor, E. Reinar (Hrsg.), *Aliya la-regel* [Pilgerschaft], S. 122–137.

173 Siehe zum Beispiel den Patron der israelischen Geographie Shmuel Klein, »Sefer ha-massa Itinerarium Burdigalense al erez israel« [Der Reisebericht Itinerarium Burdigalense über das Land Israel], in: *Me'assef Zion*, VI, 1934, S. 25–29.

174 »Massa mi-Bordeaux« [Eine Reise aus Bordeaux], in Ora Limor, *Massa'ot erez ha-kodesh. Olej regel notzrim be-shilhej ha-et ha-atika* [Reisen ins Heilige Land. Christliche Pilger am Ausklang der Antike], Jerusalem 1998, S. 27.
175 »Massa Egeria«, ebd., S. 70.
176 Ebd., S. 75.
177 Hieronymus, »Massa Paula«, ebd., S. 139–154. Zu Paula von Rom siehe in der Studie von J. N. D. Kelly, *Jerome. His Life, Writings, and Controversies*, London 1975, S. 91–103.
178 Zu den Umständen, die die katholische Kirche dazu brachten, sich einen religiösen Militarismus zu eigen zu machen, siehe die gründliche Synthese von Jean Flori, *La Guerre sainte. La formation de l'idée de croisade dans l'Occident chrétien*, Paris 2001.
179 Alessandro Barbero, *Histoire de croisades*, Paris 2010, S. 12.
180 Siehe hierzu den Bericht des Bischofs Balderic, angeführt im Sammelband von August C. Krey, *The First Crusade. The Accounts of Eyewitnesses and Participants*, Princeton 1921, S. 33–36. Den Aufzeichnungen des Mönches und Historikers Guibert de Nogent zufolge präsentierte Urban II. auch den Makkabäeraufstand als Modell für eine neuerliche Einnahme des Heiligen Landes. Ebd., S. 36–40. http://www.fordham.edu/halsall/source/urban2-5vers.html.
181 Siehe hierzu den Artikel von Arie Grabois, »Min ›ha-geographia ha-kedusha‹ le-›ketivat Erez Israel‹: tmurot ba-theoria shel Erez Israel al-yedej ha-zalyanim ba-mea ha-13« [Von der ›sakralen Geographie‹ zum ›Schreiben des Landes Israel‹: Veränderungen in der Theorie des Landes Israels durch christliche Pilger des 13. Jahrhunders], in: *Katedra*, 31, 1984, S. 44.
182 Dieses grundlegende demographische Faktum hält selbstverständlich Jehoshua Prawer, den Doyen der israelischen Kreuzzugsforschung, nicht davon ab, die Region zur Zeit der Kreuzfahrerherrschaft mit der Bezeichnung »unser Land« zu versehen. Siehe zum Beispiel sein Buch *The Latin Kingdom of Jerusalem. European Colonialism in the Middle Ages*. London 1972. Entsprechend findet sich in seinem späteren Werk *Crusader Institutions*, Oxford 1980, überhaupt keine eigenes Kapitel über die muslimischen Einwohner des Landes, dafür aber, wenig überraschend, ein höchst umfangreiches über die »jüdische Ansiedlung« in jener Zeit.
183 Das Verschwinden des missionarischen Aspekts aus der jüdischen Tradition – der nicht etwa wegfiel, weil das Judentum keine Missionsarbeit mehr gewollt oder eine solche abgelehnt hätte, sondern weil die beiden herrschenden Religionen diese unterbanden und verboten – war einer der Gründe für die relativ geringe Bedeutung von Wallfahrten im Judentum.
184 Die Pilger übersahen in aller Regel die im Lande lebenden Juden, da

diese zu wenige waren und keine Aufmerksamkeit auf sich zogen. Demgegenüber findet sich in der christlichen Pilgerliteratur Hass und Geringschätzung zuhauf für die einheimischen Muslime. Diese sind in den Augen der frommen Wallfahrer »Hunde«, »Götzendiener« und erbärmliche »Ketzer«. Siehe hierzu das Vorwort im Buch von Michael Ish-Shalom, *Massa'ej notzrim le-erez israel* [Die Reisen von Christen nach Erez Israel], Tel Aviv 1965, S. 11 f.

185 Zur Herausbildung dieses Protonationalismus empfiehlt sich, auch wenn man nicht notwendigerweise das gesamte terminologische und chronologische System übernehmen muss, die Lektüre des Buches von Liah Greenfeld, *Nationalism. Five Roads to Modernity*, Cambridge 1993, S. 29–87.

186 Am Ende des 16. Jahrhunderts ist der »real existierende« Jude für weite englische Kreise noch immer eine abstoßende Kreatur. Siehe zum Beispiel Christopher Marlowes Stück *Der Jude von Malta* (1590?) und selbstverständlich Shakespeares *Der Kaufmann von Venedig* (1594?). Es ist überflüssig hinzuzufügen, dass beide Autoren in ihrem Leben nie einen Juden zu Gesicht bekommen haben dürften.

187 Zur sich verändernden Einstellung gegenüber Juden selbst siehe das fesselnde Buch von David S. Katz, *Philo-Semitism and the Readmission of the Jews to England, 1603–1655*, Oxford 1982.

188 Siehe zu diesem Thema das spannende Buch von Christopher Hill, *The English Bible and the Seventeenth-Century Revolution*, London 1994.

189 Zitiert in Barbara Tuchman, *Bibel und Schwert. Palästina und der Westen. Vom frühen Mittelalter bis zur Balfour-Declaration 1917*, Frankfurt am Main 1983, S. 127. Dieses Buch ist nach wie vor eine der umfassendsten und spannendsten Studien über die Beteiligung Großbritanniens an der Geburt des Zionismus. Sein Hauptmakel indes ist der augenfällige Orientalismus, sprich: das vollkommene Desinteresse und die Blindheit der Verfasserin gegenüber den ursprünglichen Bewohnern Palästinas.

190 Der Erste, der der Idee einer Rückkehr der Juden ins Heilige Land eine eigene Schrift widmete, war allem Anschein nach im Jahre 1621 der Parlamentarier Sir Henry Finch. Siehe hierzu Me'ir Warta, »Ra'ayon shivat israel ba-machshava ha-protestantit be-anglia ba-shanim 1790–1840« [Die Idee einer Rückführung Israels im protestantischen Denken im England der Jahre 1790 bis 1840], in: *Zion*, XXXIII, 3–4, 1968, S. 158.

191 Siehe hierzu Avihu Sakkai, »Ha-poetika shel ha-historia ve-goral am israel: ha-yehudim ba-machshava ha-apokalyptit ha-anglit ba-me'ot ha-16 ve-ha-17« [Die Poetik der Geschichte und das Schicksal des Volkes Israel: Die Juden im apokalyptischen englischen Denken im 16. und 17. Jahrhundert], in: *Semanim*, 55, 1996, S. 72–91.

192 David Katz geht in seinem Buch von der Annahme aus, die ökonomi-

schen Gründe für die Wiederaufnahme der Juden in den warmen Schoß des puritanischen Englands seien sekundärer Natur gewesen und im Grunde genommen erst später aufgetreten. Siehe David S. Katz, *Philo-Semitism and the Readmission of the Jews to England, 1603–1655*, S. 7.

193 Zur Allgegenwärtigkeit der Bibel und ihrer Mythen bei Puritanern und anderen Christen in Nordamerika siehe den Aufsatz von Moshe Davis, »›Erez ha-kodesh‹ ba-historia ha-ruchanit shel Amerika« [Das ›Heilige Land‹ in der Geistesgeschichte Amerikas], in: Menachem Kaufmann (Hrsg.), *Ha-umma ha-amerikanit ve-erez israel. Yessodot kishrej ha-gomlin ha-meyuchadim* [Die amerikanische Nation und Erez Israel. Grundlagen des besonderen gegenseitigen Verhältnisses], Jerusalem 1997, S. 3–28. Viele Amerikaner gaben nicht nur ihren Kindern, sondern auch ihren Wohnorten und sogar ihren Haustieren biblische Namen. Auch pflegten sie die Bibel nicht in der Vergangenheits-, sondern in der Gegenwartsform zu zitieren.

194 John Banyan, *The Pilgrim's Progress*, Oxford 2008; William M. Thomson, *The Land and the Book*, Whitefish 2010; George Eliot, *Daniel Deronda*, London 2004.

195 Siehe ausgewählte Passagen zu ihren Erlebnissen in dem Sammelband von Ya'akov Shavit (Hrsg.), *Nifla'ot erez ha-kodesh* [Die Wunder des Heiligen Landes], Jerusalem 1981.

196 Es kurisert die unbewiesene These, während der Belagerung Akkos habe der junge Bonaparte ein Sendschreiben aufgesetzt, in dem er den Juden angeblich einen eigenen Staat versprach. Dieses Sendschreiben ist jedoch nicht mehr aufzufinden, und allem Anschein nach muss es sich dabei um eine Fälschung gehandelt haben. Siehe hierzu Henry Laurens, »Le projet d'État juif attribué à Bonaparte«, in: *Orientales*, Paris 2007, S. 123–143. Zur Auffassung der Juden als integralem Bestandteil der im Entstehen begriffenen französischen Nation und nicht als eigenständigem Volk siehe das Buch von Lilly Marcou, *Napoleon face aux juifs*, Paris 2006.

197 G. S. Faber, *A General and Connected View of the Prophecies, Relative to the Conversion, Restoration, Union and Future Glory of the Houses of Judah and Israel*, London 1809. Zur Persönlichkeit Fabers siehe den Aufsatz von Sarah Kochav, »Shivatam shel ha-yehudim le-erez israel ve-hatnu'a ha-evangelit be-anglia« [Die Rückkehr der Juden nach Erez Israel und die evangelikale Bewegung in England], in: *Katedra*, 62, 1991, S. 18–36.

198 Edward Bickersteth, *The Restoration of the Jews to Their own Land*, London 1841.

199 Diana Muir, »A Land without People for a People without a Land«, in: *Middle East Quarterly*, XV, 2008, S. 55–62.

200 Siehe hierzu den Aufsatz von Menachem Kedem, »Tefissot ha-ge'ula

shel am israel ve-erez israel ba-eschatologia ha-protestantit be-anglia be-emtza ha-mea ha-19« [Auffassungen von der Erlösung des Volkes Israel und des Landes Israel in der protestantischen Eschatologie in England zur Mitte des 19. Jahrhunderts], in: *Katedra*, 19, 1981, S. 55–71.

201 Zu Shaftesburys charismatischer Persönlichkeit siehe auch die erschöpfende Studie von Donald M. Lewis, *The Origins of Christian Zionism: Lord Shaftesbury and Evangelical Support for a Jewish Homeland*, Cambridge 2009. Lewis zieht es in seiner Untersuchung indes vor, sehr viel stärker den Philosemitismus Shaftesburys herauszustellen als dessen Drang, die Juden zu guten Christen zu machen.

202 Zitiert bei Barbara Tuchman, *Bibel und Schwert*, S. 177. In der hebräischen Übersetzung des Buches ist abermals aus »Palästina« »Erez Israel« – das Land Israel – geworden, eine Bezeichnung, die der britische Außenminister indes noch gar nicht kannte. Siehe hierzu auch den Aufsatz von Alexander Schölch, »Britain in Palestine, 1838–1882: The Roots of the Balfour Polica«, in: *Journal of Palestine Studies*, XXII, 1, 1992, S. 39–56.

203 Siehe hierzu den Aufsatz von Israel Bartal, »Le'umi she-hikdim o schtadlan she-hitacher? Kavim li-dmuto shel Moshe Montefiore« [Ein Nationalist, der seiner Zeit voraus war, oder ein Fürsprecher jüdischer Interessen, der zu spät kam? Zur Gestalt des Moses Montefiore], in: *Galut ba-aretz. Yishuv erez israel be-terem zionut* [Exil im Land. Die Besiedlung von Erez Israel vor dem Zionismus], Jerusalem, 1994, S. 219–235. Zu Montefiores Wirken allgemein siehe auch den Aufsatz von Abigail Green, »Rethinking Sir Moses Montefiore: religion, nationhood and international philanthropy in the nineteenth century«, in: *Amerian Historical Review*, 110, 3, 2005, S. 631–658. Sehr lesenswert ist auch Eliezer Halevi (Hrsg.), *Sifrei ha-sichronoth le-Sir Moshe Montefiore ve-ra'ayato* [Die Erinnerungen Sir Moses Montefiores und seiner Gattin], Warschau 1898. http://www.hebrewbooks.org/46771.

204 Charles Henry Spencer-Churchill, *Mount Lebanon: A Ten Years' Residence from 1842 to 1852, describing the Manners, Customs, and Religion of its Inhabitants with a Full and Correct Account of the Druse Religion and Containing Historical Records of the Mountain Tribes from Personal Intercourse with their Chiefs and Other Authentic Sources.* 3 Bände. London 1853. Siehe auch den Aufsatz von Franz Kobler, »Charles Henry Churchill«, in: *Herzl Year Book*, IV, 1961–2, S. 1–66.

205 Siehe Menacham Kedem, »Pe'iluto shel George Gawler le-ma'an hakamat moshavot yehudiot be-erez israel« [Das Wirken George Gawlers zugunsten der Errichtung von jüdischen Kolonien in Erez Israel], in: *Katedra*, 33, 1985, S. 93–106; und Israel Bartal, »Ha-tochnit le-hityashvut yehudit shel George Gawler mi-shnot ha-40 shel ha-mea ha-19: Ha-hebet ha-geographi-karka'i« [George Gawlers

Plan einer jüdischen Ansiedlung aus den 40er Jahren des 19. Jahrhunderts: der geographisch-territoriale Aspekt], in: Ruth Kark (Hrsg.), *Ge'ulat ha-karka be-erez israel. Ra'ayon u-ma'asse* [Die Erlösung des Bodens in Erez Israel. Idee und Tat], Jerusalem 1990, S. 51–63.

206 Eine kurze und fesselnde Zusammenfassung der Ideen des »britischen Zionismus« findet sich in den Aufzeichnungen von Albert M. Hyamson, *British Projects for the Restoration of the Jews*, Leeds 1917.

207 Benjamin Disraeli, *The Woundrous Tale of Alroy. The Rise of Iskander*, Whitefish 2009. Der Roman wurde bereits 1883 ins Hebräische übersetzt. Im Vorwort der in Warschau erschienenen Übersetzung schreibt der Herausgeber: »Ziel des erbaulichen Werkes, das Ihnen hier vorliegt, werte Leserschaft, ist es, im Herzen seiner Leser die Liebe zum Heiligen Land zu wecken, dem Heimatland unserer Vorväter.« Benjamin Disraeli (Earl of Beaconsfield), *Hoter mi-gesa yishai, o David al-Roy* [Ein Spross aus dem Stamme Jishais, oder David Alroy], Warschau 1883, S. 1.

208 Siehe zum Beispiel den ersten protozionistischen Historiker Heinrich Graetz, »Erwiderung an Herrn Treitschke«, in: Walter Boehlich (Hrsg.), *Der Berliner Antisemitismusstreit*, Frankfurt 1965, S. 25–31. Oder Nathan Birnbaum, den Erfinder des Begriffes »Zionismus«, in seinem Aufsatz »Nationalität und Sprache«, zu finden in Yehuikim Doron, *Haguto ha-zionit shel Nathan Birnbaum* [Die zionistische Philosophie Nathan Birnbaums], Jerusalem 1988, S. 177.

209 Benjamin Disraeli, *Tancred oder der neue Kreuzzug*, Zürich 2004.

210 Die Begeisterung auf jüdischer Seite darüber, dass Disraeli sich selbst als der »hebräischen Rasse« zugehörig definierte, führte zu dem irrigen Versuch nachzuweisen, insgeheim sei dieser auch Zionist gewesen. Siehe zum Beispiel das Werk von Nathan Michael Gelber, *Tochnit ha-medina ha-yehudit le-Lord Beaconsfield* [Der Plan Lord Beaconsfields für einen jüdischen Staat], Tel Aviv 1947.

211 Lässt sich Edward Said in Bezug auf das Ausmaß und die Wirkungsmacht des Orientalismus bis zum 18. Jahrhundert vielleicht noch widersprechen, so ist seine Analyse für das 19. und 20. Jahrhundert zutreffend und bis heute ohne ihresgleichen. Siehe seine unverändert lesenwerte und fesselnde Studie, *Orientalismus*, Frankfurt/Main 2004 (1978).

212 Die derzeit wohl spannendste Studie zum Verhältnis des viktorianischen Englands zum Heiligen Land ist die von Eitan Bar-Yosef, *The Holy Land in English Culture 1799–1917. Palestine and the Question of Orientalism*, Oxford 2005.

213 Zu britischen und nichtbritischen kolonialistisch-kulturellen Aktivitäten in Palästina siehe die mutige Studie von Yo'ad Eli'as, *Erez/Text* [Land/Text], S. 27–143.

214 John James Moscrop, *Measuring Jerusalem: The Palestine Exploration*

Fund and British Interests in the Holy Land, London 1999. Im Jahre 1870 wurde in den Vereinigten Staaten ein ähnlicher Fonds gegründet. Ebd., S. 96. Sogar die Flora und Vogelwelt Palästinas interessierten die Briten offenkundig mehr als die dort lebenden Araber. Siehe zum Beispiel das Werk des Geistlichen und Ornithologen Henry Baker Tristram, *The Land of Israel, a Journal of Travels with Reference to Its Physical History* (1865). http://books.google.com/books?id=KzN2_eaDhz4C&printsec=frontcover#v=onepage&q&f=false.

215 Siehe hierzu Chaim Avni, *Argentina »ha-aretz ha-ye'uda«. Mif'al ha-hityashvut shel ha-baron de Hirsch be-Argentina* [Argentinien, das »gelobte Land«. Das Kolonisierungsprojekt von Baron de Hirsch in Argentinien], Jerusalem 1973. Und die Schrift von Simon Schama, *Bejt Rothschild ve-erez israel* [Das Haus Rothschild und Erez Israel], die bereits in der Einleitung zu dieser Studie erwähnt wurde.

216 Laurence Oliphant, *The Land of Gilead*, Edinburgh 1880. Zu dieser sonderbaren Persönlichkeit siehe das Buch von Anne Taylor, *Laurence Oliphant*, Oxford 1982, insbesondere die den Beziehungen Oliphants zu Palästina gewidmeten Kapitel, S. 187–230.

217 Siehe zu diesem Thema das Buch von Bernard Gainer, *The Alien Invasion. The Origins of the Aliens Act of 1905*, London 1972.

218 Siehe hierzu das höchst lesenswerte Buch von Victor Kattan, *From Coexistence to Conquest. International Law and the Origins of the Arab-Israeli Conflict, 1891–1949*, London 2009, S. 18 ff.

219 Dieses Gesetz aus dem Jahre 1924, das deutlich rigidere Bestimmungen als die seines Vorgängers aus dem Jahre 1921 aufwies, war nicht explizit gegen Juden gerichtet, sollte diese jedoch besonders hart treffen. Siehe hierzu http://web.archive.org/web/20080210025205 u. http://www.historicaldocuments.com/ImmigrationActof1924.htm.

220 Zitiert in Jason Tomes, *Balfour and Foreign Policy. The International Thought of a Conservative Statesman*, Cambridge 1997, S. 202.

221 Zum Zeitpunkt der ersten britischen Volkszählung 1922 hatte Palästina bereits 754 549 Einwohner, darunter 79 293 Juden. Siehe Charles T. Luke/Edward Kit-Rotsh, *Sifra shel erez israel* [Das Buch vom Land Israel], Jerusalem 1924, S. 26.

222 Siehe die Korrespondenz zwischen McMahon und dem Sherifen Hussein ibn Ali unter: http://www.jewishvirtuallibrary.org/jsource/History/hussmac1.html. Und ebenson in der Studie von Victor Kattan, *From Coexistence to Conquest*, S. 98–107.

223 Die Einzelheiten des Abkommens lassen sich nachlesen unter: http://unispal.un.org/unispal.nsf/3d14c9e5cdaa296d85256cbf005aa3eb/232358bacbeb7b5585257110007847 7c?OpenDocument.

224 Einen guten Überblick zur umfangreichen wissenschaftlichen Literatur, die sich mit der Deklaration des britischen Außenministers befasst, bietet der Aufsatz von Avi Shlaim, »The Balfour Declaration

and its Consequences«, in: *Israel and Palestine. Reappraisal, Revisions, Refutations*, London 2009, S. 3–24.

225 Zu den Vorgängen innerhalb der britischen Regierung, die letztendlich zur Versendung des berühmten Schreibens führten, lohnt sich der Aufsatz von Dvora Barsilai, »Le-toldot hatzharat Balfour« [Zur Geschichte der Balfour-Deklaration], in: *Zion*, XXXIII, 3–4, 1968, S. 190–202; und vor allem der hervorragende Aufsatz von Me'ri Warta, »The Balfour Declaration and Its Makers«, in: *Middle Eastern Studies*, VI, 1, 1970, S. 48–76.

226 Es war Tom Segev, der auf diesen Aspekt in der britischen Politik hingewiesen hat, vor allem in Bezug auf Premierminister Lloyd George. Siehe hierzu seine anschauliche und erfrischende Beschreibung in: *Es war einmal ein Palästina. Juden und Araber vor der Staatsgründung Israels.* München 2005, S. 46–49.

227 Die umfassendste Studie über die Vorgänge, die zur britischen Deklaration einer jüdischen Heimstätte führten, stammt von Jonathan Schneer, *The Balfour Declaration*, New York 2010. Leider lässt ihr Verfasser aber die ideologischen Aspekte und imperialistischen Beweggründe zu sehr außer Acht, so dass zuweilen der Eindruck entsteht, Großbritannien habe überhaupt nicht die Absicht gehabt, sich Palästinas zu bemächtigen.

228 Viele aus den Reihen der jüdischen Gemeinde in Großbritannien, und gemeint sind damit nicht »assimilierte« Juden wie etwa die Mitglieder der Labour-Partei, distanzierten sich mit aller Schärfe von der Balfour-Deklaration. Männer wie Sir Edwin Montagu, seinerzeit Staatssekretär für Indien, Claude Montefiore, ein Großneffe des Philanthropen und Begründer des liberalen Judentums in Großbritannien, und sogar Lucien Wolf, der Ratgeber der Regierung für jüdische Angelegenheiten, brachten öffentlich ihre Kritik an der zionistischen Idee zum Ausdruck. Siehe zum Beispiel den Artikel von Stuard A. Cohen, »Meni'im u-motivim be-hitnagdutam shel yehudim be-Anglia la-zionut ha-medinit, 1895–1920« [Beweggründe und Motive für den Widerstand von Juden in England gegen den staatlichen Zionismus, 1895–1920], in dem Sammelband: *Zionut ve-dat* [Zionismus und Religion], S. Almog, J. Reinharz, A. Shapira (Hrsg.), Jerusalem 1994, S. 189–205. Zur weiterführenden Lektüre empfiehlt sich auch Edwin Montagu, »Memorandum on the Anti-Semitism of the British Government«, 23. August 1917: http://www.jewishvirtuallibrary.org/jsource/History/Montagumemo.html.

229 Was indes nicht besagt, dass es möglich ist, von einem direkten ideengeschichtlichen »Einfluss« des christlichen Zionismus auf die Geburt des jüdischen Nationalismus in Mittel- und Osteuropa zu sprechen. Dafür lassen sich kaum eindeutige Indizien bei den protonationalen, zionistischen Intellektuellen jüdischer Herkunft finden. Vielleicht

lässt sich die Annahme vertreten, der zionistische Evangelikalismus habe ein europäisches Klima geschaffen, das indirekt zum Aufkommen der Idee beitrug. Siehe zu diesem Aspekt die exzellente Promotionsschrift von Amnon Ras-Krakotzkin, *Yitzuga ha-le'umi shel ha-galut. Ha-historiographia ha-zionit ve-yehudej yimej ha-bejnaym* [Die nationale Präsentation des Exils. Die zionistische Historiographie und die Juden des Mittelalters], Universität Tel Aviv 1996, S. 297–301. Mit der Geburt des jüdischen Nationalismus kam es zu engen Kontakten zwischen christlichen und jüdischen Zionisten. Der bekannteste Fall dürfte die Verbindung zwischen dem Priester Wilhelm Hechler und Theodor Herzl in Wien gewesen sein. Siehe hierzu das Buch von Claude Duvernoy, *Le Prince et le prophète*, Jerusalem 1966.

230 Siehe hierzu den erhellenden und überraschenden Aufsatz von Avraham Alkayam, »Erez ha-zvi: le-dyokana shel erez israel be-chitvej Nathan ha-Asati« [Das Land der Herrlichkeit: zum Antlitz des Landes Israel in den Schriften des Nathan von Gaza], in: A. Ravitzky (Hrsg.), *Erez Israel ba-hagut ha-yehudit ba-et ha-chadasha* [Das Land Israel im jüdischen Denken der Neuzeit], Jerusalem 1998, S. 128–185. Bemerkenswert ist, dass selbst bei den Frankisten, der größten sabbatianischen Bewegung im Polen des 18. Jahrhunderts, die Übersiedlung ins Heilige Land kein zentrales messianisches Ziel darstellte. Nachzulesen im Buch Jakob Franks, *Divrej he-Adon* [Die Worte des Herrn], http://pluto.huji.ac.il/~mselio/haadon-ed-5.pdf.

231 Eine der zentralen Demarkationslinien zwischen dem Judentum und dem Zionismus ist in ihrem jeweiligen Verhältnis zum Messianismus angelegt. Das Judentum schreckte vor diesem zurück, während der Zionismus sich ihm anbiederte. Kein Zufall, dass zionistische Religionswissenschaftler und Historiker wie zum Beispiel Gerschom Scholem, Joseph Klausner, Jehuda Koiffman und viele andere die messianische Sehnsucht verehrten und priesen. Siehe hierzu Josef Salmon, *Im ta'iru ve-im ta'uru. Orthodoxia be-metzarej ha-le'umiut* [Dass ihr nicht aufweckt und nicht stört. Die Orthodoxie in den Grenzen des Nationalismus], Jerusalem 2006, S. 33.

232 Dieses berühmte Werk lässt sich heute im Internet lesen: http://www.hebrewbooks.org/14406.

233 Ebd., Buch 2, Teil 3, Blatt 11, 61. Siehe zum Standpunkt des Schela ha-Kadosch den Aufsatz von Avieser Ravitzky, »Erez chemda ve-charada: ha-yachass ha-du-erki le-erez israel bi-mkorot israel« [Ein Land des Begehrens und der Furcht: Das ambivalente Verhältnis zum Lande Israel in den Quellen Israels], in: A. Ravitzky (Hrsg.), *Erez Israel ba-hagut ha-yehudit ba-et ha-chadasha* [Das Land Israel im jüdischen Denken der Neuzeit], S. 7 ff.

234 Jonathan Eybeschütz, *Sefer ahavat Jonathan* [Das Buch der Liebe Jonathans], Hamburg 1875, Parashat Ya'akov, Blatt 72, 90. Siehe auch

den ersten Teil seiner Schrift *Sefer ya'arot ha-devash* [Das Buch der Honigwaben], Blatt 74, 71 auf der Internetseite: http://www.hebrewbooks.org/32684, sowie den Aufsatz von Ravitzky, »Erez chemda ve-charada«, S. 23 f.

235 Siehe zur Ansiedlung der Chassidim das exzellente Buch von Ya'akov Barnai, *Historiographia ve-le'umi'ut. Megamot be-cheker erez israel ve-yishuva ha-yehudi, 634–1881* [Historiographie und Nationalismus. Tendenzen in der Erforschung des Landes Israel und seiner jüdischen Besiedlung, *634–1881*], Jerusalem 1996, S. 140–159.

236 In der hebräischen Übersetzung war ich gezwungen, den Ausdruck »Erez Israel« durch das »Palästina« des Originals zu ersetzen. Moses Mendelssohn, *Gesammelte Schriften*, III, Hildesheim 1972, S. 366.

237 Obgleich Rosenzweig, ähnlich wie Martin Buber, über Juden in Begrifflichkeiten einer Blutsgemeinschaft schrieb, weigerte er sich im Unterschied zu Letzterem, eine Verbindung zwischen Blut und Boden herzustellen, und lehnte die Auffassung vom Heiligen Land als Heimat ab. »Wir allein vertrauten dem Blut und ließen das Land [...] Deshalb beginnt die Stammessage des ewigen Volks, anders als die der Völker der Welt, nicht mit der Autochthonie. Erdentsprossen ist, und selbst er nur dem Leibe nach, bloß der Vater der Menschheit; der Stammvater Israels aber ist zugewandert.« Franz Rosenzweig, *Der Stern der Erlösung*, Freiburg 2002, S. 302 f. Zu Bubers Standpunkt hinsichtlich der organischen Verbindung zwischen der Nation und dem Land siehe sein Werk *Bejn am le-artzo* [Zwischen einem Volk und seinem Land], Jerusalem 1984.

238 Zur antizionistischen Haltung des Philosophen siehe die Sammlung seiner Aufsätze, Hermann Cohen, *Iyunim ba-yahadut u-ve-be'ayot ha-dor* [Betrachtungen zum Judentum und zu den Problemen dieser Geneneration], Jerusalem 1977, S. 87–104.

239 Erst 1937, nach dem Aufstieg des Nationalsozialismus und unter dem Eindruck des liberalen Klimas des amerikanischen Nationalismus, begann das progressive Judentum, sich mit der jüdischen Nationalidee anzufreunden. Nach dem israelischen Triumph im Sechstagekrieg von 1967 jedoch war die Identifikation der amerikanischen Juden mit dem israelischen Staat vollkommen, und 1975 schloss man sich sogar der Zionistischen Weltorganisation an. Siehe hierzu das Buch von Michael Me'ir, *Bejn massoret le-kidma. Toldot tnu'at ha-reforma ba-yahadut* [Zwischen Tradition und Fortschritt. Die Geschichte der Reformbewegung im Judentum], Jerusalem 1989. Leider widmet der Autor dem Konflikt zwischen liberalem Judentum und Zionismus nur sehr wenig Raum. Siehe S. 241 ff.

240 *Der Israelit*, 79/80, 11. 10. 1898, S. 1460. Zitiert auch im Aufsatz von Ya'akov Zur, »Bejn zionut le-orthodoxia be-germania« [Zwischen Zionismus und Orthodoxie in Deutschland], in: Ch. Avni, G. Shimoni

(Hrsg.), *Ha-zionut u-mitnagdejha ba-am ha-yehudi* [Der Zionismus und seine Gegner im jüdischen Volk], Jerusalem 1990, S. 75.

241 Rabbi Samson ben Raphael Hirsch (Ben Usiel), *Neunzehn Briefe über das Judentum*, Altona 1836, S. 40.

242 Theodor Herzl, *Briefe und Tagebücher*. 7 Bde. Frankfurt am Main/Berlin 1983–96, Bd. 2, Berlin 1983, 24. Dezember 1895, S. 288.

243 Ebd., 7. Juni 1895, S. 73.

244 Moritz Güdemann, *Nationaljudenthum*, Leizig, Wien 1897.

245 Ebd., S. 37.

246 Ebd., S. 38.

247 Ebd., S. 39.

248 Ebd., S. 18. Herzls Replik erschien in Blochs *Österreichischer Wochenschrift* (23. April 1897) unter dem Titel: »Das Nationaljudenthum von Dr. Güdemann«, http://benyehuda.org/herzl/herzl_009.html [Hebr.].

249 Siehe hierzu den höchst informativen Aufsatz von Rabbiner Melvin Weinman, »The Attitude of Isaac Mayer Wise toward Zionism and Palestine«, in: *American Jewish Archives*, 1951, S. 3–23. http://americanjewisharchives.org/journal/PDF/1951_03_02_00_weinman.pdf.

250 Das erste antizionistische jüdische Werk war die Schrift von Duberusch Turesch, *Bar ha-daya o chalom Herzl* [Der Milan oder der Traum Herzls], Warschau 1899. Über dieses Werk und andere Schriften von Rabbinern, die sich gegen den Zionismus wandten, siehe den gründlichen und kenntnisreichen Beitrag von Joseph Salmon, »Ha-chevra he-charedit be-russiya polin ve-ha-zionut ba-shanim 1898–1900« [Die ultraorthodoxe Gesellschaft in Russland-Polen und der Zionismus in den Jahren 1898–1900], in: *Dat ve-zionut. Imutim rishonim* [Religion und Zionismus. Erste Konflikte], Jerusalem 1990, S. 252–313.

251 Religiöser Ehrentitel, Akronym der hebräischen Wörter »Adonejnu, morejnu ve-rabbejnu«, deutsch »unser Herr, Lehrer und Meister«. (Anm. d. Ü.)

252 Nicht aufgeführt sind hier Rabbiner, die außerhalb des russischen Reiches wirkten, doch es ließe sich ohne weiteres auch eine lange Liste der meisten Rabbiner Ungarns anfügen, der traditionalistischen wie der reformerischen (die Neologen genannt wurden) gleichermaßen. Denn von Rabbiner Chaim Elasar Schapira, dem Admor von Munkatsch, über Rabbi Jitzchak Breuer bis hin zum Rabbiner Dr. Lipót Kecskeméti sahen sich alle Strömungen in ihrem vehementen Widerstand gegen den Zionismus vereint. Zum Admor aus Munkatsch empfiehlt sich die Lektüre des Aufsatzes von Avieser Ravitzki, »Munkatsch ve-yerushalaym: ha-peleg he-charedi ha-radikali u-she'elat erez israel« [Munkatsch und Jerusalem: Die radikale ultraorthodoxe Splittergruppe und die Frage des Landes Israel], in: S. Almog u. a. (Hrsg.), *Zionut ve-dat*, S. 81–107. Zu Kecskeméti empfiehlt

sich die Doktorarbeit von Jehuda Friedländer, *Hagut u-ma'ass zioniyim u-mitnagdim la-zioniyim be-kerev rabbanej Hungaria* [Zionistisches Denken und Handeln und Gegner der Zionisten unter den Rabbinern Ungarns], Ramat Gan 2007, S. 123–143.

253 Sh. S. Landau/J. Rabinowitz (Hrsg.), *Sefer or li-yesharim, neged ha-shita ha-zionit* [Buch des Lichts für die Aufrechten, wider das zionistische System], Warschau 1900. http://www.hebrewbooks.org/43830.

254 Ebd., S. 18.

255 Ebd., S. 53.

256 Ebd., S. 58. Siehe auch: »Statement by the Lubbavitcher Rebbe Shulem ben Schneersohn on Zionism (1903)«, in: Michael Selzer (Hrsg.), *Zionism Reconsidered*, London 1970, S. 11–18.

257 Joel Teitelbaum, *Va-Yo'el Moshe* [Und Joel Moses], Brooklyn 1961. Dieses ist die zweite Auflage, die zwei Zusätze zu dem eigentlichen Werk umfasst. http://mysatmar.com/docs/shite_hakdoshe/vayoel_moshe.pdf.

258 Die umfassendste und beste Studie zum Widerstand des Judentums gegen den Nationalismus findet sich im Buch von Yakov Rabkin, *Au nom de la Torah. Une histoire de l'opposition juive au sionisme*, Laval 2004.

259 Die zionistische Bewegung war zweifellos nicht in der Lage, Juden in großem Stil aus den Klauen des Nazismus zu retten. Ihr Gesamtverhalten angesichts des Genozids blieb einigermaßen problematisch. Zu diesem Thema sei die Lektüre des mutigen und bahnbrechenden Buches sehr empfohlen von Shabtai B. Beit-Zvi, *Ha-zionut ha-post-ugandit be-mashber ha-shoah* [Der Post-Uganda-Zionismus in der Krise der Schoah], Tel Aviv 1977. Über das Verhältnis des Zionismus zu den Opfern von Nationalsozialismus und Antisemitismus vor Ausbruch des Krieges sei die Magisterarbeit empfohlen von Herzl Schubert, *She'elat-Evian al reka tkufata* [Die Evian-Frage vor dem Hintergrund ihrer Epoche], Universität Tel Aviv 1990.

260 Theodor Herzl, *Der Judenstaat. Versuch einer modernen Lösung der Judenfrage. Text und Materialien. 1896 bis heute.* Berlin/Wien 2004, S. 34. Interessant in diesem Zusammenhang ist die Feststellung, dass auch Jehuda Leib (Leon) Pinsker, der Protozionist, der Herzl vorausging, Palästina noch nicht als das einzige in Frage kommende Zielland betrachtete. So schreibt Pinsker 1882 in seiner Schrift *Autoemancipation:* »Nicht das ›h e i l i g e‹ Land soll jetzt das Ziel unserer Bestrebungen werden, sondern das ›eigene‹. Wir brauchen nichts als ein großes Stück Landes für unsere armen Brüder, welches unser Eigentum bleiben soll, aus dem kein fremder Herr uns verdrängen könnte.« Leon Pinsker, *Autoemancipation. Mahnruf an seine Stammesgenossen von einem russischen Juden*, Brünn 1903, S. 22.

261 Ilja Alfonsowitsch Rubanowitsch, *Ma al yehudej russia la'assot?* [Was sollen die Juden Russlands tun?], Jerusalem 1967, S. 30. Später sollten

auch Mitglieder des »Bund« ähnliche Bedenken vorbringen. Siehe zum Beispiel die auf Jiddisch verfasste Schrift von Victor Alter, *Der Emet wegen Palästine* [Die Wahrheit über Palästina], Warschau 1925.

262 Achad Ha'am, »Emet me-erez israel« [Die Wahrheit aus dem Lande Israel], in: *Kol kitvej achad ha-am* [Gesammelte Schriften Achad Ha'ams], Tel Aviv 1965, S. 23 f. u. 29. http://www.benyehuda.org/ginzberg/Gnz019.html.

263 Jitzchak Epstein, »Ha-she'ela ha-ne'elma« [Die verschwundene Frage], *Ha-Schiloach*, XVII, 1907, S. 193. Siehe auch seine Broschüre *She'elat ha-she'elot be-yishuv ha-aretz* [Die Frage aller Fragen in der Besiedlung des Landes], Jaffa 1919.

264 Professor Jeshajahu Leibowitz, der sich selbst bis an sein Lebensende als Zionist betrachtete, kann mit Fug und Recht als der authentischste spirituelle Erbe der ersten Anhänger der »Misrachi«-Bewegung angesehen werden.

265 In diesem Zusammenhang sollte daran erinnert werden, dass, wenn die Nationalsozialisten auch auf Grundlage eines historischen Rechts verlangten, Elsass-Lothringen zu annektieren, ihre Forderung, das Sudetenland dem Reich einzuverleiben, hingegen auf dem Selbstbestimmungsrecht basierte. Es waren im Jahre 1919 die Tschechen gewesen, welche die Siegermächte überzeugt hatten, die besiegten Deutschen zu bestrafen und das deutschsprachige Sudetenland der neuen Tschechoslowakei zuzuschlagen, und dies selbstverständlich auf Grundlage eines »historischen Rechts«, das noch aus den Tagen des Königreichs Böhmen datierte. Hitler wusste dies noch vor der Machtübernahme nach Kräften für seine nationale Propaganda auszunutzen, und später auch auf diplomatischem Gebiet. Auch die heftige Auseinandersetzung zwischen Polen und Litauen um die Stadt Wilna in der ersten Hälfte des vergangenen Jahrhunderts ging bekanntermaßen auf »historische Rechte« zurück.

266 Moshe Leib Lilienblum, *Al techiyat Israel al admat erez avotejnu* [Über die Wiedergeburt Israels auf der Erde des Landes unserer Vorväter], Jerusalem 1953, S. 70.

267 Ebd., S. 71.

268 Zitiert im Buch von Shmuel Almog, *Zionut ve-historia* [Zionismus und Geschichte], Jerusalem 1982, S. 184.

269 »Me-erez israel le-erez stam …« [Vom Lande Israel zum Lande irgendwas …], *Kitvej Micha Joseph Bardischewsky* [Die Schriften Micha Joseph Bardischewskys], Bd. VIII, Tel Aviv 2008, S. 270.

270 Zitiert in Gideon Shimoni, *Ha-ideologia ha-zionit* [Die zionistische Ideologie], Jerusalem 1995, S. 326.

271 Siehe zum Wortlaut des Mandatstextes im von Chen-Melech Merchavia herausgegebenen Sammelband *Am ve-moledet. Otzar te'udot* [Volk und Heimat. Eine Dokumentensammlung], Jerusalem 1949, S. 16–23.

272 *The Historical Connection of the Jewish People with Palestine*, Jerusalem 1963.

273 Ebd., S. 4.

274 Ebd., S. 23 ff. Eine etwas abgewandelte Version dieses Textes, die im Jahre 1946 erstellt wurde, findet sich unter: http://www.scribd.com/doc/66471/Historical-Connection-of-the-Jewish-People-with-Palestine.

275 Es existiert eine einzige »juristische« Abhandlung, verfasst von einem religiösen Autor: Ruven Gafni (Weinschänker), *S'chutejnu ha-historit-mishpatit al erez israel* [Unser historisch-juristisches Recht am Lande Israel], Jerusalem 1933. Nach dieser Schrift hatten die Juden immer eine historische, juristische und moralisch-ethische Verbindung zu dem Ort, während es »keine national-spirituelle Verbindung zwischen diesem Land und den Arabern gab. Sie saßen hier als private Bewohner aus wirtschaftlichem Interesse [...] Deshalb hat das Land Israel auch keine national-arabische Geschichte.« (S. 58). Fast ein halbes Jahrhundert später schrieb ein israelischer Historiker diese Logik mit anderen Worten fort: »Die Besonderheit dieses Landes durch die Generationen resultierte einzig und allein aus dem Geist des Volkes Israel. Und nur aufgrund des Vorhandenseins dieser Realität und dieses Bewusstseins, die beide ihren Ursprung im Volke Israel hatten, ist es möglich, von der Geschichte des Landes Israel zu sprechen.« Dessen ursprüngliche Bewohner hätten keinerlei Besonderheit in ihm gesehen, während »für das Volk Israel dieses Land einzigartig war ab dem Augenblick, da die Kinder Israels es betraten.« Ya'akov Shavit, »Erez israel ke-yechida geographit-historit« [Das Land Israel als geographisch-historische Einheit], in: Israel Ef'al (Hrsg.), *Ha-historia shel erez israel* [Die Geschichte des Landes Israel], Bd. I, Jerusalem 1982, S. 17.

276 Shmuel Klein (Hrsg.), *Sefer ha-yishuv. Otzar ha-yediot ve-ha-reshumot, ha-ketuvot ve-ha-sichronot, she-nishtamru be-israel u-va-amim ba-lashon ha-ivrit u-ve-she'ar leshonot al yishuv israel ve-toldotav be-artzo mi-yemej churban bait sheni ad reshit ha-hityashvut he-chadasha bi-yemej chibat zion. Kerech I – mi-yemej churban bait sheni ad kibush Erez Israel al-yedej ha-aravim* [Buch des Jischuws. Sammlung von Erwähnungen und Aufzeichnungen, Schriftstücken und Erinnerungen, die in Israel und unter den Völkern in der hebräischen Sprache und allen anderen Sprachen erhalten sind über die jüdische Einwohnerschaft des Landes und ihre Geschichte in ihrem Land von den Tagen der Zerstörung des Zweiten Tempels bis zum Beginn der neuen Ansiedlung in den Tagen der Zionsliebe. Bd. 1: Von den Tagen der Zerstörung des Zweiten Tempels bis zur Einname des Landes Israel durch die Araber], Tel Aviv 1939.

277 Ebd., S. 9.

278 Ben-Zion Dinur, »S'chutejnu al ha-aretz« [Unser Recht auf das Land], in: Mordechai Cohen (Hrsg.), *P'rakim be-toldot erez israel* [Kapitel der Geschichte des Landes Israel] Bd. I, Tel Aviv 1981, S. 410–414.

279 Ebd., S. 410 f. Interessant, was die Palästinenser heute zu einem solchen Diktum sagen würden, tauschte man das Subjekt aus, auf das sich Dinur seinerzeit bezog.

280 Jitzchak Baer, *Galut* [Exil], Jerusalem 1980, S. 98.

281 Der Begriff »Recht« taucht in der Unabhängigkeitserklärung des Staates Israel achtmal auf: das Recht sei ein »natürliches«, offenbar weil ein Teil des jüdischen Volkes immer in seinem Land »geblieben« sei. Und es sei auch ein historisches, weil das Land dem Volk gehört habe, ehe es vor inzwischen fast 1900 Jahren gewaltsam davon »vertrieben« worden war.

282 Menachem Begin, »Ha-s'chut she-yatzra et ha-koach« [Das Recht, das die Kraft schuf], in: Josef Nedava (Hrsg.), *Ba-ma'aracha al s'chutejnu* [Im Kampf um unser Recht], Tel Aviv 1986, S. 27.

283 Shmuel Ettinger, »Ha-yichud ha-histori ve-ha-sika le-Erez Israel« [Die historische Sonderstellung und die Beziehung zum Lande Israel], in: *Antishemiut ba-et ha-chadasha* [Antisemitismus in der Neuzeit], S. 260.

284 Jehoshua Arieli, »Bejn sika li-s'chut historit« [Zwischen Beziehung und historischem Recht], in: *Historia ve-politika* [Geschichte und Politik], Tel Aviv 1992, S. 401. Bereits David Ben-Gurion wusste, dass diese Argumentation moralisch nicht einwandfrei war, als er seinerzeit schrieb: »Wir sind hier von Rechts wegen. Wir sind nicht hier kraft der Balfour-Deklaration oder des Palästinamandats. Wir waren hier lange, lange vorher ... Allein die mandatorische Großmacht befindet sich kraft des Völkerbundmandats hier ...«, *Davar Israel be-artzo* [Israels Wort in seinem Land] (Aussage vor der anglo-amerikanischen Untersuchungskommission), Jerusalem 1946, S. 4 f.

285 Shlomo Avineri, »Al s'chut ve-sika« (1973) [Über Vorrecht und Beziehung], in: *Am ve-olam* [Volk und Welt], Jerusalem 1977, S. 66.

286 Mahmud Hussein, Saul Friedländer, *Du-siach aravi israeli* [Arabisch-israelischer Dialog], Tel Aviv 1975, S. 145 f.

287 Chaim Gans, »S'chuyot historiot« [Historische Rechte], *Mi-Richard Wagner ad s'chut ha-shiva* [Von Richard Wagner bis zum Rückkehrrecht], Tel Aviv 2006, S. 252. Siehe auch das Kapitel »S'chuto shel am israel al artzo« [Das Recht des Volkes Israel an seinem Land], im Buch von Eli'azar Shavid, *Moledet ve-erez ye'uda* [Heimat und verheißenes Land], S. 204–216, und den Aufsatz von Avishai Margalit, »S'chuyot historiot« [Historische Rechte], in: *Iyun*, 35, 1986, S. 252–258.

288 Siehe zu diesem Thema das Buch von Moshe Barur, *Gvulot Israel. Avar-hove-atid* [Grenzen Israels. Vergangenheit-Gegenwart-Zukunft], Tel Aviv, S. 41–51.

289 Heinrich Graetz, *Volkstümliche Geschichte der Juden.* Bd. 1, Köln 2000, S. 1.

290 Eli'eser Ben-Jehuda, *Sefer erez israel* [Buch des Landes Israel], Jerusalem 1883, S. 1 f.

291 Zitiert bei Yoram Bar-Gal, *Moledet ve-geographia be-mea shnot chinuch zioni* [Heimat und Geographie in einhundert Jahren zionistischer Erziehung], Tel Aviv 1993, S. 126.

292 Ebd., S. 34.

293 David Ben-Gurion, Jitzchak Ben-Zvi, *Erez israel ha-avar u-va-hove* [Das Land Israel in der Vergangenheit und in der Gegenwart], Jerusalem 1980, S. 46. In seinen Lebenserinnerungen (*Sichronot* [Erinnerungen], Bd. I, Tel Aviv 1973), die Ben-Gurion einige Jahre später verfassen sollte, betont er: »Der nördliche Streifen von Transjordanien, welchen das Sykes-Picot-Abkommen Frankreich zugeschlagen hatte, war zu allen Zeiten untrennbarer Bestandteil des Landes Israel gewesen [...]. Ein Anwachsen der jüdischen Bevölkerung im Land Israel würde die Beziehung seiner Bewohner zu dem aus Transjordanien importierten Getreide intensivieren.« (S. 164 f.).

294 Der Brief datiert vom 17. Juni 1918 und findet sich in der Magisterarbeit von Elieser Pni-Gal, *Tfissat ha-gvulot shel erez israel mi-reshit hitorerut ha-zionut ha-medinit ad milchemet ha-shichrur* [Die Auffassung von den Grenzen des Landes Israel vom ersten Erwachen des staatlichen Zionismus bis zum Befreiungskrieg], Universität Tel Aviv 1983, S. 7.

295 Siehe hierzu das Buch von Jitzchak Gal Nur, *Ve-shavu banim li-gvulam. Ha-hachra'ot al medina u-schtachim ba-tnu'a ha-zionit* [Und kehrten zurück die Söhne zu ihrer Grenze. Die Entscheidungen über Staat und Gebiete innerhalb der zionistischen Bewegung], Jerusalem 1994, S. 56–59. In einem Reiseführer, der von der Erez-isralischen Express-Gesellschaft im Jahre 1921 in Auftrag gegeben wurde, diente die Hedschasbahntrasse bereits als natürliche Grenze des Landes der Juden. Siehe Jeshajahu Peres, *Erez israel ve-suria ha-dromit. Sefer ha-massa'ot* [Das Land Israel und das südliche Syrien. Ein Reisebuch], Jerusalem/Berlin/Wien 1921, S. 19.

296 Zitiert in dem Aufsatz von Jigal Ilem, »Historia medinit, 1918–1922« [Staatliche Geschichte, 1918–1922], in: Moshe Lisk (Hrsg.), *Toldot ha-yishuv ha-yehudi be-erez israel me'as ha-aliya ha-rishona* [Geschichte des jüdischen Jischuws seit der ersten Aliyah], Bd. I, Jerusalem 1993, S. 161.

297 Shmuel Klein, *Toldot chakirat erez israel ba-sifrut ha-ivrit ve-ha-klalit* [Geschichte der Erforschung des Landes Israel in der hebräischsprachigen und allgemeinen Literatur], Jerusalem 1937, S. 3. Siehe auch A. J. Barur, *Ha-aretz. Sefer le-yedi'at erez israel* [Das Land. Ein Buch zur Kenntnis des Landes Israel], Tel Aviv 1927, S. 4.

298 Gideon Biger, *Erez rabat-gvulot. Mea ha-shanim ha-rishonot shel tichum gvulotejha shel erez israel 1840–1947* [Ein Land vieler Grenzen. Die ersten einhundert Jahre der Bestimmung der Grenzen des Landes Israel 1840–1947], Sdeh Boker 2001, S. 15.

299 David Ben-Gurion, »Gvulej artzejnu ve-admata« [Die Grenzen unseres Landes und seine Erde] (1918), in: *Anachnu u-shchenejnu* [Wir und unsere Nachbarn], S. 41. Sogar nach dem Krieg von 1967 erinnerte Professor Benjamin Aktzin, Rechtswissenschaftler an der Hebräischen Universität in Jerusalem, noch daran, dass »wir trotz unseres Anrechts auf dasselbe auf den östlichen Teil des Landes Israel verzichtet haben«. In: ders., *Bi-tfutzot ha-gola* [In der Diaspora], Winter 1975, S. 27.

300 Eine umfassende Übersicht zu den Kolonisierungsversuchen östlich des Jordans und den damit einhergehenden territorialen Träumen lässt sich in Zvi Ilans Buch finden, *Ha-kmiha le-hityashvut yehudit be-ever ha-yarden. 1871–1947* [Die Sehnsucht nach jüdischer Besiedlung jenseits des Jordans. 1871–1947], Jerusalem 1984.

301 Der Vorschlag zur Errichtung zweier Staaten, eines arabischen und eines jüdischen, beinhaltete sogar einen Bevölkerungsaustausch: 225 000 Araber sollten ihre Häuser verlassen, während 1250 Juden ein ähnliches Schicksal erwartete. Der Bericht der Peel-Kommission ist einzusehen unter: http://domino.un.org/unispal.nsf/0/08e38a71820 1458b052565700072b358?OpenDocument.

302 Über die Gegner und Befürworter des Planes siehe das Standardwerk von Shmuel Dotan, *Pulmus ha-chaluka bi-tkufat ha-mandat* [Die Polemik um die Teilung während der Mandatsphase], Jerusalem 1979.

303 Zitiert im Werk von Christopher Sykes, *Mi-Balfour ad Bevin. Ma'avakim al erez israel* [Von Balfour zu Bevin. Kämpfe um das Land Israel], Tel Aviv 1966, S. 167. [Crosswords to Israel, 1965] Auf einer Sitzung der Exekutive der Jewish Agency am 7. Juni 1938 verkündete Ben-Gurion ausdrücklich, es sei die Absicht des Zionismus, die Teilung ungeschehen zu machen und sich des ganzen Landes zu bemächtigen, doch selbstverständlich im Rahmen »eines arabisch-jüdischen Abkommens«. Siehe das entsprechende Zitat aus dem Sitzungsprotokoll im Buch von Efraim Karsh, *Fabricating Israeli History: The »New Historians«*, London 1999.

304 Mitte der neunziger Jahre betrug die Zahl der jüdischen Kolonisten etwa 2000. Die im Lande siedelnden Templer zählten zum selben Zeitpunkt rund 1400. Ran Aharonson, »Hekef ve-offi ha-gal ha-rishon shel ha-hityashvut ha-yehudit he-chadasha be-erez israel (1882–1890)« [Umfang und Charakter der ersten Welle der neuen jüdischen Ansiedlung im Lande Israel (1882–1890)], in: J. Ben-Arieh, J. Ben-Artzi, Ch. Goren (Hrsg.), *Mechkarim be-geographia historit-yishuvit* [Studien in historisch-kolonisatorischer Geographie], S. 9 f.

305 Zitat angeführt im Aufsatz von Shmuel Almog, »Ha-ge'ula ba-rhetorika ha-zionit« [Die Erlösung in der zionistischen Rhetorik], in: Ruth Kark (Hrsg.), *Ge'ulat ha-karka be-erez israel* [Die Erlösung des Bodens im Lande Israel], S. 16.

306 Siehe den Aufsatz von Ruth Kark, »Karka ve-iyun ge'ulat ha-adama be-tarbutiyut massoratit u-ve-erez israel« [Die Scholle und eine Betrachtung der Erlösung des Bodens in traditioneller Agrarkultur und im Lande Israel], in: *Karka*, 31, 1989, S. 22–35. Und auch das Werk von Boas Neumann, *Tschukat he-chalutzim* [Die Begierde der Pioniere], Tel Aviv 2009.

307 Über die Öde in der zionistischen Auffassung und ihre Gleichsetzung mit der Wüste siehe den Aufsatz von Ya'el Serubabel, »Ha-midbar ke-merchav mythi u-che-atar sikaron ba-tarbut ha-ivrit« [Die Wüste als mythischer Raum und als Erinnerungsort in der hebräischen Kultur], in: M. Idel, A. Greenwald (Hrsg.), *Ha-mythos ba-yahadut* [Der Mythos im Judentum], Jerusalem 2004, S. 227–233.

308 A. D. Gordon, *Michtavim u-reshimot* [Briefe und Aufzeichnungen], Jerusalem 1954, S. 51.

309 Siehe zum Beispiel das Buch von D. K. Fieldhouse, *The Colonial Empires. A Comparative Survey from the Eighteenth Century*, London 1982.

310 Siehe Gershon Shafir, »Karka, avoda ve-ochlussia ba-kolonisatzia ha-zionit: hebetim kalkaliyim ve-yechudiyim« [Land, Arbeit und Bevölkerung in der zionistischen Kolonisation: wirtschaftliche und spezifische Aspekte], in: Uri Ram (Hrsg.), *Ha-chevra ha-israelit. Hebetim bikortiyim* [Die israelische Gesellschaft. Kritische Aspekte], Tel Aviv 1993, S. 104–119. Ebenso sei die Lektüre seiner eindrucksvollen Studie empfohlen: Gershon Shafir, *Land, Labor and the Origins of the Israeli-Palestinian Conflict 1882–1914*, Cambridge 1989.

311 Siehe Almog, »Ha-ge'ula ba-rhetorika ha-zionit«, S. 29.

312 Interessant ist, wie Arthur Ruppin die Erfindung der Kibbuzidee in seinem »Ha-kvutza« [Die Gruppe] übertitelten Aufsatz aus dem Jahre 1924 erklärt. In: *Shloshim shnot binyan be-erez israel* [Dreißig Jahre Aufbau im Land Israel], Jerusalem 1937, S. 121–129.

313 Auch in den Kibbuzim des Ha-Schomer ha-Tza'ir (des »Jungen Wächters«), der marxistisch-zionistischen Kibbuzbewegung, die für einen binationalen Staat mit jüdischer Bevölkerungsmehrheit eintrat, sah man von der Aufnahme arabischer Mitglieder ab.

314 Der Vergleich, der in diesen Sätzen anklingt, bezieht sich ausschließlich auf die ethnozentrische, segregative Politik der dreißiger Jahre und meint in keiner Weise einen Parallelismus zwischen dem nationalsozialistischen Vernichtungswerk der vierziger Jahre und dem zionistischen Kolonisierungsprojekt, das niemals auch nur im Entferntesten einen Gedanken an eine mögliche physische Vernichtung des anderen verschwendet hat. Zur Idee und Praxis der »hebräischen Ar-

beit«, die ab den zwanziger Jahren virulent wurden, empfiehlt sich die Lektüre der, ungeachtet des darin insgesamt vorherrschenden apologetischen Tonfalls, interessanten Promotionsschrift von Anita Shapira, *Ha-ma'avak ha-nechsav. Avoda ivrit, 1929–1939* [Der enttäuschte Kampf. Hebräische Arbeit 1929–1939], Tel Aviv 1977.

315 Ein interessanter Vergleich zwischen der zionistischen Kolonisierung und den anderen Besiedlungsformen lässt sich in dem Aufsatz finden von Ilan Pappe, »Ha-zionut ke-kolonialism – mabat hashva'ati al kolonialism mahul be-assia u-ve-afrikia« [Der Zionismus als Kolonialismus – ein vergleichender Blick auf verwässerten Kolonialismus in Asien und Afrika], in: Yechiam Weitz (Hrsg.), *Bejn chason le-revisia. Mea shnot historiographia zionit* [Zwischen Vision und Revision. Einhundert Jahre zionistische Historiographie], Jerusalem 1997, S. 345–365.

316 Zitiert bei Michael Bar Sohar, *Ben-Gurion – Biographia*, Bd. II, Tel Aviv 1975, S. 663.

317 Simcha Flapan, *Die Geburt Israels. Mythos und Wirklichkeit*, Neu Isenburg 2005; Benny Morris, *The Birth of the Palestinian Refugee Problem 1947–1949*, Cambridge 1989; Ilan Pappe, *Ethnic Cleansing of Palestine*, London 2006. Und siehe auch das Buch von Uri Ben-Elieser, *Derech ha-kavenet. Hivatzruto shel ha-militarism ha-israel, 1936–1956* [Über Kimme und Korn. Die Entstehung des israelischen Militarismus, 1936–1956], Tel Aviv 1995, S. 232–279. Es versteht sich von selbst, dass es schon früher palästinensische Forscher gab, die über Jahre auf eben diese Fakten abgehoben hatten.

318 Zu der Entscheidung, die Flüchtlinge nicht zurückkehren zu lassen, siehe bei Benny Morris, *The Birth of the Palestinian Refugee Problem*, S. 132–154. Zu dem zögerlichen und ausweichenden Einverständnis Israels, das nur unter massivem amerikanischem Druck erfolgte, 100 000 der insgesamt 700 000 Flüchtlinge wieder aufzunehmen, siehe: Ebd., S. 254–285.

319 Der Teilungsplan der Peel-Kommission hatte dem jüdischen Staat eine Fläche von rund 5000 Quadratkilometern zugestanden. Nach dem Beschluss der UN-Generalversammlung im Jahre 1947 sollte der neu zu gründende Staat bereits 14 000 Quadratkilometer erhalten. Die Waffenstillstandslinien des Jahres 1948 wiederum umfassten dann 21 000 Quadratkilometer. Zum Zeitpunkt der Niederschrift dieser Zeilen kontrolliert Israel etwa 28 000 Quadratkilometer, eine Fläche mithin, die zwar größer als das ehemalige Mandatspalästina ist, aber immer noch weit entfernt von der Vision Ben-Gurions und seiner Mitstreiter im Jahre 1918.

320 Die Militärverwaltung existierte auf Grundlage der Notstandsbestimmungen, die Israel von der britischen Mandatsregierung aus der Zeit vor 1948 geerbt hatte. Zur Lage der Palästino-Israelis in jener Zeit

lohnt sich für den des Hebräischen mächtigen Leser mehr als nur ein Blick in das Buch von Sabri Dschareis, *Ha-aravim be-israel* [Die Araber in Israel], Haifa 1966. Dieses Werk ist ein fesselndes Zeitdokument, da es am Vorabend der Aufhebung der Militärverwaltung verfasst ist.

321 Zum Prozess der »Judaisierung« von Ländereien unmittelbar nach Gründung des Staates Israel siehe das Standartwerk von Baruch Kimmerling, *Zionism and Territory. The Socio-Territorial Dimensions of Zionist Politics*, Berkeley 1983, S. 134–146.

322 Siehe hierzu den Aufsatz von Oren Jiftachel, »›Ethnokratia‹, geographia ve-demokratia: he'arot al ha-politika shel yihud ha-aretz« [›Ethnokratie‹, Geographie und Demokratie: Anmerkungen zur Judaisierung des Landes], in: *Alpayim*, 19, 2000, S. 78–105.

323 Zur innernationalen Ungleichbehandlung von »Aschkenasen« und »Sepharden« bei der Verteilung der Landbeute lässt sich einiges nachlesen bei Oren Jiftachel, »Binui umma ve-chalukat ha-merchav ba-›ethnokratia ha-israelit‹: hityashvut, karka'ot u-fe'arim edatiyim« [Errichtung der Nation und Verteilung des Raumes in der ›israelischen Ethnokratie‹: Ansiedlung, Böden und landsmannschaftliche Gräben], in: *Iyunej Mishpat*, XXI, 3, 1998, S. 637–664.

324 Siehe hierzu das Buch von Bar-Gal, *Moledet ve-geographia*, S. 133–136.

325 Wer etwas über das Verhältnis dieser politischen Strömung zum Lande Israel erfahren möchte, kann in einem kleinen Sammelband blättern, der zum Andenken an Jitzchak Tabenkin, den Führer der Bewegung, herausgegeben wurde: Arje Pialkov (Hrsg.), *Ha-hityashvut u-gvulot medinat israel* [Die Besiedlung und die Grenzen des Staates Israel], Ef'al 1975. Das kurze Zeugnis des ehemaligen Generals Rechavam Se'evi (Gandhi) in diesem Band (S. 25–31) ist mit Gold nicht aufzuwiegen.

326 Adriana Kemp, *Le'umiut merchavit. Ha-siach bi-tnu'at ha-avoda al shtachim u-gvulot* [Territorialer Nationalismus. Der Diskurs in der Arbeitsbewegung über Gebiete und Grenzen], Magisterarbeit, Universität Tel Aviv 1991.

327 Am 24. März 1949 schickte Jigal Allon Ben-Gurion einen Brief, in dem er seinen Protest gegen die Waffenstillstandslinien ausdrückte und zu einer anderen Grenzziehung riet: »Es lässt sich keine festere Grenzlinie denken als den Verlauf des Jordans über die ganze Länge des Landes hinweg.« In einem Interview von 1979 bestätigte er dies mit nostalgischem Unterton: »Gegen Ende des Befreiungskrieges war die einmalige Situation entstanden, sich ohne Befürchtungen das ganze westliche Land Israel nehmen zu können.« Siehe: Se'ev Tzur, *Mi-pulmus ha-chaluka ad tochnit Allon* [Von der Teilungspolemik zum Allon-Plan], Yad Tabenkin 1982, S. 74.

328 Siehe Nessja Shefran, »Ha-ssela he-adom – mabat le-achor« [Der

rote Felsen – ein Blick zurück], in: Aharon Amir (Hrsg.), *Keshet te'uda: erez israel ha-yeshana* [Zeugnisspektrum: Das alte Erez Israel], Ramat-Gan 1979, S. 169–189. http://www.202.org.il/Pages/moreshet/petra/shfran.php.

329 Über den Unwillen des jungen israelischen Staates, die Waffenstillstandslinien als endgültige Grenzen anzuerkennen, siehe die wichtige Promotionsschrift von Adriana Kemp, *»Medabrim gvulot«. Havnayata shel territoria politit be-israel 1949–1957* [»Über Grenzen sprechen«. Die Errichtung eines politischen Territoriums im Israel der Jahre 1949 bis 1957], Promotionsschrift, Universität Tel Aviv, 1997. Und ebenso ihren Aufsatz »Ha-gvul ke-pnej Janus: merchav ve-toda'a le'umit be-israel« [Die Grenze als Janusgesicht: Raum und nationales Bewusstsein in Israel], in: Jehuda Shenhav (Hrsg.), *Merchav, adama, bait* [Raum, Erde, Haus], Tel Aviv 2003, S. 52–83.

330 Avi Shlaim, *Kir ha-barsel. Israel ve-ha-olam ha-aravi* [Die eiserne Mauer. Israel und die arabische Welt], Tel Aviv 2000, S. 177 f.

331 David Shacham, *Israel – 40 ha-shanim* [Israel – 40 Jahre], Tel Aviv 1991, S. 138. Am selben Tag, an dem die Grußbotschaft versandt wurde, erwähnte Ben-Gurion in einer Rede vor der Knesset den byzantinischen Historiker Prokop.

332 Siehe hierzu den spannenden Artikel von Miron Rapoport, »Mif'al ha-hitnachluyot nolad be-mocho shel Moshe Dayan kvar be-1956« [Das Siedlungsprojekt wurde in Moshe Dayans Hirn bereits 1956 geboren], in: *Ha'aretz*, 10. Juli 2010. http://www.haaretz.co.il/hasite/spa ges/1178603.html.

333 Jigal Allon, »Lehatir et ha-retzu'a« [Den Streifen losmachen], in: *La-Merchav*, 21. 12. 1956.

334 Shlaim, *Kir ha-barsel*, S. 235.

335 Der General der Reserve Eli Sa'ira, der später Chef des Militärgeheimdienstes Aman werden sollte, hatte seinen Untergebenen, den Offizieren der Eliteeinheit Sayeret Matkal, wenige Tage vor Ausbruch des Krieges eröffnet: »Innerhalb einer Woche wird es Krieg geben, an dem sich zwei oder drei arabische Armeen beteiligen werden, doch wir werden sie alle innerhalb einer Woche schlagen. [...] Das zionistische Projekt wird einen weiteren Schritt hin zu seiner Verwirklichung tun.« Zitiert im Buch von Ran Adlist, *Eifo ta'inu* [Wo haben wir uns geirrt], Jerusalem 2011, S. 25 f.

336 Dayans Worte wurden am 7. Juni 1967 über den Äther ausgestrahlt und finden sich zitiert im umfangreichen Werk von Arje Na'or, *Erez israel ha-shlema. Emuna u-mediniut* [Das vollkommene Land Israel. Glaube und Politik], Haifa 2001, S. 34.

337 Eines der patriotischen, inbrünstigen Lieder, die diese paradoxe und verwirrende Geisteshaltung nach dem Sechstagekrieg zum Ausdruck brachten, war »Scharm el-Scheich« (geschrieben von Amos Etinger

und vertont von Rafi Gabai). So heißt es dort: »Du, Scharm el-Scheich, ein zweites Mal sind wir zurückgekehrt zu dir, du bist in unserem Herzen, in unserem Herzen auf immer. [...] Der Abend senkt sich herab und bringt noch einen Traum, bringt übers Wasser die Hoffnung auf Frieden.«

338 Das Manifest erschien zeitgleich am 22. 9. 1967 in den auflagenstärksten Zeitungen Israels: *Jediot Acharonot*, *Ma'ariv*, *Ha'aretz* und *Davar*. Siehe auch die bestechende Analyse von Dan Miron, »Te'uda be-israel« [Ein Zeugnis in Israel], in: *Politika*, 16, August 1987, S. 37–45.

339 Dieser folgenschwere Prozess wurde nicht allein durch die Hochachtung für Stärke und militärische Macht ausgelöst. Er hing auch mit dem schwindenden Einfluss des traditionellen Nationalismus zusammen, der eindeutige Loyalität zu einem einzigen Vaterland einfordert, und dem parallelen Erstarken von transnationalen, gemeinschaftlichen Metaidentitäten innerhalb der westlichen Welt.

340 Siehe zum Beispiel die öffentlichen Äußerungen des Schriftstellers Chaim Hasas, immerhin Träger des Israel-Preises für Literatur und seinerzeit eine der zentralen Persönlichkeiten der israelischen Geisteswelt: »Es stellt sich die Frage von Jehuda und Efraim, mit den großen Bevölkerungsteilen, die von dort in die benachbarten arabischen Länder evakuiert werden müssen. [...] Jedes Volk sollte bei sich wohnen, Israel im Lande Israel und die Araber in Arabien.« Chaim Hasas, »Dvarim shel mamash« [Wahre Worte], in: Aharon Ben-Ami (Hrsg.), *Sefer erez israel ha-shlema* [Das Buch vom vollständigen Land Israel], Tel Aviv 1977, S. 20.

341 Zur Bedeutung der Siedlung in Hebron empfiehlt sich die Lektüre der Studie von Michael Feige, *Shtej mapot la-gada. Gush Emunim, shalom achshav ve-itzuv ha-merchav be-israel* [Zwei Karten für das Westjordanland. Gusch Emunim, Schalom Achschaw und die Gestaltung des Raumes in Israel], Jerusalem 2002, S. 101–125.

342 In den Osloer Verträgen verpflichtete sich Israel gegen die Zusicherung der palästinensischen Seite, künftig auf Terror und Gewalt zu verzichten, nachweislich nicht, den weiteren Siedlungsausbau zu stoppen. In seiner Rede vor der Knesset am 6. Oktober 1995 verkündete Rabin seine Prinzipien: Jerusalem (einschließlich der Großsiedlung Ma'ale Adumim) würde unter israelischer Herrschaft vereinigt bleiben; die in den besetzten Gebieten entstehende palästinensische Selbstverwaltung würde weniger als ein Staat sein; außerdem würde es keine Rückkehr zu den Grenzen von 1967 geben, würde die sicherheitsrelevante Grenze Israels in der Jordansenke verlaufen. Zum Wortlaut der Rede siehe: http://knesset.gov.il/rabin/heb/Rab_Rabin Speech6.htm.

343 Ein nach dem stellvertretenden Ministerpräsidenten Jigal Allon benannter Plan zum Umgang mit dem Westjordanland und dem Gaza-

streifen. Er sah unter anderem die Besiedlung und Annexion des Jordantals sowie Ostjerusalems vor und führte dafür Sicherheitserwägungen an. (Anm. d. Ü.)

344 Zur Entwicklung der Auffassung einer »jüdischen Heimat« in dieser Strömung siehe den hochinteressanten Sammelband von Jehuda Shaviv (Hrsg.), *Erez nachala. Ma'amarim be-inyana shel erez israel. S'chutejnu alejha, sikatejnu elejha, chovatejnu klapejha* [Erbland. Aufsätze über Erez Israel. Unser Anrecht auf dieses, unsere Beziehung zu diesem und unsere Verpflichtung diesem gegenüber], Jerusalem 1976.

345 Dies gilt selbstverständlich nicht für die Wasserpolitik im Westjordanland. Die Nutzung der Wasserressourcen der besetzten Gebiete ist alles andere als defizitär, sowohl für die Siedlungen als auch für den israelischen Staat selbst.

346 Über die Welt der Siedler, ihre Wachstumsraten und das Verhältnis der unterschiedlichen Regierungen zu ihnen sei die Lektüre der breit angelegten Untersuchung empfohlen von Idith Zertal und Akiva Eldar, *Die Herren des Landes. Israel und die Siedlerbewegung seit 1967*, München 2007.

347 Siehe hierzu das Buch von Juval Portugali, *Yachassim muchalim. Chevra u-merchav ba-sichssuch ha-israeli-palestini* [Beziehung mit einbegriffen. Gesellschaft und Raum im israelisch-palästinensischen Konflikt], Tel Aviv 1996, S. 204 ff.

348 Die umfassendste Studie zur militärischen und juristischen Herrschaft über das palästinensische Volk und über die Fähigkeit der politischen israelischen Kultur, mit diesem Herrschaftsapparat zu leben, stammt von Ariela Asulai und Adi Ofir, *Mishtar se she-ejno echad. Kibush ve-demokratia bejn ha-yam ve-ha-nahar (1967 –)* [Dieses Regime, das keines ist. Okkupation und Demokratie zwischen dem Meer und dem Fluss (1967 –)], Tel Aviv 2008.

349 Ich verwende den Begriff »Reservat« in Bezug auf den Gazastreifen, da die absolute Mehrheit seiner Bewohner Nachfahren der Flüchtlinge von 1948 sind. Ariel Scharon gilt bekanntermaßen als einer der Väter der jüdischen Siedlungsaktivitäten im Westjordanland.

350 Israel tut alles in seiner Macht Stehende, um die Westbank durch massive Bauaktivitäten in einem Streifen zwischen Jerusalem und Jericho in zwei Teile zu zerlegen.

351 Im Jahre 2011 erreichte die Zahl der Palästinenser und Palästino-Israelis, die zwischen dem Mittelmeer und dem Jordan leben, 5,6 Millionen, während zur selben Zeit in diesem Gebiet etwa 5,9 Millionen jüdische Israelis lebten. Innerhalb kürzester Zeit dürfte mithin ein demographisches Gleichgewicht zwischen beiden Bevölkerungsgruppen erreicht sein. Siehe hierzu Barak Ravid, »Ha-shed ha-demographi chai mi-tamid, af she-ba-yamin menassim likbor oto« [Der

demographische Teufel ist lebendiger denn je, obgleich man ihn auf der Rechten zu begraben versucht], in: *Ha'aretz*, 03.01.2012.

352 Siehe Nir Chasson, »80 achus me-ha-yehudim ba-aretz ma'aminim be-elohim« [80 Prozent der Juden im Land glauben an Gott], in: *Ha'aretz*, 27.01.2012.

353 Es sei nur daran erinnert, dass ein Gutteil der großzügigen amerikanischen Finanzhilfe an Israel bei Waffen- und Munitionsfabrikanten in den USA verbleibt. Zur prozionistischen Koalition sei ein Blick empfohlen in das Buch von John J. Mearsheimer und Stephen M. Walt, *The Israel Lobby and U.S. Foreign Policy*, New York 2007.

354 Mahmud Darwish, Dörfler ohne Arg ..., in: ders., *Warum hast du das Pferd allein gelassen. Gedichte. Arabisch – Deutsch*, Berlin 2004, S. 27.

355 In einem der Berichte der Hagana heißt es: »Ein alter und allem Anschein nach schwachsinniger Araber fand sich versteckt in einem der Häuser des Dorfes [...]. Die Art, in der die Habseligkeiten zurückgelassen wurden, zeigt, dass der Aufbruch plötzlich und unvorbereitet erfolgte.« Zitiert in der Promotionsschrift von Chaim Feierberg, *Tel Aviv: Tmurot, retzef ve-ribui panim shel chevra ve-tarbut ironit bi-tkufat ma'avak (1936–1948)* [Tel Aviv: Veränderungen, Konstanten und Pluralität von städtischer Gesellschaft und Kultur in einer Kampfzeit (1936–1948)], Universität Tel Aviv 2003, S. 62.

356 http://www.davidrumsey.com/luna/servlet/detail/RUMSEY~8~1~25535~1030033:-Carte-topographique-de-l-Egypte-et?sort=Pub_List_No_InitialSort&qvq=w4s:/where/Israel/;q:Jacotin;sort:Pub_List_No_InitialSort;lc:RUMSEY~8~1&mi=2&trs=6. Zu Jacotins Karte siehe im Buch von Jehoshua Ben-Arieh, *Erez-Israel ba-mea ha-19. Gilujeha me-chadash* [Erez-Israel im 19. Jahrhundert. Seine Wiederentdeckung], Jerusalem 1970, S. 21 ff.

357 Am 24. Dezember 1948 verkündete die Zeitung *Davar* ihrer Leserschaft: »Am Ufer des Jarkon ist eine antike israelische Stadt entdeckt worden.« Der Meldung fügte die Zeitung ein Gedicht bei, das zu Ehren der nationalen Entdeckung eigens von Nathan Alterman verfasst worden war, dem Hofdichter der Arbeitsbewegung. Darin heißt es (unter Verwendung eines Wortspiels aus dem Namen des damaligen israelischen UN-Botschafters Abba Eban und der Umschreibung Ima Even – Mutter Stein): »Und das Wunder hier ist nicht der Mosaiken Boden aus des Staates Israel Urzustand dort im Tell. [...] Nein! Das Wunder ist, dass mit amtlicher Erlaubnis des Staates Israel dieser Boden mitsamt Haus ausgegraben ward. [...] Den jüdischen Kampf, den nicht umsonst er verlassen, erklärt Abba Eban den Völkern in ihrer Tafelrunde. Wie gut aber, dass aus der Tage Tiefe auch Mutter Stein in selbiger Sache spricht.« Die anfängliche Begeisterung legte sich jedoch bald, als sich herausstellte, dass »Mutter Stein« mitnichten Jüdin gewesen war.

358 Jacob Berggern, *Resor i Europa och österländerne* (V. III), Stockholm 1828, S. 61.

359 Den Palestine Exploration Fund habe ich bereits in Kapitel III erwähnt. Siehe die Markierung des Dorfes auf der im Jahre 1880 erstellten Karte des P. E. F.: http://nla.gov.au/nla.map-rm1949.

360 Walid Khalidi (Hrsg.), *All that Remains. The Palestinian Villages Occupied and Depopulated by Israel in 1948*, Washington 1992, S. 259 f. Zum Bevölkerungszuwachs in der gesamten Küstenregion siehe bei Baruch Kimmerling und Joel S. Migdal, *Palestinim. Am be-hivatzruto* [Palästinenser. Ein Volk in seiner Entstehung], Jerusalem 1999, S. 48–51.

361 Moshe Smelansky, *Jewish Colonisation and the Fellah*, Tel Aviv 1930, S. 27. Siehe auch bei Michael Assaf, *Ha-yachassim bejn aravim ve-yehudim be-erez-israel (1860–1948)* [Die Beziehungen zwischen Arabern und Juden im Lande Israel (1860–1948)], Tel Aviv 1970, S. 187, 218.

362 Dan Yahav, *Chayej ha-tarbut ve-ha-kalkala be-Yaffo she-lifnej ha-nakba (1948)* [Das kulturelle und wirtschaftliche Leben in Jaffo vor der Nakba (1948)], Esor 2007, S. 63. Said Baydas gehörte 1949 zu den zwölf Exilanten, die in Beirut im Namen eines »Rates von Jaffa und seiner Umgebung« ein Gesuch an die Regierung der Vereinigten Staaten unterzeichneten, die Rechte der Flüchtlinge auf Wiedererlangung ihres Eigentums und ihrer Ländereien zu unterstützen. Siehe: *Journal of Palestine Studies*, XVIII, 3, 1989, S. 96–109.

363 Ungeachtet dessen besteht Grund zur Annahme, dass eine der führenden Persönlichkeiten des Dorfes, Abd al-Kader Baydas, seines Zeichens Sekretär des zentralen arabischen Landwirtschaftsverbands in Jaffa, sich sehr wohl der arabisch-palästinensischen Partei anschloss. Auf diesen Aspekt bin ich dank einer Seminararbeit von Ass'ad Su'abi mit dem Titel *Al-Scheich Muwannis, die Geschichte eines Ortes* aus dem Jahre 2011 gestoßen.

364 Bei den Briten hieß die Brücke »el-Alamein«. Siehe auch Jehuda Siv, *Rega shel makom. Sipurim me-achorej shmot mekomot* [Der Augenblick eines Ortes. Geschichten hinter Ortsnamen], Jerusalem 2005, S. 143 f.

365 Josef Olitzky, *Mi-me'orot le-milchama. Prakim be-toldot ha-hagana al Tel Aviv* [Von Unruhen zum Krieg. Kapitel in der Geschichte der Verteidigung Tel Avivs], Tel Aviv 1950, S. 62. Siehe hierzu auch bei Yehuda Slotzky, *Mi-ma'avak le-milchama 2* [Vom Kampf zum Krieg 2], *Sefer toldot ha-hagana* [Buch der Geschichte der Hagana], Bd. III, Tel Aviv 1972, S. 1375.

366 Siehe Arnon Golan, *Shinui merchavi. Totza'at milchama* [Territoriale Veränderung. Kriegsergebnis], Sdeh Boker 2001, S. 83.

367 Hilel Cohen, *Tzva ha-tzlalim. Mashtapim palestinim be-sherut ha-zionut, 1917–1948* [Schattenarmee. Palästinensische Kollaborateure im Dienst des Zionismus], Jerusalem 2004, S. 253.

368 Nechamya Ben-Tor, *Sefer toldot lochamej cherut israel (Lechi)* [Die Annalen der Kämpfer für die Freiheit Israels (Lechi)], Bd. IV, Jerusalem 2010, S. 414.

369 Wahrend die größere Hagana der zionistischen Linken nahestand, war Lechi (Lochamei cherut israel – Kämpfer für die Freiheit Israels) der militärische Arm der Rechten. Die Organisation hatte sich 1940 von der größeren Irgun abgespalten und in den folgenden Jahren Terroranschläge gegen Briten und Araber verübt. (Anm. d. Ü.)

370 Jaakov Banai (Masal), *Chayalim almonim. Sefer mivtza'ej Lechi* [Unbekannte Soldaten. Das Buch der Aktionen des Lechi], Tel Aviv 1958, S. 652.

371 Ebd.; siehe auch den Bericht von Nathan Yalin-Moore in seinem Buch *Lochamej Cherut Israel* [Kämpfer für die Freiheit Israels], Jerusalem 1975, S. 478 f. Der ehemalige Lechi-Kommandeur Yalin-Moore gesteht sich dabei sogar einen Anflug von Sentimentalität zu: »Mehr als einmal nur habe ich mich gefragt, ob die Muchtare von Scheich Muwannis und Dshalil nicht zu jenen Würdenträgern der Dörfer gezählt hatten, die Ende 43 zu Gad Machness gekommen waren und ihm Unterschlupf für unsere flüchtigen Kameraden vom Lechi angeboten hatten. Doch damals waren die Zeiten andere.«

372 Miki Banai, *Litz'od al sichronot. Scheich Muwannis, Tel Aviv* [Auf Erinnerungen marschieren], Aschkelon 1995, S. 30–33.

373 Zu den beiden benachbarten Dörfern und der Korrelation von Landschaft und Erinnerung siehe das exzellente Buch von Susan Slyomovics, *The Object of Memory. Arab and Jew narrate the Palestinian Village*, Philadelphia 1998.

374 Das hervorragende Buch von Noga Kadmon, *Be-zidej ha-derech u-v-shulej ha-toda'a* [Am Wegesrand und den Rändern des Bewusstseins] (Jerusalem 2008) erschließt ein breiteres Verständnis des produzierten Vergessens jener von Menschen bewohnten Landschaft, die einst in Palästina existierte.

375 Interessant ist allein die Feststellung, dass drei israelische Regierungschefs der Vergangenheit – Golda Meir, Jitzchak Rabin und Shimon Peres – sich entschieden, auf den ehemaligen Ländereien von Al-Scheich Muwannis ihren Wohnsitz zu nehmen.

376 http://www.eretzmuseum.org.il/main/site/index.php3?page=1.

377 http://www.palmach.org.il/show_item.asp?itemID=8069&levelID=42792&itemType=o.

378 http://www.rabincenter.org.il/museum/pages/default.aspx.

379 Zur Person dieses russischen Milliardärs als »Retter des Hauses der Diaspora« und seinen Kontakten zur politischen und wirtschaftlichen Elite in Israel sei der Artikel von Maja Sinstein empfohlen, »›Ohavim otcha‹, birech Prof. Rabinovich et ha-oligarch ha-chogeg Leonid Nevslin« [›Wir lieben Sie‹, begrüßte Prof. Rabinovich den feiernden

Oligarchen Leonid Newslin], in: *Ha'aretz*, 25.09.2009 (http://www.haaretz.co.il/hasite/spages/1117010.html). Und siehe auch: »Yukos figure, guilty of murders'«, *BBC News*, 01.08.2008 (http://news.bbc.co.uk/2/hi/europe/7537444.stm).

380 http://www.bh.org.il/he/database-articles.aspx?82112.

381 *The Marker*, 30.06.2004.

382 Es existiert nur eine einzige Arbeit, von Nurit Moskowitz als Abschlussprojekt an der zur Universität gehörenden Schule für Architektur eingereicht, die einen Verweis auf die Existenz des Dorfes beinhaltet.

383 Der Brief und die Namen der Unterzeichner lassen sich in der hervorragenden, von Umar Ighbarieh herausgegebenen Broschüre *Sochrot et al-sheich muwannis* [Erinnern an Al-Scheich Muwannis] finden: http://www.zochrot.org/sites/default/files/zoc_muwannis_final.pdf.

384 Ran Har-Nevo, »Tel Aviv: drisha lehantziach et Scheich Muwannis« [Tel Aviv: Forderung, Scheich Muwannis ein Denkmal zu setzen], in: *Yedioth Acharonoth*, 10.11.2003; http://www.ynet.co.il/articles/0,7340,L-2814759,00.html.

385 http://www.tau.ac.il/university-club/description.html.

386 S. Yishar, *Geschichten von Krieg und Frieden*, Frankfurt am Main 1997, S. 37.

Personenregister